Ein Garten für König und Volk. Peter Joseph Lenné und der Brühler Schloßgarten.

Jahrbuch 2000

Die Deutsche Bibliothek – CIP-Einheitsaufnahme

Löhmann, Bernd:
Ein Garten für König und Volk : Peter Joseph Lenné und der Brühler Schloßgarten / Bernd Löhmann. Hrsg.: Rheinischer Verein für Denkmalpflege und Landschaftsschutz. Red.: Karl Peter Wiemer. – Köln : Rheinischer Verein für Denkmalpflege und Landschaftsschutz, 2000
    Zugl.: Bonn, Univ., Diss., 1997
    ISBN 3-88094-861-5

Eine Publikation des Rheinischen Vereins für Denkmalpflege und Landschaftsschutz und des Landschaftsverbandes Rheinland

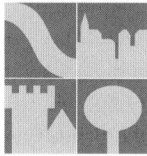 

Die Herausgabe dieser Publikation wurde gefördert durch das Ministerium für Städtebau und Wohnen, Kultur und Sport des Landes Nordrhein-Westfalen und durch die Sparkassenstiftung zur Förderung rheinischen Kulturguts.

© Verlag des Rheinischen Vereins für Denkmalpflege und Landschaftsschutz
Postfach 21 09 24, 50533 Köln
Köln 2000
Redaktion: Karl Peter Wiemer
Einbandgestaltung: Marianne Diedrich-Adam
Druck: Progressdruck GmbH, Brunckstraße 17, 67346 Speyer
ISBN: 3-88094-861-5

**Ein Garten für König und Volk.
Peter Joseph Lenné und der Brühler Schloßgarten.**

Meinen Eltern

und

Marina und Manuel

Vorwort der Herausgeber

Das Jahr 2000 stand ganz im Zeichen der 300. Wiederkehr des Geburtstages des großen Kölner Erzbischofs und Kurfürsten Clemens August aus dem Hause Wittelsbach. Nach wie vor befindet sich das von ihm erbaute Schloß Augustusburg in Brühl im Mittelpunkt des Interesses. Bis auf den heutigen Tag steht die Brühler Residenz in einer lebendigen Tradition von der Barockzeit über die Säkularisation bis hin zum Ort glanzvoller Feste und Staatsempfänge. Dabei ist Schloß Augustusburg mehr als nur ein Geschichtszeugnis und Baudenkmal. Zusammen mit dem Schloßpark bildet es ein eindrucksvolles Ensemble.

Gerade in den letzten Jahren ist ein verstärktes Interesse an historischen Parks und Gärten festzustellen. Dies betrifft nicht zuletzt auch die Gartendenkmalpflege. Erinnert sei in diesem Zusammenhang nur an den Park von Schloß Benrath und von Schloß Dyck.

Durch die gemeinsame Herausgabe dieses Buches, das sich der vom preußischen König Friedrich Wilhelm IV. initiierten Planung Peter Joseph Lennés für den Schloßgarten zu Brühl widmet, greifen der Landschaftsverband Rheinland und der Rheinische Verein dieses Thema auf und verdeutlichen so die Leistung Lennés. Diese spiegelt sich vor allem in seinem bedachtsamen Umgang mit den vorhandenen barocken Strukturen des Gartens, die im wesentlichen beibehalten wurden. Landschaftliche Elemente fügte Lenné ausschließlich in den schloßfernen Waldbereichen des ehemaligen Wildparks ein, womit der Fürstengarten zusätzlich die Ausstattungselemente eines modernen Volksgartens erhielt. Die Köln-Bonner Eisenbahn, die sich nach heutigem Empfinden so störend auf den Brühler Garten auswirkt, wurde zeitgleich mit dem Gartenprojekt Lennés errichtet und als eine gestalterische Bereicherung der Gartenplanung empfunden. Erst das Vorhandensein der Bahn schuf verkehrstechnisch die Voraussetzung für die Verwirklichung des königlichen Willens, nach dem das entfernt liegende Brühler Schloßareal „für die Besucher der Stadt Coeln und der Umgebung das werden [soll] was der Thiergarten bei Berlin für die Residenz ist." Als ein Denkmal kurfürstlicher Zeit gewann der Brühler Schloßgarten damit volkstümlichen Charakter.

Zwar liegt der Schwerpunkt der Arbeit auf der Untersuchung der Planungs- und Ausführungsgeschichte zur Zeit Lennés, doch werden auch die Anfänge der Brühler Gartengeschichte unter Clemens August und Dominique Girard berücksichtigt. Eine neue Erkenntnis besteht darin, daß auch die Periode zu Beginn des 19. Jahrhunderts eine wichtige Gestaltungsphase für den Brühler Garten darstellt, als sich das Schloß für einige Jahre im Besitz der 1. Kohorte der französischen Ehrenlegion befand. Schon die Zeit des Generalgouvernements brachte nämlich die Idee der Brühler Schloßanlage als eines Denkmals vergangener Fürstengröße hervor. Erst ein Vierteljahrhundert später erfuhr dieser Gedanke dann mit der erneuten Residenzwerdung des Brühler Schlosses und der Verwirklichung der Lenné-Planung für den Garten eine konkrete Umsetzung.

Das vorliegende Jahrbuch des Rheinischen Vereins ist ein Zeichen des guten, vertrauensvollen Zusammenwirkens zwischen dem Landschaftsverband Rheinland und dem Rheinischen Verein, von Amt und Ehrenamt im Bereich der landschaftlichen Kulturpflege des Rheinlands. Durch den einleitenden Aufsatz von Ulrich Stevens zum Stand der Gartendenkmalpflege im Rheinland wird dieses Werk auch zu einem Handbuch, das die Notwendigkeit der Bewahrung historischer Parks und Gärten als eine öffentliche wie private Aufgabe vor Augen führt.

Die Förderung der Herausgabe durch das Ministerium für Städtebau und Wohnen, Kultur und Sport des Landes Nordrhein-Westfalen und durch die Sparkassenstiftung zur Förderung rheinischen Kulturguts unterstreicht einmal mehr dieses hohe öffentliche Interesse. Allen an der Herausgabe dieses Werkes Beteiligten sei herzlich gedankt.

Dr. Norbert Heinen
Vorsitzender des Rheinischen Vereins
für Denkmalpflege und Landschaftsschutz

Ferdinand Esser
Direktor des Landschaftsverbandes Rheinland

Vorwort des Autors

Der vorliegende Band ist die geringfügig veränderte Fassung einer kunsthistorischen Arbeit, die 1997 unter dem Titel „Der Brühler Garten unter Peter Joseph Lenné d. J." von der Philosophischen Fakultät der Rheinischen Friedrich-Wilhelms-Universität zu Bonn als Dissertation angenommen worden ist. Berichterstatter waren Prof. Dr. Hugo Borger und Prof. Dr. Hans-Joachim Raupp; Tag der mündlichen Prüfung war der 11. Februar 1998. Der Druck erfolgte mit Genehmigung der Rheinischen Friedrich-Wilhelms-Universität Bonn.

Meinem Doktorvater, Herrn Prof. Borger, danke ich dafür, daß er bei der Betreuung der Arbeit ein steter Ansporn für mich war und zwischen Freiheit und Leitung immer das rechte Maß zu finden wußte. Herrn Dr. Hansmann vom Rheinischen Amt für Denkmalpflege verdanke ich die Anregung zu dieser Arbeit. In seinem fachlichen Rat fand ich eine unentbehrliche Unterstützung. Darüber hinaus möchte ich dem Ehepaar Wörner, deren Büro das Parkpflegewerk für den Brühler Garten erstellt hat, für die großzügige Bereitstellung von Planmaterial und sonstigen Unterlagen danken. Unter den vielen Archivaren, die mich mit großem Engagement bei der Quellenarbeit unterstützt haben, sei hier stellvertretend Frau Dr. Schnelling-Reinicke erwähnt, die meinen hartnäckigen Fragen besonders ausgesetzt war. Auf ganz unterschiedliche Weise haben die Damen und Herren der Schloßverwaltung Brühl zum Entstehen dieser Arbeit beigetragen. Herrn Mahlert, Frau Walter, Frau Meiser und den vielen anderen Mitarbeitern danke ich hierfür.

Die Arbeit wäre in dieser Form nicht erschienen, hätte sich Herr Dr. Kühn vom Rheinischen Verein für Denkmalpflege und Landschaftsschutz nicht für die Aufnahme in die Reihe „Beiträge zur Heimatpflege im Rheinland" eingesetzt. Herrn Dr. Wiemer sei für die redaktionelle Betreuung gedankt.

Beinahe beschämend erscheint es mir, meinen Eltern in nur wenigen Worten für ihren Anteil danken zu müssen. Nicht nur das Zustandekommen der Dissertation, sondern das gesamte Studium war getragen durch ihr Zutrauen und ihre Unterstützung.

Meine Frau hat mir zuletzt so viel an gemeinsamer Arbeit abgenommen, daß sie die eigene Ausbildung zurückstellen mußte. Unser kleiner Sohn, der nicht lange vor der Doktorprüfung geboren ist, hat auf seine Art zu diesem Buch beigetragen. Danke dafür!

Bernd Löhmann

Inhalt

Der Garten als Denkmal

Eine Einführung in die Gartendenkmalpflege[1] von Ulrich Stevens

I. Was ist Gartendenkmalpflege?

Was der Mensch erhalten will, bedarf der Pflege. Dies trifft für Immaterielles – die Beziehungen zu anderen Menschen etwa – ebenso wie für Materielles zu: ein Auto, das nicht gewartet wird, versagt eines Tages seinen Dienst. Ein Haus, dessen Unterhalt vernachlässigt wird, verfällt mit der Zeit; ein Garten verwildert. In diesem Sinne ist Denkmalpflege nichts anderes als eine besondere Form von Pflege. In ihr tritt zu dem Wunsch nach (Wert-)Erhaltung der Gedanke, einen Gegenstand als Zeugnis der Vergangenheit zu bewahren und ihn der nachfolgenden Generation zu überliefern. Dies ist die gemeinsame Wurzel von Bau-, Boden- und Gartendenkmalpflege.

Objekte der Gartendenkmalpflege

Gartendenkmalpflege unterscheidet sich von der Bau- oder Bodendenkmalpflege vor allem dadurch, daß in den von ihr betreuten Objekten Pflanzen eine wesentliche Rolle spielen: Pflanzen, die wachsen und vergehen. Sie verändern sich nicht nur selbst, sondern sie verändern damit auch ihre Umgebung: Freie Durchblicke verschwinden; die Flächen ehemaliger Blumenpflanzungen werden verschattet. Gegenstand der Gartendenkmalpflege sind neben Gärten auch sonstige Freiräume, in denen mit „Freiraummaterial" – neben Pflanzungen sind damit zum Beispiel Wegebefestigungen (Pflaster, wassergebundene Decken) oder Begrenzungen (Kantensteine, Bandeisen) gemeint – gestaltet wurde: etwa Stadtplätze oder Friedhöfe.[2] Wenn also der Umgang mit Pflanzen die Gartendenkmalpflege zunächst charakterisiert, so gehört dazu ebenso der Umgang mit „totem" Material. Die Eigenart der Pflanze bildet jedoch den wesentlichen Unterschied zwischen Gartendenkmalpflege und Baudenkmalpflege und erfordert die Überprüfung, ob und wie die dadurch notwendigen Methoden den Grundsätzen der Denkmalpflege gerecht werden können.

Kurzer Überblick über die Geschichte der Gartendenkmalpflege[3]

Gerade in der Gartenkunst führten neue Moden häufig zu einer radikalen Veränderung vorhandener Anlagen. In besonderem Maße geschah dies, als sich die landschaftliche Gestaltung gegenüber

---

1 Dieser Aufsatz wäre ohne ungezählte und lehrreiche Gespräche, die mich nach und nach mit dem Thema vertraut gemacht haben, nicht möglich gewesen. Dafür danke ich den Kollegen in der Arbeitsgruppe Gartendenkmalpflege in der Vereinigung der Landesdenkmalpfleger und in der Arbeitsgruppe „Gartenbroschüre" des Rheinischen Vereins, die sich mit der Herausgabe einer Handreichung für private Garteneigentümer befaßt. Namentlich nennen kann ich nur Petra Engelen und Wilfried Hansmann aus dem Rheinischen Amt für Denkmalpflege und vor allem Rose und Gustav Wörner, Wuppertal. Dem Andenken an Gustav Wörner möchte ich diesen Beitrag widmen.

2 Klaus von Krosigk, Gartendenkmalpflege in Berlin. In: Landschaftsverband Westfalen-Lippe/Westfälisches Amt für Denkmalpflege (Hrsg:), Fachtagung Fragen zur Gartendenkmalpflege 7.–8. Oktober 1991 in Nordkirchen. Münster 1992, S. 47–58.

3 Die Darstellung folgt im wesentlichen dem Beitrag von Dieter Hennebo, Gartendenkmalpflege in Deutschland, Geschichte – Probleme – Voraussetzungen. In: Dieter Hennebo (Hrsg.), Gartendenkmalpflege. Grundlagen der Erhaltung historischer Gärten und Grünanlagen. Stuttgart 1985 S. 11–48. – Für das Rheinland: Ulrich Stevens, Garten und Landschaft – Gegenstand der Denkmalpflege. In: Udo Mainzer (Hrsg.), Festschrift zum hundertjährigen Bestehen des Rheinischen Amtes für Denkmalpflege (= Jahrbuch der Rheinischen Denkmalpflege Bd. 36). Köln – Kevelaer 1993, S. 247–274.

der formalen durchsetzte. Von den älteren Gärten blieb oft kaum eine Spur. Hier seien nur zwei Beispiele aus dem nördlichen Rheinland genannt: Ab 1794 ließ Joseph Maria Franz Anton Fürst zu Salm-Reifferscheid-Dyck den aus dem 17. Jahrhundert stammenden Park seines Schlosses Dyck zum Landschaftsgarten umgestalten. Dieser Park gilt als der erste seiner Art im Rheinland.[4] Von der vorherigen Anlage ist heute nur noch eine reizvolle Steinbrücke mit einem Brückenpavillon erhalten. Der Düsseldorfer Hofgarten war ab 1769 nach Plänen von Nicolas de Pigage angelegt worden. Maximilian Friedrich Weyhe gestaltete den durch die Kriegsereignisse verwüsteten Park ab 1803/04 im landschaftlichen Sinn neu. Dabei behielt er jedoch die vorhandenen Alleen bei.[5]

Ansätze, das alte zu respektieren, gibt es bereits bei den Befürwortern des Landschaftsgartens. So schreibt Christian Cay Lorenz Hirschfeld 1779 im ersten Buch seiner „Theorie der Gartenkunst": „Die gar zu zärtliche Anhängigkeit an der neuen Manier hat noch eine sehr verderbliche Wirkung: sie verleitet zu Verwüstungen. ... ‚Die Axt', klagt Chambers, ‚hat oft in einem Tage den Wuchs einiger Jahrhunderte verheeret, ...' ... Aber gewiß bleibt es immer, daß die Ausbreitung des englischen Geschmacks hier und da ... zu mancher blinden Verheerung schöner Anpflanzungen verführt hat. Man hat selbst angefangen, die Alleen in den Gärten zu Versailles niederzureißen, die doch, weil sie einmal da waren, als Gärten für öffentliche Spaziergänge, als Muster der symmetrischen Gattung, hätten verschonet werden sollen."[6] 1799 ordnete Friedrich Wilhelm III. an, daß der Bayreuther Hofgarten „als Beispiel schöner Gartenarchitektur zu erhalten sei".[7] Friedrich Ludwig von Sckell behielt bei der Umgestaltung des Nymphenburger Gartens ab 1801 dessen Grundzüge, die auf Dominique Girards Planung von 1715 bis 1730 zurückgehen, bei. Die seitlichen Achsen des vom Schloß ausgehenden Dreistrahls („patte d'oie") gestaltete er zu landschaftlichen Durchblicken um und beschloß, „die in der Mitte gelegene alte, regelmäßige Anlage ... zu erhalten..., nur mit dem Unterschied, daß diese Parterres von ihren kleinlichen Schnirkeln und Laubwercken ... befreiet ... worden sind".[8] Dabei gelang ihm eine einzigartige Synthese zwischen formaler und landschaftlicher Gartenkunst.[9] Ludwig I. von Bayern – sonst als Befürworter des Klassizismus bekannt – schlug nach 1815 als Kronprinz wiederholt seine Sommerresidenz in Veitshöchheim auf und gilt als Retter des Rokoko-Gartens; 1823 befahl König Max I. Joseph, daß „die symmetrischen Formen dieses königlichen Gartens" zu erhalten seien.[10] 1842 verfaßte Peter Joseph Lenné eine Denkschrift, in der er Maßnahmen für Benrath, Brühl, Koblenz und Stolzenfels vorschlug. Während es sich in Koblenz und Stolzenfels um Neuanlagen handelte, hieß es über Benrath, daß der Schloßgarten „nach dem ursprünglich vorhandenen Plan wieder hergestellt werden" solle. Ausführlicher befaßte sich die Schrift mit dem Brühler Garten und wurde zur Vorlage einer königlichen Kabinettsordre zur „Herstellung und künftigen Erhaltung der Garten- und Parkanlagen in Brühl". Mit „Herstellung" meinte Lenné nicht nur die Gestaltung und Herrichtung der Brühler Anlagen als öffentlicher Park, sondern auch die Bewahrung und Wiederherstellung der historischen Anlage. Dabei flossen freilich gestalterische Vorstellungen der eigenen Zeit ein. Es gab aber auch durchaus Überlegungen im Sinne einer

4 Hans Kisky/Bruno P. Kremer, Schloß Dyck (Gemeinde Jüchen) – Bauten und Park (= Rheinische Kunststätten 25). 8., teilweise neu bearbeitete Auflage 1995, S. 17–18.

5 Düsseldorfer Gartenlust. Katalog der Ausstellung im Stadtmuseum Düsseldorf 1987. Düsseldorf 1987, S. 82–87 und 89–90 – Wiltrud Heber, Pigages Leben und Werk. In: Nicolas de Pigage 1723–1796. Architekt des Kurfürsten Carl Theodor. Katalog der Ausstellung im Schloß Benrath 1996. Köln 1996, S. 16–80, bes. S. 69–72.

6 Christian Cay Lorenz Hirschfeld, Theorie der Gartenkunst, erster Band. Leipzig 1779 (Reprint Hildesheim – New York 1973), S. 143.

7 Zitiert nach Hennebo (wie Anm. 3), S. 15.

8 Friedrich Ludwig Sckell, Beiträge zur bildenden Gartenkunst. 1818. Zitiert nach Hennebo (wie Anm. 3), S. 13.

9 Volker Hannwacker, Friedrich Ludwig von Sckell. Der Begründer des Landschaftsgartens in Deutschland. Stuttgart 1992, S. 86.

10 Walter Tunk, Veitshöchheim – Schloß und Garten. Amtlicher Führer. München 1971, S. 29.

modernen denkmalpflegerischen Didaktik. So wurde der ehemalige Oberförsterweiher zwar nicht in ein Gewässer zurückverwandelt, aber eine Einfassung aus Wegen und Pflanzungen markierte die Lage des früheren Kanals.[11]

Die Tatsache, daß gerade der Landschaftsgarten häufig das Werk von Dilettanten war, und die Beobachtung, daß die Gartenkunst keine bleibenden Werke hervorbringen konnte, führten dazu, daß die Gartenkunst in der ersten Hälfte des 19. Jahrhunderts an Ansehen verlor. Franz Kugler, der als Kunstreferent im preußischen Kultusministerium nach Diskussion mit Lenné die Bewahrung und den Schutz überkommener Gärten forderte, konnte sich damit nicht durchsetzen.

In der zweiten Hälfte des 19. Jahrhunderts begann die Wiederentdeckung des Barock.[12] Parallel dazu entstand eine neue Wertschätzung der barocken Gärten. 1875 setzte die Restaurierung des bedeutenden Gartens von Vaux-le-Vicomte ein, des ersten großen Werks von André Le Nôtre.[13] Zu dieser Zeit begannen auch Wiederherstellungsarbeiten in Versailles und ließ Ludwig II. von Bayern nach diesem Vorbild nicht nur das Schloß sondern auch den Garten in Herrenchiemsee anlegen.

In Deutschland begann die eigentliche Geschichte der Gartendenkmalpflege um die Jahrhundertwende. Dabei steht zunächst im Vordergrund, von den alten Gärten für die Gestaltung der Gegenwart zu lernen. Dies hatte freilich Parallelen im Bereich des Bauwesens, in dem die Kunst der „Goethe-Zeit" vorbildlich wurde.[14]

Die Gartendenkmalpflege, die sich bis dahin unabhängig von der Baudenkmalpflege entwickelt hatte, fand zum ersten Male 1910 auf dem 11. Tag für Denkmalpflege in Danzig Gehör: Der Stuttgarter Konservator Eugen Gradmann und der Landesbaurat Theodor Goecke aus Berlin referierten über „Gartenkunst und Denkmalpflege". Eugen Gradmann legte dabei den Schwerpunkt auf die Möglichkeit, durch gärtnerische Anlagen das Erscheinungsbild von Baudenkmälern zu verschönern; aber auch historische Gärten, die er wie Alleen durchaus den Kunstdenkmälern zurechnete, sah er vor allem mit den Augen eines Romantikers: „Der Schloßgärten im Barockstil sind es nicht mehr allzuviele ... Ein Anfang von Verwilderung und Verfall gehört zu ihrer Schönheit ... Die steinerne Gartenarchitektur und -plastik darf verwittert und verstoßen, bemoost und von Flechten gesprenkelt sein. Es ist kein Schönheitsfehler, wenn aus den Fugen der Treppen und Steinplattenböden Gras und Kräuter sprießen." Nüchterner berichtete Theodor Goecke über gärtnerische Anlagen vorrangig in städtebaulichem Zusammenhang und ihre geschichtliche Entwicklung; dabei ging er auch kurz auf die Frage der denkmalpflegerischen Behandlung ein: „Die Persönlichkeit des Pflegers spielt demnach im Garten eine größere Rolle wie im Hause, so daß man schließlich nicht viel mehr wird verlangen dürfen, als daß der Gärtner seinem individuellen Kunstgeschmack möglichste Beschränkung auferlegt, so daß er nicht heute gar aus einem französischen einen englischen Park oder aus einem holländischen Garten einen gänzlich stillosen macht".[15] Bereits in der ersten Auflage des von

11 Dazu ausführlich die Arbeit von Bernd Löhmann.

12 Hermann Bauer: Barock – Kunst einer Epoche. Berlin 1992.

13 Barbara Bechter; Der Garten von Vaux-le-Vicomte. In: Die Gartenkunst 5, 1993, S. 67–90. – Bernard Jeannel, André Le Nôtre. Basel – Boston – Berlin 1988.

14 Paul Mebes, Um 1800. Architektur und Handwerk im letzten Jahrhundert ihrer traditionellen Entwicklung. 2. Aufl. München 1918. – Paul Schultze-Naumburg hat den zweiten Band (3. Aufl. 1909) seiner „Kulturarbeiten" (erschienen ab 1901) den Gärten gewidmet und ihm noch einen Ergänzungsband (2. Aufl. 1910) mit Abbildungen hinzugefügt. Der Schwerpunkt liegt allerdings auf den baulichen Anlagen in den Gärten: Gartenhäuser, Treppen, Einfriedungen. Darüber hinaus sind die Bände 7 bis 9 (1916/17) der „Gestaltung der Landschaft durch den Menschen" gewidmet. – Marco Kieser, Heimatschutz und Baugestaltung: Bemerkungen zu einer verdrängten Geschichte. In: Rheinische Heimatpflege N. F. 34, 1997, S. 288–296. – Ders., Heimatschutzarchitektur im Wiederaufbau des Rheinlandes (= Beiträge zur Heimatpflege im Rheinland 4). Köln 1998.

15 Eugen Gradmann/Theodor Goecke, Über Gartenkunst und Denkmalpflege. In: Elfter Tag für Denkmalpflege, Danzig 1910, Stenographischer Bericht, S. 149–182. Die Zitate finden sich auf den Seiten 164 und 169.

Georg Dehio herausgegebenen „Handbuchs der deutschen Kunstdenkmäler" sind die wichtigsten historischen Gärten erwähnt, für das Rheinland zum Beispiel Benrath, Bonn (Hofgarten), Brühl und Kleve.[16]

Als Folge der Fürstenenteignung nach dem Ersten Weltkrieg drohte denjenigen historischen Gärten, die bislang in fürstlichem Besitz gewesen waren, verstärkt Gefahr. Das veranlaßte die Tage für Denkmalpflege in den 20er Jahren, sich vermehrt mit den Fragen des Schutzes für diese Denkmälergruppe zu beschäftigen. Als Vorsitzender des Tages für Denkmalpflege und Heimatschutz 1928 in Würzburg und Nürnberg forderte Paul Clemen, bis 1911 erster Provinzialkonservator der Rheinprovinz, ein gemeinsames Vorgehen von Bau- und Gartendenkmalpflege.[17] In Paul Clemens engerem Wirkungskreis, der Rheinprovinz, scheinen diese Erkenntnisse zunächst ohne unmittelbare Folgen geblieben zu sein. Die Wiederherstellung des Brühler Parterres, mit deren Planung 1925 begonnen wurde, war eine Aufgabe der preußischen Schlösserverwaltung; allerdings berichtete Edmund Renard, Paul Clemens Nachfolger als Provinzialkonservator, im Jahrbuch der Rheinischen Denkmalpflege über die beabsichtigten Arbeiten.[18] Bei der Umgestaltung und Erweiterung der Gartenanlagen von Schloß Burgau bei Düren in den 20er Jahren ist ebenfalls keine Beteiligung der Denkmalpflege zu erkennen.[19] Wie die Schriften von Edmund Renard und seinem Nachfolger Franz Graf Wolff Metternich zeigen, waren beide gleichwohl an historischen Gärten interessiert.[20] Die Denkmalpflegeberichte dieser Zeit meldeten vielfach die Wiederherstellung von Gartenhäusern, aber nur im Falle des Frauenhofes bei Reifferscheid wurde darüber hinaus auf eine erhaltene Gartenanlage des 18. Jahrhunderts hingewiesen.[21]

In den Jahren nach 1945 mußte die erste Sorge der Denkmalpflege der Sicherung und Erhaltung der im Krieg beschädigten Baudenkmäler gelten. Gartendenkmalpflegerische Maßnahmen beschränkten sich zunächst auf die Wiederherstellung des Brühler Schloßparks, den 76 Bombeneinschläge zum Teil verwüstet hatten. Schloß und Park gingen nach dem Ende des Krieges und nach der Auflösung Preußens von der „Verwaltung der Staatlichen Schlösser und Gärten" an das Kultusministerium des 1946 gegründeten Landes Nordrhein-Westfalen über; für die unmittelbare Verwaltung war von 1945 bis 1954 der Landeskonservator zuständig. Mit den Restaurierungsarbeiten wurde nach Kriegsende so bald wie nur möglich begonnen. Eine zweite Phase der Parkwiederherstellung erfolgte 1984–87. Dabei wurden vor allem die Buchsornamente des Gartenparterres verjüngt und korrigiert sowie die Rekonstruktion der Brunnen in den Boskets nachgeholt, die in den 30er Jahren unterblieben war. 1988 begann man mit der Erstellung eines Parkpflegewerks.[22]

16 Georg Dehio, Handbuch der Deutschen Kunstdenkmäler. Bd. 5: Nordwestdeutschland, Berlin 1912.

17 Hennebo (wie Anm. 3), S. 21–23. – Detlef Karg, Paul Clemen und die Gartendenkmalpflege. In: Mainzer (wie Anm. 3), S. 93–96. – Tag für Denkmalpflege und Heimatschutz Würzburg und Nürnberg 1928. Tagungsbericht mit Sonderbeiträgen zur Heimat und Kunstgeschichte Frankens. Berlin 1929, S. 168 und 176.

18 Edmund Renard, Arbeiten in Schloß Brühl (Landkreis Köln). In: Jahrbuch der Rheinischen Denkmalpflege 4, 1928, S. 101–107. Die Arbeiten wurden erst 1933–37 durchgeführt: Wilfried Hansmann, Georg Potente und die Rekonstruktion des Parterres von Schloß Augustusburg in Brühl 1933–1935. In: Die Gartenkunst 10, 1998, S. 214–228.

19 Gustav und Rose Wörner, Entwurfsplanung für den Park an Schloß Burgau. Akten des Rheinischen Amtes für Denkmalpflege.

20 Beispielsweise: Edmund Renard, Das neue Schloß zu Benrath, Leipzig 1913. – Ders., Schloß Augustusburg in Brühl. Ein Führer im amtlichen Auftrage. Berlin 1922. – Franz Graf Wolff Metternich, Kurkölnische Barockgärten. In: Paul Clemen zum 31. Oktober 1936 (= Zeitschrift des Rheinischen Vereins für Denkmalpflege und Heimatschutz 29, 1936), Düsseldorf 1936, S. 157–190.

21 Jahrbuch der Rheinischen Denkmalpflege 5/6, 1930, S. 33.

22 Hans Kisky, Bericht über die Tätigkeit der Rheinischen Denkmalpflege in den Jahren nach dem Kriege bis zum 1. Juli 1953. In: Jahrbuch der Rheinischen Denk-

Bis in die 70er Jahre galt weitgehend das Prinzip der „schöpferischen" Gartendenkmalpflege. Sie benutzte selbstbewußt die historischen Anlagen als Folie für die eigene künstlerische Gestaltung. Diesen Weg gab es freilich auch in der Baudenkmalpflege, wurde dort aber schon zu einem früheren Zeitpunkt weitgehend überwunden; gerade der Wiederaufbau der Kölner Kirchen nach dem Zweiten Weltkrieg zeigt eine ganze Reihe von Beispielen für die „schöpferische" Denkmalpflege.[23] Erst 1981 verfaßte das „Internationale Komitee für Historische Gärten ICOMOS-IFLA" auf einer Tagung in Florenz die „Charta der historischen Gärten", genannt „Charta von Florenz". In dieser werden Grundlagen des denkmalpflegerischen Umgangs mit Gärten und Parks empfohlen. Welches Defizit hier bestand, erhellt aus der Tatsache, daß mit Stand vom 1. Januar 1984 in die Liste des Weltkulturerbes (World Heritage List) der UNESCO erst fünf Gärten als Bestandteile von Ensembles eingetragen waren.[24]

In größerem Umfang beschäftigte sich die rheinische Denkmalpflege erst wieder seit den 70er Jahren mit historischen Gärten. Die wichtigsten Maßnahmen sollen im folgenden kurz vorgestellt werden.

Im Jahre 1976 gab der Landeskonservator ein Gutachten zur historischen und aktuellen Bedeutung der klevischen Gartenanlagen in Auftrag.[25] Die darauf basierenden Wiederherstellungsarbeiten laufen seit dem Ende der 70er Jahre. Dabei konnte sogar ein fünfgeschossiger Bau, der sich störend in die Blickachse vom Amphitheater nach Hochelten geschoben hatte, entfernt werden.[26]

Während die Überlegungen zur Restaurierung der Klever Anlagen einsetzten, ging der vor 1700 angelegte Barockgarten von Schloß Gracht in Erftstadt-Liblar (Erftkreis) in wesentlichen Teilen verlo-

malpflege 20, 1956, S. 67–206, bes. S. 182–183. – Friedrich Hörold, Garten und Parkanlagen, Rekonstruktion und Pflege. In: Walter Bader (Hrsg.), Aus Schloß Augustusburg zu Brühl und Falkenlust. Köln 1961, S. 115–121. – Wilfried Hansmann/Raimund Schmitz, Denkmalpflege an Schloß Augustusburg und Schloß Falkenlust in Brühl 1973–1983. In: Jahrbuch der Rheinischen Denkmalpflege 30/31, 1985, S. 199–350, bes. S. 322–329. – Wilfried Hansmann, Denkmalpflege an Schloß Augustusburg in Brühl 1984/86. In: Jahrbuch der Rheinischen Denkmalpflege 33, 1989, S. 229–264, bes. 255–264. – Ders., Brühl: Ein Parkpflegewerk zum Lenné-Jahr 1989. In: Denkmalpflege im Rheinland 6, 1989, Heft 4, S. 27–29 – Ders./Rose und Gustav Wörner, Ein Parkpflegewerk für den Brühler Schloßpark. In: Rheinische Heimatpflege 26, 1989, S. 81–88. – Rose und Gustav Wörner, Park des Schlosses Augustusburg Brühl – Parkpflegewerk. Grundsätze und Vorschläge zur Erhaltung, partiellen Wiederherstellung und Pflege des bedeutenden Kulturdenkmals und Gesamtkunstwerks. Köln und Brühl 1992. – Rose Wörner/Barbara Precht von Taboritzki, Umsetzung des Parkpflegewerks Schloß Augustusburg in Brühl. In: Rheinische Heimatpflege N. F. 36, 1999, S. 241–244.

23 Christoph Machat, Der Wiederaufbau der Kölner Kirchen (= Landeskonservator Rheinland, Arbeitsheft 40). Köln 1987, S. 16–18.

24 In der Übersetzung von Erika Schmidt abgedruckt in: Deutsche Kunst und Denkmalpflege 43, 1985, S. 146–148.

25 Alfred Hoffmann/Dieter Hennebo, Historische und aktuelle Bedeutung der klevischen Gartenanlagen, Gutachten im Auftrage des Landeskonservators Rheinland. Kleve 1977.

26 Rose und Gustav Wörner, Der „Neue Tiergarten" und das „Amphitheater" in Kleve, Planungsvorschläge zur Erhaltung, Regenerierung und Neugestaltung der Parkanlagen, Gutachten im Auftrag der Stadt Kleve. Kleve 1979. – Dies., Die Erhaltung und Wiederherstellung der historischen Parkanlagen des „Neuen Tiergartens" und des „Amphitheaters" in Kleve, Planung im Auftrag der Stadt Kleve. Kleve 1983. – Hans Peter Hilger/Rose und Gustav Wörner, Geschichte, Erhaltung und Wiederherstellung der Gärten von Kleve. In: Denkmalpflege im Rheinland 2, 1985, Heft 2, S. 1–8. – Gustav Wörner, Gärten und Parks des Johann Moritz von Nassau-Siegen in Kleve, Moritzgrab und Amphitheater. In: Landschaftsverband Rheinland – Referat Umweltschutz/Landespflege/Rheinischer Verein für Denkmalpflege und Landschaftsschutz (Hrsg.), Kulturlandschaftspflege im Rheinland, Symposion 1990, Tagungsbericht = Beiträge zur Landesentwicklung 46). Köln 1991, S. 90–96. – Wolfgang Krebs, Die Wiederherstellung der historischen Parkanlagen der Stadt Kleve: Erfahrungsbericht aus Sicht der Verwaltung. Ebenda, S. 97–100.

ren. Beim Umbau des Schlosses zu einem Universitätsseminar der deutschen Wirtschaft verschwanden mit dem historischen Inventar auch die Gartenfiguren. Der Gemüsegarten mit Orangerie und barockem Gewächshaus mußte einem Sportplatz weichen.[27]

Seit 1970 bemühte man sich, den Benrather Schloßpark als formal einheitliches Gesamtkunstwerk wiederherzustellen. Bereits 1963/65 hatte man die Bassinmauer des Spiegelweihers neu errichtet. 1979/80 folgte die Rekonstruktion der Bassinmauer des Schloßweihers. An der Reitbahn wurden 1966 neue Linden gepflanzt, die seit 1971 als Hochhecke im Schnitt gehalten werden. Auch am Rheinkopf wurden 1990 neue Linden gesetzt. Zwischen 1989 und 1993 erfolgte die Wiederherstellung des Gartens der Kurfürstin. Kaskade und Wasserbecken wurden nicht nur technisch überholt, sondern auch gemäß den alten Plänen wieder in die Wegeflächen eingebettet. Dadurch erhielt der Garten eine bis dahin kaum zu erahnende Großzügigkeit. Das Parterre wurde rekonstruiert und wird seitdem im Sinne des 18. Jahrhunderts bepflanzt. Zugleich entfernte man die Blumenbeete auf der südlichen Schloßterrasse; sie stammten noch von einer 1956 durchgeführten Gartenschau und widersprachen dem Prinzip der Grüngestaltung im Park. Im Boskett wurde 1994/95 der Rondellstern erneuert, indem die den Rasenplatz querenden falschen Wege aufgegeben und die ehemals das Rund umgebenden Linden neu gepflanzt wurden. 1995/96 gelang es einer privaten Initiative, die Fläche neben dem Ostflügel, auf der lange Zeit die Baracken des Schloßgymnasiums gestanden hatten, wieder als Quincunx, also als regelmäßige Baumpflanzung, zu gestalten.[28]

Der Landschaftspark von Schloß Türnich (Stadt Kerpen, Erftkreis) entstand nach Plänen des „Kaiserlich-russischen Hofgärtners und Gartenarchitekten" Friedrich Schulz in der zweiten Hälfte des 19. Jahrhunderts. Durch Krieg und Nachkriegszeit war er erheblich vernachlässigt und teilweise beschädigt. Auf der Grundlage des jüngst erst wieder aufgefundenen Originalplans und einer eingehenden Bestandsaufnahme wurde er um 1985 und zwischen 1992 und 1995 wiederhergestellt.[29]

Der in der ersten Hälfte des 18. Jahrhunderts angelegte Terrassengarten von Kloster Kamp (Kamp-Lintfort, Kreis Wesel), der gelegentlich mit Sanssouci verglichen wird, war nur noch in geringen Resten erhalten, so daß eine Wiederherstellung des historischen Zustandes nicht möglich war. Man entschloß sich daher zu einer Neuschöpfung auf historischem Grundriß, die 1990 fertiggestellt wurde.[30]

In Schloß Krickenbeck (Stadt Nettetal, Kreis Viersen) hatte zwanzigjähriger Leerstand nicht nur die Bausubstanz verfallen, sondern auch den bis in die 60er Jahre stets gepflegten Park verwildern lassen. Die die Restaurierung vorbereitende Analyse zeigte, daß sich in dieser Anlage verschiedene Schichten durchdrangen: eine im Kern barocke Gestaltung, landschaftliche, in ihrem Durch-

27 Frank Kretzschmar, Kulturregion Erftkreis – Verluste einer Denkmal-Landschaft. Köln 1991, S. 86–89.
28 Claus Lange, Wiederherstellungsmaßnahmen im Benrather Schloßpark nach 1945. In: Pigage (wie Anm. 5), S. 175–206. – Ulrich Stevens, Düsseldorf-Benrath: Garten der Kurfürstin restauriert (Zusammen mit Presseamt der Stadt Düsseldorf). In: Denkmalpflege im Rheinland 11, 1994, Ebenda, S. 42. – Ders., Düsseldorf-Benrath: Die „Kurfürstliche Obstbaumwiese". In: Denkmalpflege im Rheinland 13, 1996, Ebenda, S. 141. – Ders., Der Benrather Schloßpark. In: Wartburg-Gesellschaft zur Erforschung von Burgen und Schlössern (Hrsg.), Forschungen zu Burgen und Schlössern Bd. 3: Der frühe Schloßbau und seine Vorstufen. München – Berlin 1997, S. 195–203.
29 Frank Kretzschmar, Schloß Türnich und sein Landschaftspark. In: Udo Mainzer (Hrsg.), Denkmalpflege in der Praxis (= Mitteilungen aus dem Rheinischen Amt für Denkmalpflege, Heft 6). Köln 1984, S. 57–65. – Godehard Graf von und zu Hoensbroech, Zur Geschichte des Türnicher Schloßparkes. In: Kerpener Heimatblätter Bd. 5, 1986–1990, S. 26–33. – Internationaler Bund, Erftkreis (Hrsg.), Beschäftigungsprojekt Schloßanlage Türnich. Dokumentation 1994/5. Frechen o. J. (1995).
30 Wilfried Hansmann (Red.), Der Terrassengarten von Kloster Kamp (= Landeskonservator Rheinland, Arbeitsheft 34). Köln 1993.

führungsgrad im einzelnen jedoch nicht näher bekannte Umformungen im 19. Jahrhundert, schließlich Überarbeitungen im neubarocken Sinne im 20. Jahrhundert. Die Restaurierung, die zwischen 1989 und 1991 erfolgte, arbeitete die Strukturen des frühen 18. Jahrhunderts wieder heraus, ohne die jüngeren Spuren zu beseitigen. Es entstand also keine Rekonstruktion eines Barockgartens, die ohnehin nicht zu dem 1902–1904 in Neurenaissancestil wiederaufgebauten Schloß gepaßt hätte, sondern letztlich eine neue Anlage, an der man die lange Geschichte des Parks ablesen kann.[31]

Der Schillingspark in Düren-Gürzenich, ein in der ersten Hälfte des 19. Jahrhunderts entstandener Landschaftspark, war lange unbekannt geblieben und drohte zu verwildern. Seit 1996 wird er nach und nach wiederhergestellt. Am Erfolg der Arbeiten hat das Engagement der privaten Eigentümer wesentlichen Anteil.[32]

Die Wiederherstellung der Parkanlage um Schloß Moyland (Gemeinde Bedburg-Hau, Kreis Kleve) erfolgte bis 1999 auf der Grundlage von Luftaufnahmen, die den Zustand vor den Kriegszerstörungen zeigen und die durch örtliche Befundanalysen ergänzt wurden. Ziel ist, die Gestaltung im Sinne der zweiten Hälfte des 19. Jahrhunderts wiederzugewinnen.[33] Schließlich hat man auch in Burgau 1992 mit der Restaurierung der Parkanlagen unter Berücksichtigung der Arbeiten der 20er Jahre begonnen.[34]

Die Anlagen des Solbades Raffelberg in Mülheim/Ruhr wurden 1908/09 von Walter von Engelhardt geplant, der seit 1906 Gartendirektor in Düsseldorf war. Ihm gelang es, die Idee des Landschaftsgartens im Sinne Lennés in das 20. Jahrhundert zu überführen. Nach langer Vernachlässigung erkannte die Stadt Mülheim in den 90er Jahren den Wert der Anlage. Die gartendenkmalpflegerische Wiederherstellung begann in Zusammenarbeit mit dem Rheinischen Amt für Denkmalpflege 1995.[35]

Erst seit 1995 besteht im Rheinischen Amt für Denkmalpflege eine Stelle für die Gartendenkmalpflege. Dennoch gehört das Amt damit zu den ersten in den alten Ländern – und bis heute zu den wenigen –, die über eine solche Stelle verfügen können.[36] Eine der vordringlichen Aufgaben ist die Inventarisation der historischen Gärten im Rheinland. Hier gibt es insbesondere bei den privaten Gärten viel Unbekanntes. Die alten Inventarisationslisten enthalten häufig allenfalls den Hinweis auf den Garten. Dazu kommen immer wieder Sonderaufgaben wie die Beteiligung des Amtes an den Konzepten der in Benrath und Dyck geplanten Gartenmuseen oder an der Vorbereitung der für 2002 vorgesehenen dezentralen Landesgartenschau, in deren Mittelpunkt historische Gärten stehen sollen.

31 Gustav Wörner, Der Schloßpark – Niedergang und Wiederherstellung eines historischen Gartenraums. In: Westdeutsche Landesbank Girozentrale (Hrsg.), Schloß Krickenbeck. Düsseldorf 1991, S. 45–51.

32 Petra Engelen/Michael Frinke, Unbekannte Garten- und Parkanlagen: Der Schillingspark in Düren-Gürzenich. In: Denkmalpflege im Rheinland 13, 1996, S. 97–103.

33 Gustav Wörner, Der Park am Schloß Moyland in Bedburg-Hau. In: Landschaftsverband Rheinland – Referat Umweltschutz/Landespflege/Rheinischer Verein für Denkmalpflege und Landschaftsschutz (wie Anm. 26), S. 85–89.

34 Oktavia Zanger, in: Berichte über die Tätigkeit der Denkmalpflege. In: Jahrbuch der Rheinischen Denkmalpflege 38, 1999, S. 206.

35 Felix Grützner, Gartenkunst zwischen Tradition und Fortschritt – Walter Baron von Engelhardt (1864–1940) (= Studien zur Kunstgeschichte 3). Bonn 1998, S. 310–316.

36 Denkmalpflege im Rheinland 12, 1995, S. 140 und 144. – Udo Mainzer, Balance zwischen Produktivität und „Produkten". Amtsbericht für die Jahre 1995 und 1996. In: Jahrbuch der Rheinischen Denkmalpflege, S. 517–558, bes. S. 520. Von den übrigen alten Ländern verfügen nur Niedersachsen und Schleswig-Holstein über Gartendenkmalpflege-Stellen. In der DDR war dagegen die Gartendenkmalpflege seit Mitte der 70er Jahre etabliert. Auch in Berlin gibt es seit 1978 eine eigene Gartendenkmalpflege: Landesdenkmalamt Berlin (Hrsg.), Gartenkunst Berlin. 20 Jahre Gartendenkmalpflege in der Metropole. Berlin 1999.

Das Objekt der Gartendenkmalpflege: der Garten[37]

Obwohl seit fast hundert Jahren unstreitig ist, daß Gärten ebenso wie Bauten Denkmäler sein können, hat die Denkmalpflege Gärten häufig übersehen oder allenfalls kurz abgehandelt. Sie wurden fast ausschließlich als Rahmen oder als Zubehör der Bauwerke gesehen. Der Band „Rheinland" des „Handbuchs der deutschen Kunstdenkmäler" mag hier als typisches Beispiel gelten. In Köln nennt er nur den sog. „Geusenfriedhof" am Weyertal und den Melatenfriedhof als eigene Denkmäler, allerdings vor allem der Bauten und Grabdenkmäler wegen. Die Grüngürtel werden lediglich als Teil der Stadtbaugeschichte erwähnt. Insgesamt werden nur die Gartenanlagen von Brühl und Kleve ausführlich behandelt; dabei erhält die Beschreibung der baulichen Objekte in Kleve – wie der Grabstätte des Prinzen Johann Moritz oder der Minerva Tritonia – ein deutliches Übergewicht. Der Benrather Park erscheint lediglich als Anhängsel des Schlosses. Im Dycker Park wird allein auf den „herrlichen Baumbestand" und die Steinbrücke von 1767 verwiesen.[38] Auch die Denkmälererfassung, die in Nordrhein-Westfalen zur Vorbereitung des Denkmalschutzgesetzes Ende der siebziger Jahre begonnen wurde, erwähnt – allerdings schon aufgrund der gebotenen Kürze – Gärten allenfalls. Aber selbst grundlegendere Werke gehen vielfach nicht über eine Erwähnung hinaus. So charakterisiert ein Band über die Burgen und Schlösser des Kreises Euskirchen zwar kurz die bis heute erhaltenen Gärten von Bürvenich und Eicks; dagegen werden die Bauten des in wesentlichen Teilen zerstörten Schlosses Bollheim zwar ausführlich besprochen, der zugehörige, bildlich überlieferte Garten jedoch nicht erwähnt.[39]

Ein Garten besteht aus Elementen unterschiedlichster Art, für deren Verwendung und Anordnung oder aber Weglassen topographische und klimatische Voraussetzungen, Nutzungsüberlegungen, Schönheitsvorstellungen etc. maßgeblich sind. An erster Stelle unter diesen Elementen sind die Pflanzen zu nennen. Sie sind schließlich dasjenige Material, durch das sich der Garten von allen anderen Anlagen und Objekten der Denkmalpflege unterscheidet und das besondere Methoden des Umgangs mit ihnen erfordert. Als weitere Elemente kommen verschiedenste Anlagen baulicher Art hinzu, angefangen von Wegen über Gewässer oder Bodenmodellierungen bis zu Gebäuden. Der Einfachheit halber sei im folgenden lediglich zwischen Pflanzen und sonstigen Anlagen unterschieden.

II. Der „Baustein Pflanze"

Zu den Merkmalen des Gartens, die ihn von der Wildnis unterscheiden, gehört, daß der Mensch Pflanzen nach seinem Willen einbringt und gleichsam als „Bausteine" verwendet. Pflanzen sind jedoch lebende Organismen und unterscheiden sich damit wesentlich von den der Baudenkmalpflege vertrauten Materialen Stein, Ziegel oder Holz. Diese, die „klassischen" Baumaterialien, nehmen ab. Ihre Veränderung geschieht, wenn nicht der Mensch einwirkt, so langsam, daß sie nur bei bewußter Aufmerksamkeit und oft nur im Rückblick auf einen längeren Zeitraum wahrgenommen wird.

37 Die Begriffe „Park" und „Garten" werden nicht einheitlich verwendet. Hermann Fürst von Pückler-Muskau, Andeutungen über Landschaftsgärtnerei. Frankfurt am Main und Leipzig 1996 (Taschenbuchausgabe), S. 49–50, faßt seine Diskussion der Begriffe folgendermaßen zusammen: „Wenn der Park eine zusammengezogene idealisierte Natur ist, so ist der Garten eine ausgedehntere Wohnung."

38 Georg Dehio, Handbuch der Deutschen Kunstdenkmäler. Neubearbeitung. Rheinland, bearb. von Ruth Schmitz-Ehmke. München – Berlin 1967. – In der Stadt Köln ist diese Lücke wenigstens für die öffentlichen Parks mittlerweile geschlossen: René Zey, Parks in Köln. Ein Führer durch die Grünanlagen. Köln 1993.

39 Harald Herzog, Burgen und Schlösser. Geschichte und Typologie der Adelssitze im Kreis Euskirchen. Köln 1989.

Die Pflanze dagegen wächst und vergeht, ohne daß der Mensch darauf Einfluß nehmen kann. Vielfach geschieht das sogar sehr schnell. Die bearbeitete Oberfläche toten Materials hat ein durch den Menschen definiertes Aussehen, das sich nur langsam wandelt. Das Aussehen der Pflanze aber wird durch ihren Lebensrhythmus wesentlich mitbestimmt. Blüten und Blätter verändern sich nicht nur mit den Jahreszeiten, sondern oft bereits im Tageslauf. „Wir sind nämlich nicht imstande in der landschaftlichen Gartenkunst ein bleibendes, fest abgeschlossenes Werk zu liefern, wie der Maler, Bildhauer und Architekt, weil es nicht ein totes, sondern ein lebendes ist, und gleich den Bildern der Natur auch die unsrigen, wie Fichte von der deutschen Sprache sagte: immer werden, und nicht sind – d.h. nie stillstehen, nie ganz fixiert und sich selbst überlassen werden können. Es ist also eine leitende, geschickte Hand Werken dieser Art fortwährend nötig. Fehlt diese zu lange, so verfallen sie nicht nur, sie werden auch etwas ganz anderes, ist sie aber gegenwärtig, so kann sie auch ohne Aufhören im Detail noch neue Schönheiten hinzufügen, ohne die bestehenden zu verlieren oder aufzuopfern. Das Hauptwerkzeug, dessen wir uns nun zum *Schaffen* bedienen, unser Pinsel und Meißel, ist der Spaten; das Hauptwerkzeug des *Erhaltens* und Fortarbeitens aber ist die Axt. Sie darf keinen Winter ruhen, oder es geht uns mit den Bäumen wie dem Zauberlehrling mit den Wasserträgern – sie wachsen uns über den Kopf."[40]

Gehölzpflanzungen

Die Botanik definiert „Holzpflanzen" folgendermaßen: „Die Sproßachsen sind in allen Teilen verholzt und bleiben in ihrer Gesamtheit erhalten", und unterteilt sie in Zwergsträucher (bis etwa 1 m Höhe), Sträucher (meist über 2 m mit Verzweigung bereits an der Basis) und Bäume (unverzweigter Stamm und reich verzweigte Krone).[41] Da Holzpflanzen ausdauernde (perennierende) Pflanzen sind, können sie zu den ältesten pflanzlichen Bausteinen eines Gartens gehören.

Bäume

Bäume gliedern bereits durch ihre Größe den Garten in besonderer Weise: als Einzelbäume, in Gruppen oder als Allee. Aufgrund des Alters, daß sie erreichen können, gehen sie vielfach noch auf die ursprüngliche Anlage zurück.[42]

Sträucher

Neben den Bäumen tragen vor allem Strauchgehölze zur Raumbildung bei. Da Sträucher im allgemeinen eine nicht so hohe Lebenserwartung haben wie Bäume, kann deren Zusammensetzung sehr stark von der ursprünglichen Bepflanzung abweichen. Je nach Art und Sorte können Sträucher als freiwachsende oder geschnittene Hecke, als Gruppen- oder Unterpflanzung oder als Einzelgehölz verwendet werden.

40 Pückler (wie Anm. 37), S. 140.
41 OttoSchmeil/Jost Fitschen, Flora von Deutschland und seinen angrenzenden Gebieten. 87. Auflage, völlig neu überarbeitet und erweitert von Werner Rauh und Karlheinz Senghas, Heidelberg 1982, S. 15. Als weitere Gruppe sind hier noch die „Spaliersträucher" genannt, die als an den Boden angedrückte „Zwergsträucher der hochalpinen Region" definiert sind. In der Garten-denkmalpflege dürften sie nur seltener – in Steingärten oder botanischen Gärten etwa – von Bedeutung sein.
42 Der Besucher eines Gartens stellt sich häufig die Frage „Was ist das für ein Baum?" Deshalb sei an dieser Stelle das folgende Bestimmungsbuch genannt: Alan Mitchell, Die Wald- und Parkbäume Europas. 2. Aufl. Hamburg und Berlin 1979.

Stauden

Stauden sind mehrjährige, nicht verholzende, krautige Pflanzen, die in großer Arten- und Sortenvielfalt in den Gärten angepflanzt werden. Je nach Art werden Stauden als Solitärpflanze, als Bodendecker oder in Gruppenpflanzungen verwendet.

Sommerblumen

Einjährige Sommerblumen bereichern in vielfältiger Weise als heimische oder exotische Pflanze mit einer Vielzahl von Arten und Züchtungen den Garten. Die Verwendung von Sommerblumen ist in besonderem Maße dem Zeitgeschmack und den jeweiligen Kultivierungsmöglichkeiten unterlegen.

Nutzpflanzen

Nutzpflanzen dienen in unterschiedlicher Weise vor allem als Nahrungs- oder Arzneipflanzen dem Menschen. Insbesondere bei Gärten, die vornehmlich für die Versorgung der Grundstückseigentümer angelegt wurden, sind diese durch Nutzpflanzen geprägt. Der Anbau von Nutzpflanzen ist sicher Ursprung des Gartens.[43]

Kletterpflanzen

Kletter-, Schling- und Rankpflanzen werden in Gärten vornehmlich in Verbindung mit baulichen Elementen verwendet, die den Pflanzen den notwendigen Halt geben. In gleicher Weise binden die Kletterpflanzen die baulichen Elemente in den Garten ein.

Arten der Pflanzung
Alleen

Das wesentliche Kennzeichen einer Allee ist die Reihung von Bäumen. Daher steht die Allee hier unter den pflanzlichen Elementen. Dies zeigt freilich auch, daß solche Einteilungen oft nicht mehr sein können als Hilfskonstruktionen; denn die Allee ist ebenso wie durch die Bäume durch den von ihnen begleiteten Weg definiert. Alleen haben gliedernde, aber auch repräsentative Wirkung. Man unterscheidet Alleen, die im Sinne des Städtebaus oder der Landesverschönerung Ziele miteinander verbinden und Alleen innerhalb von Gärten und Parks. Erstere sind durchweg keine geschnittenen Alleen; letztere zeichnen sich häufig durch einen Formschnitt aus. In der Landschaft können Alleen für sich stehen; häufig führen sie zu einem Ziel. So ist die alte, einen guten Kilometer lange Kastanienallee zwischen Schloß Dyck und dem Nikolauskloster in erster Linie ein repräsentatives, die Landschaft gestaltendes Element. In Kalkum beginnt die Allee an der von Düsseldorf nach Duisburg führenden Landstraße und führt über 900 m, im letzten Viertel durch den von Maximilian Friedrich Weyhe geplanten Landschaftspark, auf das Hauptportal des Schlosses zu. In Brühl verbindet eine Allee den Schloßpark mit dem Falkenluster Busch. Innerhalb eines Parks dienen Alleen in besonderer Weise der Gliederung. In Brühl begleiten niedrig gehaltene Lindenalleen das Parterre; andere Alleen geben dem unregelmäßigen Umriß des Tiergartens eine innere Ordnung. In Benrath trennen die Fächeralleen die Privatgärten des kurfürstlichen Paars vom übrigen Park ab; weitere Alleen

43 Dazu mit weiteren Nachweisen Ulrich Stevens, Anmerkungen zu historischen Gärten. In: Rheinische Heimatpflege N. F. 36, 1999, S. 4–13.

durchziehen orthogonal und diagonal das quadratische Boskett. Der einzelne Alleebaum geht im Ordnungsprinzip der Baumreihung auf und unterwirft sich damit einem übergreifenden Gestaltungsanspruch.

Gehölzgruppen

Will man den Begriff „Gehölzgruppen" weit fassen, so könnte man darin beispielsweise auch die Pflanzungen innerhalb eines Bosketts verstehen oder den Wald, der in einen Park einbezogen ist. Im engeren Sinne sind damit aber überschaubare Gruppen von Bäumen und Sträuchern gemeint. Sie sind vor allem im Landschaftspark gliedernde und raumbildende Elemente, die den Blick lenken und rahmen. Gerne verwendet man sie, um Wegebiegungen zu motivieren und hier die Spannung für den Spaziergänger zu erhöhen. Auch an Wegekreuzungen werden häufig Gehölzgruppen angelegt.

Solitäre (Einzelbäume)

Die Verwendung von Einzelbäumen als Akzenten im Garten ist ebenfalls eine Eigenart besonders des Landschaftsgartens. Zu der besonders malerischen Wirkung tritt hier auch das botanische Interesse. Der Dycker Park bietet hierfür eine Reihe schöner Beispiele. In Brühl flankierten bis 1929 zwei „Wellingtonien" (wellingtonia gigantea; Mammutbaum) als Solitäre das Parterre.

Rasen- und Wiesenflächen

Rasen- oder Wiesenflächen bilden die horizontale Ebene, den „Teppich" im Gartenraum. Bereits in den mittelalterlichen Gärten war der Rasenplatz wichtig. Hier spielte sich vor allem das Leben im Garten ab. Albertus Magnus beschrieb um 1260 den Garten als von Kräutern gerahmte Rasenfläche, auf der schattenspendende Bäume stehen. „In der Mitte des Rasens aber darf es keine Bäume geben, sondern die Fläche erfreut vielmehr selbst durch die freie und unverdorbene Luft ... Wenn es aber möglich ist, soll eine ganz reine Quelle in die Mitte geleitet und in einem steinernen Becken aufgefangen werden, weil die Reinheit einer solchen viel zur Annehmlichkeit beiträgt."[44] Später tritt die Bedeutung der Rasenfläche offensichtlich in den Hintergrund. So spielt etwa im „Hortus Palatinus" zu Heidelberg der Rasen als Fläche keine Rolle; er ist lediglich Bestandteil der einzelnen Parterres. Erst im Landschaftsgarten und – parallel dazu – in der späteren französischen Gartentheorie wird der Rasen wieder wichtiger. So gelten für Antoine Joseph Dézallier d'Argenville – „La Théorie et la Pratique de Jardinage", Erstauflage Paris 1709 – die Rasenparterres als die fortschrittlichsten. In der Auflage von 1713 widmet er den Rasenarchitekturen ein eigenes Kapitel.[45] Im ab 1756 angelegten Garten von Schloß Benrath sind daher die Blumen auf die Privatgärten des Kurfürsten und der Kurfürstin beschränkt; die große Achse mit dem Spiegelweiher ist lediglich grün gestaltet. Im Landschaftsgarten spielen Rasenflächen dann eine große Rolle. Ein Grund für die wachsende Beliebtheit von Rasenflächen war freilich auch der im Vergleich mit blumenbepflanzten Parterres preiswertere Unterhalt.

---

44 Zitiert nach Clemens Alexander Wimmer, Geschichte der Gartentheorie. Darmstadt 1989, S. 22.

45 Wimmer (wie Anm. 44), S. 128–9.

Beete

Beete sind Teilflächen des Gartens, die vornehmlich der Anpflanzung von Stauden, Nutzpflanzen oder einjährigen Sommerblumen dienen. Die Art und Zusammensetzung der Bepflanzung prägt in besonderer Weise das jahreszeitliche Bild des Gartens durch eine Vielzahl von Blütenfarben und Blattformen.

In Renaissance und Barock werden die verschiedenen Formen des Parterres entwickelt.[46] Der Landschaftsgarten drängt das Beet zunächst in den Hintergrund. Aber um 1800 – beginnend mit den Schriften des Gartenkünstlers Humphry Repton[47] – legt man in der unmittelbaren Nähe des Hauses wieder geometrische Gärten und regelmäßig bepflanzte Blumenbeete an. Das 19. Jahrhundert entwickelt das Teppichbeet, „auf welchem bestimmte Muster aus verschiedenen farbigen Pflanzen gepflanzt sind, und die mit einem gestickten Teppich Ähnlichkeit haben".[48] Parallel zur Wiederentdeckung des Barock gewinnt am Ende des Jahrhunderts die formale Gartenkunst wieder größere Bedeutung. Blumenbeete bleiben seitdem wichtiger Bestandteil der Gärten. Auch der Nutzgarten kann zugleich der Zierde dienen; so wurden vor einigen Jahren im Brixener Herrengarten die Beete nach alten Plänen in geometrischen Mustern mit Gemüse und Salat bepflanzt.

Nichtpflanzliche Elemente

Ohne Pflanzen gäbe es den Garten nicht. Aber eine Ansammlung von Pflanzen ohne jegliche bauliche Anlage wäre ebenfalls kein Garten. Da ein Wesenszug des Gartens seine Abgrenzung gegen die Außenwelt ist, ist zumindest eine Umhegung notwendig. Selbst wenn diese als Hecke ebenfalls mit Pflanzen gestaltet ist, wird als kleinste denkbare bauliche Anlage doch zumindest eine Vorrichtung notwendig sein, die dem Eigentümer das Betreten und Verlassen des Gartens gestattet: eine Übersteighilfe oder ein Tor.

Garteneinfassung

Die Einfassung dient dazu, den Garten vor Dieben oder vor Tieren zu schützen. Vor allem werden Zäune, Mauern oder Hecken verwendet. In späterer Zeit wird der Ausblick aus dem Garten wichtig. Dies führt zur Verwendung des sogenannten „Aha". Dézallier d'Argenville schreibt dazu: „Man macht heute Maueröffnungen, Ahas genannt, die ohne Gitter auf der Ebene der Alleen, mit einem breiten und tiefen Graben darunter, liegen und auf beiden Seiten gemauert sind, damit das Erdreich gehalten wird und keiner hochklettern kann. Das überrascht den herankommenden Betrachter und läßt ihn ‚ah, ah' rufen, wovon sie ihren Namen bekommen haben; solche Öffnungen behindern den Blick weniger als die Gitterstangen."[49] Der Benrather Park ist rundum von einem solchen Aha umgeben, das den ungehinderten Blick in die umgebende Landschaft erlaubt. Im 19. Jahrhundert wird in manchem Landschaftsgarten schließlich die Umgrenzung fast ganz aufgehoben. Der in der Jahrhundertmitte entstandene Park von Westerwinkel in Westfalen geht an einer kaum noch wahrnehmbaren Flurgrenze unmittelbar in die umliegende Landschaft über.

46 Wilfried Hansmann, Gartenkunst der Renaissance und des Barock. Köln 1983, bes. S. 165–173. – Ders., Parterres: Entwicklung, Typen, Elemente. In: Hennebo (wie Anm. 3), S. 141–173.

47 Wimmer (wie Anm. 44), S. 242.

48 Wilhelm Hampel, Die moderne Teppichgärtnerei. 5. Aufl. Berlin 1896, S. 16; zitiert nach: Clemens Alexander Wimmer, Die Kunst der Teppichgärtnerei. In: Die Gartenkunst 3, 1991, S. 1– 16, hier S. 1. – W. A. C. Niemann, Der Teppichgärtner. Mit besonderer Berücksichtigung der Teppichbeete der Hamburger Internationalen Gartenbau-Ausstellung 1869. Ebenda, S. 17–28 (Nachdruck eines Textes von 1870).

49 Dézallier d'Argenville, zitiert nach Wimmer (wie Anm. 44), S. 124.

Wege und Plätze

Wege erschließen und gliedern den Garten. Ursprünglich diente der Gartenweg dazu, bequem an die einzelnen Beete heranzukommen. Damit bildete er sehr schnell das Grundgerüst der Ordnung im Garten.[50] Wege trennen und verbinden zugleich einzelne Bestandteile des Gartens. Im architektonischen Garten des Barock bilden die Wege häufig Haupt- und Nebenachsen, die auf ein Ziel hinführen. Dabei muß dieses Ziel nicht unbedingt real erreichbar sein. Im Landschaftsgarten führen Wege den Betrachter zu den einzelnen Landschaftsbildern und bestimmen die Reihenfolge der Betrachtung. In geschwungener Führung sollen sie zudem häufig den Garten größer und weiträumiger erscheinen lassen. Wege könne sich zu Plätzen ausweiten, die als Ruhe- und Sammelpunkte dienen. In kleinen Gärten wird oft auf Wege verzichtet. Der mittelalterliche Garten hat in einem Teil eine Wiese; der Weg ist dem Nutzgarten vorbehalten. In Gärten der Nachkriegszeit ist der Weg häufig zur Plattenreihe reduziert.

Bodenmodellierungen

Bodenmodellierungen spielen zu allen Zeiten eine wesentliche Rolle. Schon früh werden Hanglagen zum Anlaß für die Anlage von Terrassen genommen. Dabei werden natürliche topographische Voraussetzungen durch Abgrabungen oder Aufschüttungen und durch die Anlage von Stützmauern ergänzt. Im Landschaftsgarten erhalten solche topographischen Veränderungen ein natürliches Aussehen. Hier sind natürliche Gegebenheit und gartenkünstlerische Veränderung oft nur schwer voneinander zu unterscheiden. Gerade Maximilian Friedrich Weyhe benutzt gerne Bodenmodellierungen. Bekannt ist der Ananasberg im Düsseldorfer Hofgarten. Auch der künstliche Aussichtshügel am Nordrand des Kalkumer Schloßparks ist ein deutliches Beispiel. Fast unbekannt und kaum zugänglich ist der Aussichtshügel am Südufer des Großen Inselweihers im Brühler Park.

Gewässer

Pflanzen brauchen für ihr Wachstum Wasser. Schon deshalb ist Wasser seit jeher ein wichtiges Element im Garten. Bis zur Entwicklung des Landschaftsgartens wurde es in Becken oder Brunnen architektonisch gefaßt. Auch die Eigenschaft einer Wasserfläche, das Licht zu reflektieren und die Umgebung widerzuspiegeln, wird künstlerisch genutzt. In der Bewegung der Fontänen und Kaskaden wird seine lebensspendende Kraft anschaulich und zu einem Hohepunkt der Gartengestaltung. Der Landschaftsgarten gestaltete auch das Gewässer nach dem Vorbild der Natur. Der Schlangenbach im Benrather Park, der – ursprünglich von Eibenhecken begleitet – wohl dem Lauf des alten Itterbettes folgt, ist ein frühes Beispiel für kunstvoll gestaltete Natürlichkeit. In großen Parks legte man ein Gewässer gerne so an, daß es im Landschaftsbild als Abschnitt eines Flußlaufs erscheint. Sofern ein Gewässer groß genug war, wurde es gerne für Kahnfahrten genutzt. In Brühl ließ sich Clemens August mit Gondeln von Schloß Augustusburg zum Indianischen Lusthaus fahren; auch im Schillingspark in Düren-Gürzenich zeigt eine Photographie von 1867 eine Kahnpartie.

Bauliche Anlagen

Zu den baulichen Anlagen im Garten zählen vor allem die Gebäude im Garten, angefangen vom Haus des Garteneigentümers – sei es das Schloß oder das Reihenhaus – bis hin zu Gewächs-, Tee-

---

50 Zum Garten als „Ordnung" vgl. Stevens (wie Anm. 43).

oder Gartenhäusern. Im Brühler Park ist an die verschwundenen Bauten wie das Indianische Lusthaus oder das Schneckenhaus zu erinnern.[51] Aber auch alle Arten von Treppen und Terrassen, Stütz- oder Begrenzungsmauern oder Pergolen etc., aber auch Spiel- und Sportanlagen gehören unter diesen Begriff. Darüber hinaus sollen hier auch Einfassungen von Beeten und Rasenflächen – etwa Kantensteine oder Bandeisen – und Schmuckelemente wie Statuen, Vasen etc. darunter eingeordnet werden. Auch sie sind natürlich Gegenstände der Gartendenkmalpflege. In ihrem Aussehen und ihren Materialeigenschaften entsprechen sie aber den Objekten der Baudenkmalpflege. Gartenhäuser werden daher schon früh – wie oben erwähnt – in den Berichten der Denkmalpflege behandelt. Aus diesem Grund soll das Thema „bauliche Anlagen im Garten" hier nicht weiter vertieft werden.

III. Aufgaben und Methoden der Gartendenkmalpflege

In einem spätantiken Cicero-Kommentar heißt es: „‚Omnia monumenta dicuntur, quae faciunt alicuius rei recordationem' – alle Dinge werden Monumente (Denkmäler) genannt, die Erinnerung an irgendetwas hervorrufen".[52] Diese Definition kann auch heute noch gelten. Sie läßt offen, ob die Denkmäler bewußt gesetzt wurden, um in der Nachwelt die Erinnerung wachzuhalten, oder ob erst die Nachwelt mit ihnen die Erinnerung verbindet. Auch „‚aliqua res' – irgendeine Sache" läßt offen, ob die Erinnerung an einen bedeutenden Menschen, ein herausragendes Ereignis der Vergangenheit oder – im Sinne der modernen Denkmalschutzgesetze – an alles gemeint ist, was mit Geschichte verbunden werden kann. Parallel zur Entwicklung der Geschichtswissenschaft, für die heute nicht mehr Herrscher- und Staatsgeschichte im Mittelpunkt stehen, hat sich auch der Denkmalbegriff von den „Denkmälern vaterländischer Geschichte" auf die Zeugnisse etwa der „Entwicklung der Arbeits- und Produktionsbedingungen" oder des Alltagslebens ausgedehnt.[53]

Aufgaben
Erscheinungsbild und Substanz

Im Denkmal wird Geschichte sinnenhaft erlebbar und – im wahrsten Sinne des Wortes – anschaulich. Der Blick auf das Denkmal verbindet den Menschen mit den Vorfahren, die – zu einem früheren Zeitpunkt – denselben Blick auf dasselbe materielle Objekt haben konnten. Das Denkmal ist also in erster Linie und ursprünglich etwas zum Ansehen; dem Betrachter fällt daher zunächst das „Erscheinungsbild" eines Denkmals ins Auge.

Die Beobachtung, daß gerade die älteren Denkmäler sich durch Umbauten oder Ergänzungen verändert hatten, führte dazu, sie von späteren Zutaten zu befreien. Man wollte – vor allem – das Bild des als vorbildhaft geltenden Mittelalters wiedergewinnen. Beispielsweise fielen dieser Überlegung im 19. Jahrhundert – und darüber hinaus – viele barocke Kirchenausstattungen zum Opfer.

51 Wilfried Hansmann, Die indianischen Lustbauten des Kurfürsten Clemens August im Brühler Schloßpark. In: Günther Borchers (Hrsg.), Beiträge zur rheinischen Kunstgeschichte und Denkmalpflege 2 (= Die Kunstdenkmäler des Rheinlandes, Beiheft 20). Düsseldorf 1974, S. 191–211.
52 Zitiert nach Michael Petzet/Gert Mader, Praktische Denkmalpflege. Stuttgart 1993, S. 24.
53 In § 2 Abs. 1 des nordrhein-westfälischen Denkmalschutzgesetzes heißt es: „Denkmäler sind Sachen, Mehrheiten von Sachen und Teile von Sachen, an deren Erhaltung und Nutzung ein öffentliches Interesse besteht. Ein öffentliches Interesse besteht, wenn die Sachen bedeutend für die Geschichte des Menschen, für Städte und Siedlungen oder für die Entwicklung der Arbeits- und Produktionsbedingungen sind und für die Erhaltung und Nutzung künstlerische, wissenschaftliche, volkskundliche oder städtebauliche Gründe vorliegen."

Bald erkannte man, daß die Wiederherstellung eines vermeintlich historischen Idealzustandes zur weiteren Veränderung bis hin zur Zerstörung des Denkmals führt. Was man erreicht, ist nicht das Wiedergewinnen des Ursprünglichen, sondern eine Chimäre: alt aussehend, jedoch weitgehend neu geschaffen. Angesichts von Plänen, das ruinöse Heidelberger Schloß wiederaufzubauen, prägte Georg Dehio 1905 die Maxime „Konservieren, nicht restaurieren".[54]

Das Erscheinungsbild ist also nicht alles, auch wenn es für die Anschauung wichtig bleibt. Aber das Auge kann getäuscht werden. Zur Wahrung des Erscheinungsbildes reicht letztlich die bloße Kulisse, wie wir sie vom Film kennen. Seit der Mensch sich mit den Hinterlassenschaften früherer Zeiten beschäftigt, ist ihm die Echtheit wichtig.[55] Im Umgang mit der Kunst lassen sich zahllose Beispiele finden, in denen der Wert eines Kunstwerks von seiner Echtheit abhängt.

Die Authentizität der historischen Substanz macht folglich wesentlich das Denkmal aus. Zum einen ist dies die geheimnis- und reizvolle „Aura", das Bewußtsein, daß dies beispielsweise derselbe Stein ist, den ein mittelalterlicher Baumeister in der Hand gehabt hat. Der Verfasser hat auf einer Grabung einmal einen Arbeiter beobachtet, der das Bruchstück eines „strigilis"[56] gefunden hatte und sich in diesem Augenblick demjenigen ganz nahe fühlte, der vor fast 2000 Jahren das unbrauchbar gewordene Werkzeug – wahrscheinlich wutentbrannt – fortgeschleudert hatte. Darüber hinaus enthält die Substanz historische Informationen: etwa für die Entstehungszeit charakteristische Materialien oder Bearbeitungsspuren. Sie wird damit selber zu einer wichtigen Geschichtsquelle. Bevor man beispielsweise wußte, daß die Jahresringe im Holz zur Bestimmung des Fälljahres eines Baums herangezogen werden können und damit wichtige Hinweise zur Baugeschichte desjenigen Bauwerks geben können, in dem dieses Holz verbaut wurde, war ein altes Holz nicht mehr als ein Material, daß ohne weiteres und ohne Schaden für das historische Bauwerk durch ein gleichgestaltetes Stück Holz ersetzt werden konnte. Die Entwicklung der Dendrochronologie zeigt aber, daß mit dem Austausch der historischen Substanz wichtige Informationen für immer verloren gehen können. Das bedeutet im Blick auf die Zukunft, daß wir möglicherweise noch gar nicht imstande sind, alle Informationen zu lesen,[57] daß also die Aufgabe historischer Substanz unsere Nachfahren unter Umständen einer wichtigen Informationsquelle beraubt. Es kann daher auch statthaft sein, auf die Anschaulichkeit ganz zu verzichten, wenn dadurch die Substanz besser bewahrt werden kann. So konnte man jüngst bei der Restaurierung des Rheingoldsaales der Düsseldorfer Rheinterrassen die überstrichenen Wandgemälde nicht freilegen. Dies wäre dank der empfindlichen Oberflächen ohne Zerstörungen unmöglich gewesen. Die Wandflächen erhielten daher eine diese Malereien konservierende Gipskartonschale. Damit bleibt es einer späteren Generation vorbehalten, mit möglicherweise verbesserten Restaurierungstechniken die Gemälde auf schonendere Weise wiederzugewinnen.

54 Dieter Spiegelhauer, 100 Jahre „Konservieren, nicht restaurieren"? In: Udo Mainzer (Hrsg.), Festschrift zum hundertjährigen bestehen des Rheinischen Amtes für Denkmalpflege (= Jahrbuch der Rheinischen Denkmalpflege 36). Köln 1993, S. 207–236.

55 Anton Legner, Reliquien in Kunst und Kult. Zwischen Antike und Aufklärung. Darmstadt 1995, besonders S. 49–54: „Echte und falsche Reliquien". Ebenso Stephan Beissel, Die Verehrung der Heiligen und ihrer Reliquien in Deutschland bis zum Beginne des 13. Jahrhunderts. Freiburg im Breisgau 1890, S. 128–145. Unveränderter reprografischer Nachdruck in: Stephan Beissel, Die Verehrung der Heiligen und ihrer Reliquien in Deutschland im Mittelalter. Darmstadt 1991.

56 Ein strigilis (Schabeisen) ist ein Instrument mit gebogener Klinge, das im Bad zum Abschaben des Körpers benutzt wurde. Das hier genannte Stück ist abgebildet bei: Tilmann Bechert, Asciburgium – Ausgrabungen in einem römischen Kastell am Niederrhein (= Duisburger Forschungen 20). Duisburg 1974, S. 107, Abb. 83, 4.

57 Ich erinnere mich an eine Rundfunksendung zum 1. April. Darin wurde von Forschungen berichtet, denen zufolge sich Schallwellen in antiken Tongefäßen erhalten hätten und wieder hörbar gemacht werden könnten. Wenn hier auch als Aprilscherz ausgedacht, so ist eine solche Überlegung grundsätzlich gar nicht so abwegig.

Die Baudenkmalpflege hat seit längerem wieder, zunehmend seit Beginn der 80er Jahre, Wert auf die Substanz als den einzigen authentischen Träger historischer Information gelegt. In diesem Sinne war die unter dem Druck der Wärmedämmungs- und Isolierglaswelle entstandene Diskussion, wie ein denkmalgerechtes Sprossenfenster aussehen solle, eher hinderlich. Sie lenkte lange die Aufmerksamkeit von der Frage ab, wie historische Fenster in ihrer Substanz, also auch mit den historischen Beschlag- und Schließmechanismen, erhalten werden könnten.[58] Die Gartendenkmalpflege hat sich länger mit dem Erscheinungsbild begnügt. Noch zu Beginn der 80er Jahre galt gerade bei historischen Gärten der ursprüngliche Plan als das eigentliche Denkmal. Im Handbuch „Schutz und Pflege von Denkmälern in der Bundesrepublik Deutschland" heißt es, daß das im Plan niedergelegte Wollen durch ständige Pflege und gegebenenfalls Austausch der Pflanzen immer wieder von neuem gewonnen werden müsse.[59]

Erhaltung der Substanz

Auch wenn nicht nur in der breiten Öffentlichkeit sondern gelegentlich selbst in fachlichen Diskussionen Gegenteiliges behauptet wird: Die grundsätzliche Aufgabe der Denkmalpflege kann nichts anderes sein als die Erhaltung der historischen Substanz. Das Erscheinungsbild mag wiederherstellbar und rekonstruierbar sein. Aber die Grundlagen einer Rekonstruktion lassen regelmäßig manche Frage offen; das Ergebnis ist abhängig von individuellen Interpretationen. Die historische Substanz ist dagegen authentisch und – einmal vernichtet – nicht wiederzugewinnen. Diese Handlungsmaxime gilt auch für die Gartendenkmalpflege. Freilich muß sie mit den besonderen Eigenschaften des „Bausteins Pflanze" umgehen und dessen Wachstum und Vergänglichkeit einbeziehen.

Substanzerhaltung in der Gartendenkmalpflege kann also bedeuten, Formveränderungen gegenüber dem eigentlich gewollten Zustand in Kauf nehmen zu müssen. Dies gilt vor allem, wenn die notwendige Pflege unterblieben ist. Während die Lindenalleen in Brühl ständig im Schnitt blieben – wenn auch dessen Form sich im 19. Jahrhundert änderte – und daher seit 250 Jahren ihren Maßstab bewahrt haben, wuchsen die Fächeralleen in Benrath zu großen Bäumen heran. Auch nach dem 1997 notwendig gewordenen Rückschnitt konnte die ursprünglich gewollte Proportion nicht wiedergewonnen werden. Aber dank des geglückten Austriebes sind die Fächeralleen, die jetzt aufs neue regelmäßig geschnitten werden, doch wieder als Gartenräume des 18. Jahrhunderts zu erahnen. Natürlich kann man dies als Verfälschung des ursprünglichen Entwurfsgedankens kritisieren. Man kann es aber auch als Patina, als Zeichen des Alters und der Ehrwürdigkeit des Gartens sehen.[60]

58 Zu unterschiedlichen Positionen siehe folgende Beiträge in Deutsche Kunst und Denkmalpflege 39, 1981: E. Seifert, Die Bedeutung des Fensters im Denkmalschutz (S. 25–34); Heinrich Habel, Sprossenlose Fenster an Baudenkmälern? (S. 35–38); Claus Arendt, Energieeinsparende Maßnahmen am Fenster (S. 39–43). In jüngerer Zeit sind zu nennen: Rainer K. Wick, Gestalterische und denkmalpflegerische Überlegungen zum Fenstertausch an historischen Bauwerken. In: Johannes Busmann/Joachim Frielingsdorf/Christoph Hegerath, Kunst und Architektur. Festschrift für Hermann J. Mahlberg zum 60. Geburtstag. Wuppertal 1998, S. 131–136. – Jörg Schulze, Erhalt oder Erneuerung. Hinweise für die denkmalgerechte Be-

handlung historischer Fenster. In: Denkmalpflege im Rheinland 7, 1990, Heft 3, S. 30–32.
59 Peter Anstett, Historische Gärten und Anlagen. In: August Gebeßler/Wolfgang Eberl (Hrsg.), Schutz und Pflege von Baudenkmälern in der Bundesrepublik Deutschland. Stuttgart 1980, S. 171–177, hier S. 174.
60 Ulrich Stevens, Düsseldorf-Benrath: Fächeralleen im Schloßpark gekappt – Denkmalpflege oder Baumfrevel? In: Denkmalpflege im Rheinland 14, 1997, S. 139–140. – Claus Lange, Düsseldorf-Benrath – Entwicklung und Pflege der Fächeralleen im Benrather Schloßpark – Ein Werkstattbericht. Ebenda 16, 1999, S. 85–91.

Allerdings kommt Gartendenkmalpflege nicht gänzlich ohne rekonstruierende Methoden aus. Kurzlebige Pflanzen müssen immer wieder erneuert, langlebige durch Rück- oder Formschnitt auf das richtige Maß gebracht werden. Andernfalls ist das gestalterische Wollen der Anlage schon sehr bald nicht mehr erkennbar, sind Durch- und Ausblicke schnell verloren. Freilich: Wie ein archäologisches Objekt unter Erde verborgen ist, so kann die Anlage des Gartens auch in ihrer ursprünglichen Substanz unter Wildwuchs noch erhalten und nur dem wissenden Auge noch erkennbar sein.

Methode

Jede Maßnahme der Denkmalpflege benötigt zur Vorbereitung drei grundsätzliche Schritte. Zunächst muß das zu bearbeitende Objekt in seinem Bestand erfaßt werden. Dann folgt die Bewertung, die auch die möglichst umfassende Untersuchung der Objektgeschichte umfaßt. Daraus muß das Ziel der Maßnahme entwickelt werden. In diese Arbeit fließen nicht nur historische Erkenntnisse ein, sondern auch der „technische" Zustand, die Behandlungsmöglichkeiten oder die Einflüsse äußerer Umstände – von den Umwelt- bis zu den Finanzierungsbedingungen. Bei Gärten kommt in besonderem Maße der Faktor „Zeit" dazu. So kann der Verlust eines alten Baumes nicht unmittelbar ausgeglichen werden. Bis ein neugepflanzter Baum das Bild wieder ergänzen kann, vergehen Jahre und Jahrzehnte. Die Landschaftsgärtner beschäftigten sich daher schon zu Beginn des 19. Jahrhunderts mit dem Problem, alte Bäume umzusetzen. Fürst Pückler berichtet von einem in vier Jahren hergestellten Garten, der mindestens wie ein fünfzig Jahre alter aussah.[61] Gegebenenfalls müssen auch Tiere und Pflanzen umgesiedelt werden und sich an eine neue Umgebung gewöhnen können, bevor notwendige Arbeiten beginnen dürfen. Eine gartendenkmalpflegerische Maßnahme wird sich daher oft über Jahre hinziehen. Damit das einmal angestrebte Ziel auch bei wechselnder Verantwortlichkeit und neuen Zuständigkeiten nicht aus dem Auge verloren wird, ist das Mittel des „Parkpflegewerks" entwickelt worden. In diesem sind alle, auch kleinere, Maßnahmen festgehalten, die im Lauf der Zeit durchgeführt werden sollen.[62] Der Umfang und die Kosten eines solchen Werks hängen vom Objekt und den notwendigen Maßnahmen ab. Für den Benrather Park war bereits eine „Analyse der historischen Strukturen" hilfreich, aus der nach und nach die einzelnen Maßnahmen entwickelt werden.[63]

Bestandserfassung

Grundlage jeder Denkmalpflege ist die möglichst genaue Kenntnis dessen, mit dem man sich beschäftigt. Dabei ist einmal der Garten in seinem heutigen Bestand selber zu sehen; zum anderen ist möglichst viel über seine historische Entwicklung in Erfahrung zu bringen. Die Bestandsaufnahme des Gartens selbst beginnt mit der Frage, in welcher Umgebung der Garten liegt bzw. ursprünglich lag: Himmelsrichtung, Topographie, Klima, Boden. Dann sind die einzelnen Elemente aufzunehmen und zu bewerten. Zur Bestandserfassung gehört vor allem ein Plan, der alle Pflanzen oder Pflanzflächen, Wege, Gewässer oder Bauten enthält. Natürlich kann nicht jede einzelne Staude lagerich-

61 Pückler (wie Anm. 37), S. 73. Im siebenten Abschnitt seiner „Andeutungen" ist die Versetzung größerer Bäume ein Hauptthema.

62 Erika Schmidt, Gartendenkmalpflegerische Maßnahmen. Übersicht und Begriffserläuterungen. In: Hennebo (wie Anm. 3), S. 49–80. – Forschungsstelle für Geschichte der Gartenkunst und experimentelle Landschaftsarchitektur (Hrsg.), Roundtable-Gespräch: Park-

pflegewerke – bewährt oder verjährt? Zusammengestellt von Tilman Gottesleben. Hannover 1998.

63 Gustav und Rose Wörner/Irene Markowitz, Historische Strukturen im Schloßpark Benrath (= Beiträge zur Gartendenkmalpflege – Garten-, Friedhofs- und Forstamt). Düsseldorf 1991. – Claus Lange, Wiederherstellungsmaßnahmen im Benrather Schloßpark nach 1945. In: Pigage (wie Anm. 5), S. 175–206.

tig eingetragen werden, aber schon bei Sträuchern und erst recht bei Bäumen ist das unabdingbar. Bei Bäumen sind neben der Art und dem genauen Standort der allgemeine Zustand und vorhandene Schädigungen – wie Wunden oder Schädlingsbefall – zu erfassen. Verwachsungen oder Verdickungen in gleicher Höhe oder Anordnung können Hinweise auf frühere Formschnitte sein. Eine Abschätzung des Alters kann die Zuordnung eines Baumes zu einer bestimmten Entwicklungsphase des Gartens ermöglichen. Wichtig zu wissen ist, ob ein Baum bewußt gepflanzt wurde, also Bestandteil der Gesamtkomposition ist, oder ob er sich durch Aussaat entwickelte. Ähnliches gilt für Strauchgehölze. Da Sträucher im allgemeinen eine nicht so hohe Lebenserwartung haben wie Bäume, kann deren Zusammensetzung allerdings sehr stark von der ursprünglichen Bepflanzung abweichen. Verwachsungen und Verdickungen können auch hier Hinweise auf ehemalige Form- oder Heckenschnitte geben. Auch bei den Sträuchern ist neben der Erfassung der Art und des allgemeinen Zustandes vor allem die Frage zu klären, ob es sich um einen angepflanzten oder selbst entwickelten Strauch handelt.

Aufgrund der zumeist kurzen Lebensdauer der in Beeten verwendeten Pflanzenarten ist in den seltensten Fällen die ursprüngliche Bepflanzung noch vorhanden. In besonderem Maße gilt dies für die Verwendung von einjährigen Pflanzen und Sommerblumen. Nachpflanzungen unterlagen zum Teil dem jeweiligen Zeitgeschmack oder wurden durch Neuzüchtungen beeinflußt. Eine Auswertung der Quellen kann hier wichtige Hinweise liefern. Man muß jedoch damit rechnen, daß sich mehr an pflanzlicher Substanz erhalten hat, als es bisher möglich erschien. Dabei handelt es sich freilich nicht mehr um die ehemals gepflanzten Individuen, aber doch um deren unmittelbare Abkömmlinge. So wurde in Chatsworth (England) festgestellt, daß die botanische Zusammensetzung des Parkrasens noch auf das 18. Jahrhundert zurückgeht. Hier gibt es Ansätze, die Pflanzengesellschaften in historischen Gärten und in ihrer Umgebung genauer zu untersuchen und gegebenenfalls verwilderte, heute nicht mehr erhältliche Zierpflanzen wieder zu kultivieren.[64]

Die zeichnerische Aufnahme eines Plans – aber auch einer Ansicht – ist nicht nur die Grundlage späterer Überlegungen; sie zwingt auch zum genauen Hinsehen. Aber schon die bloße Betrachtung, zu der man sich Zeit und Muße nimmt, kann beim zweiten oder dritten Blick vieles klären.

Der Bestandserfassung des Originals parallel geschieht die Zusammenstellung der sekundären Nachrichten. Dies sind in erster Linie historische Pläne und Karten. Bei älteren Anlagen kann häufig die Kartenaufnahme von Tranchot, die zur Franzosenzeit begonnen wurde und später von v. Müffling weitergeführt wurde, wichtige Hinweise auf den Zustand zu Beginn des 19. Jahrhunderts geben. Gegen die Mitte des Jahrhunderts entstand in vergleichbarer Qualität die sogenannte „Preußische Uraufnahme", Ende des Jahrhunderts die „Preußische Neuaufnahme". Neben Karten und alten Photos sind Unterlagen zum Garten wie Lieferscheine, Rechnungen oder Pflanzlisten, aber auch gegebenenfalls Tagebücher oder Briefe, in denen der Garten genannt wird, hilfreich. Ebenso wichtig sind selbstverständlich historische Ansichten des Gartens. Mancher Hinweis mag sich da in alten Familienphotos verbergen, die im Garten aufgenommen wurden. Unterlagen können in den verschiedensten Archiven liegen. In erster Linie kommen Familien-, Orts- und Kreisarchive in Frage. Wenn ein Garten den Zeitgenossen interessant genug erschien, kann er auch in Zeitschriften veröffentlicht worden sein.

64 Brigitt Sigel, „Alles Erhaltene wird zum redenden Zeugnis" – Das Gartendenkmal mit der Elle des Baudenkmalpflegers gemessen. In: Die Gartenkunst 5, 1993, S. 273–282, bes. S. 276–277. – Martina Nath-Esser, Zufall oder Absicht – Die wildwachsende Vegetation historischer Gärten – ein Zusammenspiel zwischen Gartengeschichte, menschlichem Einfluß und Natur. In: Die Gartenkunst 9, 1997, S. 284–290. – Klaus von Krosigk, Parkwiesen und Parkrasen als historische Denkmäler. In: Naturschutz und Denkmalpflege. Wege zu einem Dialog im Garten (= Veröffentlichungen des Instituts für Denkmalpflege an der ETH Zürich Bd. 18). Zürich 1998, S. 203–216.

Bewertung

Auf die Erfassung dessen, was man vorfindet, folgt die Bewertung. Sie ist in erster Linie historisch orientiert. Es ist also zu fragen, welche Pflanzen und Anlagen – oder deren Spuren – der ursprünglichen Gestaltung des Gartens zuzuordnen sind, welche zu einer späteren Veränderung gehören. Welche Pflanzen haben sich wild ausgesät und verdecken möglicherweise darunter erhaltene gestaltete Strukturen? Dazu darf aber auch eine ökologische Bewertung nicht vernachlässigt werden. Gerade verwilderte Bereiche können hier einen besonderen Wert erlangt haben. Sie können aber einfach auch nur ein schönes Bild abgeben, an das die Menschen sich gewöhnt und das sie liebgewonnen haben. Ein eindrucksvolles Beispiel sind hier bis zu den Sturmschäden des Frühjahrs 1997 die schon genannten Fächeralleen im Schloßpark von Benrath gewesen. Weil sie seit 1796 nicht mehr regelmäßig beschnitten worden waren, war hier ein „Naturdom" entstanden, für den in den zwanziger Jahren gar ein Kriegerdenkmal entworfen wurde, das hier gleichsam als „Altar" stehen sollte.

Letztlich sollte die Bewertung folgende Fragen beantworten:
– Was gehört zur künstlerischen/gestalterischen Anlage des ursprünglichen Gartens und ist in der Substanz noch erhalten?
– Was ist gegebenenfalls weiteren künstlerischen Veränderungen zuzurechnen?
– Was entspricht nicht mehr dem ursprünglichen Konzept, hat aber ästhetischen oder ökologischen Wert – beispielsweise durchgewachsene Bäume?
– Was ist nachträglich ohne gestalterische Absicht hinzugekommen, hat aber einen eigenen Wert erhalten?
– Was ist gestalterisch und ökologisch ohne Wert?

Planung

Nach Bestandserfassung und Bewertung ist eine Zielvorstellung zu entwickeln. Diese geht zunächst einmal davon aus, daß der Garten in seinem vorgefundenen Zustand bereits Denkmal ist. Spätere Veränderungen müssen nicht grundsätzlich abträglich sein; sie können als Spuren seiner Geschichte auch ihre eigene historische Bedeutung haben. Das Ziel kann also durchaus sein, den Garten so zu erhalten, wie er ist. Dies wird wenigstens bei Anlagen, die über längere Zeit vernachlässigt worden sind, kaum zutreffen. Dabei ist dies oft auch eine Frage der Vermittlung. Dem Geldgeber, Eigentümer oder Politiker, ist es oft kaum verständlich zu machen, daß nach den Kosten einer Bestandserfassung nun nichts geschehen soll, an dem man erkennen kann, daß hier Geld aufgewendet worden ist. Es ist also zu fragen, wie das Denkmal nach Durchführung der Maßnahme aussehen soll. Bei einem komplexen Objekt wie einem Garten ist das von besonderer Wichtigkeit. Von vornherein muß klar sein, daß das Ziel in aller Regel nicht kurzfristig erreichbar ist. Bei einem Baudenkmal ist die Sanierung ein – wenn man so will – technischer Ablauf. Die Zeitplanung ist allein vom Umfang der einzelnen Gewerke abhängig, der sich umso besser abschätzen läßt, je genauer die Vorplanung ist. Bei einem Garten kommen die zeitlichen Rhythmen der Natur dazu. Zwar kann ich einen Baum recht schnell pflanzen; aber bis er die gewünschte Gestalt und Größe hat, können Jahre vergehen. Schnitte sind nur zu bestimmten Zeiten möglich. Dabei muß berücksichtigt werden, daß der Garten Ort von Lebensgemeinschaften ist. So sind die Brutzeiten von Vögeln zu beachten. Seltenen Pflanzen und Tieren muß unter Umständen Zeit gegeben werden, sich an neuen Stellen anzusiedeln, wenn der bisherige Standort – beispielsweise bei der notwendigen Reparatur einer Mauer – nicht bestehen bleiben kann. Gegebenenfalls ist auch der psychologische Moment einzukalkulieren: Die Menschen haben sich an ein bestimmtes Aussehen des Gartens gewöhnt. Die Notwendigkeit einer Veränderung ist nur schwer zu vermitteln. Also wird man manche Arbeiten zeitlich schon deshalb strecken müssen, damit die Veränderung nicht unangenehm auffällt.

Die Zielvorstellung wird sich in der Regel an einem früheren Zustand orientieren, der besonders wichtig erscheint. Es war über lange Zeit keine Frage, daß der ursprüngliche Zustand, also die ursprüngliche künstlerische Anlage, der Maßstab zu sein hatte. So war das Auffinden des Girard-Planes in Brühl Anlaß, den Zustand des 18. Jahrhunderts zu rekonstruieren. Historische Pläne und Ansichten können freilich täuschen. Der Plan stellt – auch heute noch – eine grundsätzliche Richtlinie dar; die Wirkung ist jedoch oft erst bei der Ausführung zu prüfen. So muß immer damit gerechnet werden, daß die Verwirklichung von der Planung abweicht. Ähnliches gilt für historische Ansichten. Sie zeigen häufig Idealzustände, die in der Praxis nicht erreicht wurden. Dies war den Bauherren vielfach auch bewußt. So ließ der Landgraf von Hessen-Kassel unter dem Titel „Delineatio montis" ein großformatiges Stichwerk mit den geplanten Anlagen am Karlsberg – heute Wilhelmshöhe – herausgeben und ein großes Modell bauen; so konnte er sich wenigstens an der Vorstellung des von ihm geplanten Parks erfreuen, der zu den großartigsten Gartenschöpfungen des Barock gehört, aber nie vollendet wurde.

Zudem zeigt sich immer wieder, daß die Rückführung auf einen ursprünglichen Zustand zur Zerstörung jüngerer historischer Schichten führt, die eine spätere Generation für wesentlich hält und deren Verlust sie bedauert. Die Rekonstruktion des Brühler Parterres hat uns wieder das Bild eines Parterres der ersten Hälfte des 18. Jahrhunderts vor Augen gestellt. Die gartengeschichtlich ebenso interessante Umformung Lennès ist dabei aber verloren gegangen.

Ein Garten ist für die Gartendenkmalpflege zuerst einmal ein Dokument der Geschichte. Das bedeutet, daß beim Umgang mit dem Denkmal ästhetische Überlegungen zunächst einmal zurücktreten müssen. Diese können allenfalls dann ausschlaggebend sein, wenn zwischen mehreren gleichwertigen Möglichkeiten des Umgangs mit einem Denkmal entschieden werden muß. Grundsätzlich wird zu überlegen sein, welche Spuren auch dann erhalten werden müssen, wenn sie zeitlich nicht zusammen gehören. Bei der gartendenkmalpflegerischen Wiederherstellung des Krickenbecker Parks wurden zwar die Grundstrukturen der barocken Wegeführung wieder herausgearbeitet. Die Pflanzungen des 19. Jahrhunderts blieben aber bestehen, auch wenn der eine oder andere Baum innerhalb eines Weges steht.[65]

In der Planung muß also eine konkrete Vorstellung davon entwickelt werden, wie der Garten einmal aussehen soll. Leitbild kann dabei ein bestimmter historischer Zustand sein. Es kann aber auch geboten erscheinen, den gegenwärtigen Zustand im Prinzip zu bewahren, ohne unterschiedliche historische Schichten zu überdecken.

Umsetzung

Die Umsetzung braucht Zeit. In aller Regel wird die rasche Durchführung einer Planung nicht von Vorteil sein. Es ist wichtig, sich Zeit zu nehmen bei der Behandlung eines historischen Gartens. Vielfach wird es besser und bezahlbarer sein, eine Wiederherstellungsplanung im Laufe der kontinuierlichen Pflege durchzuführen. Schon von Pückler ist die Aussage überliefert, daß seine Gärten erst nach 150 Jahren das von ihm gewollte Aussehen hätten. Bei einer Anlage, die bereits 170 Jahre alt ist, sollten 7 Jahre keine Rolle spielen. Man muß also die Vision der künftigen Gestalt als Ziel vor Augen haben, aber in kleinen Schritten vorwärtsgehen. Dies bietet auch den Vorteil, daß sich dadurch der Naturschutz besser einbinden und gegebenenfalls die Akzeptanz in der Öffentlichkeit erhöhen läßt.

---

65 Rose und Gustav Wörner (wie Anm. 31).

Pflege

Da die einem unablässigen Wandel unterworfenen Pflanzen ein wesentlicher Bestandteil des Gartens sind, bedarf dieser der ständigen Pflege. Daher muß gerade Gartendenkmalpflege aktiv sein, aktiver als Baudenkmalpflege. So verwilderte der Weimarer Ilmpark, da man ihn unverfälscht im Sinne Goethes und Karl Augusts erhalten wollte und so die notwendige Pflege unterließ.[66] Auch die Sichtachsen vom Klever Sternberg, die erst um 1980 wieder freigeschnitten worden waren, sind mittlerweile erneut zugewachsen.

Instandsetzung und Restaurierung eines Denkmals sind oft spektakuläre und auch teure Maßnahmen. Sie wären in vielen Fällen nicht notwendig, wären nicht Pflege und Unterhaltung vernachlässigt worden. Dies gilt freilich nicht nur für denkmalwerte Gartenanlagen. Allerdings ist die regelmäßige Pflege nicht nur mühsam, sondern auch weitaus weniger presse- und öffentlichkeitswirksam. Gelder werden daher lieber für einmalige Maßnahmen zur Verfügung gestellt als für die notwendige Betreuung. Ein Gebäude mag mangelnde Unterhaltung über längere Zeit einigermaßen gut verkraften; zumindest werden die Folgen erst sehr viel später sichtbar. Unterbliebene Pflege eines Gartens kann schon nach einem Jahr den Erfolg einer Restaurierung in Frage stellen. Eine Wiederherstellung ist also wenig sinnvoll, wenn in der Folge die Pflege nicht gesichert ist. Auch der Pflege muß das Wissen um die Eigenart und die Bedeutung des Gartens zugrunde liegen. So ist die seit 1984 in Brühl kontinuierlich durchgeführte Sommerbepflanzung nach dem Muster des 18. Jahrhunderts nur möglich, weil die fest angestellten Gärtner mit der Zeit mit dem besonderen Charakter und dem künstlerischen Rhythmus vertraut gemacht werden konnten.[67]

Pfleglicher Behandlung bedarf aber auch die Umgebung eines Gartens. Artikel 14 der „Charta von Florenz" hält fest: „Der historische Garten muß in angemessener Umgebung erhalten werden. Jede Veränderung im Umfeld, die das ökologische Gleichgewicht gefährdet, muß verboten werden."[68] Veränderungen in der Umgebung wirken sich aber nicht nur ökologisch, sondern auch auf das Kunstwerk aus. So war der Benrather Park ursprünglich als „Insel in der Landschaft" gedacht. Die ehemals freie Aussicht vom Randweg war seit dem Ende des 19. Jahrhunderts nach und nach auf die Südseite beschränkt worden, da in der unmittelbaren Nachbarschaft immer mehr Häuser errichtet wurden. Um 1970 wurde damit begonnen, auch diesen bis dahin freien Landschaftsrest mit einer Wohnsiedlung zu überplanen. Die ursprünglich bis an den Parkrand geplante massive Bebauung wurde schließlich auf ein verträgliches Maß reduziert und auf eine Distanz von 100 m verwiesen. So blieb hier wenigstens eine Ahnung des Blicks in die bäuerliche Kulturlandschaft bewahrt. Mittlerweile ist jedoch ein in diesen Streifen hineinreichendes Seniorenwohnheim entstanden, das den letzten Freiraum in der Umgebung des Parks unangemessen dominiert.[69] Zugleich wird immer wieder der Wunsch nach einer Brücke laut, die den Bewohnern des Heims einen unmittelbaren Zugang zum Schloßpark bieten soll, zugleich aber die dem Kunstwerk zugrunde liegende Idee weiter zurückdrängen würde.

66 Hennebo (wie Anm. 3), S. 16.
67 Wilfried Hansmann, Denkmalpflege an Schloß Augustusburg in Brühl 1984–1986. In: Jahrbuch der Rheinischen Denkmalpflege 33, 1989, S. 229–264 (bes. S. 255–264).
68 Wie Anm. 24, S. 147.
69 Helmut Börsch-Supan, Der Luxus des Verschleißens. Pflegefälle: Der Garten von Schloß Benrath in Düsseldorf soll durch Neubauten zerstört werden. In: Frankfurter Allgemeine Zeitung vom 08.12.1992. – Ulrich Stevens, Düsseldorf – Schloßpark Benrath eingeengt. In: Rheinische Heimatpflege 29, 1992, S. 201–202. – Ders., Der Benrather Schloßpark – Bedeutung, Zustand, Gefährdung. In: Denkmalpflege im Rheinland 10, 1993, S. 8–14 und 53–61.

IV. Das Erleben historischer Gärten

Der Garten ist eines der ältesten Kulturgüter des Menschen. Er besitzt eine bis in das Altertum zurückreichende lange Tradition künstlerischer Gestaltung.[70] Dennoch sind historische Gärten in hohem Maße gefährdet. „Aus statistischen Erhebungen in Niedersachsen und Bayern ergibt sich, daß heute von 1000 urkundlich überlieferten historischen Gärten kaum mehr als zehn Anlagen erhalten sind und diese oft nur noch in Rudimenten." Bereits Hirschfeld schreibt: „Schon an zwey bis drey Gärten, die so reizend waren, kann ich jetzt nicht mehr ohne Wehmut denken; verlassen und verändert von neuen geschmacklosen Besitzern, denen sie zufielen, trauern sie schon ihrem Untergange entgegen."[71] Es scheint, daß es heute noch mehr Menschen schwerfällt, im Garten das Kunstwerk zu sehen. Dafür lassen sich verschiedene Ursachen ausmachen.

Zum einen ist der heutige Mensch von einer Bilderflut umgeben, die schnell konsumiert wird. Das entwertet das einzelne Bild; seine Besonderheit wird kaum noch wahrgenommen. Wer sich Muße und Zeit nehmen will, ein Bild eingehend zu betrachten, braucht ein großes Maß an Selbstdisziplin. Dank der Bilder sind großartige Naturszenerien jedem bekannt. Man lernt ferne Landschaften kennen, ohne dahin reisen zu müssen. Selbst diese Reise scheint kaum noch Mühe zu bereiten. Das Außergewöhnliche ist zum Bestandteil des Alltags geworden. Zudem erscheint die Wirklichkeit oft erst im technisch perfekten Abbild greifbar; viele Reisende sehen die Welt nur durch den Sucher der Kamera.[72] Demgegenüber sind die Bilder, die man in einem Garten betrachten kann, vergleichsweise unspektakulär. Der Versuch, im Garten einen Wasserfall darzustellen, erscheint demjenigen, der die Viktoria- oder Iguaçu-Fälle vor Augen hat, rührend naiv. Freilich gestand schon Friedrich Leopold Franz von Anhalt-Dessau, der Schöpfer des Wörlitzer Gartenreichs, ein, daß sein Versuch, die Erinnerung an Süditalien durch einen nachgebauten und „ausbruchfähigen" Vulkan wachzuhalten, mißglückt sei.[73]

Angesichts der mannigfaltigen Möglichkeiten zur Zerstreuung, die den Menschen in den industrialisierten Ländern heute zur Verfügung stehen, sind die Vergnügungen, die man im Garten suchte und fand, vergleichsweise bescheiden. Nicht nur Bilder machen den Garten schön, sondern auch die Bewegung, die im Garten zu beobachten ist. Das beginnt bereits mit der Bewegung der Pflanzen im Wind.[74] Nach Augustin Charles d'Aviler beseelen Fontänen springenden Wassers erst die Schönheit der Gärten.[75] Hirschfeld fordert Aussichten auf bewegte Szenen. Ideal sind von Booten und Schiffen befahrene Wasserflächen oder belebte Landstraßen. In diesem Sinne wurde 1842 auch der Bau der Eisenbahn von Köln nach Bonn durch den Brühler Park genehmigt und geplant. Wasser und Tiere bewegen sich nicht nur, sie erzeugen darüber hinaus angenehme Geräusche. Wichtig ist die Belebung durch Vögel. „Wer die gefiederten Sänger aus seinem Garten verbannt, oder ihnen doch nicht Anlockung und sichern Aufenthalt verschafft, der muß gar keinen Begriff von der Wollust der Bewegung und des Lebens haben, die er ihm dadurch raubt."[76] Endlich ist auch der Duft der Blumen wichtig. Der Garten soll alle Sinne erfassen: „Es ist in der Macht des Gar-

---

70 Bernard Andreae, „Am Birnbaum". Gärten und Parks im antiken Rom, in den Vesuvstädten und in Ostia (= Kulturgeschichte der antiken Welt 66). Mainz 1996. – Maureen Carroll-Spillecke (Hrsg.), Der Garten von der Antike bis zum Mittelalter (= Kulturgeschichte der antiken Welt Bd. 57). Mainz 1992.

71 Anstett (wie Anm. 59), S. 171. – Hirschfeld (wie Anm. 6) 5, S. V.

72 Dazu beispielsweise Susan Sontag, In Platos Höhle. In: Susan Sontag, Über Fotografie. Frankfurt am Main 1980 (Taschenbuchausgabe), S. 9–30.

73 Adrian von Buttlar, Der Landschaftsgarten – Gartenkunst des Klassizismus und der Romantik. Köln 1989, S. 152.

74 Hirschfeld (wie Anm. 6) 1, S. 172.

75 Cours d'Architecture, 1691, zit. nach Wimmer (wie Anm. 44), S. 120. Zu Wasser bei Dézallier d'Argenville siehe Hansmann 1983 (wie Anm. 46), S. 179–180.

76 Hirschfeld (wie Anm. 6) 1, S. 173.

tenkünstlers, durch das Auge, durch das Ohr und durch den Geruch zu ergötzen." „Durch alle diese Zugänge strömen die ländlichen Schönheiten und Annehmlichkeiten der Natur mehr oder weniger in die Seele ein."[77] Schließlich zitiert Hirschfeld aus einer Beschreibung des Marquis de Gerardin: „das Murmeln klarer Wässer, die verliebten Accente der Vögel, und die süßen Wohlgerüche der Blumen bezaubern darinn auf einmal alle Sinne".[78]

Die Aufmerksamkeit für ökologische Fragen hat zudem den Blick eher auf den Garten als Lebensraum gelenkt, in dem viele vorrangig die Standorte bedrohter Tier- und Pflanzenarten wahrnehmen. Schließlich hat auch der Landschaftsgarten von sich aus dazu beigetragen, das Wissen um die künstlerische Gestaltung zu verdrängen; denn seine Eigenart ist, daß er „selbst nichts anders als die Natur in einer etwas abgeänderten Gestalt zu seyn scheint".[79]

So erscheint der Garten häufig nur als Baulandreserve. Dies beginnt bereits mit der Umwandlung von Vorgärten in Stellplätze für Autos. Vor einigen Jahren gab es Überlegungen, in den Düsseldorfer Malkasten-Park ein zusätzliches Gebäude zu stellen. Der große Park der Villa Seyd in Wuppertal war in der Nachkriegszeit so zugebaut worden, daß die vorzüglich erhaltene Villa von der Denkmäler-Inventarisation zunächst übersehen wurde.[80] Aber die Inanspruchnahme historischer Gärten kann auch in einem scheinbar harmlosen Gewand auftreten. Hierher gehört der immer wieder geäußerte Wunsch, in einem solchen Garten Kunst aufzustellen. Schließlich hätten ja auch früher in einem Garten Kunstwerke gestanden. So schreibt d'Aviler 1691: „Die Werke der Bildhauerkunst tragen viel zur Herrlichkeit und zum Reichtum der Gärten bei."[81] Figuren sollen in einer Treillagenische (Treillage = Laubengang aus Gitterwerk) oder vor einer Hecke stehen, Vasen, Säulen und Obelisken an den Enden von Rampen oder an den Ecken von Treppen, Bassins und Broderiefeldern (Broderie = Blumenrabatte) sowie inmitten von Rasenflächen. Dézallier d'Argenville äußert sich im gleichen Sinne. Auch im Landschaftsgarten haben Statuen und Monumente ihren Platz. Sie sollen in Szenen aufgestellt werden, mit deren Charakter sie übereinstimmen. „Wenn man Statuen auf freye offene Plätze stellt, wie man in Gärten fast immer zu thun pflegt, so erkennt man bald, daß sie blos des Pomps wegen da stehen."[82] Im historischen Garten hatten Kunstwerke also eine dienende, sich dem Ganzen unterordnende Funktion. Im Architekturgarten waren sie zusätzliche Zier sowie verbildlichte Repräsentation und Philosophie; im Landschaftsgarten trugen sie zur Erzeugung von Stimmungen und Empfindungen bei. Dagegen beanspruchen diejenigen Werke, die heute in Gärten aufgestellt werden, häufig einen Eigenwert; der Garten wird zum Hintergrund für das einzelne Kunstobjekt. Im Krickenbecker Park wurde nach Abschluß der gartendenkmalpflegerischen Restaurierung ein groß dimensionierter Brunnen mit der Skulptur „Kern und Schale" des Bildhauers Otto Wesendonk errichtet, der zu einer neuen Dominante geworden ist. Am Moritzkanal in Kleve, Teil einer der bedeutendsten Parkanlagen Europas, sollen Eisenwürfel von Richard Serra aufgestellt werden. Die dafür vorgesehenen Plätze wären im Barock für die Aufstellung von Monumenten nicht in Frage gekommen. Angesichts solcher Inanspruchnahme fragt sich der Gartendenkmalpfleger gelegentlich, ob sich die Initiatoren solcher Maßnahmen auch ein Loriot'sches Knollennasen-Männchen in Rembrandts Nachtwache vorstellen könnten – selbstverständlich in das Original hineingemalt.

Denkmalpflege ist kein Vergnügen für wenige Fachleute; sie wird im öffentlichen Interesse wahrgenommen. Die Fachleute sollen deshalb die Öffentlichkeit mit den Denkmälern bekannt machen.

77 Hirschfeld (wie Anm. 6) 1, S. 162 und 161.
78 Hirschfeld (wie Anm. 6) 4, S. 65
79 Hirschfeld (wie Anm. 6) 1, S. 161.

80 Wolfgang Brönner, Wuppertal: Das Sommerhaus des Kaufmanns Hermann Seyd. In: Denkmalpflege im Rheinland 2, 1985, H. 2, S. 25–27.
81 Wimmer (wie Anm. 44), S. 121.
82 Hirschfeld (wie Anm. 6) 3, S. 133.

Dazu gehören Hinweise und Hilfestellungen, wie historische Gärten zu sehen sind, und Aufklärung, wie ihr Erleben gedacht war. Das „Sehen" und die Muße, den Garten zu betrachten, müssen gelernt werden. Es ist daher Aufgabe der Gartendenkmalpflege, ihre Theorien und Methoden, Erkenntnisse und Maßnahmen der Öffentlichkeit zu erläutern und zu vermitteln. Indem sie Gestaltungen erhält oder wieder sichtbar macht, gibt sie der Mit- und Nachwelt Gelegenheit, historische Gärten wieder als Kunstwerke zu sehen, zu erfahren und pfleglich zu behandeln.

I. Einleitung

Der Garten von Schloß Augustusburg in Brühl ist ein Denkmal von international anerkanntem Rang. Gemeinsam mit den baulichen Anlagen wurde der Garten bereits 1984 in die UNESCO-Liste des Weltkulturerbes aufgenommen. Das Bewußtsein um die herausragende Bedeutung des Gartens konkretisiert sich in den Bemühungen der Denkmalpflege: Bereits zu Beginn der 30er Jahre kam es unter dem preußischen Gartendirektor Georg Potente zur Rekonstruktion des barocken Hauptparterres südlich des Schlosses. Man schrieb dem Projekt eine richtungsweisende Geltung zu und stellte es 1937 auf der Weltausstellung in Paris einer großen Öffentlichkeit vor.[1] Sein Anspruch lag darin, bei der Wiederherstellung eines historischen Gartens erstmals gänzlich nach kunsthistorischen Grundsätzen vorgegangen zu sein.[2] Die ebenfalls umfangreichen Maßnahmen der 80er Jahre knüpften an die Arbeiten Potentes an: Die Rekonstruktion des Parterres erhielt eine Überarbeitung auf der Grundlage neuerer Erkenntnisse, und die Wiederherstellungsmaßnahmen wurden auf die seitlich angrenzenden Boskett-Bereiche ausgedehnt.[3]

Bezugspunkt dieser ehrgeizigen Unternehmungen war allein die barocke Ursprungsanlage Dominique Girards aus dem 18. Jahrhundert. Dagegen blieb die zweite bedeutende Entwicklungsphase des Gartens – ab 1842 unter Peter Joseph Lenné d. J. – vollkommen unbeachtet. Es ergibt sich das Mißverhältnis, daß zur Veranschaulichung einer Komponente der Gartengeschichte Erhebliches für Erhaltungs- und vor allem Ergänzungsmaßnahmen geleistet wurde, während die andere unterzugehen droht, da nicht einmal für die Konservierung von Originalsubstanz gesorgt ist.

Erst mit dem seit 1992 im Manuskript vorliegenden Gutachten der Landschaftsarchitekten Rose und Gustav Wörner[4] über die zukünftige denkmalpflegerische Behandlung des Brühler Gartens liegen Empfehlungen zur Erhaltung und Pflege von Gartenelementen aus der Zeit Lennés vor. Die Umsetzung läßt bisher auf sich warten.

Bei dem Gutachten der Landschaftsarchitekten Wörner handelt es sich um ein sogenanntes Parkpflegewerk. Damit wird eine methodisch fest umrissene, gartendenkmalpflegerische Untersuchung bezeichnet, bei der – basierend auf einer detaillierten Bestandsermittlung und einer umfassenden Dokumentation historischer Quellen – ein Pflege- und Entwicklungskonzept erstellt wird.[5] Im Falle des Brühler Parkpflegewerks ließ sich dieses Verfahren nicht allenthalben in Gänze durchführen. Die gartenhistorische Dokumentation blieb – was schriftliche Quellen anbetraf – auf bereits veröffentlichtes Material beschränkt.[6] – Damit war der Ansatz für die vorliegende Arbeit gegeben. Sie knüpfte zwar an das Parkpflegewerk an, vor allem wurde aber eine weitere Sichtung und Auswertung von Archivalien vorgenommen. Dabei legte die Fülle der neu erschlossenen Quellen aus

---

1 „Auf der Pariser Weltausstellung 1937, und zwar in den Räumen des neuen Trocadero, findet man als hervorragendsten deutschen Beitrag zu der Abteilung Denkmalpflege der Internationalen Kunstausstellung ein großes farbiges Modell des Brühler Schlosses und seines berühmten Gartenparks, deren Wiederherstellung nach den alten Plänen vor etwa drei Jahren ... begonnen, inzwischen vorbildlich durchgeführt und nahezu beendet wurde.", Westdeutscher Beobachter vom 14.6.1937 (den Hinweis auf den Zeitungsartikel verdanke ich Herrn Prof. Dr. Knopp vom Rheinischen

Amt für Denkmalpflege); das Modell befindet sich auf Schloß Brühl.

2 Vgl. Potente, 1935, S. 209–211, S. 209; vgl. Hennebo, 1985(2), S. 11–48, S. 24; vgl. Hansmann, 1995(1), S. 2.

3 Vgl. Hansmann/Schmitz, 1985, S. 322ff.; vgl. Hansmann, 1989(1), S. 229–264, S. 255.

4 Parkpflegewerk, 1992.

5 Zur Methodik von Parkpflegewerken: Bauer, 1961, S. 232–233; Wörner, 1991, S. 39–46.

6 Vgl. Parkpflegewerk, 1992, S. 3.

dem Zeitraum der Lenné-Planung die Konzentration auf diesen Zusammenhang nahe. Angesichts der denkmalpflegerischen Situation des Brühler Gartens erschien dies gerechtfertigt und gab Raum, das Archivmaterial nicht nur für die Quellendokumentation, sondern auch zur Erarbeitung einer anschaulichen Gartengeschichte über den Zeitraum unter Lenné nutzbar zu machen.

Die einzige Veröffentlichung, die sich speziell dem Thema des Brühler Gartens unter Lenné widmet, ist der nur wenige Seiten umfassende Aufsatz von Hinz aus dem Jahre 1967.[7] Der Beitrag enthält mit dem königlichen Ausführungsbefehl zwar eine wichtige Quelle, doch bleibt es darüber hinaus bei einigen kommentierenden Bemerkungen. Der von Günther/Harksen bearbeitete Bestandskatalog der Lennépläne aus dem Jahre 1990 beschränkt sich, was Brühl betrifft, auf grundlegende Informationen über das zur Verfügung stehende Planmaterial.[8] Daneben sind Äußerungen über den Brühler Garten in der Lenné-Forschung so gut wie nicht nachweisbar.[9] Auch die lokale Forschung zu Schloß Brühl und seinem Garten läßt die Planung Lennés häufig unerwähnt.[10] Meist bleibt es bei dem Hinweis auf die Autorenschaft Lennés.[11] Ausführlichere Bemerkungen – etwa bei Renard, Kordt und Hansmann/Knopp – stellen dagegen Ausnahmen dar. Bezeichnend für diese Beiträge ist, daß die Autoren eine ablehnende Haltung gegenüber dem Projekt Lennés erkennen lassen. Es erscheint als wenig rücksichtsvolle und bedauerliche Umgestaltungsmaßnahme der höher eingeschätzten Ursprungsanlage Girards.[12] Allein Nießen wertet den Charakter der Maßnahmen unter Lenné positiver, indem er von einer „Wiederherstellung der Anlagen" spricht.[13] Einmütig ist ebenfalls das Bedauern über die mit der Lenné-Planung zusammenhängende Einrichtung von Eisenbahnanlagen innerhalb des Parks. In ihnen werden Fremdkörper gesehen, die sich zerstörerisch auf den Garten ausgewirkt haben.[14]

Erst die Veröffentlichungen von Hansmann und Hansmann/Wörner aus dem Jahre 1989 kommen von der etablierten Rangordnung der Zustandsphasen ab und betrachten den Brühler Garten als das Werk zweier gleichrangiger Gartenarchitekten.[15] Auch hinsichtlich der Eisenbahn kommt eine neue Haltung zum Tragen. Das Vorhandensein der Bahnanlagen habe eine „Herausforderung an den Gartenarchitekten" dargestellt, und ihre Einbindung in den Park sei Lenné „meisterhaft" gelungen.[16]

Das Parkpflegewerk von 1992 umfaßt eine ganze Reihe wichtiger Resultate über die Anlagephase unter Lenné. Vor allem die im Rahmen des Gutachtens erfolgte Bestandsermittlung und -zuordnung stellt eine wesentliche Grundlage der vorliegenden Arbeit dar. Hinsichtlich der Dokumentation historischer Pläne und Bildquellen blieb kaum etwas nachzutragen.

7 Hinz, 1967, S. 194–207; identisch im Sammelband: Hinz, 1989, S. 473ff.

8 Bestandskatalog der Lennépläne, 1990; mit übereinstimmendem Text aber wesentlich besseren Abbildungen: Lenné. Katalog der Zeichnungen, 1993.

9 Hennebo sieht die von Repton propagierten Prinzipien des „zonierten" Gartens in der Brühler Planung Lennés verwirklicht, Hennebo, 1989, S. 49–59, S. 56; hinsichtlich des „Volkstummelplatzes" im Brühler Garten, Schönemann, 1993, S. 99–116, S. 109.

10 Unter anderem: Hörold, 1961, S. 147–149; Mertens, o.J.

11 Unter anderem: Clemen, 1897, S. 107; Hansmann/Knopp, 1982, S. 63; in einem Fall wird Lenné sogar die Urheberschaft abgesprochen: Renard, 1931, S. 40.

12 „Der Brühler Schloßpark ist dem üblichen Geschick der großen Gartenanlagen des 18. Jahrhunderts, in naturalistischem Sinne umgestaltet zu werden, nicht entgangen.", Renard, 1920, S. 47; „endgültige Umprägung des Brühler Schloßparks und Tiergartens in einen ‚englischen' Landschaftsgarten", Kordt, 1963, S. 81; „Endgültige Preisgabe des Girardschen Konzepts", Hansmann/Knopp, 1977, S. 109.

13 Nießen, 1921, S. 47.

14 Unter anderem: Nießen, 1921, S. 48; Renard, 1934, S. 68; Kordt, 1963, S. 83; Hansmann/Knopp, 1977, S. 109.

15 Hansmann, 1989(2), S. 27–29; Hansmann/Wörner, S. 81–88.

16 Hansmann, 1989(2), S. 27–29, S. 28.

Mit den Plänen aus der Sammlung der Stiftung Preußische Schlösser und Gärten Berlin-Brandenburg enthält das Parkpflegewerk die wohl wichtigste Quellengrundlage für die Brühler Planung Lennés. Aus diesem Material besitzen die beiden von Lenné signierten Pläne – nur einer weist mit „October 1842" eine Datierung auf – herausragende Bedeutung. (Abb. 17–18) Daneben ist dem Plan des „H. Vollert" aus dem Jahre 1859 (Abb. 35) ein besonderer Stellenwert einzuräumen. Als eines der wesentlichen Ergebnisse des Parkpflegewerks konnte nachgewiesen werden, daß dieser Plan den verwirklichten Gartenanlagen sehr nahekommt und der tatsächlichen Ausführung bei weitem mehr entspricht als die Lennépläne.[17]

Es ist wohl einem Versehen zuzuschreiben, daß das Parkpflegewerk einen Plan aus der Sammlung der Stiftung Preußische Schlösser und Gärten nicht aufführt. Der undatierte und unsignierte Plan ist deswegen von Interesse, da er Bleistifteintragungen aufweist, die möglicherweise von Lenné stammen und Abänderungen von der ursprünglichen Planung bezeichnen.[18] (Abb. 38, 39)

Ferner macht das Parkpflegewerk eine Anzahl historischer Bildquellen zugänglich, die Hinweise über die Gestaltung einzelner Gartenbereiche enthalten: Die Aquarelle Adolph Wegelins zeigen das Parterre und die Schloßvorhöfe (Abb. 40, 42, 46, 49, 50); die Bleistiftzeichnung des „Grafen Mörner" (Abb. 51) gibt eine Ansicht der Eisenbahnbrücke innerhalb des Parks wieder. Wichtige Informationen vermitteln auch die Ölbilder des Carl Daniel Freydanck. (Abb. 41, 43, 44, 47, 48) Sie wurden nicht in den Bildanhang des Parkpflegewerks aufgenommen, so daß die vorliegende Arbeit einige, im Zusammenhang des Gartens bisher unberücksichtigte Bildquellen beibringen kann.

Was die Erschließung weiterer Schriftquellen betrifft, verweist das Parkpflegewerk auf den Inventarband über die Brühler Schlösser und Gärten von Dohms.[19] Die darin verzeichneten Quellen zur Gartengeschichte boten bei der Archivarbeit eine wichtige Orientierung, doch blieb die Recherche nicht darauf beschränkt.

Da der Schriftverkehr zwischen den an der Verwaltung des Gartens beteiligten Stellen weitgehend vorliegt oder zu rekonstruieren ist, läßt sich ein sehr präzises Bild der Brühler Gartengeschichte in preußischer Zeit gewinnen. Auf der untersten Verwaltungsebene befand sich die Königlich-Preußische Hofgärtnerei in Brühl. Deren Unterlagen werden im Archiv des Schlosses Brühl aufbewahrt. Der Hofgärtnerei war zunächst die Königliche Regierung zu Köln vorgesetzt. Das erhaltene Aktenmaterial dieser Behörde befindet sich im Nordrhein-Westfälischen Hauptstaatsarchiv Düsseldorf. Federführend in der Verwaltung des Gartens war das Ministerium des Königlichen Hauses in Berlin. Leider gehören die Brühl betreffenden Akten des Ministeriums zu den Verlusten des Geheimen Staatsarchivs Preußischer Kulturbesitz. Diese Lücke in der Dokumentation ist zu verschmerzen, da die eingehende Korrespondenz des Ministeriums anhand der Konzepte der unter- bzw. übergeordneten Ebene weitgehend nachvollziehbar ist. Oberste Instanz in Fragen des Gartens war der auftraggebende preußische König Friedrich Wilhelm IV. selbst. Die entsprechenden Schriftstücke sind in mehreren Dossiers des Geheimen Zivilkabinetts zusammengefaßt und werden im Geheimen Staatsarchiv aufbewahrt. Dort befinden sich ebenfalls die Akten des Königlichen Hofmarschallamts. Seine Beteiligung an der Verwaltung des Gartens war offenbar gering; die Brühl betreffenden Akten beziehen sich fast ausschließlich auf die Kostennachweisung. Das Fehlen von Aktenmaterial aus der königlichen Gartenintendantur in Potsdam ist bedauerlich, da dieser Bestand wohl die Konzepte Lennés für die Gutachten über die Brühler Gartenplanung enthielt. Häufig wird ihr Inhalt aber in den ausgehenden Schreiben des Hausministeriums wiedergegeben.

17 Parkpflegewerk, 1992, S. 59.

18 Stiftung Preußische Schlösser und Gärten Berlin-Brandenburg, Planslg. Nr. 13175, Lenné. Katalog der Zeichnungen, 1993, Kat. Nr. 528.

19 Inventare, 1979.

Aus den Beständen des Geheimen Staatsarchivs wurden ferner die Akten des Staats- und des Finanzministeriums berücksichtigt. Sie bieten zum Teil wesentliche Informationen über den Zusammenhang zwischen dem Bau der Eisenbahn und der Gartenplanung. Des weiteren liegt ein Dossier der Oberbaudirektion vor, das eine Anzahl von Gutachten über bauliche Maßnahmen in Schloß und Garten enthält. Von Interesse ist ebenfalls die Personalrepositur Friedrich Wilhelms IV. Das darin befindliche Material bietet vor allem Hinweise über das zeitliche Umfeld der Gartenplanung. Aus dem Nachlaß Lennés betrifft keines der Korrespondenzstücke die Brühler Planung. Es ist aber ein Brief vorhanden, der über den beruflichen Werdegang des Brühler Hofgärtners Hermann Claussen Auskunft gibt. Der Oberpräsident der Rheinprovinz in Koblenz wurde nur dann in Sachen des Brühler Gartens tätig, wenn diesbezüglich Beschwerden oder Bittgesuche aus der Bevölkerung vorlagen. Dennoch enthalten die im Landeshauptarchiv Koblenz befindlichen Aktenbestände des Oberpräsidiums den einen oder anderen wertvollen Hinweis. In Hinsicht auf die Frage nach dem Zusammenhang zwischen Eisenbahn- und Gartenplanung haben die Direktions- und Verwaltungsratsprotokolle der Bonn-Kölner Eisenbahngesellschaft eine grundlegende Bedeutung. Aus ihnen wird deutlich, daß das Eisenbahnprojekt als eine Voraussetzung der Gartenplanung anzusehen ist. Darüber hinaus geben die Protokolle die Baugeschichte der verschiedenen Eisenbahngebäude wieder und belegen den weitreichenden Einfluß Lennés auf die Gestaltung der Bauten. Die von der einschlägigen Eisenbahn-Literatur schon verloren geglaubten Akten der Bonn-Kölner Eisenbahngesellschaft befinden sich im Historischen Archiv der Stadt Köln.[20] Ohne wesentliche Ergebnisse blieb die Recherche im Stadtarchiv Brühl. Einige biographische Daten über die beteiligten Gärtner ließen sich im Personenstandsarchiv in Brühl und im Stadtarchiv Koblenz ermitteln.

Auch Archivbestände aus vorpreußischer Zeit sind berücksichtigt worden. Doch fand keine umfassende Untersuchung dieses Materials statt; vielmehr blieb die Recherche an den Lebensdaten Lennés orientiert. Dies trifft zu auf die Bestände Kurköln, Lande zwischen Maas und Rhein, Roerdepartement sowie Generalgouvernement Mittel- und Niederrhein im Nordrhein-Westfälischen Hauptstaatsarchiv Düsseldorf. Dasselbe gilt für den Nachlaß von Spiegel im Stadtarchiv Bonn und Akten aus dem Archiv von Schloß Dyck.

Neben dem Aktenmaterial lassen sich Zeitungen aus dem 19. Jahrhundert als Schriftquellen für die Brühler Gartengeschichte heranziehen. Die recht intensive publizistische Auseinandersetzung mit dem Geschehen in Brühl ist ein Beleg für die Relevanz der Gartenplanung. Da die Berichterstattung die Wahrnehmung von Zeitgenossen spiegelt, sind anhand der Zeitungen wesentliche Hinweise für die Deutung des Lenné-Projekts zu gewinnen. Vor allem die Durchsicht der „Kölnischen Zeitung" erwies sich als ergiebig. Ferner wurden die „Rheinische Zeitung", das „Bonner Wochenblatt", die „Koblenzer Zeitung" und die „Allgemeine Preussische Zeitung" auf Hinweise zur Gartengeschichte durchgesehen.

Anhand des reichhaltigen Quellenmaterials läßt sich die Geschichte des Brühler Gartens unter Lenné ausführlich beschreiben. Darin besteht neben der Quellendokumentation das Ziel dieser Arbeit. Da das Projekt Lennés keine vollständige Neuplanung darstellt, ist es zunächst notwendig, die vorangegangene Gartengeschichte zusammenfassend darzustellen. Der historische Abriß gibt den Stand der vorhandenen Literatur wieder. Dies beinhaltet, daß auch die Defizite und Probleme der Forschung benannt werden.

Allerdings erwies sich der Informationsstand über die französische und frühe preußische Gartenverwaltung als fragmentarisch. Da diese Abschnitte der Gartengeschichte in bezug auf den Lebens-

---

20 Vgl. Schmoeckel/Kemp, 1994, S. 13.

lauf Lennés bzw. als Vorphase der Gartenplanung von Bedeutung sind, war der Rückgriff auf Quellenmaterial hier unvermeidlich.

Die Biographie Lennés ist nicht erst seit seiner Planungstätigkeit während der 40er Jahre mit der Brühler Gartengeschichte verknüpft. Bereits zuvor bestanden zahlreiche Verbindungslinien. Sie gehören ebenfalls zu den Voraussetzungen der späteren Planung.

Die Ausführungsbefehle des Königs vom 17. Oktober 1842 zur Verwirklichung der Gartenplanung sind größtenteils wörtliche Wiedergaben der nun vorliegenden Denkschrift Lennés. Diese Schriftquellen machen gemeinsam mit dem Lennéplan das Ergebnis der Planung aus und bilden die Grundlage für die Ausführung. Auf das Zustandekommen dieser Dokumente und die Klärung ihrer Inhalte ist in der Planungsgeschichte einzugehen. Zunächst gilt es, in einer knappen Darstellung des unmittelbaren zeitlichen Umfelds den Anlaß für die Gartenplanung offenzulegen. Vor allem die Reise Friedrich Wilhelms IV. durch die Rheinprovinz im Spätsommer 1842 verdient hierbei Beachtung. Auch die neue Rolle des Brühler Schlosses als preußische Königsresidenz im Rheinland ist in diesem Zusammenhang anzusprechen. Nachfolgend geht es darum, die Planungsgeschichte in ihrem Ablauf wiederzugeben. Dabei wird insbesondere auf die Verhandlungen zwischen Lenné und der Bonn-Kölner Eisenbahngesellschaft einzugehen sein. Erst dann richtet sich der Blick auf die einzelnen Komponenten der Planung: Ausgehend vom Entwurfsplan aus dem Jahr 1842 wird die Konzeption für verschiedene Gartenbereiche vorgestellt. Damit sich übernommene Substanz und Elemente der Neuplanung unterscheiden lassen, erfolgt parallel eine Gegenüberstellung mit zeitgenössischen Bestandsplänen. Indem deutlich wird, in welchem Umfang und an welchen Orten Lenné Bestehendes beibehält, Verlorenes wiederherstellt oder aber Neues auf Kosten des Alten verwirklicht, werden Aussagen über die Haltung Lennés gegenüber den vorangegangenen Entwicklungsphasen des Gartens möglich. Dieser Aspekt hat aus dem Grunde besonderes Gewicht, da die Relation zur Ursprungsanlage Girards für die Würdigung des Lenné-Projekts in der Literatur bisher bestimmend war. Ähnliches gilt für die Einrichtung der Eisenbahn innerhalb des Parks. Die Maßnahmen zur gestalterischen Einbindung der Bahnanlagen sind ebenfalls besonders gründlich zu untersuchen.

Für die Darstellung der Ausführungsgeschichte ist es zunächst notwendig, die der Realisation zugrunde liegenden Organisationsstrukturen offenzulegen und die Kompetenzen der beteiligten Stellen voneinander abzugrenzen. Selbstverständlich verdient dabei die Rolle Lennés spezielle Beachtung. Dies gilt zumal, da angesichts der Unterschiede zwischen Planung und Ausführung zu fragen ist, inwieweit diese Abweichungen auf Lenné zurückgehen. Aber auch die Stellung des Hofgärtners ist besonders zu würdigen. In Brühl liegt der seltene Fall vor, daß für einen königlich-preußischen Hofgärtner offizielle Dienstinstruktionen erlassen worden sind.

Im Hinblick auf die Durchführung der Gartenarbeiten erweist sich das Quellenmaterial als besonders ergiebig. Der Fortgang der Arbeiten ist in einem Tätigkeitsbericht des Hofgärtners über die Jahre 1843 bis 1847 anschaulich wiedergegeben. Die darin enthaltenen Angaben lassen sich durch die vorhandenen Kostenvoranschläge und Jahresetats weiter differenzieren. Auch das Planmaterial enthält wertvolle Informationen über die Ausführung. Der undatierte Lennéplan, der sich anhand der Schriftquellen nunmehr zeitlich einordnen und interpretieren läßt, grenzt die Bereiche des ersten und zweiten Ausführungsabschnitts voneinander ab. Mittels des Vollertplans lassen sich die Abweichungen von der ursprünglichen Planung benennen. Dabei ist jeweils zu untersuchen, aus welchen Gründen diese Änderungen erfolgt sind.

Der Dokumentationswert der historischen Ansichten von Schloß Brühl und seiner Umgebung wird in einigen Fällen dadurch geschmälert, daß künstlerische Absichten in die Darstellung einfließen. Meist erweisen sie sich jedoch als zuverlässig und vermitteln wichtige Einzelheiten über Zustand und Wirkung der vollendeten Gartenanlagen.

Nachdem die Planungs- und Ausführungsgeschichte untersucht worden ist, gilt es, die wesentlichen Charakteristika des Brühler Gartenprojekts verständlich zu machen. Dafür bieten das politische Handeln und das Gesellschaftsbild Friedrich Wilhelms IV. wesentliche Anknüpfungspunkte. Auch das Vorhandensein der Eisenbahn im Garten läßt sich auf dieser Grundlage deuten. Ferner ist darauf hinzuweisen, daß technische Einrichtungen in historischen Parks kein isoliertes Phänomen darstellten, sondern auch Gärten Orte waren, an denen sich die Aneignung von Technik vollzog. Die Einbettung in diesen übergeordneten Zusammenhang ist problematisch, da das angesprochene Themenfeld kaum bearbeitet ist und im Rahmen der vorliegenden Arbeit nur im Sinne einer knapp und thesenhaft formulierten Annäherung behandelt werden kann.

Verbindungslinien zu anderen Werken Lennés ergeben sich unter den verschiedensten Aspekten. Weder die Darstellung der Planungs- und Ausführungsgeschichte noch der abschließende interpretative Teil können darauf verzichten, diese Parallelen miteinzubeziehen.

Die vorliegende Arbeit enthält einen Quellenanhang. In ihm werden bedeutende gartenhistorische Quellen aufgeführt, die sich nicht sinnvoll in den Text integrieren ließen.

II. Der Brühler Garten von der Anlage Girards bis zum Beginn der Planung Lennés

1. Die Verbundenheit Lennés mit dem Brühler Garten

Die Biographie Lennés ist nicht erst seit seiner Planungstätigkeit während der 40er Jahre des 19. Jahrhunderts mit der Geschichte des Brühler Gartens verknüpft. Auch zur früheren Gartengeschichte lassen sich zahlreiche Verbindungslinien ziehen. Anzusetzen ist bereits bei der Geburt Lennés im nahen Bonn und seiner Herkunft aus einer seit dem 17. Jahrhundert für die Kölner Kurfürsten tätigen Hofgärtnerfamilie.[1] Die Verbundenheit mit Brühl ergibt sich zunächst aus der geographischen Nähe; wichtiger jedoch ist das Argument der Familientradition: Zwar sind die Vorfahren Lennés zunächst ausschließlich in Bonn tätig gewesen, doch läßt sich die Beziehung zum Brühler Garten indirekt über die Zugehörigkeit zum kurkölnischen Hofstaat und die Teilhabe an einer regionalen Gartentradition herstellen. Mit der Bestellung von Lennés Vater, Peter Joseph d. Ä., zum Brühler Hofgärtner im Jahre 1783 bestand erstmals ein konkreter Bezugspunkt.[2] Doch blieb der Vater nicht lange in Brühl; bereits nach einem Jahr wechselte er nach Poppelsdorf,[3] um später in die Position des Bonner Hofgärtners aufrücken zu können.[4] Nachfolger in Brühl wurde dessen Schwager, Joseph Clemens Weyhe.[5] Als dieser 1813 starb, übernahm die Witwe, Johanna Gertrud Weyhe geborene Lenné, die Stellung[6] unter der sicher nicht häufig anzutreffenden Dienstbezeichnung einer „Hofgärtnerinn".[7] Vater und Onkel standen in regem Kontakt, so daß der junge Lenné gewiß seit frühester Jugend mit den Verhältnissen in Brühl vertraut gewesen ist.[8] Ab dem 15. September 1805 ging Lenné dann bei seinem Onkel in Brühl in die Gärtnerlehre. Damit weist schließlich der eigene Lebenslauf Lennés eine unmittelbare Verbindung zum Brühler Garten auf. Über die

1 Zur Herkunft und zum Lebenslauf Lennés: Zilliken, 1956, 17ff.; Günther, 1985, S. 12f. (leider beide Publikationen ohne Quellenangaben); Annalen, 1874, S. 408; Annalen, 1876, S. 350; handschriftlicher Stammbaum der Familie Lenné. Kopie „nach einer im Besitz von Herrn Josef Dietz befindliche Abschrift", StAB Ig 2609.

2 Max Friedrich „Decret als Verwalter des Schloß und Lustgartens zu Brühl Peter Jos. Lenné" vom 7.4.1783, HStAD Kurköln II 510, S. 10; vgl. Zilliken, 1956, S. 17 u. Günther, 1985, S. 12: Sie geben 1784 an.

3 „Da unser Hofgärtner zu Brühl, Pet. Jos. Lenné, und Unser Gemüß-Gärtner zu Poppelsdorff, Joseph Weyhe, sich eins mit ihrer Familie, dahin untereinander verstanden haben, daß der vergedt. Jos. Lenné auf die Stelle des Weyhe zu Poppelsdorf, und er Weyhe, auf jene des Lenné nach Brühl ziehen ... Als haben Wir Uns diesem Tausch nicht allein ggst. [gnädigst] gefallen laßen, sondern benehmigen auch solches", Max Franz an die Hofkammer vom 10.9.1784, HStAD Kurköln II 510, S. 17.

4 „Decretum als kurfürstl. Hofgärtner dahier, im Lust und Botanischen Garten für Peter Joseph Lenné", Max

Franz vom 6.6.1789, HStAD Kurköln II 510, S. 20; Peter tritt damit die Nachfolge seines Vaters Cunibert an; Hofgärtner in Poppelsdorf wird der Bruder Peters, Joan Henrich. Peter hatte die Anwartschaft auf die Stellung seines Vater bereits 1766 erhalten, Dekret Max Friedrich vom 3.10.1766, HStAD Kurköln II 510, S. 3.

5 Weyhe erhielt die Hofgärtnerstelle durch Tausch mit Lenné und trat im 4. Quartal des Jahres 1784 seinen Dienst in Brühl an, Dekret Max Franz vom 6.6.1789, HStAD Kurköln II 510, S. 20.

6 Antrag des Rentei-Oberaufsehers Gossen an Generalgouverneur vom 16.3.1814; Bewilligung des Generalgouverneurs an Gouvernementssekretär vom 2.7.1814, HStAD GG 664.

7 Renteimeister Lützeler an Rentei-Oberaufseher Gossen vom 10.8.1815, HStAD GG 1586; Friedrich Wilhelm III. an MKH vom 5. 2. 1821 (Abschrift), Reg. Köln 4642, S. 57.

8 Dies wird etwa durch gemeinsame Eingaben an übergeordnete Verwaltungsstellen deutlich: Eingabe Lenné u. Weyhe an Landesregierung in Bonn mit Vermerk: „im Finanzausschuß 25. Aug. 1797", HStAD LzMR 898, S. 1.

Lehrjahre liegen bisher keine konkreten Nachrichten vor. Allerdings stellen sich die allgemeinen Verhältnisse des Gartens in diesen Jahren nunmehr etwas deutlicher dar: Während der Lehrzeit befand sich das Brühler Schloß im Besitz der 4. Kohorte der Ehrenlegion. Ihr Kanzler ließ im Garten umfangreiche Wiederherstellungsarbeiten und Neuanlagen ausführen, an denen der Lehrling Lenné beteiligt gewesen sein muß.[9]

Für die spätere Planungstätigkeit sind die biographischen Verknüpfungen mit der Gartengeschichte von Bedeutung gewesen. Die enge Vertrautheit Lennés mit den Gegebenheiten des Brühler Gartens stellte offensichtlich einen wesentlichen Planungsfaktor dar. Aber auch wegen seiner Kenntnis der darüberhinausgehenden lokalen Bedingungen und Bedürfnisse wurde sein Rat stets gesucht.[10] So beschränkte sich der Einfluß Lennés keineswegs auf gartenkünstlerische Fragen, sondern erstreckte sich auf die verschiedensten Gegenstände der Gartenverwaltung.[11]

In der Literatur ist Lenné vorgeworfen worden, daß er sich gegenüber Vorgängerplanung geringschätzig verhalten habe.[12] Lennés Verbundenheit mit dem Brühler Garten läßt dies wohl nicht erwarten. Dies gilt besonders, da sich das Selbstverständnis Lennés als Gartenkünstler nicht zuletzt von seinem Herkommen ableitete[13] und die Familientradition in enger Beziehung zur Brühler Gartengeschichte stand.

2. Die Vorgängeranlage Dominique Girards

a) Die Planungsgeschichte

Die Gartenplanung Dominique Girards stand im Zusammenhang mit dem Neubauprojekt des Brühler Schlosses unter dem Kölner Kurfürsten und Erzbischof Clemens August.[14] Am Ort des späteren Schlosses befanden sich die Reste einer kurkölnischen Landesburg aus dem 13. und 14. Jahrhundert: Französische Truppen hatten sie 1689 im Verlauf des Dritten Eroberungskriegs Ludwigs XIV. gesprengt. Geblieben waren die Ruine und die Wasserumwehrungen; auch der alte Krautgarten im Südwesten der ehemaligen Burganlage bestand fort. Südlich lag der Tiergarten, ein Waldgebiet, das bereits im Mittelalter als Jagdrevier gedient hatte und sich in seinem halbkreisförmigen Grundriß bis heute erhalten hat.

Die Grundsteinlegung von Schloß Augustusburg erfolgte im Jahre 1725. Zunächst war der westfälische Baumeister Johann Conrad Schlaun mit der Planung und Ausführung beauftragt (Abb. 1), doch wurde ihm die Leitung des Bauvorhabens bereits 1728 wieder entzogen. Vermutlich unter dem Einfluß seines Bruders, des bayerischen Kurfürsten Karl Albrecht, hatte sich Clemens August

---

9 Vgl. diese Arbeit: Kap. II.3.b).

10 In einer Grundstücksangelegenheit ist „die Aeußerung des mit Eurer königlichen Majestät hinsichtlich der Garten und Park-Anlagen, so wie mit den dortigen Local-Verhältnissen bekannten Garten-Direktors Lenné erforderlich worden", MKH an Friedrich Wilhelm IV. vom 19.12.1844, GStA PK I. HA. 89 Geh. Zivilkabinett 20636 (M), S. 20; in der Frage eines Grundstückskaufs im nahegelegenen Friedensbruch zur Sicherung der Wasserzufuhr für die Reservoirs der Schloßfontänen: „Da es ... auf die Localverhältnisse ankam, und letztere dem Garten-Direktor Lenné genau bekannt sind", MKH an Friedrich Wilhelm IV. vom 12.2.1847, GStA PK I. HA. 89 Geh. Zivilkabinett 20636 (M), S. 53; in

Hinsicht auf die Anlage eines Fahrwegs zwischen dem Bahnhof und der Stadt Brühl: „gestützt auf die Ansicht des mit den Localverhältnissen und den Bedürfnissen der dortigen Gegend vertrauten General-Garten-Director Lenné", MKH v. Schleinitz an Wilhelm vom 2.6.1863, GStA PK I. HA. 89 Geh. Zivilkabinett 20636 (M), S. 173.

11 Vgl. ebd.

12 Vgl. diese Arbeit: Kap. I., S. 40f.

13 Vgl. Wacker, 1993, S. 10–19, S. 15.

14 Zur Baugeschichte des Brühler Schlosses: Renard, 1934, S. 8ff.; Hansmann, 1972, S. 16ff.; Hansmann, 1973(1), S. 64–79; Hansmann/Knopp, 1977, S. 39ff.; Hansmann, 1987, S. 55–64; Hansmann, 1995(2), S. 128–135.

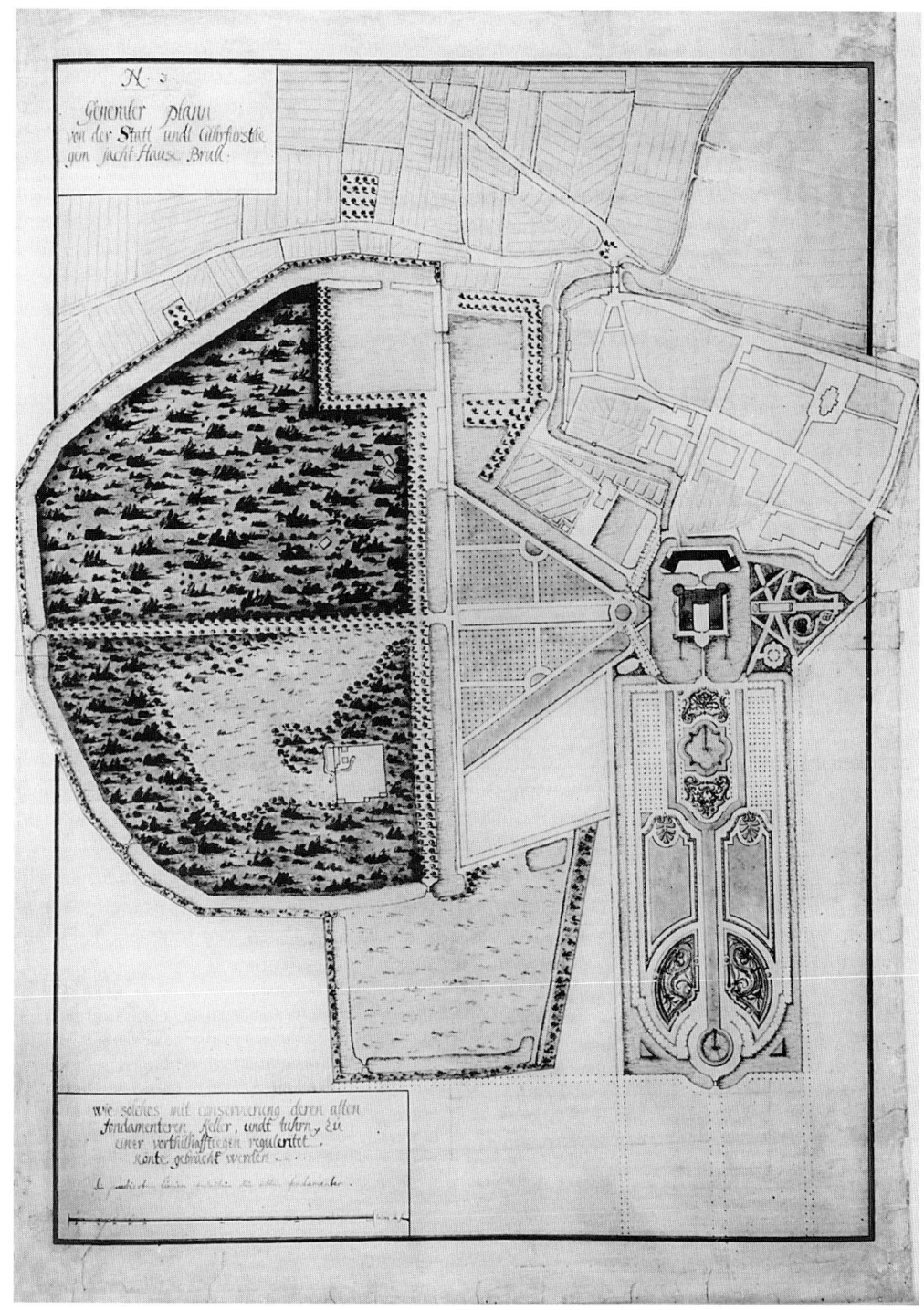

Abb. 1, Plan von Schlaun, um 1724, Gesamtanlage Schloß Brühl, Ausrichtung nach Westen.

zu grundlegenden Planänderungen entschlossen. Nun wurden die bayerischen Hofkünstler François de Cuvilliés und Dominique Girard für das Brühler Schloßbau-Projekt tätig. Vorgaben aus der Tätigkeit Schlauns bestanden für die Gartenplanung Girards insoweit, als das Schloß 1728 bereits im Rohbau fertiggestellt war und die östliche Ausrichtung der Dreiflügelanlage berücksichtigt werden mußte. Von Schlaun begonnene Gartenanlagen gab es offenbar nicht.

Der Plan Girards für den Brühler Garten hat sich erhalten.[15] (Abb. 2–4) Bei der Realisierung, die ab 1729 erfolgt ist, kam es in einigen Gartenbereichen zu Abweichungen von der ursprünglichen Planung. Leider ist die Quellenbasis für den Zeitraum der Ausführung dürftig. Um zu entscheiden, ob und wie bestimmte Gartenteile verwirklicht worden sind, haben Hansmann bzw. Hansmann/Knopp Pläne aus dem 19. Jahrhundert als Hilfsmittel herangezogen.[16] Dennoch bleibt die Realisierung in einigen Fällen ungeklärt. Ein anderes Problem besteht darin, daß sich anhand weit späterer Pläne nur unzureichende Anhaltspunkte für Datierungsfragen gewinnen lassen.

b) Der Plan Girards

Der Plan Girards sieht vor, die Areale der Schlösser Augustusburg und Falkenlust zu einer Gesamtanlage zu fügen. (Abb. 2) Das im Südosten gelegene Waldgebiet von Schloß Falkenlust ist über eine lange Allee mit den Anlagen des Hauptschlosses verbunden. Die Raumeinheiten dieses Kernbereichs (Abb. 3–4) sind nicht entlang einer durchgehenden Achse angeordnet. In der Gesamtdisposition hat das Schloß die Funktion eines Gelenks: Die Auffahrt – gebildet aus einem wasserumwehrten Vorhof und einem Kanalkreuz nach Versailler Vorbild – befindet sich in der Ostachse des Schlosses; die eigentlichen Garten- und Parkanlagen liegen vor dem Südflügel. Nördlich des Schlosses sind lediglich zwei Boskettquartiere vorgesehen. Der südliche Gartenbereich wird nach außen hin vollständig von einem Kanalsystem begrenzt.[17] Kanalausläufer ins Innere des Geländes haben raumgliedernde Funktion. Direkt vor dem Schloß liegt das Hauptparterre. Die vordere Hälfte des langgestreckten Rechtecks nimmt eine zweiteilige Broderiebepflanzung ein, in die runde und weiter südlich vierpaßförmige Fontänenbassins eingelassen sind. Es folgt der sogenannte Spiegelweiher, der über eine Kaskade mit dem Becken der Abschlußfontäne verbunden ist. Die Flanken des Parterrefelds werden jeweils durch zwei dicht nebeneinander gesetzte Alleen von verschiedenem Typus gebildet: nach innen hin „en table" geschnittene Laubengänge, außen offene Alleen mit kegelförmigen Baumkronen.

An den Seiten des Hauptparterres lagern sich – durch die Kanalarme ein Stück vom Schloß abgerückt – dreieckige Boskets an. Die diagonal fortgeführten Kanäle trennen die Boskettquartiere von den äußeren Nebengärten: im Westen der Krautgarten, im Osten der sogenannte Rosengarten,[18] ein weiteres Boskett.

15 Der Plan befindet sich im AVSchB. Die Frage nach der Zuschreibung und Datierung des Plans, die lange Zeit die Literatur beherrscht hat, kann nach der Auffindung einer Aktennotiz, derzufolge Girard am 28. Februar 1728 für sein „garten-dessein" einen Teilbetrag von 50 Louisdor erhalten habe, als erklärt gelten, Hansmann/Knopp, 1982, S. 62.

16 Hansmann, 1974, S. 191–211, S. 193ff.; Hansmann/Knopp, 1977, S. 109f.

17 Zur Beschreibung der einzelnen Gartenbereiche werden weitestgehend die heutigen Benennungen verwendet. Sie unterscheiden sich bisweilen von den im 19. Jahrhundert gebräuchlichen Bezeichnungen. Zur Orientierung im Überblick: Abb. 58.

18 Im 19. Jahrhundert durchgängig: „Obststück". Es handelt sich nicht – wie im Parkpflegewerk angenommen – um eine Benennung des 20. Jahrhunderts: Parkpflegewerk, 1992, S. 481; zur Bezeichnung der Kanäle: Kanal beim Krautgarten: „Mönchsweiher", im 19. Jahrhundert meist „Krautgartenweiher"; sein östliches Gegenstück: Die heutige Bezeichnung „Weißweiher" beruht vielleicht auf einem Irrtum. „Weißweiler" war der langjährige Pächter des Weihers; im 19. Jahrhundert wurde das gesamte Kanalsystem im Osten als „Schneckenhausweiher" bezeichnet. Der äußere Kanal wird heute „Oberförsterweiher" genannt.

Abb. 2, Girardplan, um 1728, Gesamtplan für Schloß Augustusburg und Schloß Falkenlust, Ausrichtung nach Süden.

Südlich der Parterre- und Boskettzone verläuft die sogenannte Eselsallee, die die Begrenzungslinie zum Tiergarten markiert. Das Tiergartengelände selbst wird durch einen Stern aus drei Achsen gegliedert: der in Ausrichtung des Parterres verlaufenden Poppelsdorfer Allee[19], der Falkenluster Allee, die im Westen bis zu den sogenannten Seeweihern führt, sowie einer weiteren Diagonale. Sie ist bis zum Fasaneriegelände bei dem sogenannten Indianischen Haus als Allee ausgebildet, geht danach über ein Parterre hinweg und wird außerhalb der Tiergartenumwehrung zu einem Kanal. Den Endpunkt der Achse bildet das sogenannte Schneckenhaus, das am äußersten Rand des östlichen Tiergartenannexes[20] liegt. Die Flächen zwischen den drei Achsen des Tiergartens bleiben

19 Bezeichnung im 19. Jahrhundert auch: „Mittel-Allee", „Schwardorffer Allee".

20 Das östliche Annexgebiet wird in den Quellen des 19. Jahrhunderts unterschiedlich bezeichnet: „Treibhausgarten", „Dorneninseln" und später „neue Anlagen".

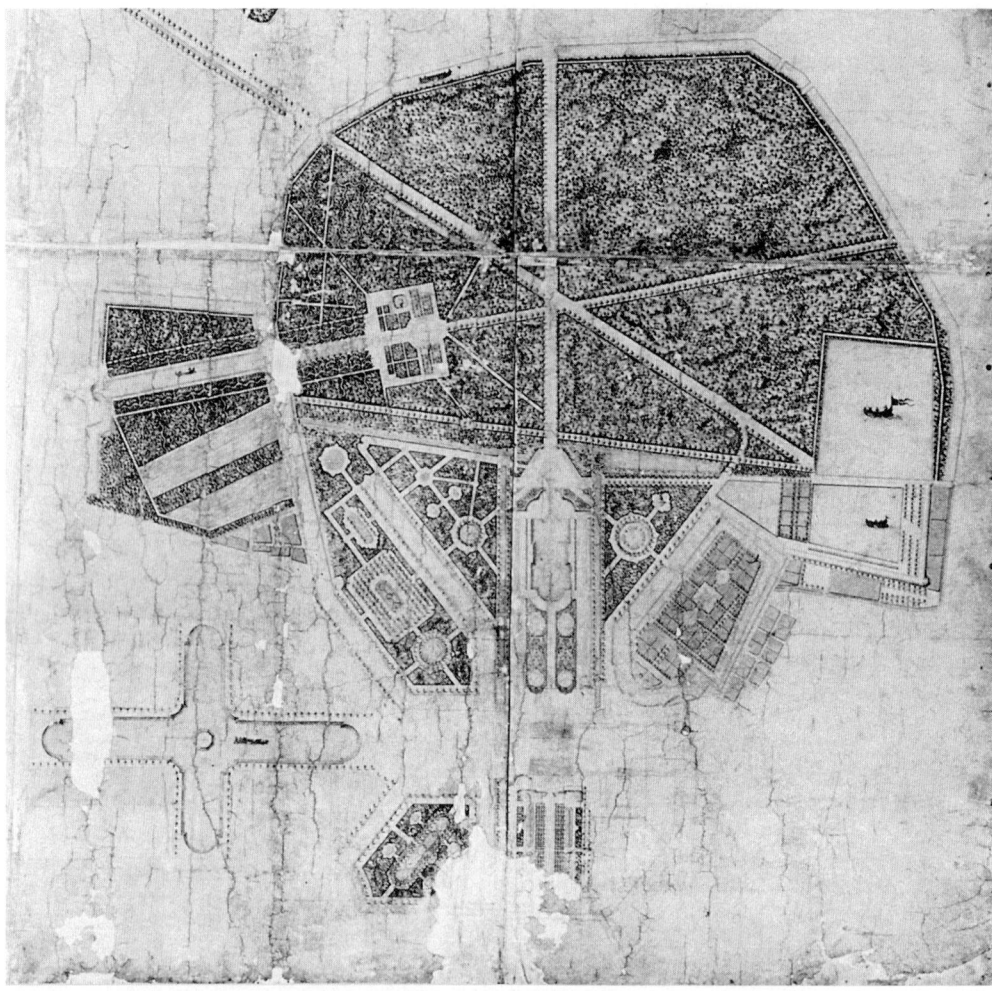

Abb. 3, Girardplan, um 1728, Schloßgarten Brühl, Ausrichtung nach Süden, Ausschnitt.

größtenteils ungegliedert; nur das Gelände bei den indianischen Lustbauten besitzt mit einem ornamenthaft wirkenden Netz aus geraden und geschlängelten Wegen eine Binnenstruktur. Die Hofgärtnerei ist am Nordrand des Annexgebietes vorgesehen. (Abb. 10)

c) Die Abweichungen bei der Ausführung

Einige Bestandteile des Girardplans blieben unrealisiert oder wurden in veränderter Form verwirklicht. Es kommt auch vor, daß über die Ausführung keine Klarheit besteht. Zu den gewiß unverwirklichten Planbestandteilen gehört das große Wasserkreuz vor dem Ehrenhof des Schlosses. Historische Bildquellen zeigen, daß nur eine auf das Schloß zuführende Allee angelegt worden ist.[21]

21 Eine Zeichnung von Renier Roidkin bestätigt dies:
   Hansmann, 1973(1), S. 64–79, S. 76.; Hansmann/
   Knopp, 1977, S. 109.

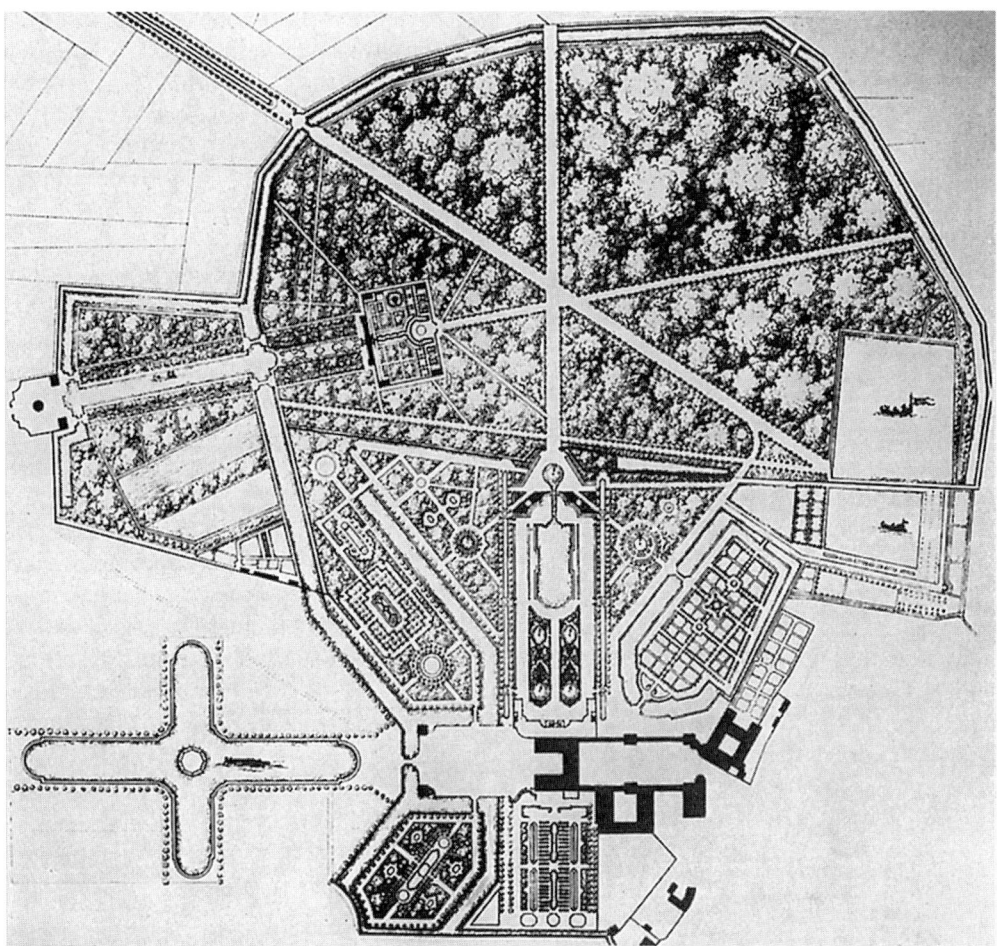

Abb. 4, Girardplan in einer Nachzeichnung von Edmund Renard, 1934, Schloßgarten Brühl, Ausrichtung nach Süden.

Keinerlei Hinweise gibt es über eine Ausführung der Binnenstrukturen im Nordgarten. Dasselbe gilt für den Rosengarten; er scheint bereits in kurfürstlicher Zeit zur Obstzüchtung verwendet worden zu sein.[22] Einen Anhaltspunkt für diese Vermutung bieten die vorliegenden Akten, in denen sich die Bezeichnung „Obststück" schon früh fest etabliert hat. Ob die Broderiebepflanzungen des Parterres genau nach den Vorgaben des Girardplans erfolgt sind, läßt sich ebenfalls nicht mit Sicherheit sagen. Angesichts der Exaktheit, mit der die übrigen Plankomponenten des Parterres umgesetzt worden sind, ist dies aber zu vermuten. Daß das östliche Boskettdreieck – wie es im Parkpflegewerk heißt – „wohl bereits im 18. Jahrhundert verändert ausgeführt"[23] worden sei, ist nicht ganz nachvollziehbar. Bis auf geringfügige Abweichungen entsprechen die relevanten Pläne (Abb. 7, 13) dem Entwurf Girards.

Der Girardplan enthält keine Angaben über die Ausgestaltung der Schloßvorhöfe. Daher bleibt unklar, ob die auf dem 1763/64 erschienenen Kupferstich von Hendrick de Leth d. J. (Abb. 5)

22 Vgl. ebd., S. 109f.   23 Parkpflegewerk, 1992, S. 70.

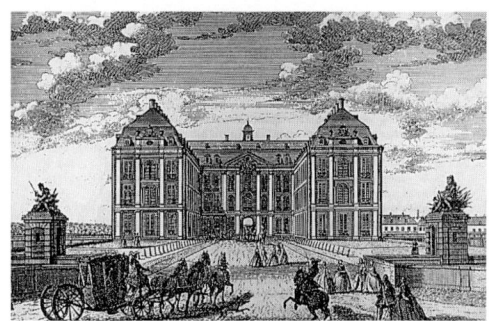

Abb. 5, Schloß Augustusburg, Ostansicht mit Vorhof, Stich von Hendrick de Leth, 1763/64.

wiedergegebene Platzgestaltung des östlichen Vorhofs auf Girard zurückgeht. Die Annahme des Parkpflegewerks, der Vorhof sei „vermutlich insgesamt als Platzfläche ausgebildet" und die „Zufahrt von Osten [zum Schloß] mit Pollerreihen markiert"[24] gewesen, beruht wohl auf diesem Stich von de Leth. Nicht eindeutig ist die Bemerkung „insgesamt als Platzfläche ausgebildet" zu verstehen. Wenn damit angedeutet werden soll, daß der Vorhof einen einheitlichen Belag – etwa aus Kies oder Sand – besessen habe, ist dem zu widersprechen. Auf dem Stich von de Leth lassen sich die stärker punktierten Flächen als Rasenstücke interpretieren: Die Einfassung des Fahrwegs wird zunächst durch Rasenbänder, dann durch Poller gebildet. Außen sind große Rasenkompartimente zu erkennen, die auf halber Strecke zum Schloß jeweils durch einen Zwischenweg unterbrochen sind.[25]

Die realisierte Wasserführung im Nordgarten ist unter anderem in der Tranchot-Karte von 1807/08 (Abb. 6) wiedergegeben. Der Kanal, der die beiden Bereiche des Nordgartens voneinander trennt, hat einen geraden Verlauf. In der Nachzeichnung des Girardplans von Renard besitzt der Kanal weiter nördlich eine Biegung. (Abb. 4) Da der fragliche Bereich im Originalplan eine Fehlstelle aufweist (Abb. 3), muß ungeklärt bleiben, ob die Ausführung des Kanals eine Planmodifikation darstellt.

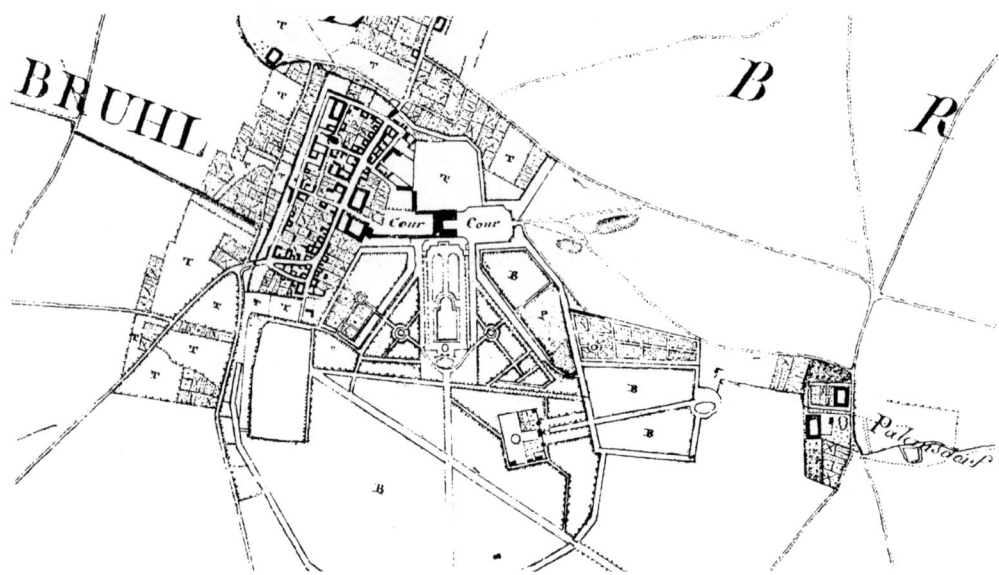

Abb. 6, Tranchot-Karte, 1807/08, Ausschnitt, Brühl.

24 Ebd., S. 474.

25 Im Kölnischen Stadtmuseum (Brühl 39 6.1936b) befindet sich ein koloriertes Exemplar des Stiches. Auf den seitlichen Flächen ist Rasen eingezeichnet.

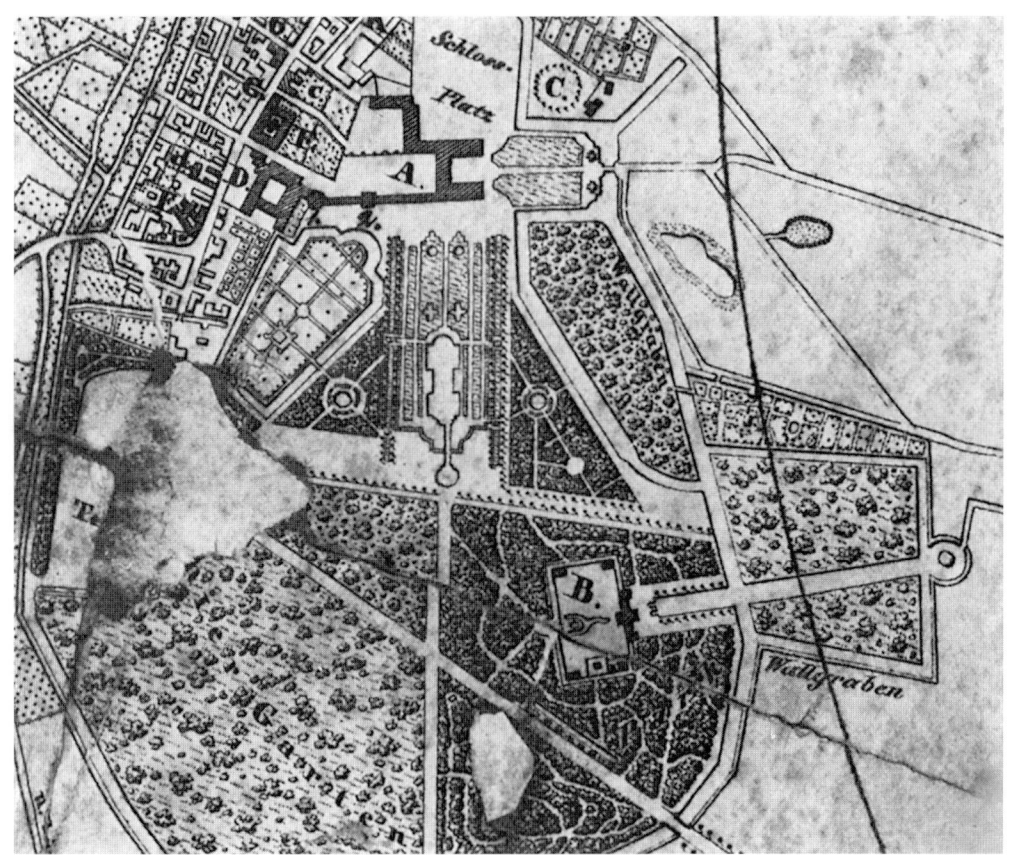

Abb. 7, Berliner Plan, 1842, Schloßgarten Brühl und Umgebung, Ausschnitt.

Zu erheblichen Modifikationen kam es im Bereich der indianischen Lustbauten. Hansmann, der als erster diese Beobachtung gemacht hat, stützt sich bei der Rekonstruktion der realisierten Anlagen unter anderem auf Planmaterial aus dem 19. Jahrhundert.[26] Für die Datierung der Ausführungsarbeiten nimmt er den zwischen 1744 und 1749 erfolgten Bau der Lusthäuser als Bezugspunkt und vermutet, daß die gesamte Umgebung im Anschluß daran während der 50er Jahre angelegt worden sei. Unproblematisch ist dies in bezug auf die veränderte Wasserführung. Hierfür lassen sich zeitgenössische Belege anführen. Die Rekonstruktion des ausgeführten Wegesystems erfolgt jedoch allein auf der Grundlage von Plänen aus dem 19. Jahrhundert. Eine Datierung in die 50er Jahre ist nicht gesichert.

Ein Plan aus dem Jahre 1842 (Abb. 7, 11), der aber gewiß einen wesentlich früheren Zustand beschreibt, gibt – nach Hansmann – die realisierte Version des Gartengeländes umfassend wieder: Die Wasserführung wurde demnach insoweit abgewandelt, als der Kanal zwischen den beiden Lustgebäuden im Westen in das Tiergarteninnere hinein verlängert und am östlichen Ende um die neu geschaffene Schneckenhausinsel herumgeführt wurde. Historische Bildquellen der 50er Jahre

26 Hansmann, 1974, S. 191–211, S. 193ff.

53

Abb. 8, Indianisches Haus, Ostansicht, Gemälde von François Rousseau, um 1760.

Abb. 9, Schneckenhaus, Westansicht, Federzeich-nung von Johann Martin Metz, um 1750.

(Abb. 8, 9) zeigen den Kanal entsprechend. Auch das übrige Kanalsystem des Annexgebiets erhielt Abänderungen. Insgesamt entstand ein von Kanälen umschlossener Bereich aus zwei trapezförmigen Inseln, den sogenannten Dorneninseln, und der Schneckenhausinsel.

Statt der Bosketts, die der Achse zwischen den Lustbauten seitlich zugeordnet waren, wurden Freiflächen geschaffen. Der neu konzipierte Stichkanal erhielt einfache Baumreihen als Flankierung.[27]

Die Wegestruktur Girards ist im Bereich der Indianischen Bauten wohl nie vollständig zur Ausführung gelangt. Wahrscheinlich unterblieb selbst die Anlage der großen diagonalen Parkallee.[28] Anstelle des ornamenthaften Gefüges aus Schlängelwegen ist ein gänzlich unregelmäßiges Wegesystem verwirklicht worden. Nur einige gerade Pfade lassen sich mit dem Girardplan in Verbindung bringen.[29] (Abb. 10, 11).

27 Plan 10 des Parkpflegewerks zeigt jeweils mehrere Baumreihen auf jeder Seite des Stichkanals. Dafür bieten die historischen Pläne keinen Anhaltspunkt.

28 Die Anlage der Allee unterblieb wohl nicht ohne bestimmten Grund. Vermutlich sollte dem Charakter der Indianischen Lustbauten als „maisons sans gênes" –

eines der wesentlichen Merkmale liegt in der Abgeschiedenheit vom Hof – verstärkt Rechnung getragen werden. Dies geschah durch die fehlende Anbindung an die Hauptallee.

29 Siehe auch die Tranchot-Karte (Abb. 6).

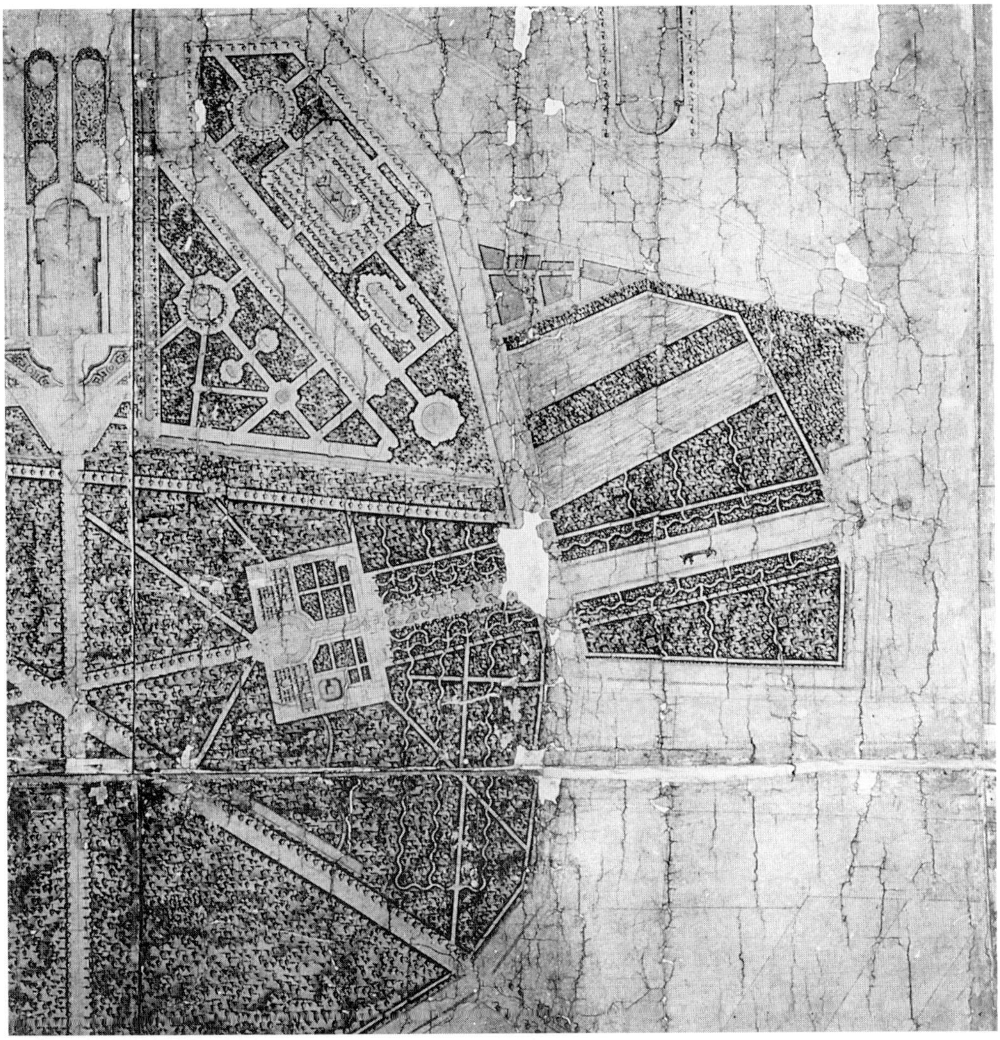

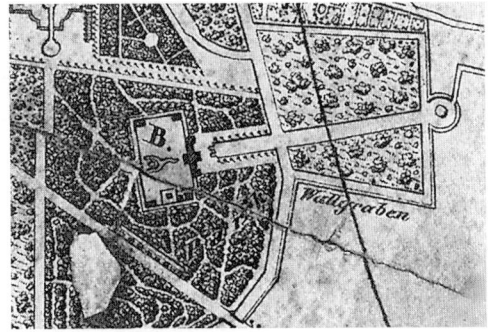

Abb. 10, Girardplan, um 1728, Schloßgarten Brühl, Ausschnitt, östlicher Tiergarten und Annex, Bereich der Indianischen Lustbauten.

Abb. 11, Berliner Plan, 1842, Schloßgarten Brühl, Ausschnitt, östlicher Tiergarten und Annex, Bereich der Indianischen Lustbauten.

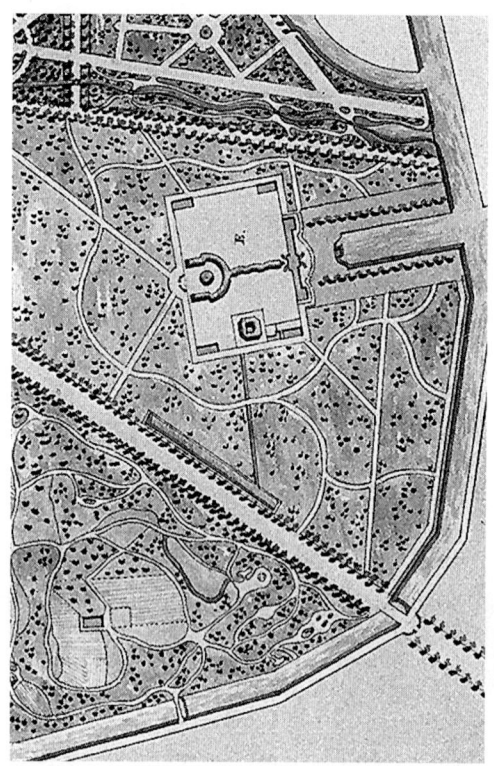

Abb. 12, Dycker Plan, um 1805, Schloßgarten Brühl, Ausschnitt, östlicher Tiergarten.

d) Die Wegestruktur um das Indianische Haus

Das Parkpflegewerk bringt die Verwirklichung der unregelmäßigen Wegestruktur beim Indianischen Haus mit den unter Kurfürst Max Franz getroffenen Maßnahmen der 80er Jahre in Zusammenhang.[30] Da Pläne aus dem 19. Jahrhundert die einzige Grundlage für die Rekonstruktion des Wegesystems darstellen, läßt sich dies nicht widerlegen. Zu konstatieren ist jedoch, daß bereits vor dem im Parkpflegewerk angegebenen Zeitraum Schlängelwege im Park vorhanden gewesen sein müssen. Den Beleg dafür bietet eine Tagebuchnotiz der Duchess of Northumberland aus dem Jahre 1768. Darin ist vom Tiergarten und einer dort befindlichen „Anzahl verschlungener Pfade"[31] die Rede. Es liegt nahe zu vermuten, daß diese Bemerkung auf die Umgebung des Indianischen Hauses anspielt.

Das Parkpflegewerk gibt an, daß die Maßnahmen der 80er Jahre des 18. Jahrhunderts durch den sogenannten Dycker Plan wiedergegeben werden.[32] (Abb. 12, 13, 14). Anhand dieses Plans werden jedoch Unterschiede in der Ausformung der Wegestrukturen sichtbar, was gegen eine einheitliche Datierung der „landschaftlich" gestalteten Parkräume spricht. Abgesehen von dem Gebiet um das Indianische Haus weisen ein Geländestreifen nördlich der Eselsallee sowie der südöstliche Tiergartenabschnitt zwischen Falkenluster und Poppeldorfer Allee Schlängelwege auf. In diesen beiden Bereichen verbinden sich die Wege in einer Vielzahl kleiner und großer Wegeschleifen zu einem dichten Netz. Dagegen ist die Wegeführung beim Indianischen Haus lockerer und einfacher strukturiert. Sie läßt sich letztlich auf einen einzigen Schlängelweg zurückführen: Der Weg verläuft in einem weiten Bogen um das Fasaneriegelände und besitzt nur im Osten einige Verzweigungen zu den Rändern des Gartenbereichs.

Die Auffassung von Hansmann, nach der die Wegestruktur um das Indianische Haus in die 50er Jahre zu datieren sei, stellt demnach die wahrscheinlichere Möglichkeit dar. Hansmann verknüpft damit die These, daß in der unregelmäßigen Wegestruktur eine „bemerkenswert frühe Rezeption des englischen Landschaftsgartens"[33] zu sehen sei. Hennebo hat dem entgegnet, daß es sich ebenso gut um eine Parallelentwicklung zum englischen Gartenstil handeln könne, die auf der Su-

---

30 „... besonders nachdem ab 1780 durch Erzbischof Max Franz von Habsburg größere Parkteile, besonders im östlichen Teil des Wildparkes um das ‚Indianische Haus', im Sinne einer ersten Entwicklung ‚zum ‚englischen Landschaftspark' umgestaltet wurden.", Parkpflegewerk, 1992, S. 54.

31 Im englischen Original: „The wood has deer in it and is left quite wild with a great many winding pathes through it.", aus dem Tagebuch der Elizabeth Seymour Duchess of Northumberland; zit. nach Baillie, 1973, S. 152; Übersetzung: Hansmann/Knopp, 1982, S. 131.

32 Parkpflegewerk, 1992, S. 54.

33 Hansmann, 1974, S. 191–211, S. 194.

che nach einer exotischer wirkenden Gartengestaltung zu einer gleichartigen Lösung gelangt sei.[34] Vor dem Hintergrund des während der 50er Jahre am Brühler Hof herrschenden geistigen Klimas scheint eine Übernahme des englischen Gartenstils wegen seiner an den Ideen der Aufklärung orientierten Implikationen wenig wahrscheinlich.[35] Hingegen ist es plausibel, die Veränderungen der Wegestruktur als Steigerung des exotischen Stimmungsmoments zu interpretieren. Die formalen Abweichungen finden hierin eine Erklärung, ohne daß der ursprüngliche Bedeutungsgehalt des Gartenbereichs aufgehoben wird. Ähnlich unregelmäßige Strukturen lassen sich in den Boskettquartieren französischer Rokoko-Gärten ausmachen.[36] Die Ausbildung des Wegesystems beim Indianischen Haus bietet insofern keinen Anlaß, die bislang dominante Frankreich-Orientierung in der Gestaltung der Brühler Anlagen in Frage zu stellen.

3. Der Brühler Garten in der Zeit nach dem Tode des Clemens August bis zur Übernahme durch Preußen

a) Die Maßnahmen unter den letzten beiden Kurfürsten

Der Zeitraum vom Tode des Clemens August im Jahre 1761 bis zur Flucht des letzten Kurfürsten 1794 stellt ein beinahe unbearbeitetes Forschungsfeld dar. Allein das Parkpflegewerk bietet einige Anhaltspunkte. Allerdings stellen sich die Ausführungen des Parkpflegewerks teils problematisch dar.

Dem Parkpflegewerk läßt sich entnehmen, daß es unter Kurfürst Max Friedrich (1761–1784) zu einer „umfassenden Neuanlage des Brühler Hofgartens"[37] gekommen sei. Diese um das Jahr 1782 erfolgte Maßnahme habe in einer „Bepflanzung mit ‚Indianischen' Gewächsen und ‚Blumenwerck'" bestanden. Noch unter Max Friedrich kam es bereits 1776 zum Abriß des Schneckenhauses.

In verschiedenen Schreiben des Jahres 1790 wird dem Kurfürsten Max Franz bescheinigt, daß er „den Thiergarten zu bruel zum Englischen Park umgeschaffen"[38] habe. Mithin war nun unzweifelhaft die Anknüpfung an den englischen Gartenstil gesucht. Die entsprechenden Maßnahmen sollen um 1786 unter der Verantwortung des Hofkammerpräsidenten von Spiegel erfolgt sein. Den zugrundeliegenden Plan habe der Münsteraner Oberbaudirektor W.F. Lipper entworfen.[39]

Zur Beschreibung dieser Entwicklungsphase zieht das Parkpflegewerk einen Plan als Grundlage heran, der aus dem ersten Jahrzehnt des 19. Jahrhunderts stammt.[40] (Abb. 13) Zum Aussagewert des sogenannten Dycker Plans heißt es, er gebe „die bereits durchgeführten oder z.T. beabsichtigten Umänderungen in dieser Zeit [unter Max Franz]"[41] wieder. Demnach sollen realisierte wie auch unrealisiert gebliebene Elemente der Planung dargestellt sein. Nicht ersichtlich ist, worauf diese Einschätzung beruht. Sie ist dennoch insoweit zutreffend, als sich anhand des späteren Quellenmaterials verwirklichte und unausgeführte Plankomponenten teilweise differenzieren lassen. Im Parkpflegewerk unterbleibt diese Unterscheidung. Außerdem läßt das Parkpflegewerk außer acht,

---

34 Hennebo, 1985(2), S. 355–370, S. 355f.
35 Zum geistig-kulturellen Hintergrund: Braubach, 1949, S. 201ff.; Braubach, 1961, S. 33–55; Winterling, 1986, S. 123ff.
36 Vgl. Hansmann, 1988, S. 192f.
37 Parkpflegewerk, 1992, S. 20.
38 Unter anderem: Franz Wilhelm von Spiegel an Max Franz vom 2.7.1790 (Konzept), StAB Nachlaß Spiegel (Münsterischer Teil) 258.

39 Vgl. Parkpflegewerk, 1992, S. 20.
40 Der Plan trägt die Aufschrift: „Plan général du Château de Brühl, Dep. de la Roer, Chef lieu de la 4ieme Cohorte de la Légion d'Honneur". Da die Beschriftung des Plans eindeutig auf den Zeitraum verweist, in dem sich das Schloß im Besitz der Ehrenlegion befand, läßt sich die Entstehungszeit auf die Jahre zwischen 1803 und 1809 festlegen.
41 Parkpflegewerk, 1992, S. 54.

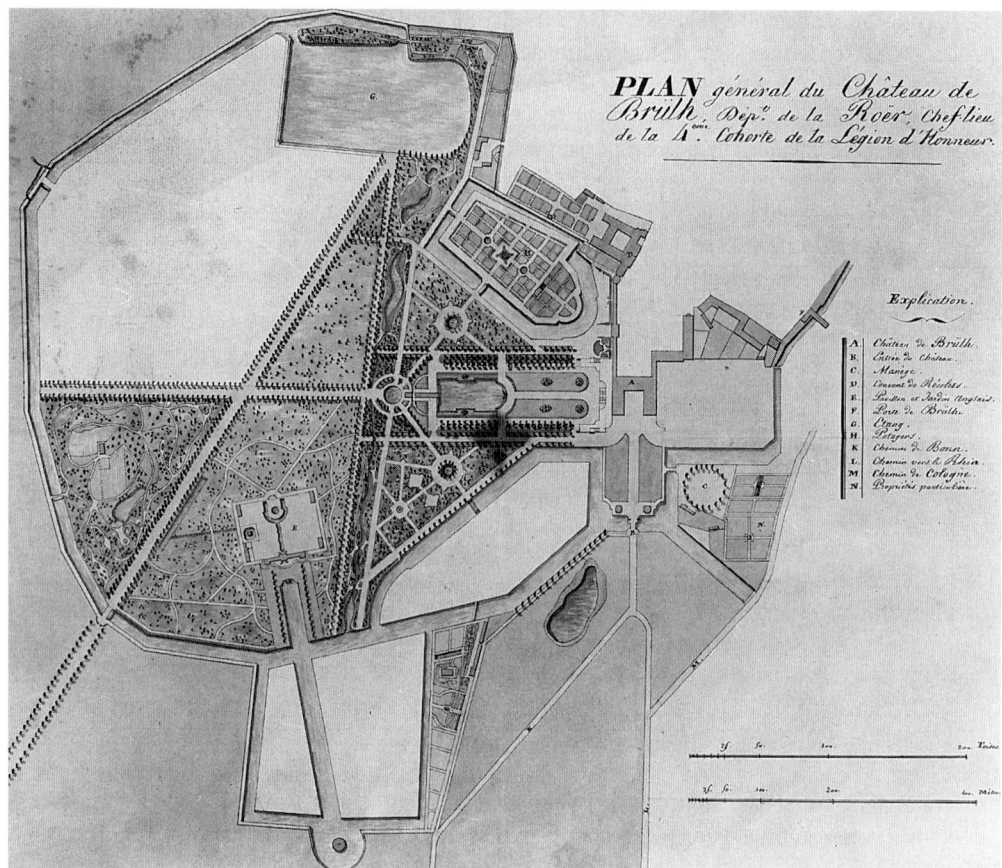

Abb. 13, Dycker Plan, um 1805, Schloßgarten Brühl, Ausrichtung nach Westen.

daß der Plan auch Neuplanungen aus seiner Entstehungszeit wiedergeben könnte. Anhand der neu hinzugezogenen Schriftquellen aus dem Dycker Archiv erweist sich, daß es um 1806 zu umfangreichen Wiederherstellungsarbeiten und Neuanlagen im Brühler Garten gekommen ist.[42] Soweit dies die bisher vorliegenden Akten erkennen lassen,[43] betrafen diese Maßnahmen allerdings nicht den Bereich des Tiergartens. Die auf dem Dycker Plan dargestellten landschaftlich gestalteten Parkteile können daher auch weiterhin der Kurfürstenzeit zugerechnet werden.

Die wahrscheinlich von Max Franz angeregten Neuerungen liegen nach dem Dycker Plan in dem Geländestreifen entlang der nördlichen Tiergartengrenze und innerhalb einer Dreiecksfläche im südöstlichen Tiergarten.[44] (Abb. 12, 13, 14) Der Geländestreifen wird von der Eselsallee und einer

42 Vgl. diese Arbeit: Kap. II.3.b).

43 Das Dycker Archiv ist noch nicht vollständig erschlossen. Bisher ist zur Recherche nur eine Korrespondentenliste des Fürsten Josef vorhanden. Für die vorliegende Arbeit: Weyhe, Kerris, Lenné. Es ist wahrscheinlich, daß sich nach der vollständigen Erschließung des Materials weitere Informationen zur Brühler Gartengeschichte auffinden lassen.

44 Wie oben dargelegt, wird hier im Gegensatz zum Parkpflegewerk nicht davon ausgegangen, daß das Wegesystem um das Indianische Haus den Maßnahmen unter Max Franz zuzurechnen ist; vgl. diese Arbeit: Kap. II.1.d).

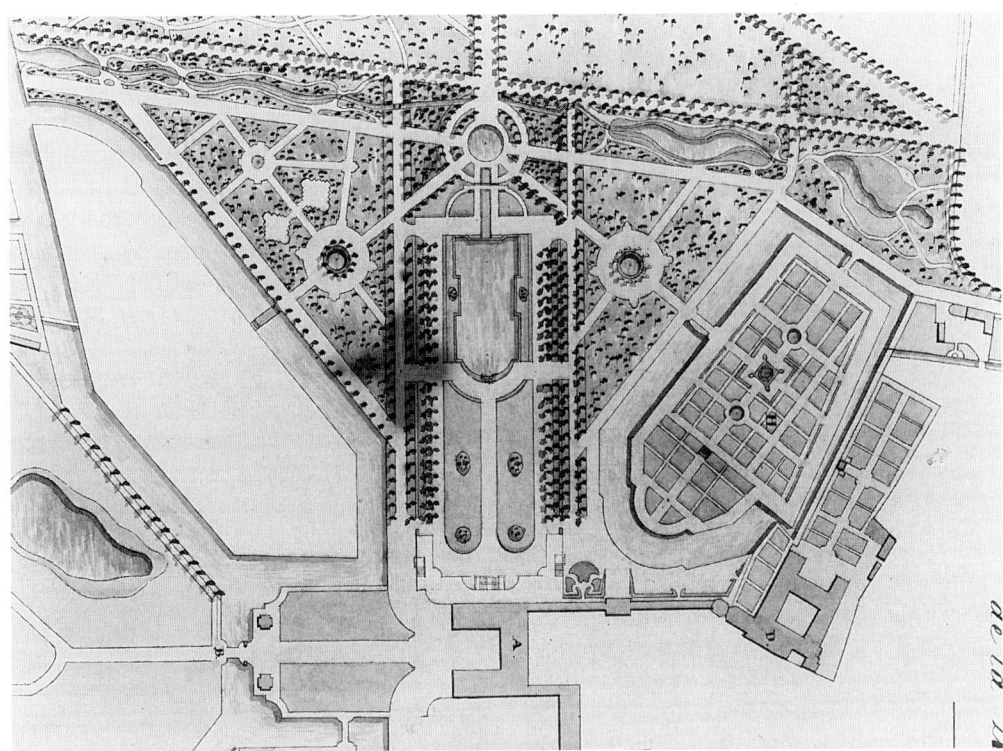

Abb. 14, Dycker Plan, um 1805, Schloßgarten Brühl, Ausschnitt, Parterre- und Boskettbereich sowie Übergangszone zum Tiergarten, Ausrichtung nach Süden.

zweiten, parallelen Weggeraden begrenzt. Zwischen den Geraden befindet sich ein dichtes Gefüge aus geschlängelten Wegen, meandernden Wasserläufen und kleinen Teichen. Eine ähnliche kleinteilige Struktur weist der südöstliche Tiergarten auf. (Abb. 12) Inmitten des engmaschigen Wegenetzes liegt ein größerer, landschaftlich ausgeformter Teich. Ausgespart bleiben auch zwei Freiflächen, an deren Berührungspunkt ein Gebäudegrundriß eingezeichnet ist.

Bei dem Gebäude handelt es sich um das sogenannte Bauernhaus. Seine Errichtung ist um das Jahr 1788 dokumentiert.[45] Dies kann als eine Bestätigung für die Umsetzung und Datierung des Parkbereichs betrachtet werden. Darüber hinaus haben sich einzelne Überreste der dortigen Anlagen erhalten.[46]

Über die Parkstrukturen entlang der Tiergartengrenze bleibt vieles unklar. (Abb. 14) Die nördliche Parallele zur Eselsallee ist weder der Phase unter Max Franz noch der Franzosenzeit eindeutig zuzurechnen. Auf jeden Fall handelt es sich aber um eine unausgeführte Plankomponente. Dies wird anhand des heutigen Bestands deutlich, indem die auf Girard zurückgehende Platanenallee noch vorhanden ist. (Abb. 15, 58) Die Anlage der anders ausgerichteten Weggeraden im Dycker Plan hätte die Entfernung der alten Allee erforderlich gemacht. Nachweislich hat eine durchgehende Wasser-

45 Niederschrift des Franz Wilhelm von Spiegel betr. die Anlage des Bauernhauses im Tiergarten, StAB Nachlaß Spiegel (Münsterischer Teil) 258; zit. in: Inventare, 1978, S. 229.

46 Vgl. Parkpflegewerk, 1992, S. 77 u. Plan 35.2.

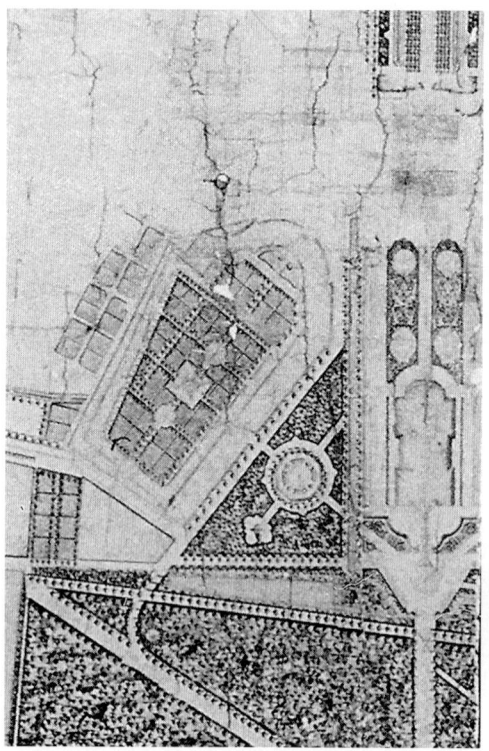

Abb. 15, Girardplan, um 1728, Schloßgarten Brühl, Ausschnitt, Parterre, westliches Boskettdreieck, Krautgarten, Übergangszone zum Tiergarten.

führung zwischen dem Seeweiher und den Kanälen beim Indianischen Haus bestanden.[47] Es ist jedoch ebenso gewiß, daß die Ausformung der verschiedenen Bassins zumindest teilweise dem Dycker Plan nicht entsprach. Bestandspläne aus der Mitte des 19. Jahrhunderts bestätigen (Abb. 19–22), daß das von Girard konzipierte, schmale trapezförmige Becken im Zwischenraum von Esels- und Platanenallee noch in preußischer Zeit vorhanden war. Allein der in den Bestandsplänen eingezeichnete „Schlangenbach" südlich des Krautgartens hat Ähnlichkeit mit den im Dycker Plan wiedergegebenen Bassins.

Der Aussagewert des Dycker Plans stellt sich im Hinblick auf die Phase unter Max Franz folglich außerordentlich problematisch dar. Obwohl nach jetzigem Quellenstand eine Neuanlage oder Änderung landschaftlich gestalteter Gartenbereiche in französischer Zeit nicht beabsichtigt war, lassen sich die Bestandteile der verschiedenen Entwicklungsphasen nicht immer eindeutig voneinander abgrenzen. Irritierend ist, daß einige Komponenten der landschaftlich gestalteten Bereiche nicht realisiert worden sind. Sollte der Dycker Plan in diesen Fällen überhaupt einen Aussagewert über die Anlagephase unter Max Franz besitzen, dann müßte sich der Zeichner zum Teil an einem älteren Entwurf orientiert haben.

b) Der Garten in französischer Zeit

In der ersten Zeit nach dem Einmarsch der Franzosen im Jahre 1794 ließ der Kurfürst seinem vor Ort gebliebenen Hofgärtner Joseph Weyhe die Gelder für die Unterhaltung des Gartens durch einen Agenten überbringen.[48] Erst nachdem „Volksrepräsentanten" aus Paris den Garten besichtigt und Weyhe beauftragt hatten, die Anlagen „vor dem Verderben zu schüzzen",[49] wurden am 20. Februar 1796 erste Zahlungen seitens der französischen Verwaltung bewilligt.[50] Doch ließ sich die Erhaltung des Brühler Gartens, der von Weyhe nunmehr konsequent als „Jardin national"[51] bezeich-

47 In einem Schreiben aus dem Jahre 1807 ist von „etangs ... en commencant au peu au delà du grand Etang [Seeweiher] jusque vis à vis de la maison chinoise" die Rede, Renteimeister Kerris an den Kanzler der 4. Kohorte vom 6.2.1807, Archiv Schloß Dyk, Korrespondenz des Fürsten Josef.

48 Interner Bericht Regierungsassessor Helmentag vom 27.7.1821, HStAD Reg. Köln 4642, S. 96f.

49 Weyhe an Arrondissementsverwaltung vom 26.1.1796, HStAD LzMR 166, S. 2.

50 Beschluß der Arrondissementsverwaltung vom 1. Ventôse 4 (20.2.1796), HStAD LzRM 166, S. 7.

51 U. a. Inventar Orangerie vom 13. Brumaire 11 (4.11.1802), HStAD RD 3444, S. 394.

net wurde, in den nun herrschenden Kriegs- und Krisenzeiten nur unter größten Schwierigkeiten gewährleisten. Die Zahlungen der französischen Verwaltung waren spärlich und setzten bereits nach wenigen Monaten wieder aus.[52] Regelmäßiger wurden die Geldzuweisungen erst infolge der Verordnung der Landesregierung in Bonn vom 28. August 1797.[53] Mit dem Hinweis, daß „die Landesbedürfnisse nicht gestatten viele Kosten an die Lustgärten zu verwenden", wurde dem Brühler und dem Bonner Schloßgärtner ein geringer Etat zugestanden. Den größten Teil der Ausgaben sollten die Gärtner jedoch aus den Erträgen der Gartenbewirtschaftung bestreiten. Unter diesen Bedingungen hätten sie die Gärten bis zu besseren Zeiten zu unterhalten und seien einstweilen keinesfalls befugt, mehr zu fordern.

Die unzureichende Finanzausstattung des Brühler Gartens wurde zunächst weiterhin dadurch abgemildert, daß der Kurfürst Weyhe bis in das Jahr 1799 einige Mittel zukommen ließ.[54] Dennoch bestand eine akute Finanznot, die zeitweilig die Durchführung notwendiger Unterhaltungsarbeiten verhinderte. So gibt es aus dem Jahre 1797 einen Hinweis darauf, daß das Scheren der Hecken und Alleen aus Geldmangel nicht geschehen konnte.[55] Ein weiteres Problem bestand darin, daß der Brühler Garten nun als eine Art Depot benutzt wurde, aus dem man Material abzog, sobald es anderswo Verwendung fand. 1802 wurden die Tuffsteine aus der „Cascade ruinée" im Parterre entfernt und in den Botanischen Garten der Ecole Centrale in Köln überführt.[56] Zeitweise bestand sogar die Absicht, die Sammlung ausländischer Pflanzen, die als „principeaux ornaments de Bruhl"[57] galten, zu verkaufen oder sie an den „Jardin national" in Paris abzugeben.[58] Auf diese Weise sollte das wertvolle Land der Anzuchtgärten für Verpachtungen frei werden.[59] Diese Absichten setzten sich jedoch nicht durch, so daß die Orangerie dem Brühler Garten bis in preußische Zeit erhalten blieb.[60]

Mit der Besitzergreifung des Brühler Schlosses durch die 4. Kohorte der Ehrenlegion im Jahre 1803 wurde der Verfallsprozeß des Gartens vorerst beendet.[61] Der Kanzler der Kohorte war der ehemalige Fürst und nun Bürger Josef Salm zu Dyck,[62] der als bedeutender Pflanzenliebhaber schon früher mit dem Vater Lennés und Weyhe in Kontakt gestanden hatte.[63] Schon bald erhöhte er die Zahlungen zur Unterhaltung des Gartens erheblich[64] und ließ sich 1805 von Weyhe „Pläne und Kostenvoran-

52 Die Zahlungen setzten am 1. August 1796 wieder aus, Eingabe Lennés u. Weyhes an die Landesregierung mit Vermerk „im Finanzausschuß 25. August 1797", HStAD LzMR 898, S. 1.

53 Verordnung der Landesregierung in Bonn vom 28.8.1797, HStAD LzMR 898, S.13, dieser Beschluß wurde von der Zentralverwaltung des Roerdepartements am 16. Fructidor 7 (2.9.1799) bestätigt, HStAD RD 3781, S. 57.

54 Interner Bericht Regierungsassessor Helmentag vom 27.7.1821, HStAD Reg. Köln 4642, S. 96f.

55 Eingabe Lennés u. Weyhes an die Landesregierung mit Vermerk: „In Bonn im Finanzausschuß 12. Aug. 1797", HStAD LzMR 898, S. 1.

56 Verwaltungskommission Ecole Centrale an Domänenempfänger Rosel vom 27. Prairial 10 (16.6.1802), HStAD RD 413, S. 230, anliegend: Konzept ohne Datum, Genehmigung des Präfekten für die Entnahme der Steine.

57 Verwaltungskommission Ecole Central an Präfekt vom 10. Messidor 10 (29.6.1802), HStAD RD 413, S. 5f.

58 Bevor eine Pflanzenliste an den Direktor Thouin übersandt wurde, stellte die Kommission folgendes fest:

„La collection des Plantes exotiques ... du Chateau de Bruhl est à la vérité précieuse en égard à la quantité, au local et en ce qu'elle est la seule aussi complette dans le Département. Mais cette collection n'a rien d'extraordinaire rare ... Elle n'a rien que ne possède Paris en plusieurs exemplaires", ebd.

59 Domänenempfänger Rosel an Domänendirektor Robillard vom 7. Messidor 6 (25.6.1798), HStAD RD 3442, S. 498.

60 Vgl. diese Arbeit: Kap. II.4.c).

61 Besitzergreifungsurkunde der 4. Kohorte der Ehrenlegion vom 7. Brumaire 12 (30.10.1803), HStAD RD 3301, S. 55; vgl. Wündisch, 1983, S. 21–24, S. 22f.; vgl. Wündisch, 1984, S. 120.

62 Josef Salm zu Dyck wurde 1804 Kanzler der 4. Kohorte der Ehrenlegion; 1808 von Napoleon zum Grafen des Reiches ernannt; ab 1816 wieder Fürst, vgl. Bremer, 1959, S. 192.

63 Ebd., S. 288ff.

64 Bürgermeister u. provisorischer Domänenempfänger Zaaren an Regierungsrat Boelling vom 2.3.1814, HStAD GG 644.

schläge" für die „vollständige Restauration des Gartens"[65] vorlegen. Soweit dies die bisher zugänglichen Quellen erkennen lassen, konzentrierten sich die damit eingeleiteten Maßnahmen hauptsächlich auf das Parterre und die angrenzenden Bereiche. Im Herbst 1807 berichtete Weyhe dem Kanzler über die getanen Arbeiten: „Die Terras, der Schlosplaz nach der Stadt zu, so wie die Weege unter der Linden Berseau [Lindenalleen] und in dem parterre überhaupt sind jez so weit in ordnung. ... Sie sind dann so im stande, wie zuzeiten des Kurfürsten".[66] Hinsichtlich der noch auszuführenden Arbeiten gab er an, daß im Parterre nach der vollständigen Aufbereitung des Bodens „nur noch 2 vernichtigte Bassins auszufüllen, dan der graß saamen zu säen, und die kleinen stauden anpflanzungen übrig" seien. Zudem kam er auf die äußeren Alleen des Parterres zu sprechen: „Nebst der oben gewähnten grundarbeit im Mittelstück des parterres müssen also jez vor allem die alten Castanien Alleen [es war bisher unbekannt, daß es sich um Kastanien handelte] dergestalt zubereitet werden, daß im früh Jahr nur noch die italienischen Pappeln darauf zu pflanzen wären." Einem Schreiben des zuständigen Renteimeisters Kerris ist zu entnehmen, daß die Absicht bestand, die neuen Pappalleen bis in den Tiergarten hinein zu verlängern: „et qui [die zwei alten Kastanienalleen] selon le Plan doivent étre remplacées par des Peupliers [Pappeln] d'Italie et prolongées à travers cette Lisière [Rand] du parc jusqu'à l'allée voisine [Eselsallee]".[67] Die Ausführung der Pappelalleen war im Sommer 1808 größtenteils abgeschlossen.[68] Es fehlten lediglich „die gemäß Plan anzulegenden 2 hölzernen Brücken zur Verbindung der Alleen mit dem Park",[69] die Weyhe im Dezember 1808 beim Kanzler der Kohorte in Erinnerung brachte. Zugleich ging es ihm um „Maurerarbeiten an der cascade im Mittelstück". Da die Kohorte die Schloßanlagen bereits im Mai des folgenden Jahres verkaufte,[70] ist die Ausführung der Brückenbauarbeiten und der Reparaturen an der Kaskade wahrscheinlich unterblieben.

Der Dycker Plan läßt sich mit den Angaben der Schriftquellen in Verbindung bringen (Abb. 13, 14): Auf den vorderen Parterrestücken ist Rasen zu erkennen; die ehemals darin vorhandenen Fontänenbecken sind verfüllt und mit Beetpflanzungen versehen. Den Schriftquellen entsprechend werden auch die Außenalleen des Parterres dargestellt: Sie bestehen aus Pappeln und setzen sich bis zur Eselsallee fort.

Im Vergleich mit dem Girardplan weist der Dycker Plan eine veränderte Gestaltung im Bereich der großen Abschlußfontäne auf (Abb. 14–16): Statt einer dreieckigen ist eine kreisförmige Platzanlage zu sehen. Die vorhandenen Schriftquellen deuten an, daß es in dieser Zone des Gartens zu Veränderungen gekommen ist, indem von der Entfernung der „vieux berceaux de charmille [Buchenlauben] entourant le grand Bassin"[71] die Rede ist. Was anschließend geschehen ist, wird jedoch nirgends erwähnt. Anhaltspunkte über die Ausführung bieten allein die späteren Bestandspläne. (Abb. 19–23) Sie zeigen ein rundes Platzgebilde, das aber eine gegenüber dem Dycker Plan vereinfachte Struktur aufweist.

Bisher galt die gesamte Franzosenzeit als eine Verfallszeit für Schloß Brühl und seinen Garten.[72] Diese Anschauung läßt sich angesichts der umfangreichen Wiederherstellungsarbeiten und Neuan-

65 „L'entière Restauration du Jardin doit révenir selon les plans et dévis présentés l'an passé par le Sieur Weyhe à 2457 francs, l'enlevement des tuyeaux de Plomb et le rétablissement de la terrasse y compris", Renteimeister Kerris an Kanzler der 4. Kohorte vom 11.12.1806, Archiv Schloß Dyck, Korrespondenz Fürst Josef.

66 Weyhe an Kanzler der 4. Kohorte vom 12.9[?].1806, Archiv Schloß Dyck, Korrespondenz Fürst Josef.

67 Renteimeister Kerris an Kanzler der 4. Kohorte vom 6.2.1807, Archiv Schloß Dyck, Korrespondenz Fürst Josef.

68 Weyhe an Kanzler der 4. Kohorte vom 3.8.1808, Archiv Schloß Dyck, Korrespondenz Fürst Josef.

69 Weyhe an Kanzler der 4. Kohorte vom 24.12.1808, Archiv Schloß Dyck, Korrespondenz Fürst Josef.

70 Vgl. Wündisch, 1984, S. 120.

71 Renteimeister Kerris an Kanzler der 4. Kohorte vom 6.2.1807, Archiv Schloß Dyck, Korrespondenz Fürst Josef.

72 Bei Wündisch stellt sich auch die Phase unter der 4. Kohorte als Verfallszeit dar, Wündisch, 1983, S. 21–24, S. 22.

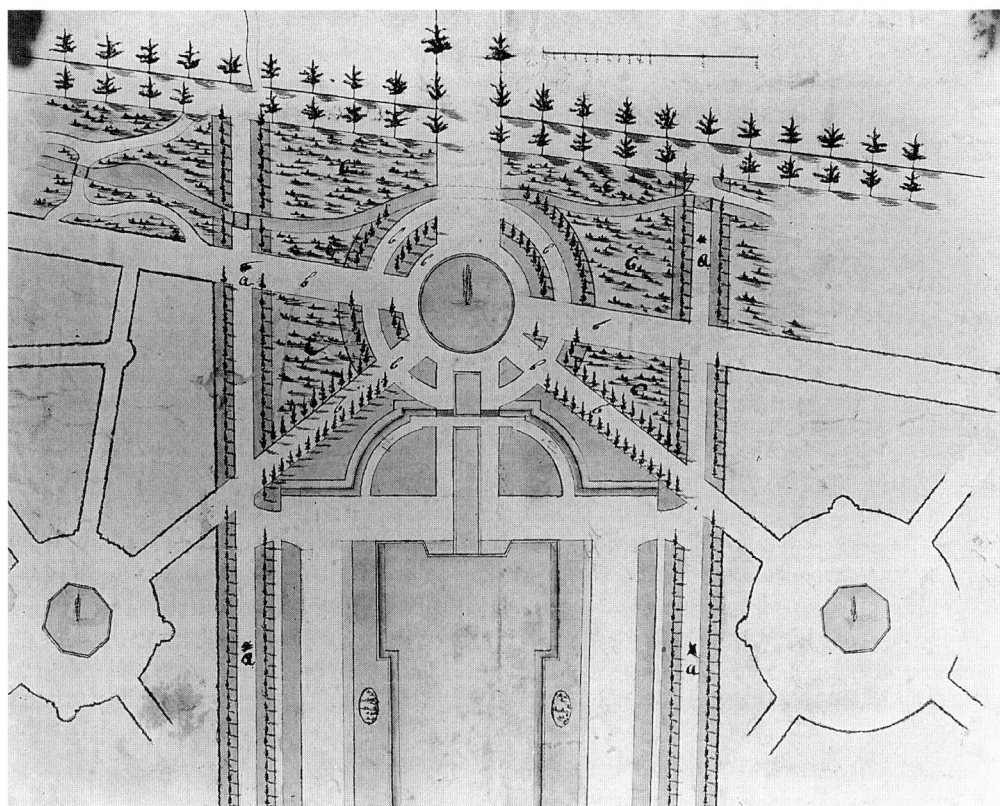

Abb. 16, Dycker Plan II, um 1805, Schloß Brühl, südlicher Parterrebereich, Ausrichtung nach Süden.

lagen in den Jahren zwischen 1803 und 1809 nicht mehr aufrechterhalten. Allerdings kam es gerade zu Beginn dieser Periode zur Auflösung der Brühler Gesamtanlage:[73] Gleichzeitig mit der Besitzübertragung von Schloß Brühl an die Ehrenlegion dotierte der französische Staat die Senatorie von Poitiers mit Schloß Falkenlust. Kurz darauf erklärte die Präfektur auch die „dabei gelegene Holzung" zum „Appartinenzstück" des Schlosses. Schließlich kam 1809 die bisher im Staatseigentum verbliebene Falkenlusterallee auf der Strecke bis zum Tiergarten noch hinzu. Sie wurde dem Besitzer von Schloß Falkenlust, das inzwischen durch die Hände mehrerer Privatleute gegangen war, unter der Bedingung verkauft, „de conserver et mointenir [maintenir] cette allée dans son état actuel".

Mit dem erneuten Besitzerwechsel im Jahre 1809 begannen die schon überwunden geglaubten Schwierigkeiten in der Unterhaltung des Gartens abermals. Der Herzog von Auerstädt, Marschall Davoust, nun Prinz in dem zum Fürstentum Eckmühl erhobenen Brühl,[74] zeigte wenig Interesse an seiner neuen Besitzung. Über Jahre hinweg blieben die Zahlungen an Weyhe aus.[75] Um den Zerfall

73 Tatbestandsteil im Urteil des Landgerichts zu Köln, 1. Zivilkammer vom 3.12.1845, HStAD Reg. Köln 4650, S. 141.
74 Zur Phase unter Davoust: Wündisch, 1983, S. 21–24.

75 Oberförster Ostler an Gouvernementscommissair Boelling vom 9.11.1815, HStAD GG 644; Gouvernementscommissair Boelling an Generalgouverneur vom Niederrhein Sack vom 25.5.1814, HStAD GG 644.

des Gartens wenigstens teilweise aufzuhalten, setzte Weyhe sogar sein eigenes Vermögen ein und verschuldete sich.[76] Wiederum kam es zur Entnahme von Material.[77]

c) Der Garten in der Übergangsperiode des Generalgouvernements

Wie in allen eroberten Ländern setzten die alliierten Mächte auch in den linksrheinischen Gebieten ein Generalgouvernement als provisorisches Administrationsorgan ein.[78] Schon sehr bald richtete sich die Aufmerksamkeit der neu geschaffenen Behörde auf das Brühler Schloß. Die Anlage verkörperte nun ein „Denkmahl von Deutschlands Fürsten"[79] und verdiente nach Ansicht der Verwaltung, „um desto mehr das öffentliche Interesse auf sich zu ziehen", als sie im Departement „der einzige Fürsten Sitz und Aufenthalt" sei, „welcher der Hand der Zerstörung entgangen".[80] Entsprechend wollte man bei der Unterhaltung der Schloßanlage so verfahren, daß sie „als Denkmahl den künftigen Landes Fürsten ganz ungestört übergeben werden könne".[81]

Mithin wurde dem Brühler Schloß und seiner Umgebung Denkmalqualität beigemessen. Sein Erinnerungswert lag in der Vergegenwärtigung vergangener Fürstenzeit. Angesichts der politischen Situation in den Rheinlanden mußte ein solcher Gedanke naheliegen, da die Hinterlassenschaften der einstigen Landesherren als Anknüpfungspunkte für die wiedereinzurichtende Fürstenherrschaft gelten konnten. Außerdem ließ sich die Zerstörung oder der vernachlässigte Zustand der Schlösser und Gärten als Konsequenz der politischen Verfassung in französischer Zeit auslegen. Entsprechend hielt es der Gouvernementscommissair Boelling für verwunderlich, „daß zwanzig Jahre nach der Verwirrung und des Regiments des Verderbens die dortige Orangerie [in Brühl], und unschätzbare Sammlung ausländischer Pflanzen zwar nicht unberührt, jedoch ohne Beschädigung haben gedeihen lassen".[82]

Eine Erneuerung der Residenzfunktion des Brühler Schlosses wird in den untersuchten Akten des Generalgouvernements nicht diskutiert. Dennoch schien darin eine mögliche Zukunft zu bestehen. Zumindest legt dies die folgende Notiz aus Goethes Rheinreise nahe: „Welch einen schönen Sommeraufenthalt würden höchste und hohe Personen finden, wenn die noch ziemlich erhaltenen großen Schlösser Poppelsdorf, Brühl, Bensberg, Benrad und andere wieder eingerichtet, und neue Lebenselemente von da aus in die Gegend verbreitet würden".[83]

Am 2. Juni 1814 entschied der Generalgouverneur über die zukünftige Unterhaltung von Schloß Brühl. Er genehmigte „zur ferneren Erhaltung dieses Schlosses und seiner Anlagen die ... in dem anliegenden Etat aufgeführten bißher angestellten Personen, einstweilen beyzubehalten, und ihnen die vorgeschlagenen Gehälter zu bewilligen."[84] Dieser Beschluß beinhaltete die Anerkennung der Witwe Weyhe als Nachfolgerin ihres Mannes im Amte des Hofgärtners. Selbstverständlich hatte sich die Verwaltung zuvor versichert, daß „ihr Sohn, der Hofgärtner [Maximilian Friedrich] Weyhe zu

76 Bürgermeister u. provisorischer Domänenempfänger Zaaren an Regierungsrat Boelling vom 2.3.1814, HStAD GG 644.

77 Delahaye an von Eckmühl vom 3.12.1810, Archives Nationales Paris 133 AP (Papiers Davout) 7 dossier 6.; zit. in: Inventare, 1978, S. 275.

78 Am 14.2.1814 wurde das „Generalgouvernement Niederrhein" installiert. Es war einer alliierten Zentralverwaltung unterstellt. Nach Auflösung der Zentralverwaltung im Juni 1814 wurde das Generalgouvernement allein von Preußen verwaltet. Zu diesem Zeitpunkt erhielt es die Bezeichnung „Generalgouvernement Nieder- und Mittelrhein", vgl. Schütz, 1979, S. 18ff.

79 Bürgermeister u. prov. Domänenempfänger in Brühl Zaaren an Gouvernementscommissair Boelling vom 2.3.1814, HStAD GG 644.

80 Gouvernementscommissair Boelling an Generalgouverneur Sack vom 25.5.1814, HStAD GG 644.

81 Rentey-Oberaufseher Gossen an Gouvernementscommissair Boelling vom 16.3.1814, HStAD GG 644.

82 Gouvernementscommissair Boelling an Generalgouverneur Sack vom 25.5.1814, HStAD GG 644.

83 Goethes Werke, 1902, 1. Abt., Bd. 34, S. 98; Goethe hielt sich im Juli 1815 in den Rheinlanden auf, vgl. Klapheck, 1932, S. 179.

84 Generalgouverneur Sack an Gouvernementscommissair Boelling vom 2.6.1814, HStAD GG 644.

Düsseldorf, und ihr Schwiegersohn der botanische Gärtner [Wilhelm Anton] Berkenkamp zu Kölln sich anheischig machen, ihr Hilfe zu leisten, und selbst wegen der richtigen Besorgung des Dienstes, ihre Garantie anzubieten".[85] Die Zuweisungen an die Hofgärtnerin wurden auf 2500 Franken jährlich festgesetzt.[86] Das entsprach dem Betrag, den schon die Ehrenlegion ausgeworfen hatte. Gleichzeitig mit der Festsetzung des Unterhaltungsetats ordnete der Generalgouverneur die Untersuchung der Baulichkeiten und die Veranschlagung notwendiger Reparaturen an.[87] Die dadurch angeregten Wiederherstellungsarbeiten waren vielfältig.[88] Sie betrafen mit der Orangerie und der Krautgartenbrücke auch den Bereich des Gartens.

4. Der Brühler Garten in den ersten Jahrzehnten unter preußischer Verwaltung

a) Die Ungewißheit über die Zukunft des Schlosses

Die hochgesteckten Erwartungen über die zukünftige Rolle des Brühler Schlosses erfüllten sich unter dem neuen Landesherrn, Friedrich Wilhelm III. von Preußen, nicht.[89] Mit der erheblichen Ausweitung des preußischen Staatsgebiets nach dem Wiener Kongreß kam zu den bereits vorhandenen eine beträchtliche Anzahl weiterer Schlösser hinzu. Für sie hatte der König keine Verwendung und wies daher am 22. November 1816 den Staatskanzler von Hardenberg an, „die Schlösser zu Düsseldorf und Coblenz, so wie überhaupt die landesherrlichen Schlösser in den neuen Provinzen ... den Provinzial-Regierungen zur Ober Aufsicht und eventuell zur Benutzung dieser Gebäude übergeben zu laßen".[90] Die endgültige Entscheidung über die zukünftige Bestimmung der Schlösser behielt sich der König allerdings vor, indem er Hardenberg die nähere Prüfung der verschiedenen Vorhaben aufgab und Bericht darüber verlangte.[91]

In bezug auf das Brühler Schloß wurde nun unter anderem die Errichtung einer Kaserne[92] oder einer Irrenanstalt[93] in Erwägung gezogen, doch führten diese Überlegungen zu keinem Ergebnis. Am 19. November 1821 mußten die Mitglieder der Regierung Köln dem Finanzminister von Klewitz mitteilen, „daß wir uns wirklich in Verlegenheit befinden, darüber Vorschläge zu machen, indem uns weder ein landesherrliches, noch ein Provinzial-Institut bekannt ist, wozu dasselbe zweckmäßig zu verwenden seyn möchte und ohnehin zu solchen Zwecken noch Räumlichkeiten in den Schlössern zu Bensberg, Bedburg, der Abtey Siegburg pp. disponibel sind".[94] Endlich kam die Regierung Köln zu dem Schluß, daß Schloß Brühl „wegen seiner prachtvollen inneren Einrichtung" am besten „wohl zu einem fürstlichen Sommer Aufenthalte dienlich seyn dürfte".

85 Gouvernementscommissair Boelling an Generalgouverneur Sack vom 25.5.1814, HStAD GG 644; bei Zilliken ist von einer Beteiligung des Wilhelm Sinnig an der Gartenverwaltung die Rede, dafür gibt es in den vorliegenden Akten keinen Anhaltspunkt, Zilliken, 1956, S. 29f.; dem oben zitierten Schreiben liegt der Verwaltungsetat bei: Rentey-Oberaufseher Gossen an Gouvernementscommissair Boelling, 16.3.1814, HStAD GG 644.

86 Rentey-Oberaufseher Gossen an Gouvernementscommissair Boelling vom 16.3.1814, HStAD GG 644; Generalgouverneur Sack an Gouvernementscommissair Boelling vom 2.6.1814, HStAD GG 644.

87 HStAD GG 1586; GG 1587; GG 1981.

88 HStAD GG 1587; GG 1981.

89 Am 5.4.1815 erließ König Friedrich Wilhelm III. die Patente zur Besitzergreifung der rheinischen Gebiete, vgl. Schütz, 1979, S. 22.

90 Friedrich Wilhelm III. an Staatskanzler v. Hardenberg vom 22.11.1816 (Abschrift), GStA PK I. HA. Rep. 89 Geh. Zivilkabinett Nr. 20588 (M), S 1.

91 Ebd.

92 HStAD Reg. Köln 1901.

93 Reg. Köln an Oberpräsident v. Solms-Laubach vom 16.2.1821, HStAD Reg. Köln 4642, S. 55.

94 Reg. Köln an Finanzminister v. Klewitz vom 19.11.1821 (Konzept), HStAD Reg. Köln 4642, S. 157.

Am 26. Dezember 1829 ordnete der König an, „die Schlösser Engers, Jägerhof zu Düsseldorf und Brühl ... mit allen zu diesen Schlössern gehörigen Pertinenzen u. Beamten dem Haus Ministerium zur Verwaltung und Unterhaltung aus dem Kronfidei-Fonds übergeben [zu] lassen".[95] Die Schlösser Coblenz, Bensberg und Quedlinburg, für die inzwischen eine neue Verwendung gefunden worden war, sollten hingegen den jeweils zuständigen Behörden der Staatsverwaltung überantwortet werden. Die Zuweisung an das Hausministerium bedeutete für die betreffenden Schlösser keine Rangerhöhung, sondern resultierte aus dem Mangel an einer konkreten Zweckbestimmung. Jedenfalls stand der Verwaltung durch das Hausministerium nicht entgegen, daß ab 1834 intensiv geprüft wurde, ob Schloß Brühl sich zur Aufnahme einer Kadettenanstalt eigne.[96] Angesichts der avisierten Umbauten ist es ein Glücksfall, daß der mit der Untersuchung beauftragte Ingenieur-Hauptmann das Schloß schließlich als „viel zu klein"[97] befand.

b) Die Auswirkungen aus der unsicheren Zukunft des Schlosses auf die Gartenanlagen

Die jahrzehntelange Ungewißheit über die Bestimmung des Schlosses brachte Vor- und Nachteile für die Erhaltung der Anlagen mit sich. Der Vorteil bestand darin, daß sich die Verwaltung scheute, größere Veränderungen oder die Wegnahme von Material zu bewilligen. Entsprechend lehnte sie 1829 die gewinnbringende Ausgrabung von Röhren innerhalb des Parks mit der Begründung ab, daß „sich doch für jetzt noch nicht übersehen [läßt], zu welchem Gebrauch dieselben in der Zukunft noch verwendet werden können, indem über die Bestimmung des Königlichen Schlosses noch keine Entscheidung erfolgt ist".[98] Auch das Gutachten des Domänenrats Lützeler über die zukünftige „Benutzungs Art" der Parkgewässer aus dem Jahre 1823 bezog „den Fall der Wiederherstellung des Schlosses und des Parks"[99] ausdrücklich mit ein.

Andererseits schmälerte die Funktionslosigkeit des Schlosses die Bereitschaft, genügend Mittel für die Unterhaltung von Schloß und Garten zur Verfügung zu stellen. In einem Schreiben an den Oberpräsidenten von Solms-Laubach vom 16. Februar 1821 beschreibt die Regierung die Situation in Brühl folgendermaßen: Es „haben des Königs Majestät Sich die Entscheidung über die künftige Bestimmung des Schlosses zu Brühl und der Dependenzien desselben vorbehalten. ... Das Schloß selbst und eine der Dependenzien [Fasanerie] zerfallen indessen immer mehr, ohne daß die Beschränktheit des Bau-Fonds andere als höchst nothdürftige Reparaturen zuläßt".[100] Wenigstens für die Fasanerie wollte die Regierung nun endlich eine Verwendung finden. In einem internen Bericht werden zwar verschiedene Nutzungsmöglichkeiten erwogen, doch kam man schließlich zu dem Ergebnis, daß es das beste sei, „die Fasanerie-Gebäude auf Abbruch zu verkaufen".[101] Die damit verbundene Absicht lag einerseits in der Ersparnis von Unterhaltungskosten, andererseits sollte aus den Einnahmen des Materialverkaufs die Erhaltung des Hauptschlosses mitfinanziert werden. Dies zeigt das Schreiben des Staatskanzlers vom 14. Februar 1822, in dem er dem Finanzminister die

95 Friedrich Wilhelm III. an MKH vom 26.12.1829 (Abschrift), GStA PK I. HA. Rep. 89 Geh. Zivilkabinett Nr. 20588, S. 4.

96 Die Kadettenanstalt wurde schließlich auf Schloß Bensberg eingerichtet; vgl. Hoffmann, 1994, S. 155–161; siehe auch HStAD Reg. Köln 1903a, Akte „Über Schlösser Brühl, Bensberg & Benrath. Vorarbeiten zur Errichtung einer Cadetten-Anstalt in der Rheinprovinz".

97 Notiz des Ingenieur-Hauptmanns v. Mühlbach, HStAD Reg. Köln 1903a.

98 Reg. Köln an Brühler Bürgermeister Scholl vom 2.2.1829, HStAD Reg. Köln 4642, S 228.

99 Domänenrat Lützeler an Reg. Köln vom 15.6.1823, HStAD Reg. Köln 4719.

100 Reg. Köln an Oberpräsident v. Solms-Laubach vom 16.2.1821, HStAD Reg. Köln 4642, S. 55.

101 Der Gedanke, „ein Gast- und Speisehaus daselbst anzulegen", wird wegen des zu erwartenden fehlenden Zuspruchs und der unsicheren Zukunft des Hauptschlosses verworfen, Bericht des Regierungsassessors Helmentag vom 18.3.1821, HStAD Reg. Köln 4642, S. 60f.

Entscheidung des Königs bekannt gab: „Allerhöchst diesselben [des Königs Majestät] sind damit einverstanden, daß die dem Verfall drohenden Fasanerie-Gebäude nebst dem Chinesischen Pavillon nach der Ansicht der Regierung abgebrochen, das Material öffentlich verkauft und der Erlös zu einem Hülfsfond für die Conservation des Hauptgebäudes verwendet werde".[102]

In ihrem Amtsblatt kündigte die Regierung zu Köln die Versteigerung des Materials für den 29. April 1822 an.[103] – Der Abbruch der Gebäude und der Abtransport des Materials zogen sich wenigstens bis zum Ende des Jahres 1825 hin.[104] Inzwischen wurden am Hauptschloß umfangreiche Ausbesserungsarbeiten vorgenommen.[105]

c) Die Auflösung der botanischen Sammlung und der Wegfall der Hofgärtnerstelle

Im Jahre 1819 hatte sich die Regierung zu Köln mit der Frage zu befassen, ob die große Brühler Pflanzensammlung in den botanischen Garten der Bonner Universität nach Poppelsdorf zu überführen sei. Sie befand, daß nichts dagegen spreche, „da für das Schloß Brühl keine Bestimmung zu erwarten steht, welche die Beibehaltung der Orangerie und der botanischen Pflanzen pp. daselbst erforderlich machen mögte", und unterstützte das Vorhaben, indem sie zunächst an die Kostenersparniß für die Einrichtung der neu gegründeten Universität erinnerte. Außerdem gab sie zu bedenken, „daß bei diesen Umständen das Gehalt der Hofgärtnerin Weyhe, als solches nicht ferner aus unserem Etat zu bringen seyn wird, indem die Beibehaltung der Hofgärtnerstelle zu Brühl nunmehr nicht mehr erforderlich seyn dürfte".[106]

Erste Pflanzentransporte nach Poppelsdorf sind für Juli 1819 dokumentiert.[107] Am 30. September 1819 erging die offizielle Erlaubnis des Königs: „... genehmige ich die Versetzung der bisher im Lustschlosse Augustusburg zu Brühl befindlich gewesenen Sammlung ausländischer Gewächse und der dazu gehörigen 40 Treibhaus-Fenster-Rahmen, in den botanischen Garten zu Poppelsdorf bei Bonn wohin übrigens auch ... so viele Exemplare der Brühler Orangerie und der übrigen seltenen Baumarten überwiesen werden können, als daselbst unterzubringen sind".[108]

Die Regierung Köln beabsichtige nun die kostspielige Pflanzensammlung ganz einzustellen und begab sich auf die Suche nach Abnehmern für diejenigen Pflanzen, die in Poppelsdorf nicht zu verwenden waren.[109] Die botanischen Gärten in Düsseldorf, Benrath und Köln erklärten sich schnell zur Übernahme dieser Pflanzen bereit.[110] Das Vorgehen der Regierung wurde am 5. Februar 1821

102 Staatskanzler v. Hardenberg an Finanzminister v. Klewitz vom 14.2.1822 (Abschrift), HStAD Reg. Köln 4638.

103 Amtsblatt der Königl. Regierung zu Köln, Siebenter Jahrgang 1822, Dienstag den 16. April 1822, S. LXVIII, HStAD DSE 4; über den Abbruch ist ein Versteigerungsprotokoll vorhanden: Protokoll Bauinspektor Ahlert, Regierungsassessor Helmentag, Domänenmeister Pütter vom 29.4.1822, HStAD Reg. Köln 4638.

104 Reg. Köln an Domänenrat Lützeler vom 18.9.1825, HStAD Reg. Köln 4697.

105 Unter anderem: Bericht d. Regierungsdirektors Rhades: „Die Erhaltung des hiesigen Schlosses in baulicher Verfassung betr." vom 3.9.1824, HStAD Reg. Köln 4639.

106 Reg. Köln an Oberpräsident v. Solms-Laubach vom 6.6.1819, HStAD Reg. Köln 4642, S. 13.

107 „In Folge der hohen Verfügung vom 1ten v. Mts ... anzuzeigen, daß ich auf ... Anweisung des Herrn Oberpräsidenten heute dem Gärtner Sinnig 12 Orangenbäume ... nach Bonn habe abgehen lassen.", Renteimeister Pütter an Reg. Köln vom 2.7.1819, HStAD Reg. Köln 4642, S. 12; Maximilian Friedrich Weyhe an Reg. Köln vom 28.2.1820 mit einer Liste der nach Bonn übertragenen Pflanzen, HStAD Reg. Köln 4642, S. 20.

108 Friedrich Wilhelm III. an Finanzminister v. Klewitz vom 30.9.1819 (Abschrift), HStAD Reg. Köln 4642, S. 15.

109 Reg. Köln an Reg. Düsseldorf vom 10.12.1819, HStAD Reg. Köln 4642, S. 17; Maximilian Friedrich Weyhe an Reg. Köln vom 22.8.1820 mit einer Liste der in Brühl verbliebenen Pflanzen, HStAD Reg. Köln 4642, S. 38.

110 Reg. Düsseldorf an Reg. Köln vom 24.1.1819, HStAD Reg. Köln 4642, S. 19; über die Transporte nach Köln, HAStK Best. 400 Nr. I 21 A 6.

durch Königsentscheid bestätigt: „Ich genehmige ..., daß der noch vorhandene Ueberrest des Brühlschen Schloß Inventarii an Orangerie und sonstigen seltenen Gewächsen zur Complettirung der botanischen Gärten in Coeln, Düsseldorf und Benrath verwendet, die Hofgärtnerin Wittwe Weyhe zu Brühl aber in den Ruhestand versetzt werde."[111]

Die Witwe Weyhes trat am 1. Juli 1821 ihren Ruhestand an.[112] Damit entfiel die Hofgärtner-stelle, die seit Anlage des Gartens fortwährend bestanden hatte.[113] Die Aufsicht über den Schloß-garten nahm nun Oberförster Ewald „ex officio"[114] wahr. Seine Wartungsaufgaben beschränkten sich allein darauf, „die Hecken, Bäume, Bosketts in der Schur und im Stand zu erhalten".[115] An-sonsten gab man sich damit zufrieden, daß die verschiedenen Gartenteile durch Verpachtung in ei-nem geordneten Zustand gehalten wurden.[116] Eine Sonderrolle hatte der Tiergarten inne: Zwar wurde die örtliche Verwaltung ebenfalls durch den Oberförster Ewald geführt, doch war der Tier-garten kein Teil der Schloßverwaltung, sondern unterstand der Oberförsterei Ville.[117] Dies änderte sich erst durch einen Königsbefehl aus dem Jahre 1836. Der Tiergarten wurde damit an die „Schloßverwaltung des Haus Ministeriums" überwiesen, allerdings „mit Beybehaltung der bisheri-gen [forstwirtschaftlichen] Verwaltungs Art".[118]

d) Die Nutzung und Pflege des Gartens in preußischer Zeit

Die Verhältnisse im Brühler Garten waren nur noch bedingt mit einem Lustgarten vergleichbar. Der „Schloßplatz östlich und südlich" – Vorhof und Parterre – diente der in Brühl stationierten Land-wehr „zum sonntägigen Appel u. Exerzierplatz"[119] und wurde ansonsten „sowohl zur Gräserei-Nutzung als auch als Rindviehweide"[120] verpachtet. Einzig die seitlichen Lindenalleen erhielten eine intensivere Pflege. Immerhin befand es die Regierung zu Köln für nötig, die Alleen „durch einen fachkundigen Gärtner ordnungsmäßig beschneiden zu laßen".[121] Die Instandhaltung der Bosketts blieb nicht nur auf das Scheren der Hecken beschränkt; es kam auch vor, daß Nachpflanzungen zur Füllung von Lücken vorgenommen wurden.[122] Die Pflege der Hecken orientierte sich allerdings nicht am bisherigen Zustand. Die Regierung zu Köln war der Ansicht, daß die „jetzige Höhe und Stärke" der Hecken, teils dem „Geschmack der heutigen Zeit" nicht entspreche, teils „die Unterhal-tung in ihrer jetzigen Gestalt" zu hohe Kosten verursache, und befahl daher, die Hecken „biß auf 4 Fuß Rheinl." scheren zu lassen.[123]

Das Obststück, das je zu einem Drittel aus Gemüse-Feldern, Wiese und einer Fläche mit abstän-digen Obstbäumen bestand, war dem jeweiligen provisorischen Verwalter des Gartens zur Nutzung

111 Friedrich Wilhelm III. an Finanzminister v. Klewitz vom 5.2.1821 (Abschrift), HStAD Reg. Köln 4642, S. 59.
112 General-Verwaltung für Domänen und Forsten an Reg. Köln vom 6.6.1821, HStAD Reg. Köln 4642, S. 86.
113 Zu den Brühler Hofgärtnern: Zilliken, 1956; Park-pflegewerk, 1992, S. 41f.
114 General-Verwaltung für Domänen und Forsten an Reg. Köln vom 6.6.1821, HStAD Reg. Köln 4642, S. 86.
115 Interne Mitteilung an Regierungsreferent Helmentag vom 13.7.1821, HStAD Reg. Köln 4642, S. 89.
116 Vgl. diese Arbeit: Kap. II.4.d); der Stadt Brühl wurden Wegerechte im Park zugestanden, dafür übernahm die Stadt die Unterhaltung der Wege, Vertrag zwi-schen Domänenrenteimeister Pütter und Brühler Bür-germeister Scholl vom 20.5.1824, HStAD Reg. Köln 4642, S. 196.

117 MKH an Friedrich Wilhelm III. vom 30.4.1836, GStA PK I. HA. Rep. 89 Geh. Zivilkabinett Nr. 20588 (M), S. 12.
118 Friedrich Wilhelm III. an MKH vom 11.5.1836 (Kon-zept), GStA PK I. HA. Rep. 89 Geh. Zivilkabinett Nr. 20588 (M), S. 13.
119 Oberförster Ilse an Reg. Köln vom 25.8.1835, HStAD Reg. Köln 4715.
120 Pachtvertrag, Domänenrat Lützeler und Oberförster Ilse vom 10.9.1835, HStAD Reg. Köln 4715.
121 Reg. Köln an Oberförster Ewald vom 7.8.1821, HStAD Reg. Köln 4638.
122 Oberförster Ewald an Reg. Köln vom 9.3.1822, HStAD Reg. Köln 4638.
123 Reg. Köln an Oberförster Ewald vom 7.8.1821, HStAD Reg. Köln 4638.

überlassen.[124] Der inzwischen in Parzellen eingeteilte Nordgarten wurde als Wiese oder Ackerland an Private verpachtet.[125] Der Krautgarten befand sich seit 1823 in der Pacht des Schullehrerseminars, das im benachbarten Gebäude des ehemaligen Franziskanerklosters untergebracht war.[126] Die Pachtbedingungen für den Krautgarten hatte die Domänenverwaltung so formuliert, daß dem Pächter Veränderungen am Gartengefüge außerordentlich erschwert wurden und er sogar zu einer ganzen Reihe von Instandhaltungsaufgaben verpflichtet war.[127] Demnach durfte der Pächter am Garten „keine andere Eintheilung vornehmen, noch an demselben irgend etwas abnehmen oder wegreißen, ohne ... dazu die Ermächtigung erhalten zu haben". Ausdrücklich war es untersagt, am „Hauptwege das mindeste abzunehmen". Dafür wurde dem Pächter aber zugestanden, daß die „Nebenwege" auf die Breite von 4 Fuß vermindert werden könnten. Hinsichtlich der Nutzung wurde bestimmt, daß die Terrainabschnitte unter den Alleen als „Gräsereyen" zu benutzen seien und das eigentliche Gartenland allein mit Gemüse bepflanzt werden dürfe. Die „Obstbäume und Weidengewächse" hatte der Pächter jährlich zu schneiden und abgehende Bäume durch neue „von gleicher Art" zu ersetzen. Ferner wurde ihm „die Unterhaltung der Umgebungs Mauern, Brücken, eisernen Thore und Hecken ... aufgetragen". Hinzu kam die Wartung der dortigen Sommerhäuser. Im wesentlichen wurden diese Bedingungen in den späteren Pachtverträgen wieder aufgenommen.[128] Spätestens 1834 entfiel die Unterhaltung der Sommerhäuser.[129]

Seitens der Forstverwaltung wurden turnusmäßig Fällungs- und Kulturpläne für den Tiergarten erstellt. Bisweilen sahen sie ziemlich radikale Maßnahmen vor: 1819 wurden 30 Morgen des Tiergartens „rein abgetrieben".[130] Die vorgesehene Wiederaufforstung geschah jedoch nicht vollständig, so daß sich später die Gelegenheit bot, auf den Freiflächen einen „Saat und Pflanz Kamp für seltenere Holzsorten"[131] einzurichten. In der Folge wurden weitere Baumschulen angelegt. Im Jahre 1843 waren eine „zahme Kastanien Plantage an der [ehemaligen] Fasanerie", einen „unter den Kastanien angelegte Fichten u. Lerchen Saatkamp", sowie weitere Pflanzungen „von Ahorn, Eschen, Ulmen, Kastanien Fichten, Lerchen, [und] Seekifer"[132] innerhalb des Tiergartens vorhanden. Zwar bestand das Hauptinteresse in der Holzbewirtschaftung, doch wollte die Regierung Köln auch den Bedürfnissen der Parkbesucher entgegenkommen. Am 22. November 1824 teilte sie dem zuständigen Forstinspektor folgendes mit: „Um den ... Thiergarten, welcher von dem Publikum sehr häufig als Vergnügungs-Ort besucht wird, und gleichsam als einen Theil des zum Schlosse gehörigen Hofgartens anzusehen ist, in dieser Eigenschaft zu erhalten, haben wir beschlossen denjenigen Theil desselben, welcher zur linken Seite [nördlich] der nach der Falkenluster-Brücke führenden Allee gelegen ist, aus dem Waldbewirtschaftungs-Plan der Oberförterey Brühl auszuschließen, und dazu

124 Zustandsbericht v. Regierungsreferent Helmentag u. Bauinspektor Ahlert vom 23.6.1821, HStAD Reg. Köln 4642, S. 99; Auszug aus MKH an Reg. Köln vom 19.11.1844 (Abschrift), AVSchB Hofgärtnerei 1843–1845.

125 Unter anderem: Pachtverträge, Liste der Pächter und Plan, teils als Anlagen zu MKH an Reg. Köln vom 5.9.1841, HStAD Reg. Köln 4717.

126 Folgendes Schreiben benennt den 1.1.1823 als Datum des Pachtvertrags mit dem Seminar, Reg. Köln an Domänenrat Lützeler vom 25.7.1823, HStAD Reg. Köln 4714.

127 Domänenrenteimeister Lützeler vom 3.2.1817, HStAD Reg. Köln 4714.

128 Pachtverlängerungen mit dem Schullehrerseminar, u. a.: Vertrag vom 20.12.1834, HStAD Reg. Köln 4714; Vertrag vom 10.2.1865, AVSchB Hofgärtnerei 1856–1867.

129 Pachtverlängerung mit dem Schullehrerseminar vom 20.12.1834, HStAD Reg. Köln 4714.

130 Forstmeister Ostler an Reg. Köln vom 14.4.1820, HStAD Reg. Köln 4646.

131 Ebd.; Genehmigung durch die Reg. Köln: Reg. Köln an Forstmeister Ostler vom 19.4.1820, HStAD Reg. Köln 4646.

132 Übergabeprotokoll bei Ankunft des Hofgärtners Claussen vom 6.6.1843, AVSchB Hofgärtnerei 1843–1845.

blos den auf der rechten Seite dieses Weges gelegenen Waldtheil zu gebrauchen."[133] Der vordere Teil des Tiergartens blieb somit von radikalen Fällungen verschont. Mehr beinhaltete die Unterhaltung als „Vergnügungs Ort" nicht.[134]

Ebenso wie einige Teile des Tiergartens waren die Dorneninseln zu Beginn der preußischen Zeit so dicht mit Dornen und Gestrüpp bewachsen, daß – bevor eine Nutzung möglich war – erst einmal aufwendige Rodungsarbeiten stattfinden mußten. Um die Kultivierung ohne eigenen Kostenaufwand zu bewerkstelligen, gab die Verwaltung die Gebiete für die erste Zeit unentgeltlich in Pacht.[135] Da sich auf den Dorneninseln wegen des schwierigen Transports über die Wasserumwehrungen die „Benutzung als Wald" nicht anbot, wurden zunächst Kartoffeln angebaut. Später wollte man dort Schafweiden anlegen.[136]

Die Parkgewässer waren als Fischweiher an Private verpachtet.[137] Es ergab sich jedoch das Problem, daß der Wasserzufluß in den Park nicht mehr ausreichte und große Bereiche des Kanalsystems trockenfielen. Bereits 1820 berichtete ein Pächter, „daß der obere Theil des Weihers [Seeweiher], welcher nicht tief ist, und den größten Theil des Jahres ohne Wasser steht, dergestalt mit Unreinigkeit und Gräserei verwachsen ist, daß derselbe ... nicht länger als Fischung benutzt werden kann".[138] So kam es bis kurz vor dem Eingreifen Lennés immer wieder zu Trockenlegungen. Sie zielten einerseits auf die Gewinnung neuer Wiesen- und Gartenflächen ab, und waren andererseits darauf gerichtet, die verbleibenden Gewässer durch eine größe Wasserzufuhr für die Fischzucht zu erhalten.[139] Als ein weiteres Argument kam Ende der 30er Jahre die Beseitigung gesundheitlicher Gefahren hinzu. So ist in einem Bericht die Rede davon, daß sich aus den versumpften Gewässern „nicht selten der Gesundheit nachteilige Dünste entwickeln".[140]

133 Reg. Köln an Forstinspektor Fromm vom 22.11.1824, HStAD Reg. Köln 4646.
134 Reg. Köln an Forstinspektor Fromm vom 12.1.1825, HStAD Reg. Köln 4646.
135 Hinsichtlich des Tiergartens: Forstmeister Ostler an Reg. Köln vom 12.12.1822, HStAD Reg. Köln 4646; hinsichtlich der Dorneninseln: Pachtgesuch des Gutsbesitzers in Falkenlust Knobel an Reg. Köln vom 26.5.1825 u. entsprechende Genehmigung des Finanzministeriums, 13.12.1825, HStAD Reg. Köln 6367.
136 Forstinspektor Fromm an Reg. Köln vom 25.9.1825, HStAD Reg. Köln 6367.
137 HStAD Reg. Köln 4719 u. 4720.
138 Nicolas Dreesen an Reg. Köln vom 21.4.1820, HStAD Reg. Köln 4719.
139 Domänenrat Lützeler an Reg. Köln vom 15.6.1823, HStAD Reg. Köln 4719; Gemeinsamer Bericht Bauinspektor Biercher u. Domänenrat Lützeler vom 25.9.1838, HStAD Reg. Köln 4719.
140 Gemeinsamer Bericht Bauinspektor Biercher u. Domänenrat Lützeler vom 25.9.1838, HStAD Reg. Köln 4719.

III. Die Planung

1. Die Planungsphase

a) Die neue Residenzfunktion des Brühler Schlosses

Im August und September 1842 besuchte Friedrich Wilhelm IV. gemeinsam mit der Königin die Rheinprovinz. Die Reise führte zunächst nach Düsseldorf und Benrath, einige Tage später zur Grundsteinlegung für den Weiterbau des Kölner Doms und gleich darauf nach Brühl.[1] Vom 4. bis zum 13. September nahm das Königspaar Wohnung im Schloß, das während des gerade stattfindenden Manövers der westlichen Armeekorps das königliche Hoflager abgab.[2] Nunmehr diente das Schloß wiederholt als königlicher Aufenthalt, wenn in den linksrheinischen Gebieten militärische Übungen stattfanden.[3] Um dies zu ermöglichen, war das Militär zunächst angewiesen, die Manöver in erreichbarer Entfernung von Brühl stattfinden zu lassen.[4] Und auch während der späteren Dombaufeste bewohnten die preußischen Herrscher das Schloß.[5] Einen Höhepunkt in der Geschichte des Brühler Schlosses stellte der Empfang der englischen Königin Victoria und des Prinzen Albrecht im Jahre 1845 dar.[6] – Somit etablierte sich das Schloß, das noch Ende der 30er Jahre ein äußerst provinzielles Dasein geführt hatte,[7] mit dem Beginn der Regierungszeit Friedrich Wilhelm IV. als ein herausgehobener Königssitz im Rheinland.

Die Entscheidung, Schloß Brühl längerfristig als Residenz zu nutzen, fiel im zeitlichen Zusammenhang mit der Ausarbeitung des Gartenprojekts. Dies macht die auf den 12. Oktober 1842 datierte Nachricht Hofmarschalls von Meyerinck an die Regierung zu Köln deutlich, in der davon die Rede ist, daß die aus Anlaß der Hofhaltung für Schloß Brühl „angeschafften Meubles und sonstige zu gleichem Behuf in diesem Schlosse getroffenen Einrichtung, auf Allerhöchsten Befehl Seiner Majestät des Königs demselben definitiv verbleiben sollen".[8] Der Immediatbericht des Hausministeriums vom 21. Dezember 1842 beschreibt den neuen Status des Schlosses. In der entsprechenden Textpassage geht es um die „von Eurer Königlichen Majestät in der neueren Zeit getroffenen Anordnungen wonach die oben erwähnten Schlösser am Rhein [Engers, Jägerhof zu Düsseldorf, Benrath, Cosenblatt?], namentlich das Schloß zu Brühl zu Eurer Königlichen Majestät festen Residenz eingerichtet werden soll".[9] Nur Stolzenfels hatte wohl unter den rheinischen Schlössern eine größere Be-

1   „Route für die Reise Seiner Majestät des Königs und Ihrer Majestät der Königin nach Westfalen und der Rheinprovinz im Herbst 1842" übergeben durch Schreiben des Innenministers v. Bodelschwingh an Reg. Köln vom 10.8.1842, HStAD Reg. Köln 36; Journal der Flügeladjutanten des Königs vom 16.1.1842 bis 11.9.1843, GStA PK BPH Rep. 50 Personalrepositur Friedrich Wilhelms IV. F1 Nr. 3, Bd. 2.

2   Ebd.; Ankunft des Königspaares in Brühl, Köln. Ztg. vom 6.9.1842, im Anhang vollständig zitiert, S. 198.

3   Unter anderem: General v. Thile in Koblenz an Kriegsministerium vom 25.8.1847, GStA PK I. HA. Rep. 89 Geh. Zivilkabinett Nr. 32569 (M), S. 36.

4   Ebd.; „Des Königs Majestät wünschen, daß die Übungen der 15ten Division vor Allerhöchstdemselben statt

bei Düren in der Umgebung von Brühl abgehalten werden", Aktennotiz ohne Datum, GStA PK I. HA. Rep. 89 Geh. Zivilkabinett Nr. 32569, S. 26.

5   Vgl. Parent 1980(2), S. 114–124, S. 119; vgl. Zilliken, 1954, S. 7f.; vgl. Zilliken 1955, S. 12ff., S. 20f. u. S. 30ff.

6   Vgl. Hansmann, 1985, S. 101–122; vgl. Schorn, 1898, S. 202.

7   Im Protokoll des Domänenrats Lützeler vom 16.8.1836 über den Zustand des Schlosses ist von einem „Hühnergeläße" in einem Treppenhaus die Rede, HStAD Reg. Köln 3749.

8   Hofmarschall v. Meyerinck an Reg. Köln vom 12.10.1842, HStAD Reg. Köln 4640.

9   MKH an Friedrich Wilhelm vom 21.12.1842, GStA PK I. HA. Rep. 89 Geh. Zivilkabinett Nr. 20646 (M).

deutung für Friedrich Wilhelm IV., doch betrachtete er es offenbar eher als „Privatschloß" denn als Residenz mit offiziellem Charakter.[10]

b) Die Nachweise über die Planungstätigkeit Lennés

Der früheste Nachweis über die Planungstätigkeit Lennés findet sich in einem Direktionsprotokoll der Bonn-Kölner Eisenbahngesellschaft. Das auf den 27. August 1842 datierte Protokoll hält fest, „daß der Königl. Gartendirektor Lenné den Auftrag habe, neue Vorschläge über die Anlage des [vom Eisenbahnbau betroffenen] Treibhaus Gartens zu machen".[11] Wenige Tage später vermerkt die Kölnische Zeitung: „Brühl 28. Aug. Herr Garten-Direktor Lenné aus Potsdam traf gestern hier ein, und reiste wieder ab, nachdem er an Ort und Stelle über die Richtung der Eisenbahnlinie, die bei Brühl und namentlich durch den Park führen soll, mit den betreffenden Beamten Rücksprache genommen".[12] Das Journal der Flügeladjutanten des Königs verzeichnet für den 1. September, daß Lenné zu einer Audienz empfangen wurde.[13] Wahrscheinlich ging es in dem Gespräch auch um das Gartenprojekt in Brühl. Innerhalb der nächsten beiden Wochen traf Lenné die wesentlichen Absprachen mit der Eisenbahndirektion und ließ sie vom König bestätigen.[14] Am 16. September war erstmals öffentlich von der Gartenplanung die Rede: Die Kölnische Zeitung gab eine Äußerung des Königs wieder, derzufolge der Entschluß gefaßt sei, „den Park und die Anlagen des königlichen Schlosses herzustellen und zu einer schönen Promenade für Brühl und eine Nachbarschaft umzuschaffen".[15] Näheres erfuhr die Öffentlichkeit am 18. September: „Dem Vernehmen nach soll der geniale Schöpfer der Verschönerungen um Potsdam und des berliner Thiergartens, der königl. Garten-Director H. Lenné, unser Landsmann, von Sr. Majestät hieher berufen worden sein, um den Park und die Umgebung des Schlosses herzustellen und ästhetisch zu gestalten".[16] Im Anschluß daran führt der Zeitungsbeitrag einzelne Planungsaspekte auf. Sie entsprechen den Festlegungen des späteren Königsbefehls teilweise bis hin zur Wortwahl.[17] Folglich liegt der Eindruck nahe, daß über die wesentlichen Bestandteile der Gartenplanung bereits zu diesem Zeitpunkt Klarheit bestand. Bevor Lenné am 10. Oktober seine Denkschrift über das Brühler Gartenprojekt sowie den dazu gehörigen Entwurfsplan einreichte,[18] fand am Vortag noch einmal eine Besprechung mit dem

10 „... bin ich, ..., der Meinung, daß die der Krone gehörenden königl. Schlösser, insofern sie nicht von Mir selbst benutzt werden oder darüber nicht bereits anderweitig, wie zur Zeit über das Schloß zu Coblenz, disponiert ist, die Prinzen und Prinzessinnen Meines königl. Hauses auf ihren Reisen aufzunehmen haben, ohne daß es deshalb einer vorgängigen Anfrage und Meiner ausdrücklichen Genehmigung bedarf, indem Ich eine einfache Anzeige, für genügend erachte. Entgegen ist in Ansehung Meiner Privatschlösser zu Erdmannsdorf und Stolzenfels immer eine vorherige Anfrage und die Einholung Meiner Erlaubniß erforderlich", Friedrich Wilhelm IV. an MKH vom 24.10.1855, GStA PK I. HA. Rep. 89 Geh. Zivilkabinett Nr. 20588 (M), S. 16.

11 Direktionssitzung vom 27.8.1842, HAStK Best. 1028 Nr. 75, S. 174.

12 Köln. Ztg. vom 30.8.1842.

13 Journal der Flügeladjutanten des Königs v. 16.1.1842 bis 11.9.1843, GStA PK BPH Rep. 50 Personalrepositur Friedrich Wilhelms IV. F1 Nr. 3, Bd. 2.

14 Vgl. diese Arbeit: Kap. III.5.d).

15 Köln. Ztg. vom 16.9.1842.

16 Köln. Ztg. vom 18.9.1842, im Anhang vollständig zitiert, S. 199.

17 „... der Park, zu einem Volksgarten umgeschaffen, für Köln das werden soll, was der Thiergarten für Berlin ist", Köln. Ztg. vom 18.9.1842, im Anhang vollständig zitiert, S. 199; vgl. im späteren Königsbefehl „Der Park soll ... für die Besucher der Stadt Coeln und der Umgebung das werden was der Thiergarten bei Berlin für die Residenz ist", Friedrich Wilhelm IV. an MKH vom 17.10.1842 (Abschrift), AVSchB Hofgärtnerei 1843–1845, unten vollständig zitiert, Kap. III.2.b).

18 Denkschrift Lennés vom 10.10.1842, GStA PK I. HA. Rep. 89 Geh. Zivilkabinett Nr. 20646 (M), im Anhang vollständig zitiert, S. 177ff.

König statt, an der auch Hofmarschall und Gartenintendant von Massow sowie Ludwig Persius teilnahmen.[19] Die Ausführungsbefehle des Königs ergingen am 17. Oktober 1842.[20]

c) Die Maßnahmen im Vorfeld der Gartenplanung

Gewiß haben die Planungen für den Brühler Garten bereits vor August 1842 begonnen, doch läßt sich dafür kein konkreter Zeitpunkt benennen. Eine Änderung im Umgang mit dem Garten hatte sich bereits im Vorjahr angedeutet. Durch Verfügung des Hausministeriums vom 22. August 1841 erhielt die Regierung zu Köln die Weisung, „daß in dem Thiergarten bei Brühl mit dem Holzhiebe durchaus so verfahren werden muß, wie es nothwendig ist, um die zur Zierde gereichenden Bäume zu erhalten".[21] Der Holzertrag sollte folglich nicht mehr zur Hauptsache gemacht werden, sondern die Erhaltung der Bäume bekam Priorität. Im April des folgenden Jahres berichtete Forstrat von Wintzingerode: „Der königl. Hofgärtner Sello aus Sanssouci welcher im Auftrage Seiner Majestät des Königs die Anlage bei Stolzenfels besichtigt hat, war gestern hier und hat mir gesagt, daß des Königs Majestät ihn gleichfalls beauftragt habe, den Garten bei Brühl in Augenschein zu nehmen. – Ich habe dieserhalb sofort den gestrigen Nachmittag zu der gemeinschaftlichen Besichtigung benutzt und hat Herr Sello bei dieser Gelegenheit sich dahin geäußert, daß nach den Ansichten Sr. Majestät der Erhaltung der schönen alten Eichen und Buchen (wie solche sich jetzt noch in großer Zahl vorfinden) besonders wünschenswerth sei, und daß im Übrigen der Garten das Bestandsmerkmal hinlänglich enthalte, welches zur Anlage eines Lustgartens erforderlich sei."[22] Zuletzt 1839 – noch als Kronprinz – hatte Friedrich Wilhelm Brühl besucht[23] und kannte daher die Verhältnisse des Gartens. Die Äußerungen Sellos über die Tauglichkeit der Brühler Anlagen, als Lustgarten dienen zu können, scheinen die Planung Lennés bereits anzudeuten. Doch gewiß ist dies nicht; vielleicht diente die Anreise des Hofgärtners nur dazu, Vorbereitungsmaßnahmen für den bevorstehenden Aufenthalt des Königs einzuleiten.[24] Als unmittelbare Folge der Garteninspektion wurde die forstliche Nutzung des Tiergartens nun ganz eingestellt: Anfang Mai kursierte bei der Regierung in Köln eine interne Mitteilung, derzufolge der König mündlich befohlen habe, „daß aus dem ... Thiergarten gar keine Forstwirtschaft mehr entnommen werden soll".[25] Die offizielle Weisung des Ministeriums erging am 10. Juni 1842. Mit ihr wurde ferner die Wiederverwendung des Tiergartens als Park angeordnet: „Besage der unterm 31ten v. M. ergangenen Allerhöchsten Cabinets-Ordre haben des Königs Majestät zu bestimmen geruhet, daß in dem zum königlichen Schlosse in Brühl gehörigen Park keine Bäume mehr gefällt, derselbe also nicht mehr forstmäßig bewirtschaftet, sondern seiner früheren Bestimmung gemäß als Park unterhalten werden soll."[26] Schließlich enthielt das Schreiben

19 „Lenné u. Massow tragen über den Garten v. Brühl vor.", Tagebuchnotiz v. Persius, Sanssouci am 9.10.1842, Tagebuchseite 53, Persius, 1980, S. 66.

20 Friedrich Wilhelm IV. an MKH vom 17.10.1842 (Abschrift), AVSchB Hofgärtnerei 1843–1845, unten vollständig zitiert, Kap. III.2.b) u. c).

21 MKH an Reg. Köln vom 22.8.1841, HStAD Reg. Köln 4646.

22 Bericht des Forstrats v. Wintzingerode vom 14.4.1842, HStAD Reg. Köln 4646.

23 „7. Juni nach Brühl und Cöln zurück", in: „Auszug aus der Reise des Kronprinzen" überreicht durch den Oberpräsidenten v. Bodelschwingh an Reg. Köln, 14.5.1839, HAStK Abt. 7 Nr. 2 Fasz. 7; „Am 7. Juni

1839 besuchte Kronprinz Friedrich Wilhelm zum zweiten Mal seit 1815 Schloß Augustusburg", Prasuhn, 1991, S. 5.

24 Entsprechende Maßnahmen für das Schloß wurden einen Monat später festgelegt: „Coblenz, 14. Mai. ... Heute sind mehre Beamte von hier nach Brühl abgereist, um in dem dortigen Schlosse die nöthigen Einrichtungen zur Aufnahme Sr. Maj. des Königs zu treffen", Köln. Ztg. vom 17.5.1842.

25 Interne Mitteilung Reg. Köln vom 7.5.1842, HStAD Reg. Köln 4646.

26 MKH an Reg. Köln vom 10.6.1842, HStAD Reg. Köln 4646.

die Aufforderung, für die baldige Anwesenheit des Königs Wiederherstellungsarbeiten im Garten vornehmen zu lassen: „Die zugleich Allerhöchst befohlene Instandsetzung der Hauptwege (:Fahrwege:) des Thiergartens ist bereits mittelst Verfügung vom 29ten v. M. genehmigt und hat die königliche Regierung jedenfalls dafür zu sorgen, daß jene Instandsetzung bis zu der bevorstehenden Ankunft Seiner Majestät des Königs daselbst vollständig zur Ausführung gebracht wird." Offenbar wurden die Arbeiten zügig umgesetzt. In der Ausgabe der Kölnischen Zeitung vom 26. Juni 1842 war von „durch hundert Arbeiter bereits ausgeführten oder in der Ausführung begriffenen Verschönerungen der reizenden Umgebungen"[27] des Schlosses die Rede. Im August wurde ergänzend mitgeteilt, daß „vor dem Schlosse und im Parke Plätze und Wege gereinigt, geebnet, besandet worden"[28] seien.

Gleichzeitig kam es zu Umstrukturierungen in der Verwaltung der Schloßanlagen. Nachdem die forstliche Nutzung des Tiergartens beendet war, erhielt die Regierung Köln durch Ministerialverfügung vom 16. August 1842 den Auftrag, „die Administration des Thiergartens künftig zur Verwaltung der königlichen Schlösser und Gärten zu übernehmen".[29] Seither wurde die Brühler Schloßanlage wieder einheitlich verwaltet; die forstwirtschaftliche Administration des Tiergartens entfiel. In Brühl selbst blieb jedoch zunächst wie bisher Oberförster Ilse für die örtliche Verwaltung zuständig.[30]

2. Die grundlegenden Quellen

a) Die Denkschrift Lennés

Die auf den 10. Oktober 1842 datierte Denkschrift Lennés über den Brühler Garten ist in den Akten des Zivilkabinetts im Original enthalten.[31] Der einleitende Satz des Memorandums bestätigt, daß die wesentlichen Entscheidungen der Gartenplanung bereits auf der Rheinreise des Königs getroffen worden sind. Außerdem wird deutlich, daß die Brühler Planung Teil einer umfassenderen Unternehmung in den königlichen Gärten des Rheinlands gewesen ist: „Se. Majestät der König haben bei Allerhöchst ihrer Anwesenheit in den Rhein-Provinzen in Beziehung auf die dortigen koeniglichen Gärten und Anlagen folgendes zu bestimmen geruhet."

Die Denkschrift benennt Maßnahmen „A. für Benrath", „B. für Brühl" und „C. betreffend die Anlagen beim Königl. Schloße zu Coblenz und Stolzenfels". Die einzelnen Projekte des Gesamtvorhabens unterscheiden sich in den Planungsintentionen und -dimensionen stark voneinander. Für Benrath ist allein folgendes vorgesehen: „Der Schloßgarten daselbst soll nach dem ursprünglich vorhandenen Plane wieder hergestellt werden." Die dafür bereitgestellten Geldmittel beschränken sich auf die Erträge des Gartens. In bezug auf Schloß Koblenz geht es um die gärtnerische Gestaltung des „zwischen dem engeren Schloßhofe und der Fahrstraße belegene[n] Kiesplatz[es]". Darüber hinaus werden organisatorische Maßregeln entwickelt, die auf die Sicherstellung und Zunahme der Blumen- und Pflanzenausstattung in den Schloßgärten von Koblenz und Stolzenfels hinzielen. Die Vorschläge für den Brühler Garten beinhalten dagegen ein umfangreiches Planungsprogramm:

Es umfaßt unter „I. betreffend die Eisenbahn und Anlage des Bahnhofes" die Verhandlungsergebnisse mit der Bonn-Kölner Eisenbahn. Darin werden der Gesellschaft beim Eisenbahnbau besondere Rücksichten auf den Garten abverlangt und zum Ausgleich Begünstigungen bei der Nutzung

---

27 Köln. Ztg. vom 26.6.1842.
28 Köln. Ztg. vom 28.8.1842.
29 MKH an Reg. Köln vom 16.8.1842, HStAD Reg. Köln 4646.

30 Ebd.
31 Denkschrift Lennés vom 10.10.1842, GStA PK I. HA. Rep. 89 Geh. Zivilkabinett Nr. 20646 (M), im Anhang vollständig zitiert, S. 177ff.

von Schloß- und Domänengrundstücken zugesprochen. Abschnitt „II. betreffend die Herstellung und künftige Erhaltung der Garten- und Park-Anlagen" führt sodann die Maßnahmen der eigentlichen Gartenplanung auf. Dabei werden mit der Beseitigung versumpfter Gewässer und der Verlegung der Seminarlatrinen „Sanitäts Maßregel[n]" an den Anfang gestellt. Erst dann folgt die „Herstellung u. künftige aesthetische Anordnung der Garten und Park Anlagen". Unter dieser Position sind sowohl Reparaturarbeiten als auch Neuanlagen im Garten aufgelistet. Indem von der Zahlung eines „erforderlichen jährlichen Zuschußes" die Rede ist, wird deutlich, daß das Brühler Gartenprojekt nicht nur aus dem Gartenertrag finanziert werden soll.

Durch Streichungen und Umformulierungen auf dem Dokument selbst sind die verschiedenen Teile der Denkschrift in Konzepte für die königlichen Ausführungsbefehle umgearbeitet worden. Die Abänderungen beziehen sich nicht auf den Inhalt, sondern dienen lediglich dazu, die Denkschrift in eine Befehlsform zu bringen. Umfangreichere Weglassungen kommen nur an Stellen vor, an denen Lenné technische Details ausführlich bespricht. Im wesentlichen aber stellt die Denkschrift Lennés die direkte Vorlage für die entscheidenden Kabinettsordres vom 17. Oktober 1842 dar. Es ist daher entbehrlich, die Denkschrift Lennés an dieser Stelle vollständig zu zitieren, wenn im Anschluß die Ausführungsbefehle in Gänze wiedergegeben werden.

b) Der Umsetzungsbeschluß für die Gartenanlagen

Der Umsetzungsbeschluß für die Gartenplanung erging durch Kabinettsordre vom 17. Oktober 1842 und wurde an das Hausministerium überwiesen.[32] Der Befehl fußt auf Position „B.II." der Denkschrift Lennés:

„Bei der Herstellung und künftigen Erhaltung der Garten= und Parkanlagen in Brühl kommt es zuvörderst und hauptsächlich auf Herbeiführung eines besseren Gesundheitszustandes der Bewohner an. Zwei Gegenstände sind dabei zu berücksichtigen:
1. Beseitigung der stagnirenden, versumpften Wassergräben;
2. Verlegung der Latrinen des Seminars, welche jetzt in den zunächst dem Schlosse gelegenen Teich B [Mönchsweiher] geleitet werden.
Dem Uebelstande ad. 1. wird durch Ableitung der jetzt zufließenden Gewässer abgeholfen werden können, nachdem der Gartendirektor Lenné an Ort und Stelle die nöthigen Recherchen veranlaßt und die speciellen Vorschläge in einem Mir eingereichten Promemoria gemacht hat.
Ad 2. müssen zur Ableitung und Benutzung der schädlichen Stoffe ähnliche Vorrichtungen getroffen werden, wie dergleichen in allen Casernen seit vielen Jahren im Gange sind.
Anlangend die Herstellung und künftige aesthetische Anordnung der Garten- und Parkanlagen will Ich, daß
a. der Schloßhof nach dem beiliegenden Plan eingerichtet und mit holländischen Linden bepflanzt werden soll,
b. daß die Terrasse an der Gartenseite des Schlosses mit Orangeriebäumen, wie zur kurfürstlichen Zeit, geschmückt werden soll; hierzu können die aus dem Schloßgarten zu Benrath unbeschadet der dortigen Gärtnerei, 60 bis 80 Bäume, verwendet werden. Es sind dieselben Bäume, die früher der Gärtnerei zu Brühl angehört haben.
c. Das Parterre vor dem Schlosse nach der Gartenseite soll zeitgemäß wiederhergestellt werden; das erst in jüngster Zeit zugefüllte runde Bassin soll restituirt, auch das größere viereckige Bassin mit Rasen-Böschungen – anstatt der verfallenen Einfassungs=Mauer umfriedigt werden.
Die allem Anschein nach ganz unversehrt gebliebene Rohrleitung von 8–9" [Zoll] Durchmesser, welche das Wasser aus den bei Vochem und Kirberg belegenen Weihern (:Reservoirs:) den früheren Wasserkünsten im Schlosse und Garten zugeführt hat, soll näher untersucht und ein Kostenanschlag über die Herstellung der näher von Mir zu bestimmenden Wassersprünge angefertigt werden.

32 Die Quelle ist bereits publiziert worden: Hinz, 1989, S. 476f.; auch in Inventare, 1978, S. 249. Hier wird zitiert nach: Friedrich Wilhelm IV. an MKH vom 17.10.1842 (Abschrift), AVSchB Hofgärtnerei 1843–1845.

d. Sobald die Eisenbahn Direction das zur Bahnlage [bei Hinz: Bahnanlage] erforderliche Erdquantum abgefahren haben wird, soll ein Kostenanschlag über die Ausführung des an der Morgenseite des Parks projektirten Teiches angefertigt und Mir vorgelegt werden.

e. Der Park soll dem Publikum geöffnet und für die Besucher der Stadt Coeln und der Umgebung das werden was der Thiergarten bei Berlin für die Residenz ist. Demgemäß sollen die im Park vorhandenen sumpfigen Stellen ausgetrocknet, die großen Alleen dem fahrenden und reitenden Publikum geöffnet und neue Wege zu vermehrtem Genusse in demselben angelegt werden, auch an der Stelle des sogenannten neuen Teiches C ein Volks-Tummelplatz angelegt werden.

f. Der Park ist an der Morgen=Mittag= und Abendseite mit einer 8 bis 10 Fuß hohen Mauer umschlossen. Diese Mauer soll auf der Strecke, die im Plane mit f bis t bezeichnet ist, bis zur Höhe von 4 Fuß über der Erde, jedoch so, daß sie wie jetzt in einer Ebene bleibt, abgebrochen und zur besseren Conservirung mit guten Mauersteinen abgedeckt werden. Die durch Verkauf des übrig bleibenden Materials sich ergebende baare Einnahme soll zunächst zur planmäßigen Instandsetzung der Garten= und Parkanlagen verwendet werden.

Ich erwarte fernere Vorschläge über den Betrag des zur allmähligen Ausführung jener Anlagen erforderlichen jährlichen Zuschusses.

Der Garten-Director Lenné soll mit der Ober-Aufsicht der Ausführung beauftragt werden."

c) Der Königsentscheid in der Frage der Eisenbahn

Gemeinsam mit dem Ausführungsbefehl für die Gartenplanung erging am 17. Oktober 1842 eine zweite Kabinettsordre an das Hausministerium.[33] Hiermit wurden die Modalitäten des Eisenbahnbaus innerhalb des Schloßparks offiziell durch den König bestätigt. Der Königsbefehl entspricht Position „B.I." der Denkschrift Lennés:

„Indem Ich dem Haus Ministerium den vom Garten Director Lenné in Folge einer ihm ertheilten Commissorii entworfenen Plan des Schlosses in Brühl nebst seinen Umgebungen in der Anlage zufertige, genehmige Ich

1.) die Anlage des Bahnhofes auf der auf dem Plane bezeichneten Stelle, desgleichen die zwischen dem Bahn- und Schloßhofe projektirte Einrichtung und Bepflanzung des Vorplatzes. Das zu dieser Anlage erforderliche königliche Areal soll der Eisenbahn-Direction nicht käuflich, sondern auf die Dauer des Bestehens der Eisenbahn zur Benutzung unentgeldlich überlassen bleiben. Die Einrichtungskosten dieses zum Bahnhofe gehörigen Vorplatzes, des vom Schloßhofe dahin führenden Mittelweges und der Seitenwege trägt die Eisenbahn-Verwaltung, wohingegen die Anlage und Unterhaltung der Nebenplätze und Bosquets Seitens der Garten-Verwaltung übernommen wird. Eine veränderte Einrichtung dieser Anlagen oder Benutzung dieses Vorplatzes zu anderen Zwecken darf ohne Meine Zustimmung nicht stattfinden.

2.) Die Eröffnung eines angemessenen neuen Fahrweges zwischen dem Bahnhof und der Stadt Brühl, in der auf dem Plane angedeuteten Richtung längs der Nordseite des Schlosses; Ich gestatte, daß das zur Anlage dieses Communikationsweges erforderliche königl. Terrain unentgeldlich hergegeben werden soll, wohingegen die Kosten dieser Wege Anlage der Eisenbahndirektion und der Orts Gemeinde zur Last fallen.

3.) Soweit die Eisenbahn den königlichen Garten durchziehet, sollen längs derselben keine Seitengräben angelegt, sondern zu beiden Seiten der Bahn sanft auslaufende Böschungen nach dem Niveau des tiefer liegenden Terrains gebildet werden. Um jedoch der Eisenbahn Direction das zur Aufschüttung der Bahnanlage erforderliche Erdquantum in möglichster Nähe zu verschaffen, genehmige Ich das Ausgraben der benöthigten Erde an denjenigen Stellen, wo nach dem Plane große Bassins ausgegraben werden sollen.

4.) In Berücksichtigung der Mehrkosten, welche der entferntere Erdtransport aus den vorgedachten Bassins [kleiner und großer Inselweiher beim Tiergartenannex] und die Herstellung einer neuen eleganten etwa 30 Fuß langen Brücke herbeiführen werden, welche letztere die Eisenbahn-Direction sich anheischig gemacht hat, zur vermehrten Zierde der beabsichtigten Gartenanlagen bei A:

33 Die Quelle wurde bereits zitiert in Inventare, 1978, S. 252. Hier wiedergegeben nach: Friedrich Wilhelm IV. an MKH vom 17.10.1842 (Abschrift), AVSchB Hofgärtnerei 1843–1845.

des Planes [Lennéplan Oktober '42] zu erbauen, will ich, daß der von der Regierung laut Taxation vom 25n August d: J: ermittelte Bodenwerth von circa 1500 rth für das zur Bahn und zum Bahnhofe abgetreten Terrain nachgelassen, der Eisenbahn-Verwaltung vielmehr auch dies königliche Terrain auf die Dauer des Bestehens der Eisenbahn unentgeldlich überlassen werden soll.

Das Ministerium des Hauses wird aus den beiden Anlagen ersehen, daß die ad 1–4 gedachten Bestimmungen und Begünstigungen von Seiten der Eisenbahn=Direction mit dankbarer Anerkennung angenommen, und den ihr obliegenden Verpflichtungen von ihr übernommen worden sind. Das Ministerium des königlichen Hauses hat hiernach das Weitere zu veranlassen."

d) Die Lennépläne

Der frühere der beiden Lennépläne (Abb. 17) ist mit der Aufschrift „Verschönerungs Plan der Garten- und Parkanlage bei dem Königl: Schlosse zu Brühl" versehen. Die Signatur lautet: „Entworfen von Lenné im October 1842". Günther/Harksen benennen Gerhard Koeber als den Zeichner des Plans. Die Maße betragen 59 x 82 cm.[34]

In der Denkschrift erwähnt Lenné den Plan und legt dar, daß er darauf die einzelnen Planungsaspekte resümiert habe: „Die mir zugekommenen Allerhöchsten Befehle über die Einrichtung der Garten- u. Parkanlagen habe ich mich bemühet auf dem vorliegenden Plane zusammenzustellen."[35] Der Plan wurde den Kabinettsordres vom 17. Oktober 1842 beigefügt[36] und war somit Bestandteil der Ausführungsbestimmungen.

Der zweite Lennéplan (Abb. 18) trägt die Aufschrift „Schloßgarten zu Brühl". Die Signatur beschränkt sich auf den Namenszug Lennés und ist nicht mit einem Datum verbunden. Günther/Harksen schlagen den Zeitraum „um 1845" als Datierung vor. Der Zeichner des Plans soll Emil Sello gewesen sein. Die Maße werden mit 44,9 x 62,4 cm angegeben.[37]

Aufgrund der neu hinzugezogenen Schriftquellen läßt sich die von Günther/Harksen vorgeschlagene Datierung präzisieren. Der Plan stellt die Grundlage für den Kostenvoranschlag des Hofgärtners Claussen vom 29. Juli 1843 dar und muß daher vor diesem Zeitpunkt entstanden sein.[38] Der Zusammenhang mit dem Lennéplan ergibt sich daraus, daß von einem „Kosten Ueberschlag der Verschönerungsanlagen eines auf beifolgendem Plane illuminirt angegebenen Theils des Schloßgartens zu Brühl" die Rede ist.[39] Der Lennéplan weist das Merkmal einer teilweisen Kolorierung auf. Außerdem stimmt die Numerierung der Wege mit römischen Ziffern in Kostenanschlag und Plan überein.[40]

Zwar sind beide Lennépläne als Entwurfspläne zu betrachten,[41] doch unterscheiden sie sich in Intention und Ausführung. Der frühe Lennéplan zielt in erster Linie darauf ab, dem Auftraggeber die Konzeption auf gefällige Weise nahezubringen. Die Farbigkeit der Zeichnung akzentuiert nicht, son-

---

34 Feder in Grau, laviert in Grün, Grau, Blau und Rosa, auf Leinen aufgezogen, Stiftung Preußische Schlösser und Gärten Berlin-Brandenburg, Planslg. Nr. 13172, die Angaben wurden entnommen aus: Lenné. Katalog der Zeichnungen, 1993, Kat. Nr. 525.

35 Denkschrift Lennés vom 10.10.1842, GStA PK I. HA. Rep. 89 Geh. Zivilkabinett Nr. 20646 (M), im Anhang vollständig zitiert, S. 177ff.

36 Im Ausführungsbefehl für die Gartenplanung ist von einem „beiliegenden Plane" die Rede, Friedrich Wilhelm IV. an MKH vom 17.10.1842 (Abschrift), AVSchB Hofgärtnerei 1843–1845; dasselbe gilt für den Eisenbahnbefehl: „vom Garten Direktor ... entworfenen Plan", Friedrich Wilhelm IV. an MKH vom 17.10.1842 (Abschrift), AVSchB Hofgärtnerei 1843–1845.

37 Feder in Grau, laviert in Grün, Braun und Rosa, Stiftung Preußische Schlösser und Gärten Berlin-Brandenburg, Planslg. Nr. 13174, die Angaben wurden entnommen aus: Lenné. Katalog der Zeichnungen, 1993, Kat. Nr. 527.

38 Revidierter Kostenvoranschlag Claussens für die Gartenarbeiten vom 29.7.1843, HStAD Reg. Köln 4643, S. 98, im Anhang vollständig zitiert, S. 187ff.

39 Ebd.

40 Vgl. diese Arbeit: Kap. IV.2.b).

41 „Alle Pläne, die nicht die fertiggestellte Gartenanlage ‚portraitieren', müssen als Entwurfspläne angesehen werden.", Seiler, 1985, S. 120–140, S.123.

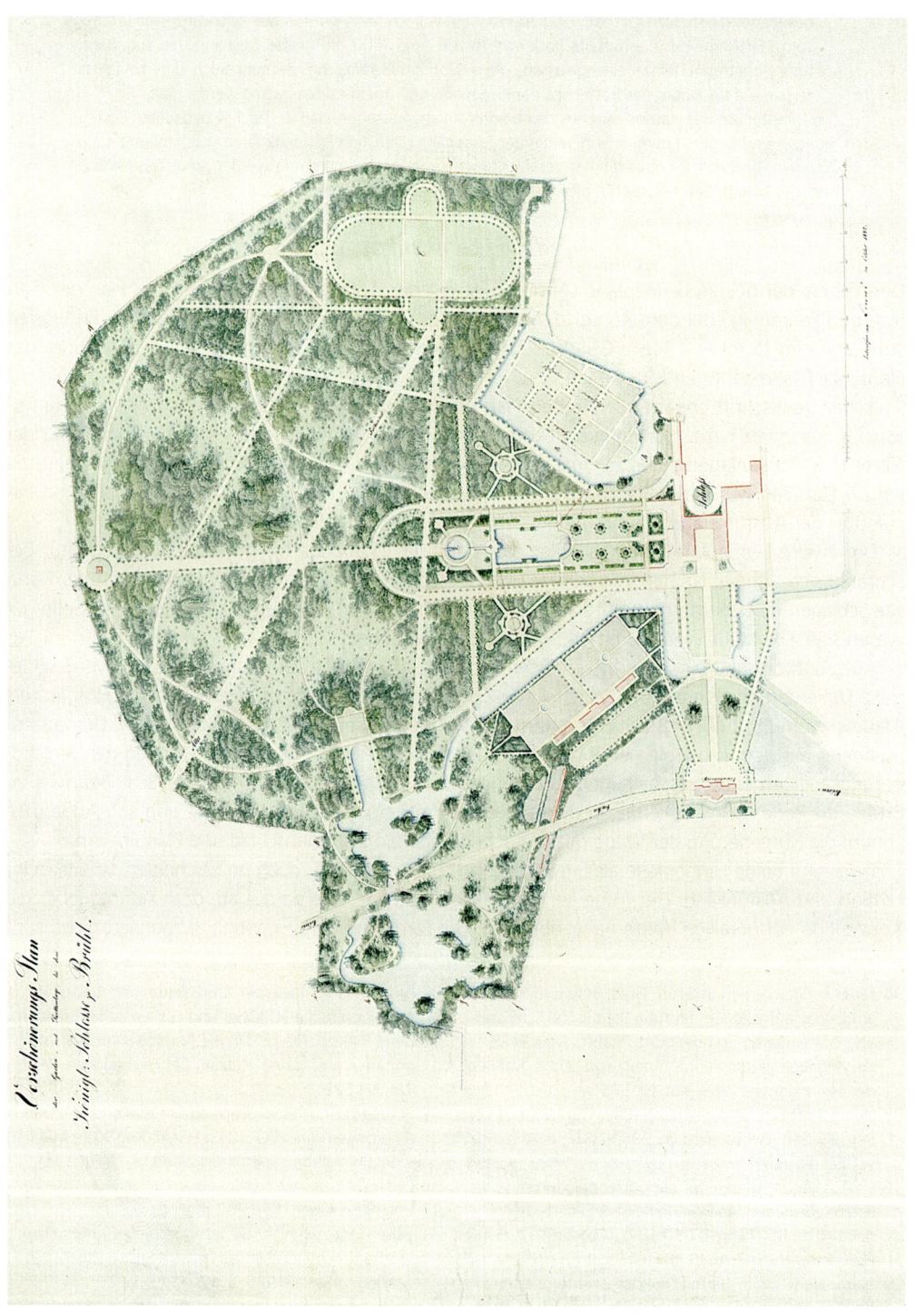

Abb. 17, Lennéplan, Oktober 1842, Schloßgarten Brühl, Ausrichtung nach Westen.

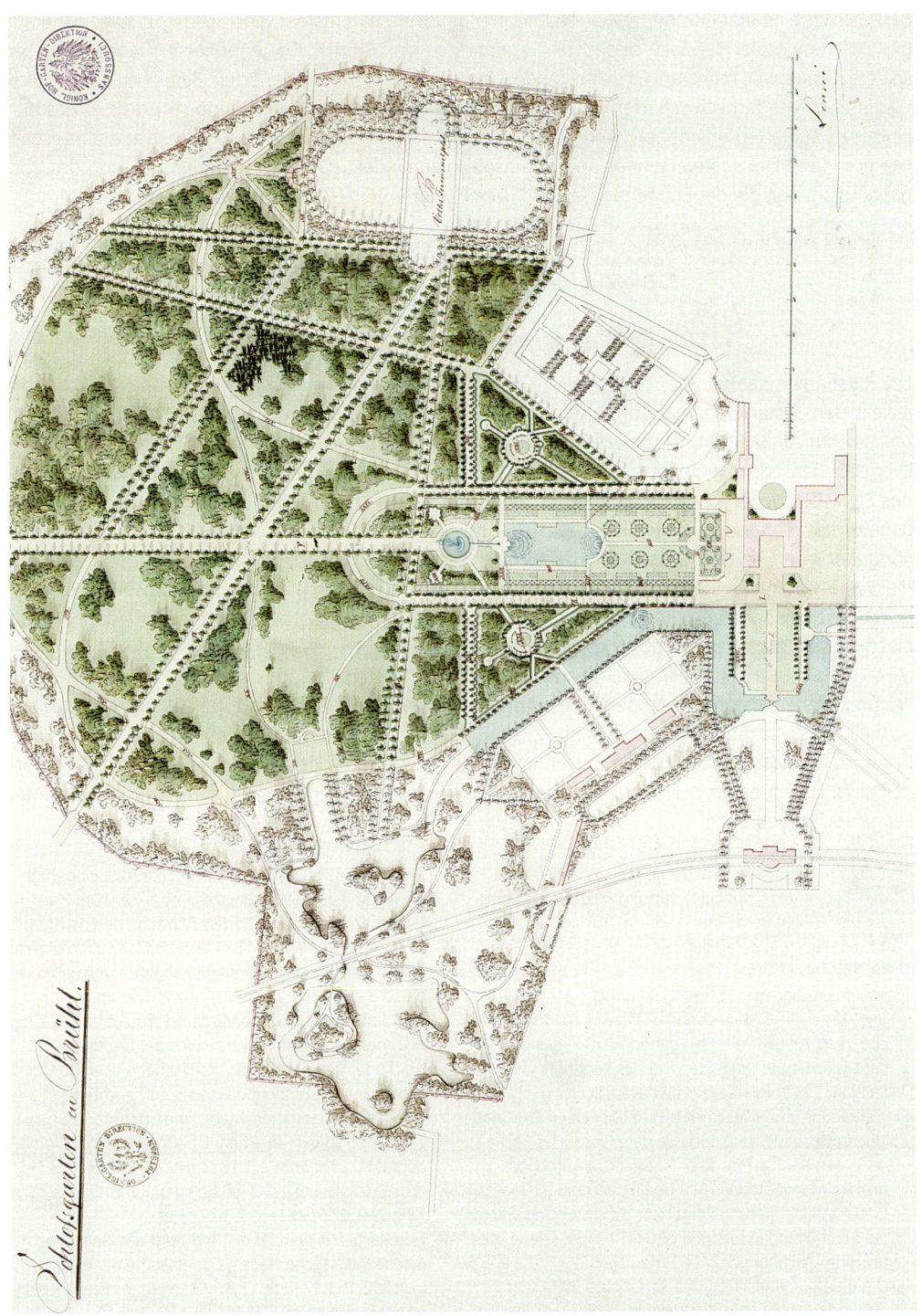

Abb. 18, Lenné, undatiert (1843), Schloßgarten Brühl, Ausrichtung nach Westen.

dern besitzt eine einheitliche, etwas gedämpfte Tonigkeit. Es entsteht eine ausgeglichene, ganz auf das Zusammenspiel der Teile bedachte Gesamtschau des Brühler Gartenprojekts. Dagegen ist der spätere Lennéplan mehr an Einzelbeständen interessiert. In den kolorierten Bereichen setzen sich Gartenelemente farblich schärfer voneinander ab; manchmal ist die Zeichnung so präzis, daß sogar einzelne Baumarten erkennbar werden. Nicht zuletzt fördert die Numerierung der Wege die Lesbarkeit des Plans. Der spätere Lennéplan stellt insofern zumindest partiell eine Konkretisierung des Vorgängerplans dar, die der Entstehungszeit im unmittelbaren Vorfeld der Umsetzung adäquat ist.

3. Die Zuordnung von Bestand und Planung

a) Die Quellen für die Ermittlung des Vorzustands

Die Potsdamer Plankammer besitzt zwei Gesamtpläne und einen Teilplan vom Brühler Garten, die jeweils den Zustand bei Inangriffnahme der Planungen wiedergeben. (Abb. 19–21) Es handelt sich um den im Januar 1842 angefertigten „Situations-Plan über das Königliche Schloß zu Brühl mit Umgebungen" des Geometers Krieger,[42] den ebenfalls in diesen Zeitraum zu datierenden „Situations Plan vom Koeniglichen Schlosse und Park zu Brühl nebst dem vor dem Schlosse anzulegenden Bahnhofe der Bonn-Coelner Eisenbahn"[43] und schließlich den im Januar 1843 entstandenen „Situations und Nivellements-Plan" des Geometers Mack.[44] Bedauerlicherweise unterscheiden sich die Pläne in einigen Bereichen. Zur Verifikation, aber auch zur näheren Situationsbeschreibung, erweist sich das Aktenmaterial als ergiebig. Ein Dossier im Hauptstaatsarchiv Düsseldorf enthält einen Gesamtplan der Schloßanlage und der Stadt Brühl, der zwischen 1834 bis 1837 datiert.[45] (Abb. 22) Darüber hinaus ist einem Schreiben des Oberförsters Ilse aus dem Jahre 1839 eine Handzeichnung beigegeben, der genauere Angaben über den Vorzustand des Parterres und der Schloßhöfe zu entnehmen sind.[46] (Abb. 23) Kaum Anhaltspunkte bieten die in Schloß Kalkum aufbewahrten Katasterpläne.[47] Selbst diejenigen Pläne, die gegen Ende der 40er Jahre gezeichnet worden sind, geben einen Zustand der Gartenanlagen wieder, wie er weit vor den Maßnahmen unter Lenné vorgelegen hat.[48]

42 Signiert: „Angefertigt im Monat Januar 1842, durch den Geometer H. Krieger", Stiftung Preußische Schlösser und Gärten Berlin-Brandenburg, Planslg. Nr. 13168, Lenné. Katalog der Zeichnungen, 1993, Kat. Nr. 520.

43 Unsigniert, undatiert, Stiftung Preußische Schlösser und Gärten Berlin-Brandenburg, Planslg. Nr. 13167: ebd., Kat. Nr. 521; der Plan gehört wohl in das Umfeld der Diskussion um den Standort des Bahnhofs im Frühjahr 1842, vgl. diese Arbeit: Kap. III.5.b) u. c).

44 „Situations und Nivellements-Plan über einen Theil des Thiergartens zu Brühl, und von dem Pinsdorfer Bache bis in den Krautgarten Teich", signiert: „Aufgenommen im Monat Januar 1843 durch den Königl. Geometer Mack", Stiftung Preußische Schlösser und Gärten Berlin-Brandenburg, Planslg. Nr. 13169, Lenné. Katalog der Zeichnungen, 1993, Kat. Nr. 522.

45 Unsigniert, undatiert, HStAD Reg. Köln 1903a, Akte „Über die Schlösser Brühl, Bensberg & Benrath. Vorarbeiten zur Errichtung einer Cadetten-Anstalt in der

Rheinprovinz": Der Plan ist fest in die Akte eingefügt. Darin kann eine Datierungshilfe bestehen. Der Plan gehört demnach wohl in den Zeitraum, den das Dossier umfaßt: zwischen 1834 und 1837. Wahrscheinlich ist der Plan aber vor März 1835 angefertigt worden, da ab diesem Zeitpunkt nicht mehr über Brühl als Standort für die Kadettenanstalt diskutiert wurde. Zeichner des Plans war vermutlich der Geometer Mack, der beauftragt war, vergleichend über die Umgebungen von Brühl und Benrath zu berichten. (Bericht des Geometers Mack, ohne Datum)

46 Zeichnung sowie Schreiben: Oberförster Ilse an Domänenrat Lützeler vom 2.1.1839, HStAD Reg. Köln 4717.

47 HStAD (Nebenstelle Schloß Kalkum) Kataster Reg. Köln 228, 249, 250, 262, 521, 522, 528.

48 Eine Karte aus dem Jahre 1846 zeigt das längst abgerissene Indianische Haus: „Generalkarte der Bürgermeisterei Brühl / Kreis Coeln / Regierungs Bezirk Coeln / Angefertigt im Jahr 1846", HStAD (Nebenstelle Schloß Kalkum) Kataster Reg. Köln 521.

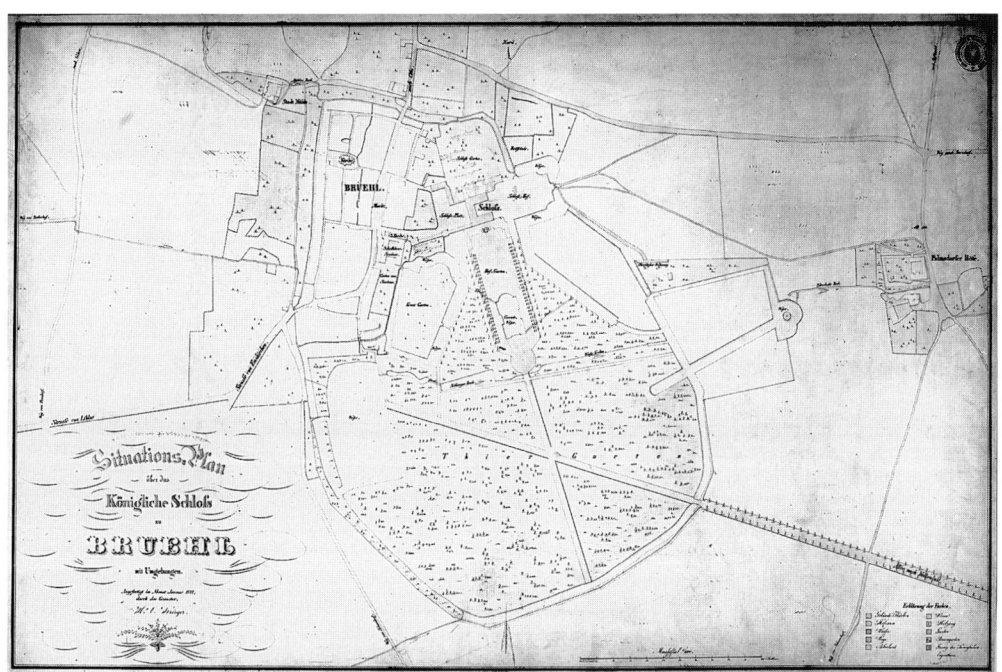

Abb. 19, Plan von Krieger, Januar 1842, Schloß Brühl und Umgebung.

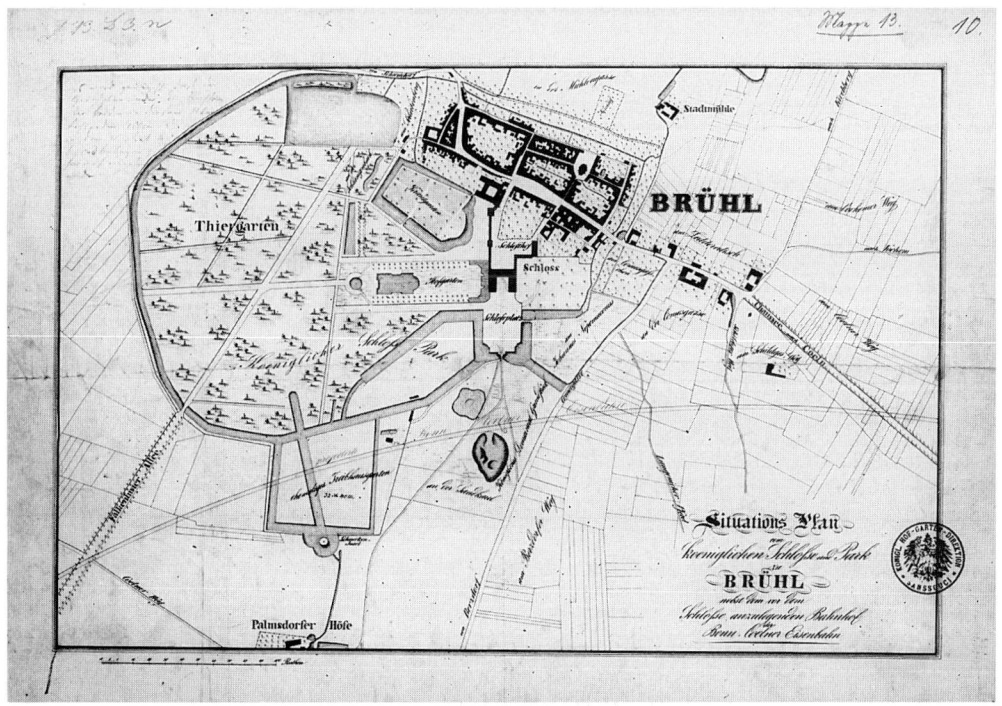

Abb. 20, Unsignierter Situationsplan, um 1842, Schloß Brühl und Umgebung, Ausrichtung nach Westen.

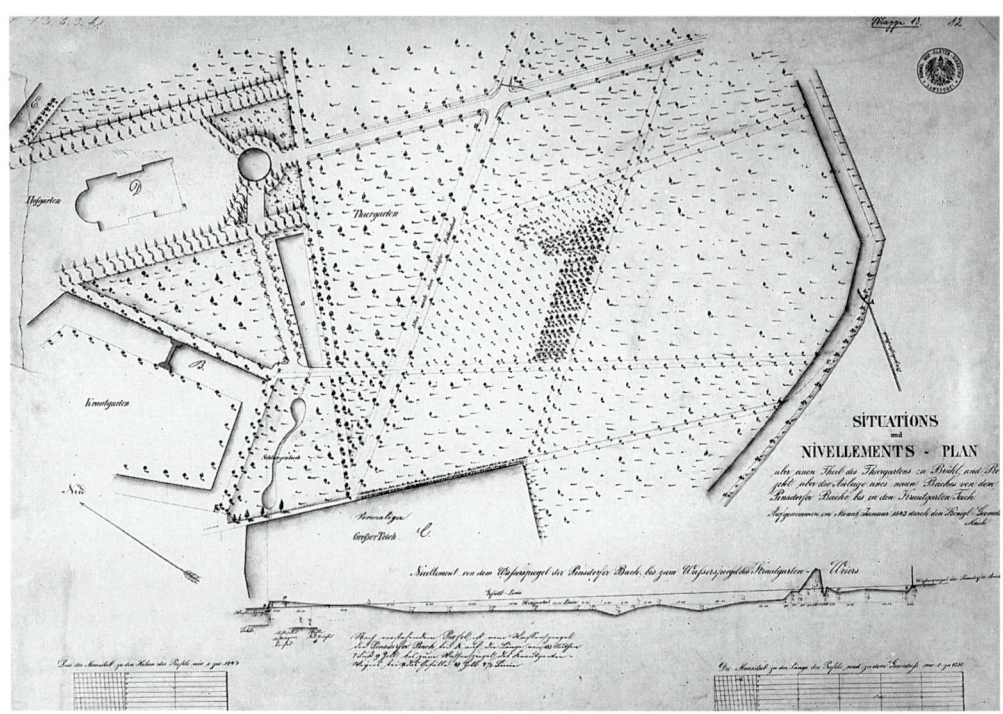

Abb. 21, Plan von Mack, Januar 1843, Teilplan des Schloßgartens, Westhälfte, Ausrichtung nach Osten.

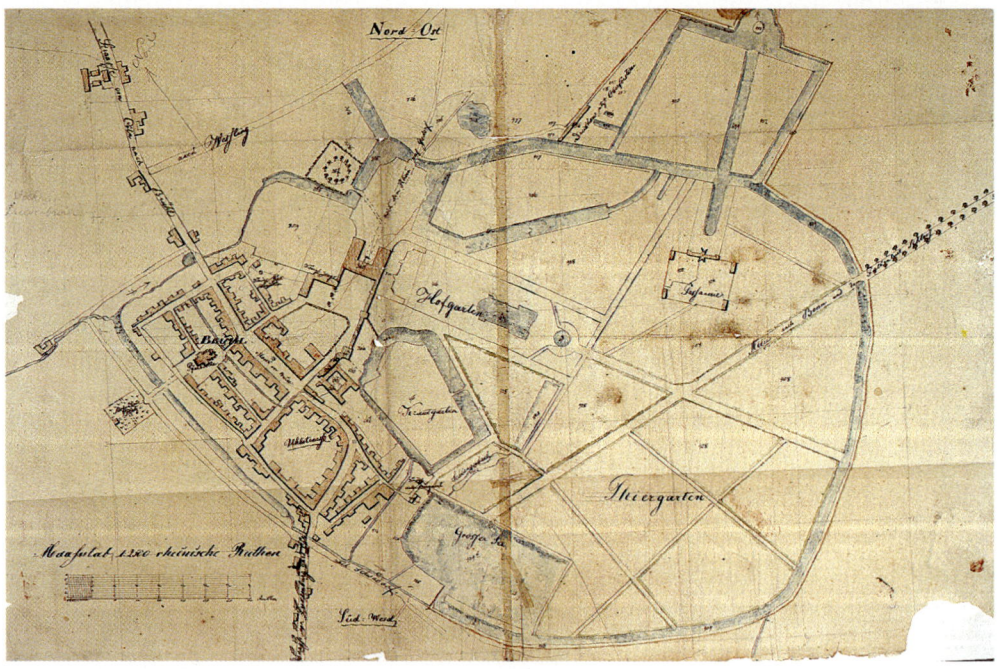

Abb. 22, Unsignierter Plan, um 1835, Schloß Brühl und Umgebung, Ausrichtung nach Osten.

b) Das Parterre und die Vorhöfe

Das Parterre und der östliche Vorhof waren als Grasplätze verpachtet.[49] Nach der Handzeichnung des Oberförsters Ilse (Abb. 23) gehörten im Parterre die äußeren „Pappelalleen", die inneren „Lindenalleen" und der Spiegelweiher zum Bestand. Die Umrisse der Kaskade und der Abschlußfontäne sind in der Zeichnung durch gestrichelte Linien angegeben. Dem Schreiben von Ilse ist zu entnehmen, daß diese Anlagen in Resten vorhanden waren; es ist von der „große[n] Fontaine" und der „Kaskade welche noch mit Ziegelstein gepflastert ist" die Rede.[50] Hinzu kommt ein „Fahrweg" unterhalb der Terrasse. Er bildet die Fortsetzung von zwei schräg über den östlichen Schloßplatz führenden Wegen. Auf dem Vorhof sind außerdem die mit „Steinweg" beschriftete Schloßzufahrt und zwei schmale Fußwege zu erkennen.

Die Lindenalleen im Parterre sind ohne weiteres dem frühen 18. Jahrhundert zuzuordnen.[51] In bezug auf die „Pappelallee" ist zu unterscheiden: Die Lage der Allee geht auf Girard zurück; das Verbindungsstück zur Eselsallee sowie die Bepflanzung mit Pappeln gehören der Zeit der Ehrenlegion an.[52] Von den Wasserspielen der Girardplanung fehlen die vier Bassins auf der vorderen Parterrehälfte.[53] Die übrigen sind – teilweise in ruinösem Zustand – vorhanden.

Die Eintragung „Steinweg" belegt, daß die Zufahrt zum Schloß gepflastert war. Für eine Datierung fehlt jeglicher Hinweis. Bei den übrigen Wegen scheint es sich um Provisorien zu handeln.

Lenné bezieht die Alleen des Parterres in die Planung ein. (Abb. 17, 18, 24) Neu ist der halbkreisförmige Weg, der die südlichen Enden der Außenalleen miteinander verbindet. Die Lennépläne stellen die Lindenalleen dar, als ob es sich um einen Gang mit Kreuzgewölben handelte; vielleicht sollte ein entsprechender Formschnitt angedeutet werden.[54] Spiegelweiher und Abschlußfontäne behält Lenné in ihren Umrißlinien ebenfalls bei.[55] Die Kaskade soll jedoch entfernt werden. An ihrer Stelle ist ein Weg eingezeichnet. Als Wasserabfluß von der Abschlußfontäne zum Spiegelweiher sieht Lenné eine unterirdische Leitung vor; sie ist im Lennéplan als blaue Linie angedeutet. Der vordere Parterrebereich ist mit zwei langgestreckten Rasenstücken versehen, in denen sich – symmetrisch angeordnet – auf jeder Seite jeweils drei kreisförmige Pflanzungen befinden. Kleinteilige Rasen- und Beetpflanzungen sind für die Flächen zwischen den Terrassenarmen vorgesehen.

Auch der Vorhof ist mit Rasenflächen ausgestattet. Geplant sind kleinere, mit Sträuchern versehene Rasenstücke direkt vor den Schloßflügeln sowie lange Rasenbahnen seitlich der Auffahrt. Eine Pflasterung der Auffahrt ist auf den Lennéplänen nicht zu erkennen; das vorhandene Pflaster soll wohl nicht beibehalten werden. Neu sind die Alleepflanzungen an den Außenflanken des Vorhofs.

Dem Schloßvorhof ist nunmehr eine weitere Platzfläche vorgelagert. Deren östliche Begrenzung bildet das zu errichtende Bahnhofsgebäude, das über die verlängerte Zufahrt axial mit dem Schloß verbunden ist. Diagonale Alleen dienen zur Seiteneinfassung des Platzes. Das Innere der Platzanlage füllen große Rasenstücke, die mit Strauchgruppen besetzt sind. Außerdem ist geplant, die nördliche Seitenallee als Verbindungsweg zwischen Stadt und Bahnhof fortzuführen.

---

49 Vgl. diese Arbeit: Kap. II.4.d).

50 Oberförster Ilse an Domänenrat Lützeler vom 2.1.1839, HStAD Reg. Köln 4717; im Königsbefehl ist bezüglich der Abschlußfontäne vom „erst in jüngster Zeit zugefüllte[n] runde[n] Bassin" die Rede, Friedrich Wilhelm IV. an MKH vom 17.10.1842 (Abschrift), AVSchB Hofgärtnerei 1843–1845, oben vollständig zitiert, Kap. III.2.b).

51 Die heute vorhandenen Linden stammen zu einem Teil noch aus der Anlagephase unter Girard: Parkpflegewerk, 1992, S. 150, S. 169 u. S. 182.

52 Vgl. diese Arbeit: Kap. II.3.b).

53 Die vier Fontänenbecken im vorderen Parterrebereich waren bereits in französischer Zeit verfüllt worden: vgl. diese Arbeit: Kap. II.3.b).

54 Ein entsprechender Formschnitt wird heute vorgenommen.

55 Zur Einfassung des Spiegelweihers waren allerdings – statt der verfallenen Mauern – Rasenböschungen vorgesehen, Position „2.c." im Königsbefehl, Friedrich Wilhelm IV. an MKH vom 17.10.1842 (Abschrift), AVSchB Hofgärtnerei 1843–1845, oben vollständig zitiert, Kap. III.2.b).

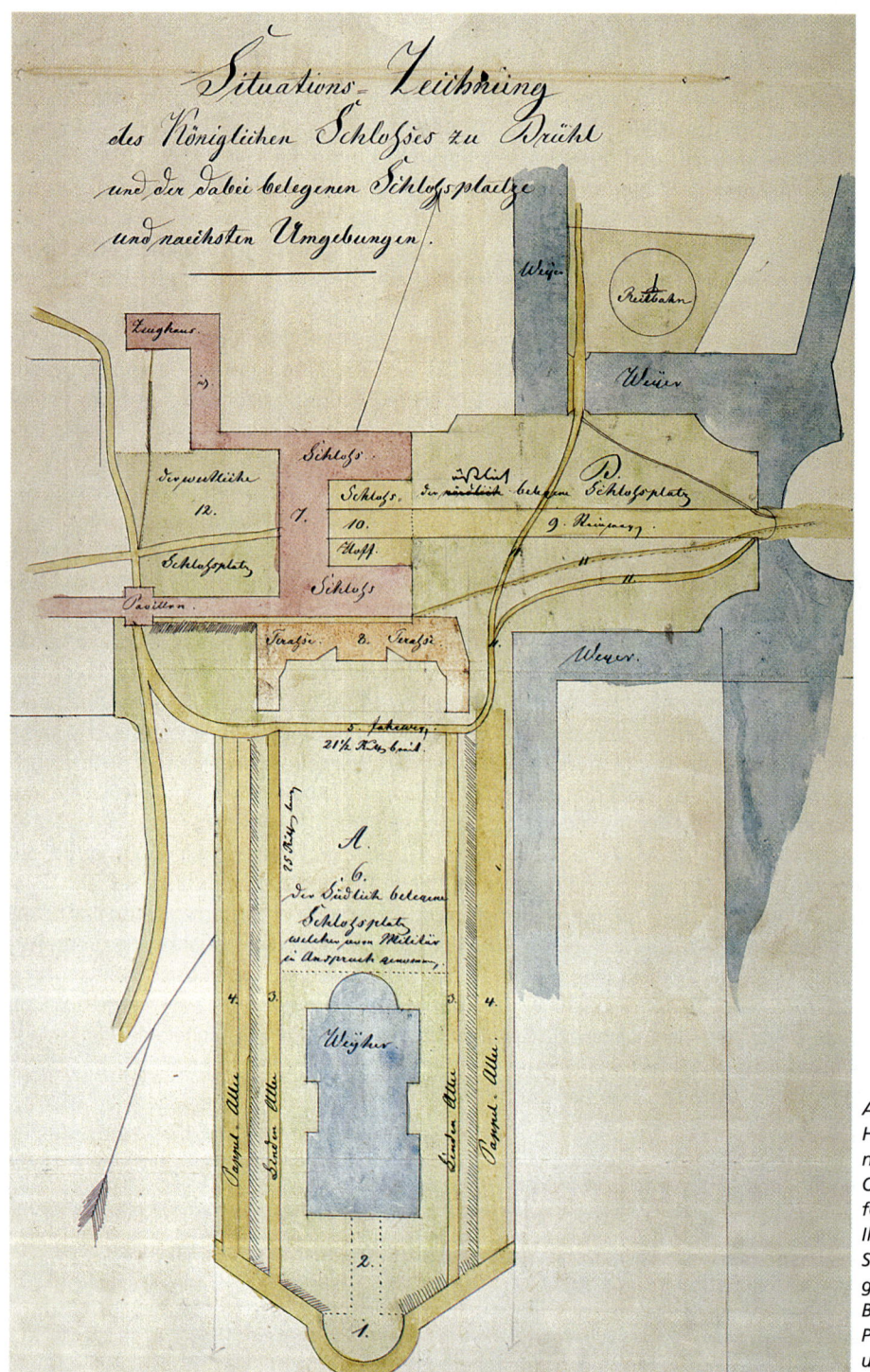

Abb. 23, Handzeichnung des Oberförsters Ilse, 1839, Schloßgarten Brühl, Parterre und Vorhöfe.

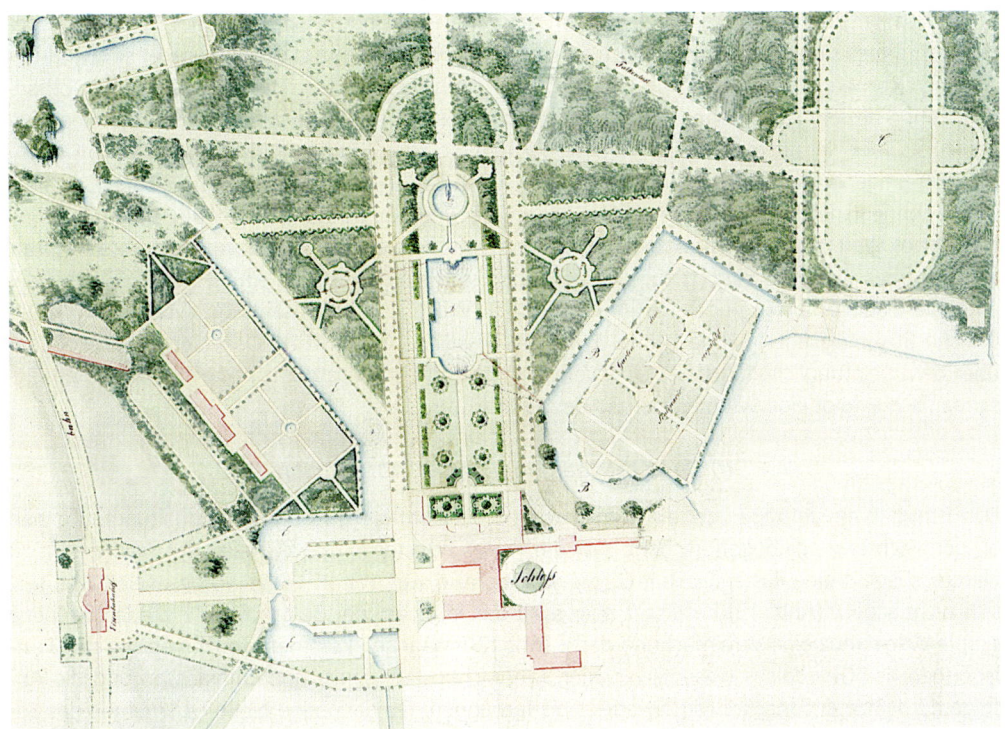

Abb. 24, Lennéplan, Oktober 1842, Schloßgarten Brühl, Ausschnitt, schloßnaher Bereich, Ausrichtung nach Süden.

Auf der Zeichnung von Ilse (Abb. 23) ist auch der westliche Vorhof wiedergegeben. Der Platz wies demnach eine ähnlich unorganisierte Wegestruktur auf wie sein östliches Gegenstück: Ein breiterer Weg führt von der Stadtseite quer über den Platz bis zum Westportal des Schlosses; ein schmaler verbindet „Pavillon [Kuckuckstor]" und „Zeughaus". Über die Beschaffenheit der Flächen ist nichts bekannt. Möglicherweise handelt es sich beim Westhof um den Rasenplatz, der von der Brühler Bevölkerung zum Bleichen der Wäsche benutzt wurde.[56]

Auf dem Westhof will Lenné ein kreisförmiges Rasenstück anlegen, um das die Auffahrt zum Schloß führt. Für die Zwickel zwischen Schloß, Galerien und Auffahrt sind Blumen- oder Strauchpflanzungen vorgesehen. Der Gesamtplan aus dem Nordrhein-Westfälischen Hauptstaatsarchiv Düsseldorf (Abb. 22) zeigt als nördliche Begrenzung des Westhofs eine Baumreihe, die in Verlängerung des Galerieflügels gepflanzt ist. Lenné übernimmt sie in die Planung.

c) Die Bosketts

Das Scheren der Hecken war eine der wenigen Erhaltungsmaßnahmen, die während der ersten Jahrzehnte preußischer Herrschaft konsequent durchgeführt worden sind.[57] Daher werden die

56 Sitzung des Brühler Gemeinderats vom 28.3.1845, Archiv der Stadt Brühl, Sitzungsprotokolle des Gemeinderats der Bürgermeisterei Brühl von 1844–1872.

57 Vgl. diese Arbeit: Kap. II.4.d).

Strukturen der Bosketts weitgehend erhalten gewesen sein. Über Einzelheiten läßt sich jedoch wenig Bestimmtes sagen, da die Bestandspläne in diesen Bereichen meist wenig konkret sind und unterschiedliche Angaben enthalten:[58] Zweifellos war die von Girard konzipierte Platanenallee vorhanden. Lenné bezieht sie in seine Planung ein und sieht östlich des Parterres die Neuanlage eines Gegenstücks vor.[59] In einem Schreiben des Hofgärtners ist von „Rondelen" die Rede, die von Lindenbäumen umgeben seien.[60] Hiermit wird auf die großen Säle in den barocken Bosketts angespielt.

Die Lennépläne zeigen die Begrenzungshecken der Bosketts als starke, hellgrüne Linien. Im Inneren gibt es Weg- und Raumstrukturen, die stark an die Konzeption Girards erinnern. Dies trifft vor allem auf das westliche Boskett zu. Wie bei Girard sind ein großer und ein kleiner Saal enthalten; auch die diagonal zur Lage des Parterres geführten Wege sind im wesentlichen vorhanden. – Das östliche Boskett gliedert Lenné genauso wie das westliche Gegenstück. Damit ergibt sich gegenüber dem ursprünglichen Zustand eine Vereinfachung der Binnenstruktur. Im Hinblick auf die Gesamtanlage erfolgt eine Symmetrisierung des Grundrisses.

d) Der Krautgarten und der Nordgarten

Dadurch, daß die Verträge über die Verpachtung des Krautgartens wesentliche Erhaltungsaufgaben an den Pächter miteinbegriffen, hatte sich dort vieles erhalten.[61] Gewiß besaß der Krautgarten zu Planungsbeginn eine Rasterstruktur. Ob sie so kleinteilig war, wie es Girard vorgesehen hatte, läßt sich nicht sagen. (Abb. 15) Bestimmt aber stellt das in einem der Bestandspläne wiedergegebene simple Wegekreuz eine Vereinfachung dar.[62] (Abb. 20) Dagegen kommen die Lennépläne den Festlegungen des Girardplans wesentlich näher: Die wichtigsten Längs- und Querachsen und die Abfolge der Plätze entlang des Mittelweges sind vorhanden. Ob darin eine bloße Übernahme des Bestands oder eine Rückführung in Richtung auf den Ursprungszustand zu sehen ist, bleibt fraglich.

Noch 1843 bestand die Absicht, den Krautgarten zukünftig zu Gärtnereizwecken herzurichten.[63] Doch bevor es dazu kommen konnte, wurde beschlossen, das Pachtverhältnis mit dem Lehrer-

58 Folgendes Problem ergibt sich in Hinsicht auf den entlang des Mönchsweihers verlaufenden Außenwegs am Boskett: Anders als im Parkpflegewerk angegeben, besitzt der Weg auf den Lennéplänen keine Alleebepflanzung. (Parkpflegewerk, 1992, S. 152 u. S. 202f.) Dem Girardplan entsprechend (Abb. 15) ist eine einfache Baumreihe vorgesehen. Die im Parkpflegewerk angestellte Beobachtung trifft jedoch auf den Vollertplan zu. (Abb. 35) Da der Vollertplan als Wiedergabe des verwirklichten Parks gelten kann, wird die Allee wohl in dieser Form bestanden haben. Davon geht man auch im Parkpflegewerk aus: Gemäß einer Schätzung soll die heute noch vorhandene äußere Kastanienreihe aus dem 18. Jahrhundert stammen. Die heute fehlende innere Baumreihe wird dagegen als Hinzufügung des 19. Jahrhunderts angesehen. (Parkpflegewerk, 1992, S. 152 u. 202f.) Da im Dycker und Berliner Plan (Abb. 7, 13) an entsprechender Stelle keine begleitenden Baumpflanzungen eingetragen sind, könnte die Allee als Gesamtheit erst während des 19. Jahrhunderts angelegt worden sein. Wenig wahr-

scheinlich ist, daß Lenné – entgegen seiner Konzeption – eine Allee anpflanzen ließ; zumal in den Schriftquellen davon keine Rede ist. Die Allee wird daher eher dem Vorzustand zuzurechnen sein. Demnach hätte Lenné bei der Ausführung eine Planmodifikation zugunsten des Bestands vorgenommen.

59 Die Platanenallee wird in den Akten als Heckenweg bezeichnet. Der „alte Heckenweg" wird im Arbeitsbericht Claussens erwähnt. Das gilt auch für die Einrichtung des Pendants, Übersichtsbericht über die geleisteten Gartenarbeiten 1843–1847, Claussen 13.1.1848, HStAD Reg. Köln 4645, S. 121, im Anhang vollständig zitiert, S. 195ff.

60 Claussen an Reg. Köln vom 13.4.1844, HStAD Reg. Köln 4646.

61 Vgl. diese Arbeit: Kap. II.4.d).

62 In den Pachtverträgen ist von Haupt- und Nebenwegen die Rede, vgl. ebd.

63 Claussen an Reg. Köln vom 24.11.1843, HStAD Reg. Köln 4643, S. 125.

seminar aufrechtzuerhalten.[64] Dabei blieb es bis in die 70er Jahre hinein, so daß sich die Planungen Lennés niemals auf den Krautgarten auswirken konnten.[65]

Auch für den Nordgarten hatte das Gartenprojekt Lennés kaum Folgen; allein die Anlage des Verbindungswegs zwischen Bahnhof und Stadt stellte eine Neuerung dar.

e) Das Obststück und die Dorneninseln

Das Obststück und die Dorneninseln wurden zum Zeitpunkt der Planung allein zu landwirtschaftlichen Zwecken genutzt.[66] Da sich nur Acker- und Weideflächen vorfanden, bot sich – abgesehen vom Umriß des Gartenbereichs – kaum Gelegenheit, Vorhandenes in die Planung einzubeziehen. Lenné konnte weitgehend frei disponieren: Auf dem Gelände des Obststücks ist eine große Gärtnereianlage mit drei Neubauten und einem regelmäßig gestalteten Anzuchtgarten vorgesehen. (Abb. 17, 24) Diesem Bereich ist in Analogie zum Krautgarten eine rasterartige Struktur gegeben.

Auf dem Gebiet der Dorneninseln (Abb. 17, 36) und auf Teilen der ehemaligen Hofgärtnerei soll ein weit geöffneter Parkraum entstehen, in dem Wiesen ein Übergewicht besitzen. Kompakte Baummassen finden nur zur Abpflanzung der Parkgrenzen Verwendung; die räumliche Gliederung der Wiesenflächen wird durch kleinere, verstreut liegende Gehölzgruppen gewährleistet. Zudem soll der Kanal zwischen den beiden Dorneninseln auf beiden Seiten der Eisenbahnlinie zu einer weiten, unregelmäßig geformten Wasserfläche mit einigen Inseln ausgebaut werden. Folglich berücksichtigt Lenné den historisch gegebenen Zuschnitt des Geländes nicht.

f) Der Tiergarten

Vor Inangriffnahme der Planungen Lennés bildete der Tiergarten eine „Waldmasse aus Eichen und Buchen Holz und Niederwald, untermischt mit Linden und Weiß-Buche".[67] Hinzu kamen einige Baumschulen.[68] Der Plan des Geometers Mack zeigt eine dieser Anlagen auf einem Parkabschnitt südlich der Falkenluster Allee. (Abb. 21) Erkennbar sind reihenweise angeordnete Bäume von unterschiedlicher Art.

Die Öffnung des Waldes zu einem offeneren Parkgefüge gehört zu den wesentlichen Neuerungen der Planung. Lenné bringt Wiesenräume ein, auf denen sich – lose verstreut – Einzelbäume vorfinden.[69] (Abb. 17) Mit dem Wechsel zwischen dunklen Waldteilen und lichteren, hainartigen Zonen sind die Voraussetzungen für ein abwechslungsreiches Parkerlebnis geschaffen.[70] Dennoch geschieht die Öffnung des Waldes nicht allein nach dem Prinzip der Variation. Auf den Lennéplänen ist erkennbar, daß der Anteil der Wiesenräume von Westen nach Osten zunimmt bis er im Bereich der Dorneninseln ein Übergewicht erhält.

64 Der MKH erkannte an, daß „das Seminarium zu seinem Bestehen den gedachten Garten nothwendig bedarf und denselben gar nicht entbehren kann", Auszug aus MKH an Reg. Köln vom 19.1.1844 (Abschrift), AVSchB Hofgärtnerei 1843–1845.

65 Im Jahre 1865 wurde die Pacht um weitere sechs Jahre verlängert, Vertrag zwischen dem Schullehrer-Seminar u. der Reg. Köln vertreten durch den Seminar-Direktor Alleker bzw. Claussen vom 10.2.1865, AVSchB Hofgärtnerei 1856–1867.

66 Vgl. diese Arbeit: Kap. II.4.d).

67 MKH an Friedrich Wilhelm IV. vom 30.4.1836, GStA PK I. HA. Rep. 89 Geh. Zivilkabinett Nr. 20588 (M), S. 12.

68 Vgl. diese Arbeit: Kap. II.4.d).

69 Der spätere Lennéplan stellt die Wiesenflächen vereinfacht dar.

70 Lenné im Jahre 1818 in bezug auf den Berliner Tiergarten: „Er sollte als dieser [Volksgarten] den verschiedenartigen Geschmack der Lustwandler zu befriedigen vermögen, bald dichte Waldmassen oder anmutige Haine bilden, durch welche sich in schönen natürlichen Formen wohlerhaltene Gänge durchwinden." Erläuterungsbericht vom 20.2.1819 zum Gesamtplan „Tiergarten" aus dem Jahr 1818, zit. nach Hinz, 1989, S. 141.

In der Darstellung der Baumsubstanz sind die Lennépläne (Abb. 17, 18) wenig differenziert. Allein der spätere Lennéplan bietet eine etwas konkretere Angabe: Zwischen Falkenluster und Tannenallee sind einige Nadelbäume zu erkennen. (Abb. 25) Möglicherweise ist damit die Verwendung von Bäumen aus der dort befindlichen Baumschule angedeutet. Bei Mack sind an entsprechender Stelle ebenfalls einige Nadelbäume auszumachen. (Abb. 21)

Übereinstimmend zeigen die Bestandspläne die Poppelsdorfer, Falkenluster und Eselsallee. (Abb. 19–22) Von der Wegestruktur des 18. Jahrhunderts scheinen außerdem einige Weggeraden im Bereich der ehemaligen Fasanerie vorhanden gewesen zu sein.[71] Die unregelmäßigen Wege beim Indianischen Haus und aus

Abb. 25, Lennéplan, undatiert (1843), Schloßgarten Brühl, Ausschnitt, westlicher Tiergarten, Ausrichtung nach Süden.

der Anlagephase unter Max Franz fehlen hingegen vollständig. Die Mehrzahl der vorhandenen Bestandspläne zeigt mit der Bach-, Dunkel- und Tannenallee sowie einem weiteren Weg nächst der Poppelsdorfer Allee eine Reihe neu hinzugekommener Weggeraden. Die drei großen Alleen aus dem 18. Jahrhundert übernimmt Lenné. Auch die später hinzugekommenen Wege finden sich – mit Ausnahme des letztgenannten Weges – in den Lennéplänen wieder. (Abb. 17, 18)

Im Parkpflegewerk werden die Bach-, Dunkel- und Tannenallee als Neuplanungen Lennés angesehen.[72] Offenbar orientierten sich die Autoren des Parkpflegewerks allein an der Planzeichnung des Geometers Krieger, die nur die alten Alleen wiedergibt. (Abb. 19) Es bestand wohl die Ansicht, daß die übrigen Pläne aus der Vorphase des Lennéschen Gartenprojekts bereits von der Planung beeinflußt seien. (Abb. 20, 21) Mit dem Plan des Hauptstaatsarchivs Düsseldorf aus den 30er Jahren liegt nunmehr ein Dokument vor, dessen Entstehung keinesfalls mit dem Lenné-Projekt in Verbindung steht und dennoch die drei Alleen zeigt.[73] (Abb. 22) Zudem sieht der spätere Kostenanschlag für die fraglichen Alleen keine Rodungen vor. Hätte es sich um Neuplanungen gehandelt, so wären Holzfällungen unabdinglich gewesen.[74] Die Planung sieht folglich im Inneren des Tiergartens keine neuen Alleen vor, sondern ist diesbezüglich allein am Bestand orientiert. Nur die vorhandenen einfachen Baumreihen seitlich des Stichkanals bei der ehemaligen Fasanerie sollen offenbar in Alleen umgewandelt werden.[75]

Aus den maßgeblichen Bestandsplänen (Abb. 20–22) ist zu ersehen, daß die neu hinzugekommenen Weggeraden das Terrain des südwestlichen Tiergartenbereichs parzellenartig unterteilen. Es

71 Der undatierte Situationsplan aus der Potsdamer Plankammer (Abb. 20) verzeichnet die Weggerade zwischen dem Stichkanal bei der Fasanerie und der Falkenluster Allee; auf dem Plan aus dem Hauptstaatsarchiv (Abb. 22) kommt eine weitere Weggerade hinzu; sie führt vom Tor des ehemaligen Fasaneriegeländes zur Schwadorfer Allee.

72 Parkpflegewerk, 1992, S. 57 u. S. 60.

73 Der Plan gehört in den Zusammenhang der Standortsuche für die Kadettenanstalt im Rheinland. Er ist spätestens im Jahre 1837 entstanden.

74 Kostenvoranschlag Claussens für die Gartenarbeiten vom 29.7.1843, HStAD Reg. Köln 4643, S. 98, im Anhang vollständig zitiert, S. 187ff.

75 Vielleicht resultiert das Fehlen der Baumreihe im Lennéplan aus einer fehlerhaften Bestandsaufnahme. In der Ausführung wird die Allee übernommen.

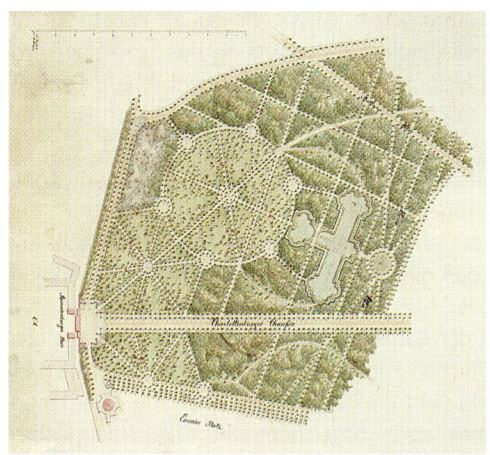

Abb. 26, Lennéplan, 1836, Tiergarten zu Berlin, Partie Nr. VI.

ist leicht vorstellbar, daß diese Wegestruktur zur Bewirtschaftung der dortigen Holzbestände diente.[76] Sollte es sich bei der Bach-, Dunkel- und Tannenallee tatsächlich um ehemalige Forstwege handeln, so ist ihre Einbeziehung in die Planung erstaunlich. Dies gilt zumal, da sich ihr Vorhandensein nachteilig auf die Gesamtkomposition des Grundrißgefüges auswirkt. Wie sich anhand eines Entwurfs für den Berliner Tiergarten von 1836 zeigen läßt, ging Lenné bei der Einbindung von Alleen möglichst so vor, daß er die Alleen der Ordnung streng geometrischer Figurationen unterwarf. (Abb. 26) Die drei fraglichen Alleen im Brühler Tiergarten liegen dagegen beinahe beziehungslos im Raum; erst durch den Anschluß an geschwungene Wege, die ausnahmslos Neuanlagen darstellen, werden die Alleen untereinander verkoppelt und das Wegesystem des Tiergartens zu einem Ganzen gefügt. Doch es ergeben sich Bruchstellen: Die Bach- und Dunkelallee enden im Süden unvermittelt in einem bogenförmigen Weg. Bei der östlichen Fortführung der Tannenallee – sie geht jenseits der Poppelsdorfer Allee in einen geschwungenen Weg über – handelt es sich offensichtlich um eine Anstückung.

g) Die Parkgewässer

Gegenüber der Ursprungsanlage des 18. Jahrhunderts ist der Umfang des Kanalsystems auf den Lennéplänen deutlich geschmälert. Die meisten der Trockenlegungen gehen jedoch nicht auf Lenné zurück, sondern hatten bereits vorher stattgefunden.

Eine weitgehende Reduzierung des Kanalsystems betraf insbesondere den Nordgarten. Schon 1838 bestand der in Richtung des heutigen Mayerswegs verlaufende Kanal nur noch als Wiese, und es blieb allein ein schmaler Graben für den Durchfluß des Mühlenbachs.[77] Zu diesem Zeitpunkt gab es die Absicht, durch Aufschüttung eines Damms bei der Berzdorfer Brücke auch die restlichen Gewässer des Nordgartens trockenzulegen.[78] Das Hausministerium wollte jedoch die Wasserumwehrung des Vorhofs erhalten sehen.[79] Als entbehrlich erschien dagegen der Kanalarm, der von der vorderen Ecke des Vorhofs diagonal nach Nordosten abzweigt. Er wurde durch einen Damm von der Wasserzufuhr abgeschnitten, und das neu entstandene Terrain sollte künftig als Wiese oder Holzpflanzung dienen.[80] Bereits 1837 war der Oberförsterweiher in eine Ackerfläche umgewandelt worden.[81] In geringem Umfang fanden auch an der Tiergartenumwehrung Trockenlegungen statt. Das gewonnene Terrain wurde von der Forstverwaltung als Holzpflanzung und Acker genutzt.[82] Der

76 Der südliche Teil des Tiergartens diente vor der Lennéplanung als Holzung, vgl. diese Arbeit: Kap. II.4.d).

77 Gemeinsamer Bericht des Bauinspektors Biercher u. des Domänenrats Lützeler vom 25.9.1838, HStAD Reg. Köln 4719. (Die Zuordnung der Kanäle läßt sich aus dem Kontext erschließen)

78 Ebd.

79 Bauinspektor Biercher an Reg. Köln vom 28.2.1839, HStAD Reg. Köln 4719.

80 Ebd.

81 Gemeinsamer Bericht des Bauinspektors Biercher u. des Domänenrats Lützeler vom 25.9.1838, HStAD Reg. Köln 4719. (Die Zuordnung der Kanäle läßt sich aus dem Kontext erschließen)

82 Ebd.

Seeweiher war 1838 durch einen Damm in zwei Hälften geteilt, wovon ein Teil als Wiese, der andere als Fischweiher diente. Nunmehr wurde die vollständige Trockenlegung des Seeweihers avisiert.[83] Eine gleiche Bestimmung betraf die beiden kleinen Teiche des Schlangenbachs.[84] Die entsprechenden Maßnahmen geschahen kurz vor der Ankunft des Königs im Jahre 1842.[85] Eine vollständige Entwässerung des Terrains gelang jedoch nicht.[86]

Nach dem Lennéplan sollen die vorhandenen Kanäle in der zentralen Parterre- und Boskettzone, sowie im Bereich des Vorhofs ausnahmslos übernommen werden. (Abb. 17, 24) Ansonsten ist an ein differenziertes Vorgehen gedacht: Die Fläche des ehemaligen Oberförsterweihers erhält eine klare Begrenzung aus Baumreihen und Wegen, so daß die Kontur des ehemaligen Kanals erkennbar bleibt. Die Kanäle der Tiergartenumwehrung sollen nun vollständig entwässert werden. Anders als beim Oberförsterweiher werden die Umrißlinien der Kanäle nicht gekennzeichnet; das trockengelegte Terrain wird zum Bestandteil der landschaftlichen Parkraumgestaltung innerhalb des Tiergartens. Für das Gelände des ehemaligen Seeweihers sieht die Planung die Schaffung einer hippodromförmigen Platzanlage vor, die als „Volks-Tummelplatz"[87] bezeichnet wird. Die beiden kleinen Teiche des Schlangenbachs, die im Gelände gewiß noch erkennbar waren, sind in den Lennéplänen nicht mehr auszumachen. Mit dem bohnenförmigen Teich entfällt eines der wenigen Relikte aus der Zustandsphase unter Max Franz. Bei den Dorneninseln ist dagegen eine Ausweitung der Wasseranlagen beabsichtigt. (Abb. 36) Die Kanalachse zwischen den ehemaligen Indianischen Lustbauten geht in einem großen landschaftlich gestalteten See auf; allein der Stichkanal ins Tiergarteninnere bleibt in seiner ursprünglichen Form erhalten. Die äußere Umwehrung des Annexgebietes fällt fort.

Die beabsichtigten Entwässerungsmaßnahmen Lennés betreffen hauptsächlich die Tiergartenumwehrung und den Seeweiher. Sie beziehen sich also auf Gewässer, deren Trockenlegung zum Teil bereits geschehen oder versucht worden ist. Dieser Befund läßt kaum verständlich werden, daß der Königsbefehl die Beseitigung der versumpften Gräben als einen Hauptaspekt der Planung kennzeichnet. Aus der Denkschrift wird indes klar, daß Lenné die durch den desolaten Zustand des Kanalsystems verursachten hygienischen Mißstände zu beheben sucht, ohne umfangreiche Zuschüttungen vorzunehmen.[88] Als Argument gegen die Verfüllung von Parkgewässern führt er zunächst die hohen Kosten an, verweist hinsichtlich der schloßnahen Kanäle aber auch auf die „Rücksicht des Gesammt Planes, wonach Schloß und Garten angelegt worden sind". Der Grundgedanke Lennés besteht darin, mittels eines Abzugsgrabens der Tiergartenumwehrung und dem Seeweiher

83 Ebd.; MKH an Reg. Köln vom 29.1.41, HStAD Reg. Köln 4719.
84 Gemeinsamer Bericht des Bauinspektors Biercher u. des Domänenrats Lützeler vom 25.9.1838, HStAD Reg. Köln 4719. (Die Zuordnung der Kanäle läßt sich aus dem Kontext erschließen)
85 Bauinspektor Biercher an Reg. Köln vom 30.4.1840, HStAD Reg. Köln 4719.
86 In der Denkschrift Lennés vom Oktober 1842 ist in bezug auf die Tiergartenumwehrung immer noch von „in den Sommermonaten theils trockenliegenden theils völlig versumpften mit Rohr und Schilf bewachsenen Gräben" die Rede, Denkschrift Lennés vom 10.10.1842, GStA PK I. HA. Rep. 89 Geh. Zivilkabinett

Nr. 20646 (M), im Anhang vollständig zitiert, S. 177ff.
87 Position „2e" in: Friedrich Wilhelm IV. an MKH vom 17.10.1842 (Abschrift), AVSchB Hofgärtnerei 1843–1845, oben vollständig zitiert, Kap. III.2.b).
88 „Die Zuschüttung dieser ausgedehnten Wassergräben würde zwar ein radicales aber zugleich sehr kostspieliges Unternehmen sein. Referent glaubt, daß dem Uebelstande auf eine Weise abgeholfen werden kann, die nur sehr geringe Auslagen erfordert, und ebenfalls zum Zwecke führen wird, nämlich durch Ableiten der jetzt zufließenden Gewässer." Denkschrift Lennés vom 10.10.1842, GStA PK I. HA. Rep. 89 Geh. Zivilkabinett Nr. 20646 (M), im Anhang vollständig zitiert, S. 177ff.

das zufließende Wasser aus dem Pingsdorfer Bach zu entziehen und es direkt dem Mönchsweiher zuzuführen.[89] Von dem verstärkten Wasserzufluß in den Mönchsweiher profitieren fast alle verbliebenen Gewässer: Der höher gelegene Mönchsweiher steht durch unterirdische Kanäle mit dem Spiegelweiher und dem Weißweiher in Verbindung; von dort fließt das Wasser in die Inselweiher, um schließlich über den Berzdorfer Bach aus dem Parkbereich abgeleitet zu werden. Es kommt somit insgesamt zu einer Zunahme der Wassermenge und einer Verstärkung der Strömung.

Bezüglich der Gewässer war die Planung im Oktober 1842 noch nicht abgeschlossen. Entsprechend ist in der Denkschrift nur von „vorläufig angestellten Untersuchungen" die Rede. Unter anderem wird über den Verlauf des geplanten Abzugsgrabens zwischen dem Pingsdorfer Bach und dem Mönchsweiher nichts Näheres bemerkt. Auch die Lennépläne geben darüber keinen Aufschluß: Von einem Abzugsgraben ist nichts zu erkennen; nur die unterirdischen Verbindungskanäle zwischen dem Mönchs-, Spiegel- und Weißweiher sind eingezeichnet.

4. Das Verhältnis von Erhaltung, Wiederherstellung und Neuplanung

a) Die Doppeldeutigkeit der Planung

„Herstellung" ist ein Kernbegriff der Denkschrift Lennés und des Königsbefehls.[90] Im Sprachgebrauch des 19. Jahrhunderts konnte darunter „in den ursprünglichen zustand zurückversetzen"[91] verstanden werden. Es entspricht diesem Wortsinn, daß mit der Behebung hygienischer Mißstände zunächst Maßnahmen aufgeführt sind, die als Voraussetzungen für die Wiedernutzbarmachung des Parks gelten können. Unter der Position „Herstellung und künftige aesthetische Anordnung" werden sodann zum einen Wiederherstellungsmaßnahmen wie etwa die Rückholung der Orangerie und die Reparatur der Wasserspiele benannt; zum anderen sind mit der Anlage neuer Wege und der Einrichtung des Volkstummelplatzes Neuplanungen avisiert. Folglich erweist sich die Planung als doppeldeutig: Während die Wiederherstellungsmaßnahmen auf die Restitution des alten Fürstengartens hinzielen, geht es bei den Neuanlagen darum, den Brühler Garten als öffentlichen Park nutzbar zu machen.[92]

89 Der Abfluß des Wassers aus dem Schloßgarten erfolgt über den Berzdorfer Bach, der am östlichen Rand des Tiergartenannexes ansetzt. Dahin ist die Fließrichtung sämtlicher Gewässer orientiert. Die Wasseranlagen im Bereich des Parterres sind durch unterirdische Leitungen so miteinander verbunden, daß das Wasser aus dem Mönchsweiher über den Spiegelweiher in den Weißweiher gelangt. Dem Parkgelände zufließende Bäche sind der Pingsdorfer Bach südlich des Tiergartens, der Donnerbach im Westen des Krautgartens und schließlich beim Nordgarten der Mühlenbach.

90 Der Abschnitt über die gärtnerischen Anlagen ist in der Denkschrift Lennés mit „betreffend die Herstellung und künftige Erhaltung" überschrieben, Denkschrift

Lennés vom 10.10.1842, GStA PK I. HA. Rep. 89 Geh. Zivilkabinett Nr. 20646 (M), im Anhang vollständig zitiert, S. 177ff.; einleitender Satz des Königsbefehls: „Bei der Herstellung und künftigen Erhaltung", Friedrich Wilhelm IV. an MKH vom 17.10.1842 (Abschrift), AVSchB Hofgärtnerei 1843–1845, oben vollständig zitiert, Kap. III.2.b).

91 Deutsches Wörterbuch, 1877, S. 1169.

92 „Der Park soll dem Publikum geöffnet und für die Besucher der Stadt Coeln und der Umgebung das werden was der Thiergarten bei Berlin für die Residenz ist", Friedrich Wilhelm IV. an MKH vom 17.10.1842 (Abschrift), AVSchB Hofgärtnerei 1843–1845, oben vollständig zitiert, Kap. III.2.b).

b) Die Erhaltungs- und Wiederherstellungsmaßnahmen und ihr Verhältnis zu den Elementen der Neuplanung

In der Denkschrift spricht Lenné von der „Rücksicht des Gesammtplanes, wonach Schloß und Garten angelegt worden sind".[93] Diese Textstelle bestätigt, daß der Planung auch gartenhistorische Erwägungen zugrunde liegen. Soweit es das Zitat erkennen läßt, bezog sich das Erhaltungsinteresse auf die Schöpfungsphase des Gartens. Der Ausdruck „Gesammtplan" legt nahe, daß es dabei hauptsächlich um die Erkennbarkeit der konzeptionellen Grundzüge ging. Wenn dies zutrifft, dann war die Erhaltung und Wiederherstellung historischer Substanz nur insoweit unabdinglich, als es die Erkennbarkeit der barocken Gesamtkonzeption verlangte.

Anhand der Lennépläne ist festzustellen, daß sich die Erhaltungsabsichten tatsächlich allein auf die Ursprungsanlage Girards richteten. Die wenigen überkommenen Strukturen aus den späteren Anlagephasen wurden meist nicht übernommen.[94] Zudem erweist sich die Orientierung am barocken Gesamtkonzept und das Desinteresse am einzelnen Relikt: Während mit den alten Alleen und den wichtigsten Kanälen die Gliederungselemente des Parks erhalten bleiben, entfallen – etwa mit der Kaskade – Einzelelemente der Girardplanung. Für die zentralen Bereiche beim Schloß sieht das Konzept keine Rekonstruktion des Verlorenen vor, sondern es geht eher darum, im Sinne des Barock zu verfahren. (Abb. 24) So wird der ehemalige Oberförsterweiher nicht in ein Gewässer zurückverwandelt, sondern erhält eine Einfassung aus Wegen und Pflanzungen, die die Lage des früheren Kanals nachvollziehbar macht. Auf dem Obststück ist zwar die Einrichtung einer Gärtnereianlage beabsichtigt, die durch die Vorgängeranlage Girards nicht gerechtfertigt ist, doch äußert sich die Rücksicht auf den ursprünglichen Plan in der Rasterung des Grundrisses. Das Raster ist der Struktur des Krautgartens angeglichen, so daß Obststück und Krautgarten eine annähernd symmetrische Komposition in der Gesamtanlage bilden. Das nicht mehr zeitgemäße Ausstattungselement des Boskets wird in die Planung übernommen. Dabei ist wiederum nicht an eine Kopie der Vorgängeranlage gedacht, obwohl der ursprüngliche Zustand wohl noch erkennbar war und ihn Lenné aus seiner Lehrzeit kannte.[95] Anders als im Girardplan besitzen die Boskettquartiere eine völlig identische Binnengliederung. (Abb. 3, 4) Lenné verfährt folglich strenger im Sinne der Grundrißsymmetrie als Girard; er geht purifizierend und korrigierend vor.[96]

Das Parterre soll laut Königsbefehl „zeitgemäß wiederhergestellt werden". Erneut zielt die Planung also weder auf eine vollständige Neukonzeption noch auf eine exakte Rekonstruktion. Diesmal ist jedoch nicht die Orientierung an barocken Leitgedanken gefragt, sondern es geht darum, das historische Parterre mit modernen Mitteln nachzuempfinden. Wie sich aus den Lennéplänen ergibt, geschieht die Anknüpfung an den Vorzustand zum einen durch die partielle Übernahme von überkommener Substanz und zum anderen durch die symmetrische Anordnung der neuen Anlageteile. Erst anhand von Abbildungen des ausgeführten Parterres läßt sich erkennen, worin die geforderte Distanzierung vom historischen Vorbild besteht.[97] (Abb. 47, 50) Anstelle der flachen Broderien wird eine Bepflanzung mit hohen und üppigen Blumeninseln vorgenommen, so daß die Parterrefläche eine räumlich differenzierte Einteilung erhält.

---

93 Denkschrift Lennés vom 10.10.1842, GStA PK I. HA. Rep. 89 Geh. Zivilkabinett Nr. 20646 (M), im Anhang vollständig zitiert, S. 177ff.

94 Ein Teil des Schlangenbachs soll gemäß dem Lennéplan wegfallen.

95 Auf dem Dycker Plan sind die Bosketts weitgehend vorhanden. (Abb. 13, 14)

96 Schon im Zusammenhang mit der Berliner Tiergartenplanung hat Lenné die Bedeutung der Symmetrie in barocken Gartenanlagen hervorgehoben: „... die imposante Größe und bestimmte strenge Form und Symmetrie, welche die alte Gartenkunst bezeichnet und für diesselbe Interesse erweckt", Erläuterungsbericht Teil VI, Lenné 18.10.1836, zit. nach Hinz, 1989, S. 159.

97 Vgl. diese Arbeit: Kap. IV.6.d).

In diesem Zusammenhang ist der Hinweis von Bedeutung, daß die Möglichkeit zu einer genaueren Rekonstruktion bestanden hätte. Darauf deutet der „Plan des Brühler Schloßgartens angefertigt nach der unter Churfürst Clemens August im französischen Styl bestandenen Anlage" aus dem Jahre 1843 hin. (Abb. 27) Diesen Plan – er kommt den Festlegungen des Girardplans recht nahe – hatte der Kölner Kunst- und Handelgärtner Commans gezeichnet und dem König als Dank für die angekündigte Wiederherstellung des Gartens zugesandt.[98]

In der Einbeziehung der historischen Alleen dokumentiert sich das Erhaltungsinteresse zwar auch innerhalb des Tiergartens, doch ist es im Gegensatz zu den Anlagen in Schloßnähe nicht dominant vorhanden. Die neuen Wiesenräume und geschwungenen Wege stellen ebenfalls bedeutende Planungselemente dar, indem sie den ehemaligen Tiergartenforst für ein größeres Publikum zu einem abwechslungsreichen Landschaftserlebnis nutzbar machen.[99] Allein in der Peripherie des Gartens sind Anlagen vorgesehen, die modernen Gestaltungsvorstellungen mustergültig entsprechen. Im Bereich der Dorneninseln ist die Bildung eines idealtypischen Landschaftsraums mit „natürlich geformten" Wasserflächen geplant[100] und auf dem Terrain des ehemaligen Seeweihers kommt „zum ersten Mal ein großer hippodromförmiger ‚Volkstummelplatz'"[101] vor.

In den meisten Gartenplanungen des frühen 19. Jahrhunderts wurden historische Strukturen nur dann toleriert, wenn sie den neuen Nutzungsbedingungen des Gartens dienlich waren.[102] Die Randlage der „zeitgemäßen" Anlagen spricht dafür, daß sich in der Lenné-Planung für den Brühler Garten die Prioritäten zwischen Erhaltung und Modernisierung verkehrt haben. Vor allem die Anwendung barocker Gestaltungsgrundsätze spiegelt das Bewußtsein um die Geschichtlichkeit des Gartens. Dabei kommt in der rigorosen und über das Vorbild Girards hinausgehenden Symmetrisierung des Gartengrundrisses eine Gesinnung zum Tragen, die, indem sie im Duktus der Entstehungszeit „korrigierend" eingreift, ein Idealbild der historischen Anlage zu verwirklichen sucht. Doch wird – wie es sich am Parterre zeigte – bei der Wiederherstellung nicht gänzlich auf zeitgemäße Gestaltungsvorstellungen verzichtet. Letzteres entspricht einer im 19. Jahrhundert geläufigen Handlungsweise, die, wenn man sich überhaupt dafür interessierte, die Erhaltung historischer Gärten mit einiger Freizügigkeit betrieb.[103]

Angesichts der Unentschiedenheit im Umgang mit der Geschichtlichkeit des Gartens – einerseits Orientierung an der Jetztzeit, andererseits übersteigerte Ausrichtung an den Ideen der Entstehungszeit – ist die Brühler Planung zwar nach heutigem Verständnis nicht als eine Maßnahme der Denkmalpflege zu betrachten. Am Maßstab der „Baudenkmalpflege" des 19. Jahrhunderts, die durchaus auch Stilpurismus und Neugestaltung miteinander verband,[104] erscheint der Begriff der Denkmalpflege jedoch durchaus berechtigt.

---

98 „Ohne Gewißheit, ob ein ähnlicher Plan noch vorhanden sei, aber fest überzeugt, daß Eure Königliche Majestät Allerhöchst, welche auch das Schöne, was eine nun entschwundene Zeit geboten, zum erhabensten Meister aller getreuen Eure Majestät liebenden Unterthanen würdigen und schätzen, suchte ich denselben nach Messungen, die ich nach bereitwilligst ertheilter Erlaubnis Eurer Majestät hochlöblicher Regierung dahier im ehemaligen Schloßgarten vornahm, nach vielen und genauen Erinnerungen aus meiner Jugendzeit und nach einer Zeichnung eines Theils des Gartens, die ich bewahrt hatte, anzufertigen", P. J. Commans an Friedrich Wilhelm IV. vom 18.3.1843, GStA I. HA. 89 Geh. Zivilkabinett Nr. 20636, S. 6f.

99 Unter Position „e." des Königsbefehls wird unter anderem die Anlage neuer Wege unmittelbar mit der neuen Nutzung als öffentlicher Garten in Zusammen-

hang gebracht, Friedrich Wilhelm IV. an MKH vom 17.10.1842 (Abschrift), AVSchB Hofgärtnerei 1843–1845, oben vollständig zitiert, Kap. III.2.b).

100 Über die herausragende Bedeutung von Wasserflächen innerhalb des Landschaftsparks: mit Bezug auf Hirschfeld, Sckell u. Pückler: Schwenecke, 1985, S. 282–329, S. 311 u. 314; mit Bezug auf Lenné u. Loudon: Piepmeier, 1989, S. 19–24, S. 22.

101 Hennebo, 1989, S. 49–59, S. 56.

102 Bezogen auf die Erhaltung historischer Gartensubstanz im 19. Jahrhundert: „Freilich spielte dabei eben das Kriterium der partiellen ‚Brauchbarkeit' eine weit größere Rolle als jenes ihrer möglichen historischen Bedeutung", Hennebo, 1985(1), S. 11–48, S. 14.

103 Vgl. ebd., S. 16f.

104 Vgl. Borger-Keweloh, 1986, S. 18.

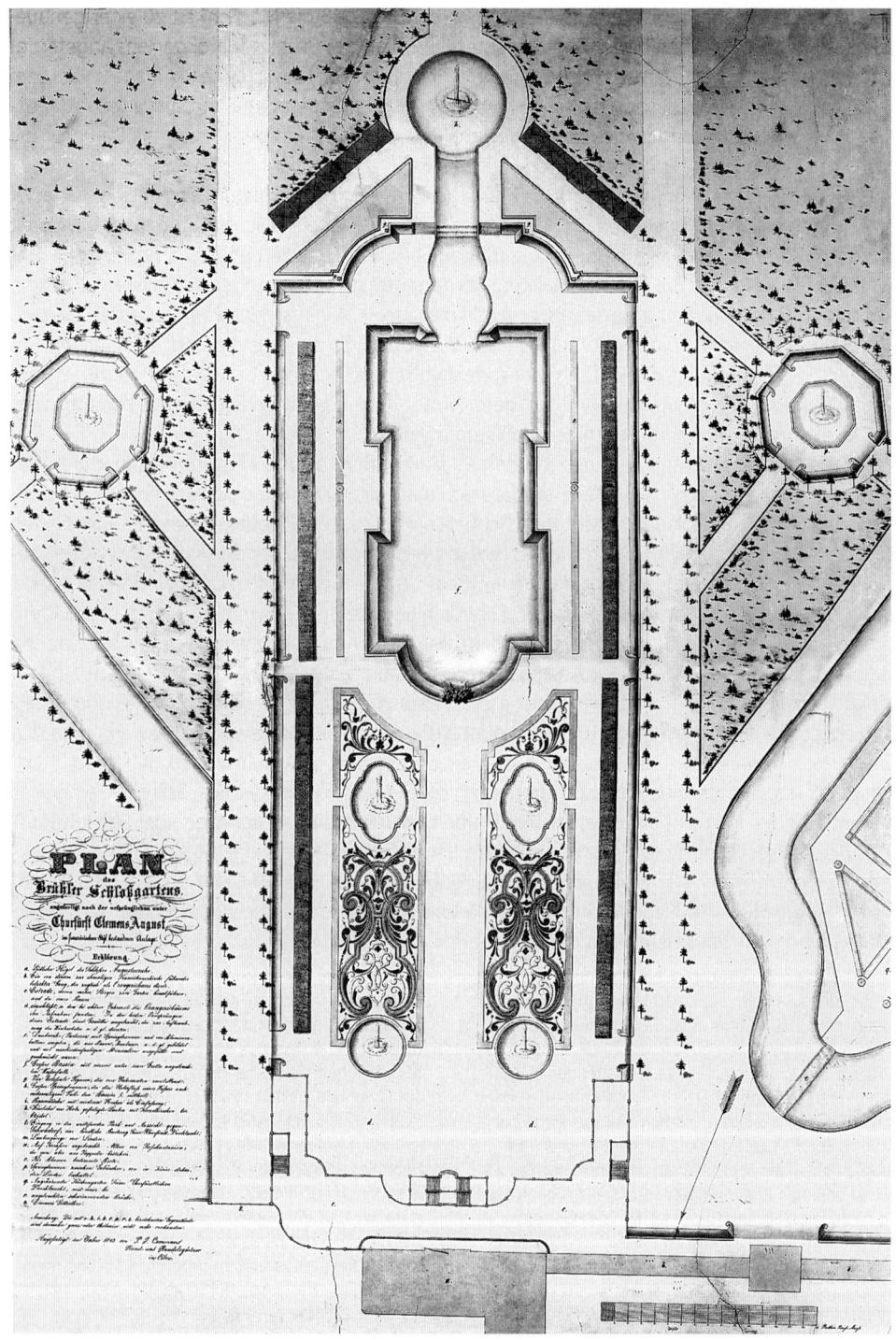

Abb. 27, Plan von Commans, 1843, Schloßgarten Brühl, Parterre, Ausrichtung nach Süden.

c) Die Bedeutung der Alleen

Lenné ist in vielen Gartenprojekten ähnlich vorgegangen wie im Brühler Tiergarten, indem er die Elemente der Neuplanung in die Zwischenräume eines bestehenden Alleesystems einfügte.[105] Zunächst bedeutete dies für ihn ein Zugeständnis: 1816 in Sanssouci hätte er die alten Alleestrukturen am liebsten eliminiert, konnte sich damit aber nicht durchsetzen.[106] Bei den frühen Plänen für den Berliner Tiergarten berücksichtigte er die Alleen unter dem Aspekt ihres praktischen Nutzens für neue Funktionszusammenhänge: „... man verlangt in diesen Gärten [öffentliche Parks] das Vergnügen, der Gesellschaft und den Anblick anderer Umhergehender zu genießen, man will sich sehen und finden, und hierzu sind offene breite grade und sich durchkreuzende Alleen nötig."[107] Die untergeordnete Bedeutung der Alleen spiegelte sich während dieser Phase darin wider, daß Lenné zur Gewährleistung ungestörter Sichten Lücken in die Alleesubstanz einbrachte. (Abb. 28, 29) Etwa ab 1835 unterblieb diese Vorgehensweise offenbar. Wie eine Bemerkung Lennés bezüglich des Berliner Tiergartens deutlich macht, ging es dabei in erster Linie um die Erhaltung der Bäume: „Ich fühle mich verpflichtet, hierbei ausdrücklich zu erwähnen, ..., daß sämtliche den Park durchschneidenden Alleen und die großen Waldmassen vollkommen erhalten bleiben".[108] Erst später wurden für die Erhaltung der Alleen geschichtliche und ästhetische Argumente ausschlaggebend. So wurde 1851 bei der Neugestaltung des Parks zu Remplin die Bewahrung der alten Alleen zum Hauptgegenstand der Planung; die neuen Gartenelemente erhielten nur noch eine subsidiäre Funktion: „Die vollständige und sorgsamste Erhaltung der herrlichen Alleen und Baumhallen, welche die alten Anlagen schmücken, und deren Hervorhebung und Einrahmung durch einen weiteren Kreis neuer Schmuckanlagen war der leitende und maßgebende Grundsatz, welcher bei dem Entwurf mir vorlag."[109] Der dazugehörige Plan bestätigt die Verwirklichung dieser Absicht. (Abb. 30) Die Alleen sind von großen Wiesenflächen umgeben, so daß sie von den benachbarten, sanft geschwungenen Wegen stets im Blickfeld bleiben.

In Brühl werden zwar keine Lücken in die Alleen eingebracht, doch hebt die umgebende Parkgestaltung die Alleen nicht hervor, sondern verbirgt sie meist hinter dichten Baummassiven. Die Einstellung gegenüber den alten Alleen ist somit noch weit von der besonderen Wertschätzung entfernt, wie sie später in Remplin zum Tragen kommt. Die Unversehrtheit der Alleen scheint daher noch mit der Schonung der Baumsubstanz zusammenzuhängen. Wie oben bereits gezeigt, wurde in den vorhandenen Bäumen tatsächlich ein wesentlicher Vorzug der Brühler Anlagen gesehen.[110]

---

105 Die Vorgehensweise Lennés wird an anderer Stelle wie folgt beschrieben: „Wie bei vielen Umgestaltungen barocker Parks überlagerte das neue Netz von Wegen und Wasserläufen die Achsen und Wegstrahlen der alten Anlage, einem mehrfach überschriebenen Palimpsest vergleichbar.", Pehnt, 1993, S. 48; „Selbst den sechsstrahligen Alleestern ... hat Lenné übernommen und nahtlos seinem landschaftlichen Parkgefüge einverleibt", Wendland, 1979, S. 142f.

106 Vgl. Buttlar, 1989(2), S. 210f.

107 Laut Hinz frühestes Schriftstück Lennés über den Berliner Tiergarten, ohne Angabe des Datums, um 1818; zit. nach Hinz, S. 1989, S. 140.

108 Lenné an Ladenberg vom 7.2.1835 bezüglich Bauabschnitt IV des Berliner Tiergartens; zit. nach Hinz, 1989, S. 153.

109 Denkschrift Lennés vom 25.7.1851; zit. nach Hinz, 1989, S. 284.

110 „Herr Gartendirektor Lenné gab im freien Vortrage eine kurze Schilderung von den Garten- und Parkanlagen, deren Ausführung in der Rheinprovinz von des Königs Majestät angeordnet sind. Dahin gehört namentlich der 300 Morgen große, herrliche Buchenwald bei Brühl, der als Park hergestellt werden und den Bewohnern von Köln als Erholungspunkt dienen soll", Versammlungsprotokoll des Vereins zur Beförderung des Gartenbaues in den königlich preußischen Staaten vom 30.10.1842; zit. nach Hinz, 1989, S. 474; vgl. diese Arbeit: Kap. III.1.c) (Bericht v. Wintzingerode).

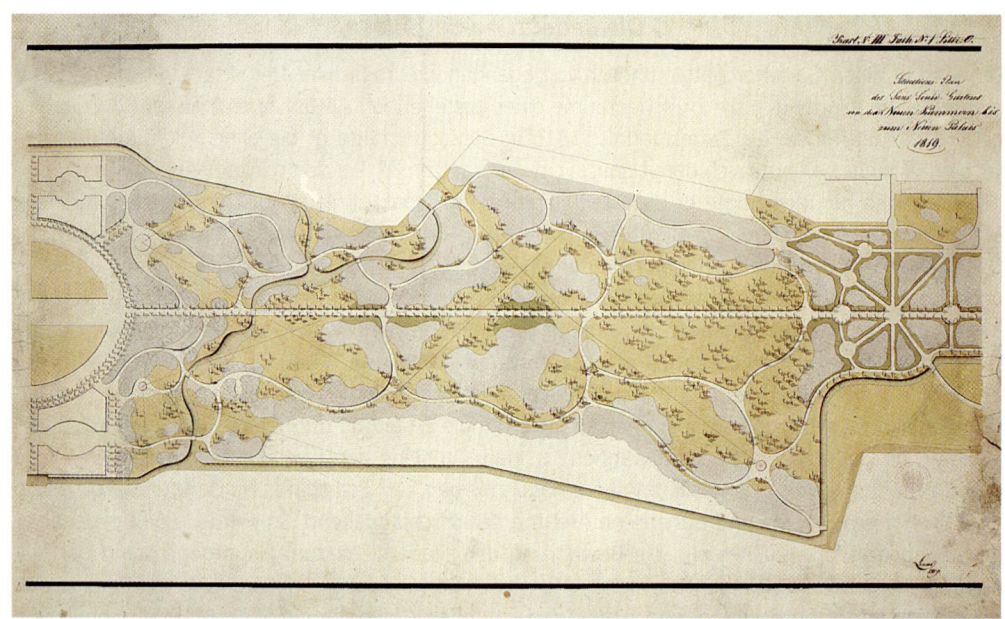

Abb. 28, Lennéplan, 1819, Park Sanssouci, mit eingetragenen Sichtachsen.

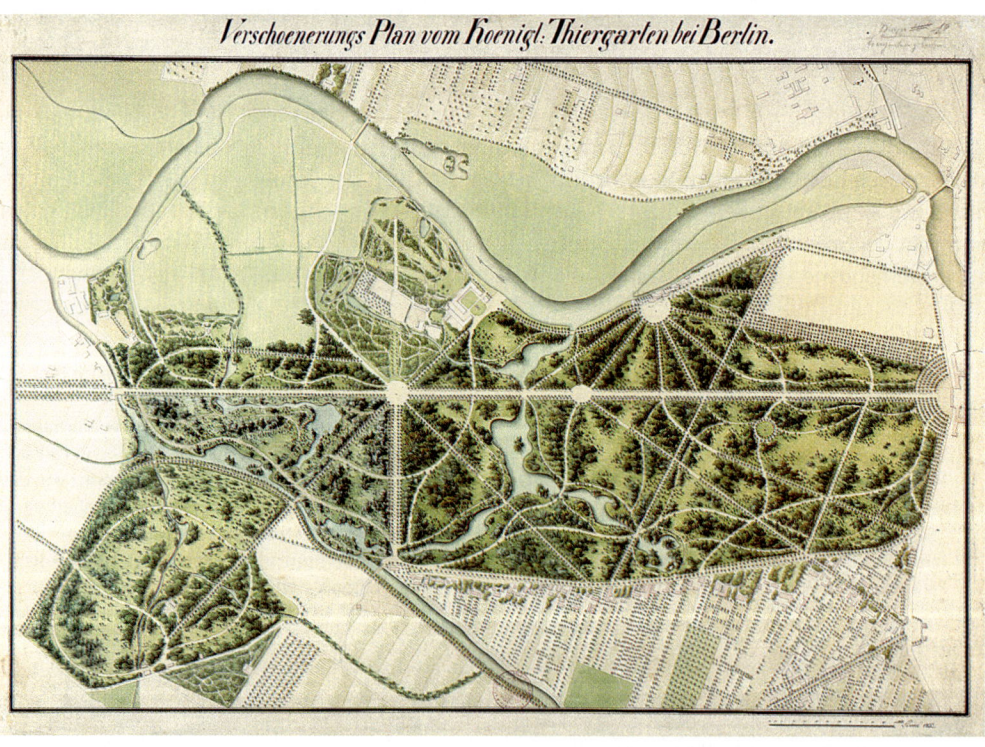

Abb. 29, Lennéplan, 1832, Tiergarten zu Berlin, Sichtachsen durchschneiden die Alleen.

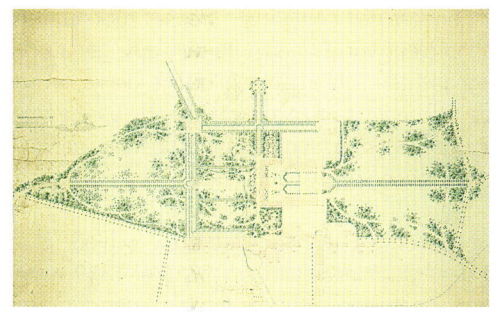

Abb. 30, Lennéplan, 1851, Park zu Remplin.

Die Schonung der Baumsubstanz wird wohl auch das Motiv für die aus historischen und ästhetischen Gesichtspunkten nicht zu rechtfertigende Einbeziehung der Tannen-, Dunkel- und Bachallee gewesen sein. Vielleicht ging es dabei gar nicht so sehr um die Erhaltung der Alleebäume selbst; vielmehr konnten durch die Einbeziehung der Alleen Fällungen vermieden werden, die bei einer Neuerschließung des Tiergartengeländes unvermeidlich gewesen wären.

5. Die Gartenplanung und die Bonn-Kölner Eisenbahn

a) Die Streckenführung in der Gründungsphase der Eisenbahngesellschaft

Zwar wurde die Eisenbahn zwischen Bonn und Köln von einem Privatunternehmen gebaut und betrieben, doch behielt sich der preußische Staat weitreichende Einflußmöglichkeiten auf das Projekt vor.[111] Bereits die Gründung der Gesellschaft hing von einer staatlichen Konzession ab. Nachdem ein allgemeiner Antrag auf Konzessionserteilung schon am 6. März 1836 bei der Regierung zu Köln eingereicht worden war,[112] vereinbarten die Aktionäre der geplanten Eisenbahn am 5. April 1837 nähere Einzelheiten „über die dem Gouvernement vorzulegenden projektierten Statuten und über die vorzuschlagende Richtung der Bahn".[113] Hinsichtlich der Streckenführung votierte die Versammlung „mit Einhelligkeit für die Richtungs-Linie über Brühl".[114] Erst durch die Kabinettsordre vom 6. Juli 1840 erlangte die Eisenbahngesellschaft eine vorläufige Konzession.[115] Zugleich erklärte sich der König mit dem vorgeschlagenen Streckenverlauf einverstanden. Nachdem am 11. Februar 1841 auch das Statut der Bonn-Kölner Eisenbahngesellschaft die königliche Bestätigung erhalten hatte,[116] stand nun endgültig fest, daß die Eisenbahnstrecke Brühl miteinbeziehen würde.[117]

111 Zu den Einflußmöglichkeiten des preußischen Staats, Treue, 1987, S. 6.

112 Antrag auf Konzessionserteilung an Reg. Köln vom 6.3.1836, LHAK 403 Nr. 11812; das Schreiben ist bei Schmoeckel/Kemp fast vollständig zitiert. Irrtümlicherweise ist der Oberpräsident als Adressat angegeben, Schmoeckel/Kemp, 1994, S. 19.

113 Bericht über die Generalversammlung der Aktionäre der projektierten Bonn-Kölner Eisenbahn am 5.4.1837, Köln. Ztg. vom 6.4.1837.

114 Ebd.

115 Friedrich Wilhelm IV. an das Staatsministerium vom 6.7.1840 (Abschrift), GStA PK I. HA. Rep 90a Staatsministerium K III 3 Nr. 10 (M); das Schreiben ist bei Semmler vollständig zitiert, Semmler, 1994, S. 5; die Vermutung (Schmoeckel/Kemp, 1994, S. 30), daß Friedrich Wilhelm IV. nach dem Tode seines Vaters am 7. Juni 1840 das lange verzögerte Projekt der Bonn-Kölner Eisenbahn enorm vorangetrieben habe, er-

weist sich als richtig. Bereits am 16. Juni 1840 stellte das Staatsministerium das Gutachten über die Eisenbahn fertig, auf dem die spätere Genehmigung (6.7.1840) beruhte, Gutachten des Staatsministeriums über das Projekt der Bonn-Kölner Eisenbahn, GStA PK I. HA. Rep 90a Staatsministerium K III 3 Nr. 10 (M).

116 „Bestätigungsurkunde für die Bonn-Kölner Eisenbahn-Gesellschaft" vom 11.2.1841, Friedrich Wilhelm IV. u. Graf v. Alvensleben, abgedruckt in: Köln. Ztg. vom 23.3.1841.

117 „§. 3. Die Richtungslinie der Bahn ist im Wesentlichen folgende: Die Bahn beginnt zu Bonn, nähert sich dem Vorgebirge bei Roisdorf, Bornheim und Brühl, und geht von da in thunlichst gerader Richtung nach Köln, wo sie in der Stadt an einem Punkte ausmündet, welcher nach den bisherigen Verhandlungen von der Staatsregierung festgesetzt werden wird", Statut der Bonn-Kölner Eisenbahn Gesellschaft

Während des Genehmigungsverfahrens brachte der Minister des Königlichen Hauses rücksichtlich des Brühler Schlosses Bedenken gegen das Eisenbahnprojekt vor. Er bedingte sich aus, genau zu prüfen, „ob von den verpachteten Pertinenzen des gedachten Schlosses nicht einige derselben so gelegen sind, daß sie von der Eisenbahn-Linie, so wie solche jetzt projectirt ist, unmittelbar betroffen werden".[118] Aus den bis dahin vorliegenden Unterlagen schien allerdings bereits hervorzugehen, „daß die fragliche Eisenbahn ... ungefähr 15 Ruthen von der äußersten Grenze des oben erwähnten Thiergartens entfernt bleibt".

Die Nachforschungen bestätigten, daß die zunächst geplante Eisenbahnstrecke die Schloß- und Domänengrundstücke nicht berührte.[119] Daher ließ das Hausministerium am 17. Mai 1839 seine Einwände fallen.[120] Die Regierung zu Köln blieb jedoch angehalten, auf „das Interesse des dortigen Königlichen Schlosses" auch weiterhin „bei der Prüfung des Projects Rücksicht zu nehmen."[121]

b) Das Gutachten der Direktion vom 18. Juli 1841

Nachdem die Eisenbahngesellschaft im Juli 1840 die allgemeine Genehmigung zum Bau der Bahn erhalten hatte, nahm sie die Vermessungsarbeiten zur definitiven Festsetzung der Streckenführung auf.[122] Auch begann die Standortsuche für die Bahnhöfe.[123] Zur Verwaltungsratssitzung am 18. Juli 1841 legte die Direktion ihr abschließendes Gutachten über diese Gegenstände vor.[124] In bezug auf Brühl erhielten die Empfehlungen der Direktion die Zustimmung des Verwaltungsrats.[125]

In ihrem Bericht wog die Direktion zunächst ab, ob die bisher favorisierte Strecke östlich von Brühl oder eine anderweitig vorgeschlagene Richtung im Westen der Stadt die größeren Vorteile biete, und kam zu dem Schluß, daß erstere eindeutig zu bevorzugen sei. Sodann stellte die Direktion fest, daß es im Interesse der Gesellschaft liege, die Bahn so weit wie eben möglich in die Nähe der Stadt und des Schloßparks zu bringen, und empfahl einen Streckenverlauf, der nun doch über königliches Eigentum östlich des Schlosses und durch den Treibhausgarten führen sollte. Zwar kämen entlang dieser Linie mehrere Stellen für die Anlage des Bahnhofs in Betracht, doch hielt es die Direktion rücksichtlich der anreisenden Parkbesucher für wünschenswert, wenn der Bahnhof möglichst nahe beim Eingang zum Park errichtet würde. Der zweckmäßigste Standort sei daher die Stelle gerade gegenüber dem Schloß. Die Direktion war sich bewußt, daß ihr Vorhaben der Zustimmung des Königs bedurfte, vertraute aber darauf, daß die in dem Gutachten näher entwickelten Gründe den König von den Vorzügen des Projekts überzeugen würden.

Der folgende Auszug aus dem Gutachten macht deutlich, daß die Argumente der Eisenbahndirektion bereits wesentliche Gedanken der späteren Gartenplanung vorwegnahmen; dies gilt vor allem für die Nutzung des alten Schloßparks als Volksgarten. Zugleich veranschaulicht diese Quelle,

beraten und beschlossen in der General-Versammlung vom 21. und 27.9.1840, abgedruckt in: Köln. Ztg. vom 23.3.1841; vorher war zusätzlich eine Streckenführung über Wesseling ins Gespräch gekommen, vergleichende Kostenermittlung Brühl und Wesseling, etwa 1836, HAStK Best. 1028 Nr. 365 Bd. 1.

118 MKH an Finanzminister v. Alvensleben am 11.3.1839 (Abschrift), LHAK 403 Nr. 11812, S. 37.

119 MKH an Finanzminister v. Alvensleben vom 17.5.1839 (Abschrift), GStA PK I. HA Rep. 90a Staatsministerium K III 3 Nr. 10.

120 Ebd.

121 Oberpräsident v. Bodelschwingh an Reg. Köln vom 10.8.1839 (Konzept), LHAK 403 Nr. 11812, S. 37.

122 Reg. Köln an Kölner Oberbürgermeister Steinberger am 16.11.1840, HAStK Best. 400 Nr. VII 20 C 1.

123 Verwaltungsratssitzung vom 29.11.1840 (Auszug), HAStK Best. 400 Nr. VII 20 C 1.

124 Gutachtlicher Bericht der Direktion zur Verwaltungsratssitzung vom 18.7.1841, HAStK Best. 1028 Nr. 365 Bd. 2, S. 223.

125 Verwaltungsratssitzung vom 18.7.1841, HAStK Best. 1028 Nr. 101.

daß der Park ein wesentliches Kriterium für die Planung der Eisenbahnanlagen in Brühl darstellte. Letztlich war es seine Attraktivität als Erholungsort, die das Heranrücken der Bahn in Richtung auf das Schloß zur Folge hatte:

„Sodann ist es für Brühl von der größten Wichtigkeit, daß ein lebhafter Fremdenbesuch die jetzige, dort herrschende Oede und Einsamkeit verscheuche, dort Leben und Nahrung verbreite.

Dieß kann aber nur erwartet werden, wenn die Reisenden den schönen Anlagen Brühls, seinem herrlichen Schlosse und Park nahe gebracht werden.

Auf der anderen Seite ist es für die Eisenbahn-Gesellschaft von gleicher Wichtigkeit, die Frequenz ihrer Bahn dadurch zu erhalten und zu steigern, daß sie dieselbe auf der schönsten Seite, gewiß aber nicht auf der Rückseite von Brühl anlegt [gemeint ist die alternative Linie im Westen] ...

Wenn es sich demnach von der Frage über die günstigste Stelle der Anlage des Bahnhofes bei Brühl handelt, so würde zwar die ganze Strecke von der Cölner Chaussee bis an den Treibhausgarten mehrere geeignete Punkte dazu bieten, die zweckmäßigste aber in jeder Hinsicht ist entschieden der dem schönen Schlosse gegenüber, nicht zu nahe um lästig, nicht zu weit um unbequem zu werden, grade in schicklicher Nähe von Schloß und Stadt. ...

Wenn die Bonn-Cölner Eisenbahn als ein dringendes Bedürfniß und eine große Wohltat für den Verkehr des Vorgebirges und der beiden zu verbindenden Städte zu betrachten ist, so darf es doch nicht außer acht gelassen werden, daß die Benutzung dieser Bahn zum Vergnügen ein anderes Lebens-Element derselben bildet, ja daß diese Ertragsquelle vielleicht eine der ergiebigsten werden dürfte.

Die Erbauer dieser Bahn werden daher erkennen, daß die Rente ihrer auszulegenden Capitalien, größtentheils von der Annehmlichkeit abhängt, welche diese Reisegelegenheit dem Publicum anzubieten hat. Unter diesen Annehmlichkeiten gebührt aber dem schönen Parke zu Brühl, als dem ersten zugänglichen Walde in Cölns Nähe, auch die erste Stelle.

Die Stadt Cöln entbehrt ganz und gar eines größeren Vergnügungsortes, wohin sich oft der Städter so gerne wendet, um in frischer Luft, seiner häuslichen Sorgen los und seines Lebens froh zu werden; jede größere Stadt hat vergleichbare Anlagen aufzuweisen, und der bedeutende Besuch derselben ist ein hinlänglicher Beweis für ihr Bedürfniß.

Die wohlhabenden Einwohner Cölns eilen daher an schönen Tagen dem Siebengebirge zu, während der minder wohlhabende, der gewerbetreibende Bürger und Handwerker, sich mit seiner Familie begnügen muß, Erholung und Bewegung in den wenigen und beschränkten Anlagen aufzusuchen, welche die Festungsverhältnisse mit sich führen.

Diese Volksklasse nun, wird sich an Sonn- und Festtagen unbedenklich der Bonn-Cölner Eisenbahn bedienen, um den Brühler Park zu besuchen, und es liegt im Interesse der Gesellschaft, durch bequeme Einrichtungen hierzu besonders aufzumuntern.

Zu diesen Einrichtungen wird nun hauptsächlich gehören, daß das Publicum unmittelbar bis an den Park hingebracht werde, daß also der Stationsplatz unmittelbar damit in Verbindung stehe, und daß man von dort aus die abgehenden und ankommenden Züge stets beobachten kann, ohne für eine Verspätung der Rückreise besorgt sein zu müssen.

Auf diese Weise wird der Brühler Park, gleichsam vor die Thore von Cöln verpflanzt, ein herrlicher Volksgarten werden.

Das schöne Brühler Schloß muß ohne Zweifel durch seinen konsequent durchgeführten Baustyl, nochmehr aber durch seine innere Ausschmückung und seine großartige Treppe als eine architektonische Zierde der Rheinprovinz betrachtet werden.

Es ist nicht zu bezweifeln, daß dieses Schloß, welches gegenwärtig den Reisenden so wenig bekannt ist, später ein Gegenstand ihrer besonderen Aufmerksamkeit sein wird.

Die aus entfernten Ländern jährlich dem Rheine sich zuwendenden Fremden, welche alles aufsuchen, was irgend sehenswerth ist, werden niemals unterlassen auch das Brühler Schloß mit seinem schönen Park zu besuchen, und dürfte die Eisenbahn vielleicht das Mittel sein, den verlassenen Zustand dieses Schlosses aufzuheben, und irgendeine hohe Person zu bewegen, dasselbe zu ihrem Aufenthalt zu erwählen.

Jedenfalls wird die Eisenbahn das Mittel sein, wodurch diese fürstliche Residenz gleichsam nur eine Viertelstunde von jeder der beiden Städte Bonn und Cöln entfernt wird.

In Aussicht hierauf, wird man es kühn wagen dürfen, an Se. Majestät des Königs das Gesuch zu richten, gnädigst zu gestatten, daß die Eisenbahn durch den sogenannten Treibhausgarten, welcher einen vorspringenden Winkel und dermalen ein sumpfiges wüstes Stück Ackerland bildet, geführt werden dürfe.

Wenn es diesem nach in hohem Grade wünschenswerth ist, die fremden Reisenden für die Eisenbahn zu gewinnen; – und wenn endlich die Eisenbahn die Veranlassung werden soll, daß das Brühler Schloß wieder einen Bewohner erhalte, wodurch für diese Stadt gleichsam die glückliche Zeit der vorigen Residenz der Churfürsten von Cöln zurückkehren würde – so muß man den Bahnhof direct vor das Schloß hinstellen; man muß ihm ein der Oertlichkeit und den Umgebungen anpassendes Aeußeres geben, damit derselbe den Reiz der Umgebung des Schlosses erhöhe, nicht aber beeinträchtige."[126]

c) Das Genehmigungsverfahren bis zum Eingreifen Lennés

In der Immediateingabe vom 27. September 1841 bat die Eisenbahngesellschaft den König, die Durchführung der Bahn durch das Schloßterrain und die Anlage des Bahnhofes an der Stelle vor dem Schloß zu erlauben.[127] Am 30. September wurde das Gesuch der Regierung zu Köln zur „Kenntnißnahme und Beförderung" übermittelt.[128] In Erwartung, daß die königliche Entscheidung nicht allzu bald erfolgen würde, wies die Direktion in ihrem Anschreiben an die Regierung zu Köln darauf hin, daß sich die der höheren Genehmigung vorbehaltenen Punkte – dazu gehörten neben Brühl der Standort des Bonner Bahnhofs und die Durchführung der Bahn durch den Festungsrayon in Köln – „zum Behufe einer allgemeinen Beschleunigung sich füglich von den übrigen Bahnstrecken trennen lassen". Die Staatsverwaltung ließ sich auf diesen Vorschlag ein und erteilte dem Bauprojekt der Bonn-Kölner Eisenbahn mit Ausnahme der besagten Anlagen in Brühl, Bonn und Köln durch die Verfügung des Finanzministeriums vom 14. März 1842 die Genehmigung.[129]

Inzwischen hatte der König die Minister der Finanzen und des Königlichen Hauses zur Stellungnahme über die Planungsabsichten der Bahn in Brühl aufgefordert.[130] In ihrem gemeinsamen Gutachten vom 21. April 1842 unterstützten die Minister das Vorhaben der Bahn.[131] Zur Begründung führten sie an, daß das vorliegende Projekt nach Ansicht der Provinzialbehörden am zweckmäßigsten erscheine, und zudem seien die betroffenen Grundstücke beim Brühler Schloß „ohne besonderes Interesse für die Besitzung und von den Gebäuden und dem Parke so weit entfernt, daß aus der Errichtung des Bahnhofes und dem künftigen Verkehr daselbst keine unangenehme Nachbarschaft für das Schloß zu besorgen seyn dürfte." Daraufhin erfolgte am 23. Mai 1842 die Zustimmung des Königs: „Auf Ihren Bericht vom 21t v. M. genehmige Ich die auf den anliegenden Vorstellungen vom 27t Septbr. und 1 Octbr. v. J. projektirte Anlegung des Brühler Bahnhofes für die Bonn-Cölner Eisenbahn vor dem Schloßhofe zu Brühl und die Abtretung der zur Ausführung der Bahn auf der beabsichtigten Linie erforderlichen Ländereien des Schlosses".[132]

126 Gutachtlicher Bericht der Direktion zur Verwaltungsratssitzung vom 18.7.1841, HAStK Best. 1028 Nr. 365 Bd. 2, S. 223.

127 Die Immediateingabe ist nicht in den vorliegende Akten enthalten. Das Datum und der Inhalt ergeben sich aus den nachfolgend zitierten Quellen.

128 Direktion an Reg. Köln vom 30.9.1841 (Konzept), HAStK 1028 Nr. 365 Bd. 2, S. 302.

129 Finanzminister v. Alvensleben an Oberpräsident v. Bodelschwingh vom 14.3.1842, LHAK 403 Nr. 11812, S. 285; Mitteilung der Reg. Köln an Direktion vom 24.3.1842, StAB Pr 6793.

130 Der König reagierte auf eine Bittschrift des Brühler Bürgermeisters Scholl, mit der die Planungsabsichten der Eisenbahn unterstützt werden sollten. Das Gesuch

der Eisenbahndirektion erreichte den König erst mit dem ministeriellen Gutachten vom 21.4.1842 (vgl. nachfolgende Anm.), Friedrich Wilhelm IV. an MKH u. Finanzminister v. Alvensleben vom 6.11.1841, GStA PK I. HA. Rep. 89 Geh. Zivilkabinett Nr. 29649 (M); das Bittgesuch des Bürgermeisters Scholl liegt vor, Immediateingabe des Bürgermeisters Scholl vom 1.10.1841 (Abschrift), LHAK 403 Nr. 11812, S. 263.

131 MKH. u. Finanzminister v. Alvensleben an Friedrich Wilhelm IV. vom 21.4.1842, GStA PK I. HA. Rep. 89 Geh. Zivilkabinett Nr. 29649 (M).

132 Friedrich Wilhelm IV. an MKH u. Finanzminister v. Alvensleben vom 23.5.1842, GStA PK I. HA. Rep. 89 Geh. Zivilkabinett Nr. 29649 (M); demnach erfolgte die Anlage des Bahnhofs vor dem Schloß zwar mit

Den entsprechenden Genehmigungsbescheid durch die zuständigen Ministerien erhielt die Eisenbahngesellschaft durch ein Schreiben vom 13. Juli 1842.[133] Sofort traf die Direktion Vorbereitungen für die notwendigen Brückenbauten im Treibhausgarten[134] sowie für den Durchbruch durch die Gartenmauer.[135] Der letzte Schritt vor der Ausführung bestand in der Inbesitznahme der betroffenen Schloßgrundstücke. Die „Abschätzung und Ueberweisung" sollte am 25. August 1842 stattfinden.[136] In der Situation, „als die Arbeiten im Treibhausgarten zu Brühl eben begonnen hatten und Hand an die Brückenbauten gelegt werden sollte", trat Lenné mit dem Ersuchen an die Direktion heran, „daß die Eisenbahn-Gesellschaft ihre Arbeit mit den projectirten Gartenanlagen ausführen möge".[137] Die Verhandlungen machten die Vorbereitungsmaßnahmen der Eisenbahn größtenteils obsolet; in einem Punkt kam es sogar zur Revision des Königsbefehls vom 23. Mai 1842: Das zum Bau der Bahn erforderliche Land wurde nicht abgetreten, sondern der Eisenbahn für die Zeit ihres Bestehens zur Nutzung überlassen.[138] – Angesichts der fortgeschrittenen Lage des Eisenbahnprojekts hat es den Anschein, daß die Gartenplanung nicht allzu lange vor dem Eingreifen Lennés begonnen haben kann. Gewiß ist allerdings davon auszugehen, daß zum Zeitpunkt des Königsbefehls im Mai 1842 keine derartigen Absichten bestanden haben.

d) Die Verhandlungen Lennés mit der Eisenbahngesellschaft

In der Direktionssitzung vom 27. August 1842 wurde bekannt gemacht, „daß der Königl. Gartendirektor Lenné den Auftrag habe, neue Vorschläge über die Anlage des Treibhaus Gartens zu machen, und den schmalen Weyer desselben zuzuwerfen, dagegen den mittleren Weyer bis zu dem Übergang der Bahn auf beiden Seiten zu neuen Seen zu erbreiten beabsichtige, u. die Brücke etwas geschmackvoller angelegt wünsche"[139]. Daraufhin beschloß die Direktion, die im Fortschritt begriffenen Arbeiten im Treibhausgarten auszusetzen, sofern gewährleistet sei, „daß des Königs Majestät während Seiner Anwesenheit in Brühl über diesen Plan entscheiden werde". Entsprechend zügig gingen die Verhandlungen voran. Nachdem Lenné am 27. August und 9. September die Beamten der Bahn zu Gesprächen getroffen hatte,[140] ließ er der Direktion am 12. September ein Schreiben zukommen, in dem die eigenen Positionen aufgeführt waren.[141] In ihrem Antwortschreiben vom 16. September erklärte sich die Direktion mit den meisten Punkten einverstanden, bat aber in Hinsicht auf die von ihr zu übernehmenden Kosten um einige Erleichterungen.[142] Annähernd im ge-

ausdrücklichem Einverständnis des Königs, aber sie geht nicht, wie häufiger angenommen worden ist, auf die Initiative des Königs oder des preußischen Staates zurück, vgl. Leven/Perillieux, 1985, S. 6; vgl. Meyer, 1989, S. 52; vgl. Schmoeckel/Kemp, 1994, S. 40.

133 MKH u. Finanzminister von Alvensleben an Direktion vom 13.7.1842, abgedruckt in: Köln. Ztg. vom 3.8.1842 u. Rheinische Zeitung vom 3.8.1842.

134 Das ursprüngliche Grabensystem im Treibhausgarten bestand noch. Daher waren mehrere Brücken notwendig. Es ergeht die Genehmigung für den Brückenbau, Direktionssitzung vom 30.7.1842, HAStK Best. 1028 Nr. 75, S. 152.

135 Direktionssitzung vom 13.8.1842, HAStK Best. 1028 Nr. 75, S. 162.

136 Das Datum ist vermerkt in: MKH an Friedrich Wilhelm IV. vom 18.3.1848, GStA PK I. HA. Rep. 89 Geh. Zivilkabinett Nr. 20636, S. 83.

137 Verwaltungsratssitzung vom 3.10.1842 (Auszug), abgedruckt in: Köln. Ztg. vom 9.10.1842; vgl. Direktionssitzung vom 27.8.1842, HAStK Best. 1028 Nr. 75, S. 174.

138 Position „3." des Eisenbahnbefehls, Friedrich Wilhelm IV. an MKH vom 17.10.1842 (Abschrift), AVSchB Hofgärtnerei 1843–1845, oben vollständig zitiert, Kap. III.2.c).

139 Direktionssitzung vom 27.8.1842, HAStK Best. 1028 Nr. 75, S. 174.

140 Bericht der Köln. Ztg. vom 30.8.1842; Direktionssitzung vom 10.9.1842, HAStK Best. 1028 Nr. 75, S. 179f.

141 Lenné an Direktion vom 12.9.1842 (Abschrift), GStA PK I. HA. Rep. 89 Geh. Zivilkabinett Nr. 20646 (M), S. 106, im Anhang vollständig zitiert, S. 180.

142 Direktion an Lenné vom 16.9.1842 (Abschrift), AVSchB Hofgärtnerei 1843–1845, im Anhang vollständig zitiert, S. 181f.

setzten Zeitrahmen konnte die Direktion den erfolgreichen Abschluß der Verhandlungen vermerken: „Auf die ... an den Herrn Garten Direktor gerichteten Anträge in betreff der Anlage in Brühl ist uns von demselben unterm 19. September eine mit unseren Wünschen vollkommen übereinstimmende Entscheidung Seiner Majestät des Königs mitgetheilt worden."[143] Der Erlaß der Kabinettsordre vom 17. Oktober 1842 war demnach nur noch eine Formalität, mit der die Verhandlungsergebnisse offiziell festgeschrieben wurden.[144]

Zu Beginn seines Briefes vom 12. September 1842 wies Lenné darauf hin, daß die aufgeführten Positionen auf seinen Bericht hin vom König gebilligt worden seien.[145] Der erste Punkt des Schreibens betrifft den Standort des Bahnhofs und die Anlage des Vorplatzes. Die Propositionen Lennés unterscheiden sich insoweit von den entsprechenden Bestimmungen des abschließenden Königsbefehls, als der Eisenbahngesellschaft ursprünglich die gesamten Kosten für die Anlage des Vorplatzes auferlegt werden sollten; gemäß dem Antrag der Direktion wurden die Aufwendungen schließlich zwischen der Eisenbahn und der Gartenverwaltung aufgeteilt. Position zwei ist zu entnehmen, daß der König den schließlich doch genehmigten Weg nördlich des Schlosses zunächst für unnötig hielt, da er zur Verbindung von Stadt und Bahnhof das Schloßportal öffnen wollte. Offenbar ließ sich der König von den Bedenken der Direktion überzeugen, die mit dem Hinweis auf den etwaig zunehmenden „Landverkehr und das Frachtfuhrwerk" darauf gedrängt hatte, die Anlage des Weges durch den Nordgarten für die Zukunft offenzuhalten.

Die Punkte drei und fünf in Lennés Brief sind im Antwortschreiben der Eisenbahndirektion und im Königsbefehl unter drittens zusammengefaßt. Dem Vorschlag Lennés, entlang des Bahndamms im Park statt der gebräuchlichen Seitengräben sanfte Böschungen anzulegen und für die Aufschüttungen Erdmaterial aus den zukünftigen Inselweihern heranzuschaffen, will sich die Eisenbahndirektion „conformiren". Die Details zur Anlage der Bahntrasse sind in dem Brief der Direktion etwas ausführlicher enthalten als in der Kabinettsordre vom 17. Oktober 1842: „Die Böschungen im Treibhausgarten sollen 1 ½ füssig ausgeführt und die untern Kanten derselben auf angemessene Art dem Gartenterrain angeschmiegt werden."

Auch mit dem Bau einer architektonisch anspruchsvollen Eisenbahnbrücke im Brühler Garten erklärte sich die Direktion sofort einverstanden. Im Vergleich mit den anderen Schriftstücken wird die Schönheit und parkästhetische Bedeutung der Brücke in dem Schreiben Lennés deutlicher betont: Bei Lenné heißt es, der Brücke solle „eine möglichst elegante Bauart und solche Construction ertheilt werden, daß dieselbe als eine wesentliche Zierde der von Seiner Majestät beabsichtigten landschaftlichen Gartenanlage daselbst hervortreten und sich darstellen möge".

Von der schließlich gewährten kostenlosen Zurverfügungstellung des Gartenterrains für den Eisenbahnbau ist im Brief Lennés noch keine Rede. Mit dem Hinweis auf die von ihr zu übernehmenden Mehrkosten für den aufwendigeren Brückenbau und den entfernteren Erdtransport bei der Trassenlegung beantragte die Eisenbahndirektion die „Nachlassung" des Kaufpreises für das bereits abgetretene Gartenterrain.

143 Direktionssitzung vom 24.9.1842, HAStK Best. 1028 Nr. 75, S. 185.

144 Friedrich Wilhelm IV. an MKH vom 17.10.1842 (Abschrift), AVSchB Hofgärtnerei 1843–1845, oben vollständig zitiert, Kap. III.2.c).

145 Der Verhandlungsverlauf ließ sich anhand folgender Quellen ermitteln: Lenné an Direktion vom 12.9.1842 (Abschrift), GStA PK I. HA. Rep. 89 Geh. Zivilkabinett Nr. 20646, S. 106, im Anhang vollständig zitiert, S. 180; Direktion an Lenné vom 16.9.1842 (Abschrift), AVSchB Hofgärtnerei 1843–1845, im Anhang vollständig zitiert, S. 181f.; Friedrich Wilhelm IV. an MKH vom 17.10.1842 (Abschrift), AVSchB Hofgärtnerei 1843–1845, oben vollständig zitiert, Kap. III.2.c).

Der König ging insoweit auf das Gesuch ein, als er der Eisenbahngesellschaft das Terrain unentgeltlich überließ; doch trat er das Land nicht ab, sondern überwies es der Eisenbahn für die Zeit ihres Bestehens.

Auf das Ansinnen der Direktion „an einer passenden Stelle inmitten des Parks eine elegante Restauration ... etwa an der Stelle, wo die Fasanerie gestanden hat", betreiben zu dürfen, ließ sich der König nicht ein.

e) Die Eisenbahn in der Gartenplanung

Ebenso wie der Park ein wichtiger Aspekt für die Projektierung der Bahnanlagen in Brühl gewesen ist, trifft umgekehrt zu, daß die Eisenbahn einen wesentlichen Faktor der Gartenplanung darstellte. Viele der im Gutachten der Eisenbahngesellschaft aufgeführten Motive lagen auch der späteren Gartenplanung zugrunde,[146] so daß die Vermutung naheliegt, daß das Projekt der Bonn-Kölner Eisenbahn den Anstoß für die Gartenplanung gegeben haben könnte. Zumindest hat die Eisenbahn den Charakter der Brühler Gartenplanung ganz wesentlich mitbestimmt: Erst die Eisenbahn ermöglichte die Nutzung des Brühler Gartens als öffentlicher Garten für Köln, indem sie den Park von dort aus für ein größeres Publikum erreichbar machte. Alle Plankomponenten, die mit der neuen Nutzung des Brühler Gartens in Verbindung standen, setzten folglich das Vorhandensein der Eisenbahn voraus. In der Denkschrift Lennés wird dieser Zusammenhang ausdrücklich angesprochen: „der Park soll dem Publicum geöffnet und für die Bewohner der Stadt Köln – die vermittelst der Eisenbahn künftig in einer Viertel-Stunde Brühl erreichen werden – und der Umgebung das werden, was der Thiergarten bei Berlin für die Residenz ist. Demgemäß sollen im Park die vorhandenen sumpfigen Stellen ausgetrocknet, die großen Alleen dem fahrenden und reitenden Publicum geöffnet und neue Wege zu vermehrtem Genuß, in demselben anlegt, auch an der Stelle des früher sogenannten neuen Teiches C. ein Volks-Tummelplatz angelegt werden."[147]

Insoweit war die Eisenbahn eine Grundbedingung für die Planung; darüber hinaus wurde sie zu einem wesentlichen Planungsbestandteil: In einem Bericht der Kölnischen Zeitung, in dem die Planungsabsichten sehr genau wiedergegeben sind, heißt es bezüglich der Bahn: „Die bonn-kölner Eisenbahn soll in diese neuen Anlagen [im Treibhausgarten] zeitgemäß verflochten und zu einer Hauptzierde derselben erhoben ... werden".[148] Demnach wurde die Eisenbahn keineswegs als Störfaktor aufgefaßt, sondern man sah in ihr eine mögliche ästhetische Bereicherung für den Park; mehr noch: Die Eisenbahn sollte zu einem besonders hervorgehobenen Element der Gartenanlage werden. – Dies läßt sich anhand des Lennéplans bestätigen (Abb. 36): Die Eisenbahnstrecke führt im Nordteil des Treibhausgartens zunächst über eine ausgedehnte Wiesenfläche; erst im weiteren Verlauf rücken Gehölzgruppen näher an die Schienen heran. In der Umgebung der Eisenbahnbrücke verdichtet sich die Bepflanzung, lockert aber weiter südlich sogleich wieder auf. Die Eisenbahnstrecke bleibt also keineswegs hinter Abpflanzungen versteckt, sondern ist meist sichtbar und wird durch differenziert gesetzte Baumgruppen in einen variantenreich gestalteten Landschaftsgarten einbezogen. Inwieweit die Eisenbahn an der Inszenierung der Parklandschaft teilhat, wird deutlich, wenn man in der Vorstellung die Perspektiven eines Parkbesuchers nachvollzieht: Auf dem Weg vom Obststück in den Treibhausgarten öffnen sich die begleitenden Pflanzungen mehrfach

---

146 Vgl. diese Arbeit: Kap. III.5.b); Gutachtlicher Bericht der Direktion zur Verwaltungsratssitzung vom 18.7.1841, HAStK Best. 1028 Nr. 365 Bd. 2, S. 223.
147 Position „II.2.e." Denkschrift Lennés vom 10.10.1842, GStA PK I. HA. Rep. 89 Geh. Zivilkabi-nett Nr. 20646(M), im Anhang vollständig zitiert, S. 177ff.
148 Köln. Zeitung vom 18.9.1842, im Anhang vollständig zitiert, S. 199.

nach links und rechts und geben einerseits den Ausblick auf den Schienenstrang, andererseits auf die Wasserflächen des Großen Inselweihers frei. Die Eisenbahn wird folglich nach demselben Prinzip in den landschaftlichen Erlebnisraum einbezogen wie das für die damalige Gartenkunst hochgeschätzte Element der Seen und Gewässer.[149] Von der Stelle der ehemaligen Fasanerie bietet sich die Ansicht der Eisenbahnbrücke. Sie ist der Point-de-Vue einer der reizvollsten Sichtachsen innerhalb des Parks: Der Blick auf die Brücke geht über die langgestreckte, von seitlichen Baumreihen gerahmte Wasserfläche des Stichkanals hinweg.

In diesem Zusammenhang ist ferner an die Absprachen zwischen Lenné und der Eisenbahngesellschaft zu erinnern. Demnach war die Eisenbahnbrücke auch durch ihre bauliche Formulierung als ein Hauptgestaltungselement des Parks kenntlich zu machen.[150] Darüber hinaus gab es die Vereinbarung, daß anstelle der Seitengräben sanfte Böschungen am Bahndamm anzulegen seien, um den Niveauunterschied zwischen der Eisenbahntrasse und dem Parkgelände allmählich zu überbrücken.[151] Diesbezüglich gab es genaue Festlegungen: Bei einer durchschnittlichen Höhe des Bahndammes von einem Fuß[152] und einer Kronenbreite von sechsundzwanzig oder vierundzwanzig Fuß[153] waren die Böschungen auf jeder Seite eineinhalb Fuß breit[154] anzulegen. Folglich wurde viel Wert darauf gelegt, die Eisenbahntrasse in das Gartenterrain einzupassen, und sie nicht als Fremdkörper in ihrer Umgebung erscheinen zu lassen.

149 Über die herausragende Bedeutung von Wasserflächen innerhalb des Landschaftsgartens: mit Bezug auf Hirschfeld, Sckell u. Pückler: Schwenecke, 1985, S. 282–329, S. 311 u. S. 314; mit Bezug auf Lenné u. Loudon: Piepmeier, 1989, S. 19–24, S. 22.

150 Unter Bezugnahme auf Position „4" der folgenden Dokumente: Lenné an Direktion vom 12.9.1842 (Abschrift), GStA PK I. HA. Rep. 89 Geh. Zivilkabinett Nr. 20646(M), im Anhang vollständig zitiert, S. 180; Direktion an Lenné vom 16.9.1842 (Abschrift), AVSchB Hofgärtnerei 1843–1845, im Anhang vollständig zitiert, S. 181f.; Friedrich Wilhelm IV. an MKH vom 17.10.1842 (Abschrift), AVSchB Hofgärtnerei 1843–1845, oben vollständig zitiert, Kap. III.2.c).

151 Unter Bezugnahme auf Position „3" der oben zitierten Dokumente.

152 MKH an Reg. Köln vom 28.10.1843 (Abschrift), AVSchB Hofgärtnerei 1843–1845; „die Dämme sind gewöhnlich 1 1/2 füßig, selten 2 füßig", Reuße, 1844, S. 20.

153 Reuße, 1844, S. 20; Deutschlands Eisenbahnen, 1859, S. 70.

154 „ad 3" in Direktion an Lenné vom 16.9.1842 (Abschrift), AVSchB Hofgärtnerei 1843–1845, im Anhang vollständig zitiert, S. 181f.

IV. Die Ausführung

1. Die Organisation und Abwicklung

a) Frühe Anweisungen über die Einteilung der Kompetenzen

Mit dem Königsbefehl vom 17. Oktober 1842 wurde Lenné die „Ober-Aufsicht der Ausführung" übertragen.[1] In einer weiteren Kabinettsordre erkannte der König an, daß es zur Umsetzung der Gartenplanung in Brühl eines „fachkundigen und zuverlässigen Gartenkünstlers" bedürfe, und forderte den Intendanten der königlichen Gärten von Massow auf, „einen der hier gebildeten Königlichen Ober-Gehülfen in der Eigenschaft als Hofgärtner daselbst vorzuschlagen".[2] Mit dem Verweis auf die Wiederaufstellung der Orangerie und die Anlage aufwendiger Blumenparterres hatte sich Lenné zuvor für die Wiedereinrichtung der Hofgärtnerstelle in Brühl ausgesprochen und die Bestellung eines königlichen Garten-Obergehilfen angeregt.[3] Damit sollte die gärtnerische Qualität der Umsetzungsarbeiten sichergestellt werden; zudem konnte Lenné bei einem königlichen Gärtner aus Berlin oder Potsdam darauf vertrauen, daß sich die eigenen Gestaltungsvorstellungen auch ohne seine ständige Anwesenheit in Brühl durchsetzen ließen.[4]

Die Ausführung vor Ort lag nicht allein beim Hofgärtner, sondern auch die Regierung zu Köln nahm daran Anteil. Sie nahm diejenigen Aufgaben wahr, die als „der allgemeinen Verwaltung anhörig"[5] betrachtet wurden. Es ist leicht ersichtlich, daß diese Bestimmung die Zuständigkeiten nur unzureichend abgrenzte und es in der Folge wiederholt zu Kompetenzstreitigkeiten kam.[6]

Am 27. November 1842 übermittelte das Hausministerium die Ausführungsbefehle des Königs an die Regierung zu Köln und erließ zugleich einige Anordnungen über die Erstellung der Kostenvoranschläge.[7] Zumindest für einige Bereiche lag damit eine konkretere Kompetenzzuweisung vor. Gemäß der Verfügung hatte der anzustellende Hofgärtner folgende Kostenschätzungen zu übernehmen: „1. über die Trockenlegung der stagnirenden und versumpften Wassergräben ...; 2. über die Einrichtung und Bepflanzung des Schloßhofes ...; 3. über Transport und Aufstellung der von Benrath nach Brühl zu translocirenden 60 bis 80 Stück Orangerie Bäume; 4. über Einrichtung und Decorirung des Parterres vor dem Schlosse nach der Gartenseite und die Anlage der Rasen-Böschungen um das größere viereckige Bassin daselbst; 5. über die Ausführung des an der Morgenseite des Parkes projektirten Teiches, sobald die Eisenbahn-Direktion das zur Eisenbahn erforderliche

1 Friedrich Wilhelm IV. an MKH vom 17.10.1842 (Abschrift), AVSchB Hofgärtnerei 1843–1845, oben vollständig zitiert, Kap. III.2.b).
2 Friedrich Wilhelm IV. an v. Massow vom 24.10.1842 (Abschrift), HStAD Reg. Köln 3750.
3 Denkschrift Lennés vom 10.10.1842, GStA PK I. HA. Rep. 89 Geh. Zivilkabinett Nr. 20646 (M), im Anhang vollständig zitiert, S. 177ff.
4 Zur Ausbildung Claussens: vgl. diese Arbeit: Kap. IV.1.b).
5 MKH an Reg. Köln vom 27.11.1842 (Abschrift), AVSchB Hofgärtnerei 1843–1845.
6 Hinz vermutet, daß bei der Regierung in Köln „gewisse Vorbehalte" gegenüber Lenné bestanden hätten. (Hinz,

1989, S. 478.) Doch bezieht sich Hinz dabei auf eine Quelle (Reg. Köln an Claussen vom 3.5.1845, AVSchB Hofgärtnerei 1843–1845), die im Zuge einer Kompetenzstreitigkeit zwischen Hofgärtner Claussen und Bauinspektor Biercher entstanden ist. Claussen hatte sich darüber beschwert, daß Biercher mit der Instandsetzung eines Weges auf dem Parterre beauftragt worden war. Um seiner Forderung Nachdruck zu verleihen, hatte Claussen gedroht, sich in dieser Angelegenheit an Lenné zu wenden. (Claussen an Reg. Köln vom 28.4.1845, HStAD Reg. Köln 4651, S. 117)
7 MKH an Reg. Köln vom 27.11.1842 (Abschrift), AVSchB Hofgärtnerei 1843–1845.

Quantum Erde daselbst abgefahren haben wird, und 6. über die Ausführung sämmtlicher gartenkünstlerischer Arbeiten die ein großer Park nach dem von Sr. Majestät Allerhöchst genehmigten Verschönerungs-Plane ausgeführt werden sollen."

Diese Vollmachten bezogen sich allein auf die Berechnung der Kosten; die Kontrolle und Festlegung lag dagegen bei Lenné: „Da ... die Ausführung der sämmtlichen dortigen Anlagen unter der oberen Leitung des Gartendirectors Lenné erfolgen soll, so werden demselben die über die fragl. Anlagen aufzustellenden Kostenanschläge zu s. Z. zur Prüfung und Festsetzung mitgetheilt werden."

Die Regierung in Köln wurde vom Hausministerium aufgefordert, die Vorschläge Lennés über die Beseitigung der versumpften Gewässer „einer genauen und vollständigen Erörterung zu unterwerfen, und das Resultat bald anzuzeigen". Mithin wird deutlich, daß es sich bei dem in der Denkschrift entwickelten Entwässerungsverfahren nur um ein Konzept handelte, dessen Umsetzung noch weitere Untersuchungen erforderte. Hinsichtlich der „Herstellung und künftigen aesthetischen Anordnung" erhielt die Regierung zu Köln folgende Aufträge: „a. die Wiederherstellung des in der jüngsten Zeit zugefüllten runden Bassins; b. die nähere Untersuchung der anscheinend noch unversehrten Rohrleitung, durch welche die vormaligen Wasserkünste ... in Gang gesetzt wurden und die Aufstellung des Kostenaufschlages über die Wiederherstellung des großen Wassersprunges in dem ad a erwähnten runden Bassin (: Aller. Kab. Ordre vom 17 v Mts ad c:); c. der Abbruch der den Park einschließenden massiven Mauer ... bis zur Höhe von 4 Fuß über der Erde ... (: Allerh: Kab: Ordre vom 17 v. Mts ad f:); d. die Herstellung der Heizungs Vorrichtung in der zur Ueberwinterung der von Benrath nach Brühl zu schaffenden Orangerie Bäume (: Allerh. Kab. Ordre ad b:) wieder einzurichtenden sogenannten Gallerie, welche westlich mit dem K. Schlosse in Verbindung steht und in früherer Zeit für diesen Zweck benutzt gewesen ist; e. die Untersuchung der vorhandenen unterirdischen Wasserabzweige von dem Teich B [Mönchweiher] nach D [Spiegelweiher] und E [Weißweiher] (vid: die punktirten Linie auf dem Plan) und event. die Berechnung der Kosten ihrer Wiederherstellung."

b) Die königliche Hofgärtnerei in Brühl

Im Mai 1843 traf der angehende Brühler Hofgärtner Hermann Claussen im Rheinland ein.[8] Gleich nachdem er sich bei der Regierung zu Köln gemeldet hatte, wurde er angewiesen, sich baldigst nach Brühl zu begeben, um mit Oberförster Ilse wegen der Übergabe des Gartens Rücksprache zu nehmen.[9] – Das Übergabeprotokoll vom 6. Juni 1843 hält fest, daß Claussen, Ilse und der damalige Parkaufseher Voigt den Park begangen haben, wobei sich ersterer vom „guten Zustand" der Anlagen überzeugen konnte.[10] Daraufhin wurde die Übergabe vollzogen: „Herr Claussen erklärte sich nunmehr förmlich in seinen Wirkungskreis eingeführt".

Biographische Angaben über Claussen enthält das Buch von Echtermeyer über die Königliche Gärtner-Lehranstalt in Potsdam: „geb. am 26. September 1806 zu Freystadt; besuchte die Anstalt 1827/30; war Hofgärtner und königl. Garteninspektor in Brühl am Rhein; war Inhaber des Rothen Adlerordens 4. Klasse".[11] Hinzuzufügen ist, daß Claussen 1886 in den Ruhestand ging und am 26. Januar 1892 starb.[12]

---

8 Interne Mitteilung der Reg. Köln vom 26.5.1843, HStAD Reg. Köln 4646.

9 Reg. Köln an Claussen vom 31.5.1843, AVSchB Hofgärtnerei 1843–1845.

10 Übergabeprotokoll vom 6.6.1843, AVSchB Hofgärtnerei 1843–1845.

11 Echtermeyer, 1899, S. 136.

12 Vgl. Zilliken, 1957, S. 2.

Claussen war demnach Absolvent der Königlichen Gärtner-Lehranstalt. Somit hob er sich stark von einem handwerksmäßig gebildeten Gärtner ab: Die Aufnahme in die Anstalt setzte bereits eine zweijährige Lehrzeit bei einer „tüchtigen Gärtnerei" voraus, und auch „ein Maß wissenschaftlicher Vorbildung" war nachzuweisen.[13] Die Gärtner-Lehranstalt, die sich selbst als „gärtnerische Hochschule" definierte, wollte neben Berufspraxis auch umfassende wissenschaftliche und künstlerische Fähigkeiten vermitteln.[14] Lenné, Initiator und erster Direktor der Schule, prägte die Grundsätze der Ausbildung ganz wesentlich mit. Als Absolvent der Gärtnerlehranstalt war Claussen daher engstens mit den Anschauungen Lennés vertraut.

In einem Brief an Hofmarschall von Maltzahn aus dem Jahre 1835 äußerte sich Lenné über die Eignung Claussens, um diesem die Stellung eines Obergehilfen in den königlichen Gärten zu verschaffen.[15] Dabei hob Lenné besonders hervor, daß sich Claussen auch durch eine vom König unterstützte Studienreise ins Ausland[16] qualifiziert habe:

> „Euer Excellenz haben meinem gehorsamsten Vortrage schon früher sich geneigt erklärt, dem jetzt von der Reise zurück gekehrten Gartenkünstler Her. Clausen[!] diejenige Obergehülfen Stelle zur verleihen, welche durch die Ernennung des des[!] Ob. Geh. Legeler zum Hofgärtner vakant geworden ist.
>
> Der p. Clausen hat sein Obergehülfen-Examen vor 2 1/2 Jahren vorzüglich bestanden, ud[!] sich jederzeit durch Fleiß Talent und große Liebe für die praktische Gärtnerei ausgezeichnet, und er mehr durch die mit konigl. Unterstützung gemachte Reise, seine Kenntnisse zu vervollkommnen Gelegenheit gehabt, so daß ich denselben als vorzüglich qualificirt in Vorschlag bringen kann.
>
> Wenn auf der Pfauen Insel ein passender Logie für den p. Clausen zu ermitteln ist, so werde ich meinen gehorsamsten Vorschlag, dahin richten, den selben mit dem 1ten k. M., dorthin zu stationiren, indem er dort am meisten im Interesse S. Majestät Gärten beschäftigt werden kann; sollte jedoch der Mangel einer passenden Wohnung Hindernisse entgegenstellen, so trage ich gehorsamst an, den p. Clausen für jetzt im Neuen Garten anzustellen."[17]

Es ließ sich nicht ermitteln, in welchem Garten Claussen schließlich die Stelle als Obergehilfe antrat.[18] Als er 1843 Potsdam verließ, hatte er wohl zuletzt in Sanssouci seinen Dienst versehen.[19]

In den Unterhaltungsetats des Brühler Gartens werden auch die Gesellen und Lehrlinge aufgeführt. Die Etats sind allerdings erst seit 1845 aufgestellt worden. Meist werden darin jeweils zwei Gehilfen benannt.[20] Bis 1845 liegen nur vereinzelte Hinweise über das Personal der Hofgärtnerei

---

13 Vgl. Echtermeyer, S. 71.

14 Vgl. ebd., S. 65; zu den verschiedenen Lehrgängen S. 79ff.; vgl. Linke, 1992, S. 171–184.

15 Lenné an Hofmarschall v. Maltzahn vom 24.6.1835, GStA PK BPH Rep. 192 Nachlaß Lenné A 7.

16 Die Unterstützung von Ausbildungsreisen wurde als ein wichtiges Mittel zur Hebung der Gartenkunst angesehen: „Nicht minder ist die Garten Intendantur bemüht gewesen, auf die Ausbildung, Unterstützung und Anstellung befähigter Gartenkünstler, so weit es bei den bisherigen Einrichtungen und Mitteln möglich war, nützlich einzuwirken. Besonders ist hierbei hervorzuheben, daß des Königs Majestät fähigen jungen Männern zu ihrer weiteren Ausbildung nicht unbedeutende Reise-Unterstützungen zu bewilligen geruhet haben; diese Begünstigung jedoch nur solchen Kunstjüngern angedeihen ließen, welche ihre Reife und Befähigung durch eine vorhergehende Prüfung dargelegt hatten.", Lenné an Franz Kugler vom 17.1.1849, GStA PK BPH Rep. 192 Nachlaß Lenné A 6.

17 Lenné an Hofmarschall v. Maltzahn vom 24.6.1835 (Konzept), GStA PK BPH Rep 192 Nachlaß Lenné A 7.

18 Eine diesbezügliche Anfrage bei der Gartendirektion in Potsdam erbrachte keine konkreten Ergebnisse. Seiler ist bei seinen Untersuchungen über die Pfaueninsel bisher nicht auf den Namen Claussen gestoßen und hielt es für unwahrscheinlich, daß Claussen dort seinen Dienst getan habe. Der Wissensstand über den Neuen Garten ist – was die Gärtner betrifft – bisher lückenhaft; über eine Anstellung Claussens im dortigen Garten ist noch nichts bekannt.

19 Es ist von ausstehenden Zahlungen in Sanssouci die Rede, Claussen an Reg. Köln vom 4.6.1842, HStAD Reg. Köln 3749; mehrfach wird erwähnt, daß Claussen aus Potsdam anreiste, Claussen an Reg. Köln vom 14.7.1843 und 29.7.1843, HStAD Reg. Köln 3749.

20 Die Unterhaltungsetats sind enthalten in den „Rechnungen der Königlichen Regierungs Haupt Casse zu Cöln über die Verwaltung der Königlichen Schlösser und Gärten", GStA PK I. HA Rep. 113 (Ober-) Hofmarschallamt Nr. 2477ff. (M).

vor. Zunächst hatte Claussen mit Hermann Saldern offenbar nur einen Gehilfen.[21] Als letzterer von Pischon abgelöst wurde, kam ein zweiter, allerdings untergeordneter Gehilfe hinzu.[22] Saldern und Pischon waren ebenfalls hochqualifizierte Gärtner aus der Gärtner-Lehranstalt;[23] dennoch war ihre Stellung dem Hofgärtner gegenüber eindeutig untergeordnet, indem es diesem allein vorbehalten war, über die Bestellung und Entlassung der Gehilfen zu entscheiden.[24] Eine Gleichrangigkeit, wie sie Zilliken unterstellt, erweist sich als unzutreffend.[25] Neben den Gehilfen und Lehrlingen war ein Parkaufseher im Brühler Garten beschäftigt.[26] Insbesondere für die Ausführungsarbeiten wurden Tagelöhner herangezogen.[27]

c) Die Diskussion über die Dienstinstruktionen für den Hofgärtner

Mit dem Eintreffen des Hofgärtners setzte die Regierung zu Köln das Ministerium darüber in Kenntnis, daß sie – „mit der Gartenkunst nicht bekannt" – sich nicht in der Lage sehe, „den Claußen in seiner Thätigkeit als Gärtner und Gartenkünstler zu kontroliren und ihm die Verhaltungsvorschriften über das Detail seiner Arbeiten zu ertheilen".[28] Sie fragte daher an, „ob es nicht rathsam sein dürfte, denselben anzuweisen, in vorkommenden Fällen unmittelbar von dem Garten-Direktor Herrn Lenné Verhaltungsbefehle zu erbitten, falls nicht eine anderweitige Einrichtung getroffen werden sollte, um dem p. Claussen durch einen in der Nähe wohnenden Mann vom Fache beaufsichtigen zu lassen". Außerdem gab die Regierung zu Köln folgendes zu bedenken: „Sollten die vom Hofgärtner zu machenden technischen Anfragen immer auch durch uns an Er. pp [Hausministerium] und so an den Garten-Direktor gelangen, demnächst aber auf demselben Wege der Bescheid zurückgehen müssen, so würde großer Aufenthalt zum Nachtheil der Gartenverwaltung zu befürchten sein." Dabei wollte die Regierung allerdings über die „in das Allgemeine der Schloßverwaltung irgend eingreifenden Anordnungen" unterrichtet bleiben.[29]

Das Ministerium hielt die „angedeutete Controle über die Thätigkeit des p. Claussen" einerseits für „nicht wohl ausführbar" und glaubte „mit Hinsicht auf den von dem p. Claussen in seiner bisherigen Dienstverhältnissen stets bewiesenen unermüdlichen Fleiß und Eifer" erwarten zu können, „daß er auch ohne Controle dem in ihn gesetzten Vertrauen zu entsprechen bemüht sein wird".[30]

21 Reg. Köln an MKH vom 11.12.1843, Claussen an Reg. Köln vom 31.10.1844, HStAD Reg. Köln 4061.

22 Claussen an Reg. Köln vom 20.11.1845, HStAD Reg. Köln 3750.

23 Echtermeyer vermerkt über Saldern: „Garteninspektor, geb. am 26. September 1822 in Wilsnack i. d. Priegnitz; besuchte 1837/41 die Anstalt. Grfl. v. Metternichscher Garteninspektor in Liblar bei Brühl; starb 1898."; in der Heiratsurkunde Salderns wird er als „Kunstgärtner" tituliert, Personenstandsarchiv in Brühl: Supplements Heiraths-Urkunden-Register der Bürgermeisterei in Brühl pro 1856; die Bezeichnung „Kunstgärtner" als Prädikat des Abschlußexamens der Gärtnerlehranstalt ist erst später eingeführt worden, Echtermeyer, S. 23 in der Anmerkung; zur Person Salderns vgl. auch Zilliken, 1957, S. 2; bei Echtermeyer ist über Pischon vermerkt: „Feldmesser, geb. am 4. Juli 1819 in Berlin; besuchte 1837/41 die Anstalt und starb als Feldmesser 1848."

24 § 9 der „Dienstinstruction für den Königlichen Hofgärtner zu Brühl", HStAD Reg. Köln 3750, im Anhang vollständig zitiert, S. 183ff.

25 Zilliken gesteht Hermann Saldern eine gleichrangige Bedeutung neben Claussen zu. (1957, S. 13) Mit Verweis auf Dominick (1880, S. 73) gibt Zilliken an, daß der Plan für die Anlage des Parterres von Saldern gestammt habe. (1957, S. 1) Davon ist in den vorliegenden Akten keine Rede. Daß die Entfernung der Brunnen im ehemaligen Broderieparterre durch Saldern erfolgt sein soll (ebd.), ist eindeutig falsch. Schon in französischer Zeit waren die Brunnen nicht mehr vorhanden; vgl. diese Arbeit;: Kap. II.3.b).

26 „Rechnungen der Königlichen Regierungs Haupt Casse zu Cöln über die Verwaltung der Königlichen Schlösser und Gärten", GStA PK I. HA Rep. 113 (Ober-) Hofmarschallamt Nr. 2473ff. (M).

27 Ebd.

28 Reg. Köln an MKH vom 28.8.1843, HStAD Reg. Köln 4643, S. 20.

29 Ebd.

30 MKH an Reg. Köln vom 4.10.1843, HStAD Reg. Köln 4643, S. 80.

Das Ministerium kam der Regierung jedoch insoweit entgegen, als es direkte Anfragen des Hofgärtners an Lenné zuließ: „Hegt der p. Claussen bei seiner Arbeit irgend Zweifel, die doch immer nur die generellen Anordnungen betreffen und somit die currenten Arbeiten nicht hemmen können, so wird derselbe sich deshalb an den Herrn Garten-Direktor Lenné zu wenden haben".[31]

Die Regierung drängte aber weiter auf den Erlaß von Dienstvorschriften. Obwohl das Ministerium sie immer noch für entbehrlich erachtete und darauf verwies, daß „eine allgemeine Dienstinstruction für die königlichen Hofgärtner hier, in Charlottenburg und Potsdam nebst Umgebungen, sich bis jetzt nicht als nothwendig herausgestellt hat", wurde es der Regierung schließlich gestattet, eine Dienstinstruktion für den Brühler Hofgärtner zu entwerfen und einzureichen, falls „dort etwa vorhandene besondere Verhältnisse" dies notwendig machten.[32] In ihrer Antwort legte die Regierung dar, worin sie die Besonderheit Brühls begründet sah: „Eine Haupt-Verschiedenheit scheint uns nämlich darin zu bestehen, daß die Garten-Direction den dortigen Gärten so nahe ist, daß solche von dieser Behörde an jedem Tage und zu jeder Stunde leicht inspizirt werden können, während dieses bei der Entfernung des Gartens zu Brühl von dem Sitze der Direction nur höchstens einmal in jedem Jahre möglich sein dürfte. Wenn auch dem Hofgärtner zu Brühl das Vertrauen geschenkt wird ..., so erscheint es doch im Dienst-Interesse überhaupt sowohl, als für den Hofgärtner selbst wünschenswerth, daß er die Sphäre, innerhalb welcher er verantwortlich ist, genau kenne. Auch uns, die wir, als nicht technische Behörde mit der Verwaltung des königl. Gartens zu Brühl beauftragt sind, muß es höchst wünschenswerth sein, zu wissen wie weit wir unsere Beaufsichtigung des Gartens zu erstrecken haben, wie weit unsere disciplinate Gewalt über den Hofgärtner reicht, wie weit wir uns in dem Rechnungswesen einzumischen haben u.s.w.".[33]

Die Regierung zu Köln beließ es nicht nur bei Dienstvorschriften, sondern skizzierte mit ihrem „Entwurf von Bestimmungen betr. die Verwaltung der Gartenanlagen zu Brühl"[34] eine Anleitung für die Gesamtverwaltung des Gartens. Darauf ließ sich das Ministerium jedoch nicht ein und erkannte am 16. Oktober 1845 nur „Dienst-Instruktionen für den Hofgärtner zu Brühl" an.[35]

Dennoch verdient der Entwurf der Regierung genauere Beachtung: Zum einen werden die später genehmigten Dienstinstruktionen kommentiert; zum anderen ist hinsichtlich der allgemeinen Gartenverwaltung das Bemühen der Regierung erkennbar, bestehende Verhältnisse zu fixieren.

Paragraph 1 der genehmigten Dienstvorschrift besagt: „Der Hofgärtner zu Brühl ist der Königlichen Regierung zu Cöln untergeben und hat solche als die ihm vorgesetzte Behörde zu achten."[36] Aus dem Entwurf geht hervor, daß die übergeordnete Stellung der Regierung nun doch die Kontrolle über technische und gartenkünstlerische Angelegenheiten mitbeinhaltete: „... alle Anträge u. Berichte, Verschönerungs Pläne und Kosten-Anschläge p. werden der Regierung eingereicht. Dieselbe wird entweder sofort beschließen oder etwa in wichtigen oder zweifelhaften Fällen die höhere Entscheidung des vorgesetzten Ministerii des kl. Hauses einholen." Bis zur Fertigstellung des Gartens galt dies jedoch nur eingeschränkt: Inzwischen sollte Lenné „wie bisher die obere Leitung aller gartenkünstlerischen Geschäfte fortführen, daher dem Hofgärtner hierin Anweisung u. Instruction ertheilen, bei Feststellung der Etats concuriren u. die Revision der Kosten-Anschläge behufs

31 Ebd.
32 MKH an Reg. Köln vom 28.2.1844, HStAD Reg. Köln 4644, S. 18.
33 Reg. Köln an MKH vom 19.3.1844, HStAD Reg. Köln 4644, S. 20.
34 „Entwurf von Bestimmungen betr. die Verwaltung der Gartenanlagen zu Brühl" der Reg. Köln, ohne Datum, HStAD Reg. Köln 3750.
35 Reg. Köln an MKH vom 16.10.1845, HStAD Reg. Köln 3750; „Dienst-Instruktionen für den Hofgärtner zu Brühl" vom 28.10.1845, HStAD Reg. Köln 3750, im Anhang vollständig zitiert, S. 183ff.
36 „Dienst-Instruktionen für den Hofgärtner zu Brühl" vom 28.10.1845, HStAD Reg. Köln 3750, im Anhang vollständig zitiert, S. 183ff.

Fortführung der Verschönerungs Arbeiten übernehmen, auch in allen speciellen Fällen, wo das Ministerium des kl. Hauses es für zweckmäßig erachtet, durch sein Gutachten und sachkundiges Urtheil die höchste Verwaltungsbehörde unterstützen." Für den Fall, daß zwischen der Regierung und Lenné „widersprechende Ansichten Oberhand gewinnen könnten, ..., so wird die Entscheidung dem Ministerio des kl. Hauses vorbehalten."[37] Damit ist die Rolle Lennés bei der Realisierung der Gartenplanung detailliert beschrieben. Hinzuzufügen bleibt, daß dem Hofgärtner aufgetragen war, in seinen Ressorts „genau nach dem ihm von dem Gartendirector Lenné ertheilten oder noch zu ertheilenden Vorschriften zu handeln; insonderheit darf er sich ad 2. [die Aufstellung der Verschönerungs-Pläne und Kosten-Anschläge] nie die geringste Eigenmächtigkeit zu Schulden kommen lassen".[38]

Um das Verhältnis zwischen Lenné und dem Hofgärtner definieren zu können, hatte die Regierung im November 1844 bei Claussen angefragt, welche „instruktionellen Bestimmungen" ihm bis jetzt von Lenné unmittelbar zugegangen seien.[39] Die Antwort Claussens lautete: „Eurer Königlichen Hochlöblichen Regierung erlaube ich mir ... anzuzeigen, daß ich alle Arbeiten, die bis jetzt im Königlichen Garten zu Brühl geschehen sind, dem Herrn Garten-Director Lenné angezeigt, und darüber seine Instructionen erbeten habe, und bis jetzt angewiesen war in meiner Stellung als Techniker Instructionen von dem Herrn Garten-Director Lenné einzuholen."[40]

Vermutlich spielte Claussen die eigene Rolle herunter, um sich der Einflußnahme der vorgesetzten Behörde zu entziehen. Gestützt auf die Autorität Lennés war der Hofgärtner durch die Regierung in seinem Handeln kaum anfechtbar. Offenbar erkannte die Regierung die Absicht Claussens und beanspruchte die Einsichtnahme in die Dienstkorrespondenz zwischen Lenné und Claussen.[41] Das Hausministerium verwies darauf, daß sich die Regierung jederzeit aus den Dienstakten des Hofgärtners über den Schriftverkehr in Kenntnis setzen könne.[42] In den Akten des Hofgärtners befindet sich jedoch nicht ein einziger Brief Lennés. Die Korrespondenz mag den Dienstakten nicht zugeordnet worden sein; wahrscheinlicher erscheint jedoch, daß sich Lenné auf mündliche Unterweisungen während seiner Aufenthalte in Brühl beschränkte. Somit fehlte der Regierung jegliche Handhabe, um dem Hofgärtner ein eigenmächtiges Handeln zu unterstellen. Wenn es zutrifft, daß der Austausch zwischen Claussen und Lenné auf die seltenen Gelegenheiten von Lennés Anwesenheit in Brühl[43] beschränkt blieb, dann ist der Anteil des Hofgärtners an der Verwirklichung der Gartenplanung größer anzusetzen, als es die oben zitierten Quellen nahelegen. Lenné hätte demnach die Grundzüge der Realisierung festgelegt; die Einzelheiten lagen dagegen bei Claussen; seine gärtnerische Ausbildung und Erfahrung gewährleistete, daß dies im Sinne Lennés geschah.

Die letztlich beschlossene Dienstvorschrift benennt die Pflichten und Rechte des Brühler Hofgärtners. Da im Bereich der Gartenintendantur offizielle Dienstvorschriften ansonsten unüblich waren, mag sie eine exemplarische Bedeutung für sich beanspruchen, wenn es darum geht, den Wirkungskreis eines königlich-preußischen Hofgärtners zu umreißen. Zumindest für die Paragraphen neun und vierzehn ist nachweisbar, daß die Verhältnisse in Berlin und Potsdam den Maßstab für die Brühler Dienstinstruktionen abgaben.[44]

37 „Entwurf von Bestimmungen betr. die Verwaltung der Gartenanlagen zu Brühl" der Reg. Köln, ohne Datum, HStAD Reg. Köln 3750.
38 Ebd.
39 Reg. Köln an Claussen vom 29.11.1844, HStAD Reg. Köln 3750.
40 Claussen an Reg. Köln vom 14.12.1844, HStAD Reg. Köln 3750.
41 Daß eine solche Anfrage vorgelegen hat, ergibt sich aus: Reg. Köln an MKH vom 16.19.1845, HStAD Reg. Köln 3750.
42 Ebd.
43 Während der etwa fünfjährigen Ausführungsphase sind nur zwei Aufenthalte Lennés dokumentiert.
44 „In Beziehung auf den ... eingereichten Entwurf zu einer Dienst-Instruktion für den Hofgärtner zu Brühl, wird

2. Der erste Ausführungsabschnitt

a) Die Maßnahmen in der Verantwortung der Regierung zu Köln und anderer Verwaltungsbehörden

Die Ministerialverfügung vom 27. November 1842 nahm eine Kompetenzverteilung zwischen dem Hofgärtner und der Regierung zu Köln vor.[45] Daneben wurden der Regierung erste Ausführungsarbeiten aufgegeben. Dazu gehörte die Anordnung, weitergehende Recherchen in bezug auf die projektierten Entwässerungsmaßnahmen vorzunehmen. Der Plan des Geometers Mack vom Januar 1843 für das „Projekt über die Anlage eines neuen Baches von dem Pinsdorfer Bache bis in den Krautgarten-Teich"[46] gibt das Ergebnis dieser Untersuchungen wieder (Abb. 21): Der Verlauf des geplanten Abzugskanals ist durch eine Strich-Punkt-Linie wiedergegeben. Sie setzt an der Mündung des Pingsdorfer Baches bei „A" an und führt entlang der Bachallee bis in den Mönchsweiher bei „E". Für diese Strecke ist unten ein Geländeschnitt eingezeichnet, der die Entfernung und das Gefälle angibt.

Ferner enthielt die Verfügung des Hausministeriums die Anweisung, „den Abbruch der gedachten Umfassungsmauer ... ungesäumt zu veranlassen". Dazu erging der Hinweis, daß „des Königs Majestät die ... beim Abbruch eines Theiles der Mauer durch Veräußerung der gewonnenen Materialien zu erzielende Einnahme zunächst zur Verwendung behufs der planmäßigen Instandsetzung der Garten und Park-Anlagen zu bestimmen geruhet haben", und es müsse daher „mit der Ausführung dieser Anordnung vor jeder andern der Anfang gemacht werden". Folglich bestand der Ausgangspunkt für die Realisierung des Lenné-Projekts im teilweisen Abriß der Parkmauer; der weitere Ablauf der Ausführungsarbeiten entscheide sich, so das Ministerium weiter, „nach Maßgabe der disponiblen Geldmittel".

Wie bei allen späteren Bauaufgaben im Garten delegierte die Regierung die Abwicklung des Vorhabens an Bauinspektor Mathias Biercher. Am 2. Mai 1843 schloß Biercher einen Vertrag über die Ausführung der Arbeiten an der Parkmauer mit einem Brühler Maurermeister ab.[47] Damit ist der Zeitpunkt für den Ausführungsbeginn des Lenné-Projekts ziemlich genau bestimmt.

der königlichen Regierung eröffnet, daß solcher im Allgemeinen für angemessen erachtet worden ist, und sich dabei nur Folgendes zu bemerken gefunden hat: / zu 9. bei der Verwaltung der königlichen Gärten hier, zu Potsdam und Charlottenburg hat es sich als zweckmäßig erwiesen, die Annahme und Entlassung der Garten-Gehülfen und Lehrlinge lediglich den Hofgärtnern zu überlassen, da es in ihrem Interesse liegt, recht brauchbare Subjecte auszuwählen, und je nach ihren Fähigkeiten und ihrer Führung anzunehmen und zu entlassen, wogegen die Hofgärtner der Verwaltung gegenüber für die Leistungen ihrer Gehülfen und Lehrlinge verantwortlich sind. / zu 14. ist den hiesigen Hofgärtnern der Verkauf von Erzeugnissen der königlichen Gärten oder zu denselben gehörender Gegenstände durchaus untersagt, dagegen aber das Vertauschen solcher Pflanzen, die in großer Anzahl herangezogen sind, gegen andere den königlichen Gärten noch fehlende Schmuck-Pflanzen freigegeben worden, und ist es nur auf diese Weise möglich gewesen, die hiesigen Gärten mit den neuen

und seltenen Gewächsen, die den Sammlungen von Jahr zu Jahr zuwachsen, fast ohne alle Kosten zu bereichern. / Beide Punkte sind, als durch die Erfahrung bewährt, auch bei dem Hofgärtner zu Brühl zur Anwendung zu bringen, und haben wir hiernach den vorliegenden Entwurf vervollständigen lassen.", MKH an Reg. Köln vom 16.10.1845, HStAD Reg. 3750.

45 MKH an Reg. Köln vom 27.11.1842 (Abschrift), AVSchB Hofgärtnerei 1843–1845; vgl. diese Arbeit: Kap. IV.1.a).

46 So die Aufschrift des Plans.

47 Der Vertrag zwischen Biercher u. Maurermeister Giel datierte auf den 2.5.1843, das Datum ist genannt in Bauinspektor Biercher an Reg. Köln vom 8.8.1843, HStAD Reg. Köln 4643, S. 4; Arbeiten an der Parkmauer sind im Gange, Oberförster Ilse an Reg. Köln vom 12.5.1843, HStAD Reg. Köln 4646; Biercher meldet die Fertigstellung der Arbeiten an der Parkmauer, Bauinspektor Biercher an Reg. Köln vom 8.8.1843, HStAD Reg. Köln 4643, S. 4.

Ebenfalls im Frühjahr 1843 ermittelte Biercher die Kosten für die Wiederherstellung der Abschlußfontäne im Parterre sowie die Instandsetzung der Galerie.[48] Die beiden Kostenanschläge wurden am 4. April der Oberbaudeputation in Berlin zur Revision vorgelegt.[49] Zuvor hatte sich Lenné mit den Vorschlägen Bierchers im wesentlichen einverstanden erklärt und wollte nur die Röhrenleitung für den Springbrunnen etwas anders angelegt sehen.[50]

Das auf einem Konzept von Ludwig Persius[51] beruhende Gutachten der Oberbaudeputation[52] datiert vom 21. April 1843. Es bestätigte die von Biercher angesetzten Summen für die Wiederherstellung der Abschlußfontäne und der Galerie in Höhe von etwa 1749 bzw. 1135 Talern. Nur in einigen Details empfahl das Gutachten ein unterschiedliches Vorgehen. Außerdem ging es auf die Vorschläge Lennés ein, wollte aber in den technischen Einzelheiten der Springbrunnenanlage noch keine Entscheidung treffen, solange „das disponible Wasserquantum und die Fallhöhe für den zu bildenden Wasserstrahl" noch nicht ermittelt seien.

Am 7. Juni 1843 genehmigte der König die Kostenanschläge und bewilligte die erforderlichen Geldmittel.[53] Dabei wurden die Einnahmen aus dem Abbruch der Parkmauer zur Deckung eines Teils der Kosten verwendet. – Zwei Monate darauf teilte Biercher mit, daß er „die nöthigsten Arbeiten" zur Wiederherstellung des Bassins veranlaßt habe.[54] Außerdem hatte er Untersuchungen wegen der Springbrunnenanlage durchgeführt und war zu dem Ergebnis gekommen, daß die zur Verfügung stehende Wassermenge unzureichend sei. Ein Grund dafür liege im schlechten Zustand der Sammelteiche im Friedensbruch, die verschlammt seien und gereinigt werden müßten. In Hinsicht auf die wiederherzustellende Röhrenleitung hielt Biercher an seinen früheren Vorschlägen fest. Den durch die Regierung weitergereichten Bericht Bierchers berücksichtigte das Hausministerium in allen wesentlichen Punkten: Am 4. Oktober 1843 genehmigte das Ministerium „im Einverständniß mit dem Garten-Director Lenné" die Ausführung der Springbrunnenanlage nach dem ursprünglichen Antrag.[55] Außerdem wurde die Reinigung der Wasserreservoirs im Friedensbruch veranlaßt.[56]

Im Mai 1844 konnte Biercher die Bezirksregierung über die „nunmehr vollständig bewirkte Wiederherstellung des großen runden Bassins und des damit verbundenen Wassersprunges" in Kenntnis setzen.[57] Hinsichtlich der Höhe des Wasserstrahls merkte er folgendes an: „Uebrigens haben die mit Zuziehung des Kastellans Langen und des Hofgärtners Claussen angestellten Versuche ergeben, daß der springende Strahl bei windstiller Witterung eine Höhe von 45 bis 60 Fuß erreicht, je nachdem eine Ausgußöffnung von 1 1/2, 1 1/4 oder 1 Zoll Durchmesser aufgesetzt wird."

48 Der Bericht des Bauinspektors Biercher liegt nicht im Original vor. Das Datum vom „21ten Februar c." ist in folgendem Schreiben angeben: MKH an Oberbaudeputation vom 4.4.1843, GStA PK I. HA. Rep. 93D Oberbaudeputation Lit. Gc Tit. XXV Nr. 17 (M.), S. 4.
49 Ebd.
50 Vgl. ebd.
51 Konzept Persius' vom 12.4.1843 für das Gutachten der Oberbaudeputation vom 21.4.1843, GStA PK I. HA. Rep. 93D Oberbaudeputation Lit. Gc Tit. XXV Nr. 17 (M), S. 5.
52 Gutachten der Oberbaudeputation vom 21.4.1843, GStA PK I. HA. Rep. 93D Oberbaudeputation Lit. Gc Tit. XXV Nr. 17 (M), S. 8, im Anhang vollständig zitiert, S. 186.
53 Friedrich Wilhelm IV. an MKH vom 7.6.1843 (Konzept), GStA PK I. HA. Rep. 89 Geh. Zivilkabinett Nr. 20636 (M), S. 11.

54 Bauinspektor Biercher an Reg. Köln vom 8.8.1843, HStAD Reg. Köln 4643, S. 4.
55 „… genehmigt, daß bei der Anlage des Springbrunnens die in dem Anschlage angenommene Weite von drei Zoll des bleiernen Zuleitungs-Rohres und eine Ausguß-Oeffnung von einem halben Zoll Durchmesser beibehalten werde, wonach die Ausführung zu bewirken ist", MKH an Reg. Köln vom 4.10.1843, HStAD Reg. Köln 4643, S. 80.
56 Der entsprechende Kostenvoranschlag wurde am 23.10.1843 durch den König genehmigt, Friedrich Wilhelm IV. an MKH vom 23.10.1843 (Konzept), GStA PK I. HA. Rep. 89 Geh. Zivilkabinett Nr. 20636 (M), S. 15.
57 Bauinspektor Biercher an Reg. Köln vom 3.5.1844, HStAD Reg. Köln 4644, S. 66.

Mit der Ministerialverfügung vom 4. Oktober 1843 wurde außerdem einer Anregung des Hofgärtners entsprochen, der sich dafür eingesetzt hatte, daß – anders als ursprünglich geplant – „beide Flügel" der Galerie zur Aufnahme der Orangerie hergerichtet werden sollten.[58] Die Bauarbeiten fanden 1844 statt.[59]

Die Entfernung der Seminarlatrinen ist bereits 1842 eingeleitet worden; diesbezüglich – so vermerkt die Verfügung des Hausministeriums vom 27. November – „hat bereits eine Communication mit dem königlichen Ministerio der Geistlichen Unterrichts Angelegenheiten Statt gefunden und wird Seitens desselben das Weitere veranlaßt werden."[60] Der König bewilligte die notwendigen Geldmittel am 2. Mai 1843.[61]

b) Die Kostenvoranschläge des Hofgärtners

Nachdem Claussen seinen Dienst im Brühler Garten im Juni 1843 angetreten hatte, machte er sich zunächst daran, die ihm durch das Ministerialreskript vom 27. November 1843 zugewiesenen Kostenpläne anzufertigen.[62] Am 1. August 1843 reichte er sie bei der Regierung zu Köln ein. Im Anschlag „über einen Theil des neu anzulegenden Parks"[63] führte Claussen die Kosten der eigentlichen Gartenarbeiten auf. Dabei beschränkte er sich zunächst auf die Bereiche des Parks, die im undatierten Lennéplan koloriert dargestellt sind.[64] (Abb. 18) Demnach sollte die Ausführung der Gartenarbeiten in zwei Abschnitten vonstatten gehen. Ein späteres Ministerialreskript bestätigte diese Vorgehensweise und benannte die zugrunde liegenden Motive: „... so kömmt es allerdings zunächst darauf an, die unmittelbare Umgebung des Schlosses, die Parterre- und Schmuckanlagen, so wie den Kern des Waldes planmäßig herzustellen, wogegen für den oben erwähnten östlichen Theil des Parks, welchen die Eisenbahn durchschneidet, erst dann ein Kosten-Anschlag aufgestellt werden kann, wenn die Ausgrabung der zur Dammschüttung erforderlichen Erde Seitens der Eisenbahn-Verwaltung vollendet ist; die Veranschlagung dieser Kosten, so wie derjenigen, welche die Ausfüllung der längs der süd- und westlichen Begrenzung des Parks sich hinziehenden Gräben herbeiführen wird, muß daher vorläufig ausgesetzt bleiben, indem es namentlich in Beziehung auf die letzterwähnte Anlage zweckmäßig erscheint, abzuwarten, ob deren Züfüllung, nach Ableitung des p. Pingsdorfer Baches erforderlich ist oder nicht".[65]

Das Schreiben des Hofgärtners vom 1. August enthielt ferner die Kostenanschläge über „die Translocirung der Orangerie von Benrath nach Brühl", „den neu anzulegenden Abzugsgraben nach dem Krautgarten" sowie über ein Alternativprojekt Claussens für die Anlage des Entwässerungsgrabens.[66] Anders als vorgesehen, wollte er das Wasser des Pingsdorfer Bachs nicht dem Mönchsweiher zuführen, sondern es über das trapezförmige Bassin des ehemaligen Schlangengrabens in das Becken der Abschlußfontäne leiten.

58 MKH an Reg. Köln vom 4.10.1843, HStAD Reg. Köln 4643, S. 80; Claussen an Bauinspektor Biercher vom 7.8.1843, HStAD Reg. Köln 4643, S. 12.

59 „Rechnungen der Königlichen Regierungs Haupt Casse zu Cöln über die Verwaltung der Königlichen Schlösser und Gärten" pro 1844, GStA PK I. HA Rep. 113 (Ober-) Hofmarschallamt Nr. 2475 (M).

60 MKH an Reg. Köln vom 27.11.1842 (Abschrift), AVSchB Hofgärtnerei 1843–1845.

61 Friedrich Wilhelm IV. an die Minister v. Eichhorn u. v. Bodelschwingh vom 2.5.1843 (Abschrift), GStA PK I. HA. Rep. 89 Geh. Zivilkabinett Nr. 20636 (M), S. 8.

62 MKH an Reg. Köln vom 27.11.1842 (Abschrift), AVSchB Hofgärtnerei 1843–1845; Reg. Köln an Claussen vom 31.5.1843, AVSchB. Hofgärtnerei 1843–1845; vgl. diese Arbeit: Kap. IV.1.a).

63 Claussen an Reg. Köln vom 1.8.1843, HStAD Reg. Köln 4643, S. 17.

64 Vgl. diese Arbeit: Kap. III.2.d).

65 MKH an Reg. Köln vom 4.10.1842 (Abschrift), AVSchB Hofgärtnerei 1843–1845.

66 Claussen an Reg. Köln vom 1.8.1843, HStAD Reg. Köln 4643, S. 17.

Die Regierung legte die Kostenanschläge zunächst Biercher zur gutachtlichen Äußerung vor.[67] Dieser revidierte und vervollständigte die Kostenüberschläge allerdings nur insoweit, als bauliche Maßnahmen betroffen waren. Dem Vorschlag Claussens über die anderweitige Richtung des Abzugsgrabens pflichtete er bei.[68]

Am 28. August 1843 übersandte die Regierung zu Köln die teils überarbeiteten Kostenanschläge an das Hausministerium.[69] Die Kostenaufstellung über die Gartenarbeiten und über den Transport gingen sodann zur Prüfung an Lenné.[70] Auch in Hinsicht auf den veränderten Verlauf des Abzugsgrabens wurde Lenné gehört. Mit einigen Einschränkungen stimmte er dem Vorhaben zu.[71]

Der für die Gartenarbeiten entscheidende Kostenanschlag Claussens liegt in der von Lenné berichtigten und später vom König genehmigten Fassung vor.[72] Damit ist eine Quelle von großem Wert vorhanden: Der Kostenüberschlag enthält detaillierte Angaben über die Wegebaumaßnahmen, die Heckenpflanzungen in den Bosketts, Instandsetzungs- und Reinigungsarbeiten auf der Terrasse und dem Schloßhof, die Anlage des Parterres und Arbeiten am Spiegelweiher sowie schließlich über die parkmäßige Ausgestaltung des Tiergartens.

Lenné ermäßigte die Ausgaben für die Gartenarbeiten auf die Gesamthöhe von rund 6096 Talern. Ein Schreiben des Hausministeriums unterrichtete die Regierung über die Korrekturen:

> „Derselbe [Lenné] hat hierbei in dem Anschlage (Lit A) von den Verschönerungs Anlagen, eine Ermäßigung der veranschlagten Kosten zunächst durch Verminderung der Dimensionen, welche für die Breite der Fahr- und Fußwege angenommen waren, so wie durch Reduction der für Anschaffung von Schmuck-Gewächsen beantragten Summen herbeigeführt, indem in letzterer Beziehung die Verwandlung der mit 669 rth 18 sgr veranschlagten Summe zum Ankauf von Staudenpflanzen, nach dem Dafürhalten des p. Lenné nicht nothwendig erscheint und die in deren Stelle angesetzte Summe von 150 rth genügen wird, da einestheils aus den reichen Beständen der königlichen Gärten zu Potsdam zur Ausstattung des Schloßgartens zu Brühl Aushülfe geleistet werden kann, andern Theils es Sache des dortigen Hofgärtners ist, die erforderlichen Schmuckgewächse allmählich anzuziehen, zu vervielfältigen und in dieser Weise für den Blumenschmuck des dortigen Schloßgartens zu sorgen wo denn die Summe von 150 rth zu den erforderlichen ersten Ankäufen hinreichend sein wird."[73]

67 Reg. Köln an Bauinspektor Biercher vom 5.8.1843, HStAD Reg. Köln 4643, S. 17.

68 „Die von dem p. Claussen vorgeschlagene anderweitige Richtung des Abzugsgrabens in das Bassin der Hauptfontaine – welches jetzt hergestellt wird – und aus diesem in den mittleren Teich (D.) [Spiegelweiher] des Schloßgartens halte ich für zweckmäßig, weil dadurch, daß diese Behälter bedeutend tiefer als der Krautgarten-Teich (B.) liegen, einerseits ein rascherer Abfluß des von Pingsdorf kommenden Wassers und andererseits eine Kostenermäßigung von circa 200 Rthl erzielt werden dürfte, in dem der projectirte Abzugsgraben in der von dem p. Claussen vorgeschlagenen Richtung nicht so hohe Erdaufschüttungen erfordert, als wenn das Wasser in den Krautgarten-Teich geführt werden soll.", Bauinspektor Biercher an Reg. Köln vom 18.8.1843, HStAD Reg. Köln 4643, S. 18.

69 Reg. Köln an MKH vom 28.8.1843, HStAD Reg. Köln 4643, S. 20.

70 Vgl. MKH an Reg. Köln vom 27.10.1843 (Abschrift), AVSchB Hofgärtnerei 1843-1845, die Kostenanschläge sind im Anhang vollständig zitiert, S. 187ff. und S. 194.

71 „Mit der von dem p. Clausen vorgeschlagenen Ableitung des Pingsdorfer-Abzugsgrabens in das Bassin der Hauptfontaine hat der p. Lenné sich zwar einverstanden erklärt, jedoch dabei bemerkt, daß es angemessen erscheine, den Graben auf das Minimum der Breite zu beschränken, welche zur Aufnahme des zufließenden Wassers nothwendig ist, wogegen solche Erweiterungen wie auf dem Mack'schen Situations- und Nivellement-Plane bei A und mit „Schlangenbach" angedeutet sind, möglichst und zwar aus dem Grunde zu vermeiden seien, weil erfahrungsmäßig nur zeitweise hinreichendes Wasser zur Speisung solcher Bassins zufließt und daher zu besorgen ist, daß dadurch neue Sumpfstellen entstehen könnten, auf deren Beseitigung der Allerhöchsten Intention gemäß, der Verschönerungs-Plan für den dortigen Schloßgarten wesentlich basirt ist. Die Königliche Regierung hat daher hiernach das Erforderliche anzuordnen.", MKH an Reg. Köln vom 27.10.1843 (Abschrift), AVSchB Hofgärtnerei 1843–1845.

72 Revidierter Kostenvoranschlag Claussens für die Gartenarbeiten vom 29.7.1843, HStAD Reg. Köln 4643, S. 98, im Anhang vollständig zitiert, S. 187ff.

73 MKH an Reg. Köln vom 27.10.1843 (Abschrift), AVSchB Hofgärtnerei 1843–1845.

Aus den revidierten Kostenberechnungen stellte das Ministerium eine gemeinsame Kostenübersicht zusammen, die dem König am 4. Oktober 1843 zur Genehmigung vorgelegt wurde.[74] Durch Allerhöchste Kabinettsordre vom 23. desselben Monats wurden die beantragten Gelder in der Gesamthöhe von rund 6995 Talern bewilligt.[75] Darin waren folgende Aufwendungen enthalten:[76]

		rt.	sg.	pf.
„1.	sub Lit. A von den Verschönerungsanlagen des gegenwärtig herzustellenden Theils des Schloßgartens zu Brühl und der Festsetzung des pp. Lenné über	6096	26	10
2.	sub Lit. B von der Verlegung des Pingsdorfer Abzugsgrabens nach dem Kanal zu dem Bassin der Haupt-Fontaine, welche Richtung von dem pp. Lenné für die zweckmäßigste anerkannt ist, nebst der Wiederherstellung des alten Canals, zusammen über	255	–	–
3.	sub Lit. C über die Kosten der Transferirung von 70 Stück Orangeriebäumen aus dem Garten zu Benrath nach dem Garten zu Brühl, welche Anzahl nach dem Dafürhalten des pp. Lenné zum Schmuck der Terrasse genügen wird, über	197	–	–
4.	sub Lit. D über die Anlage dreier Canäle bei dem Übergange der Wege über den projectirten Abzugs-Graben des Pingsdorfer Baches über [die Lage der Kanäle läßt sich anhand einer wohl 1850 entstandenen Zeichnung aus HStAD Reg. Köln 4647, Abb. 31, lokalisieren: Der Verlauf des Abzugsgrabens ist angegeben: Der Graben kreuzt drei Alleen; an den Schnittstellen waren Kanalbauten notwendig]	170	5	–
5.	sub Lit. E. über die Beschaffung der erforderlichen eisernen Oefen zur Heizung der zur Unterbringung der Orangeriebäume bestimmten großen Gallerie bei dem Schlosse zu Brühl über	226	–	–
	Endlich ist 6. die Räumung der zu der Wasserleitung gehörenden, im sogenannten Friedensbruche belegenen beiden Sammelteiche von dem darin jetzt befindlichen Schlamme, Schilf und Unkraut nothwendig und sind die Kosten veranschlagt zu	50	–	–"

Am 27. Oktober 1843 teilte das Ministerium der Regierung zu Köln mit, daß der Gesamtbetrag an die Regierungshauptkasse überwiesen worden sei.[77] Anfang November überreichte die Regierung die berichtigten Kostenschätzungen A, B und C „zur weitern Veranlassung" an Claussen[78] und gab erste Mittel für die Ausführung frei.[79] Biercher erhielt die Kostenanschläge B, D, und E.[80]

c) Die Ausführungsarbeiten in den Jahren 1843 bis 1845

Claussen ließ die Arbeiten noch im November 1843 beginnen.[81] Bis zum Frühjahr 1845 sind in der Extraordinarien-Rechnung der Regierungshauptkasse in Köln für die Verwaltung der Schlösser und

74 MKH an Friedrich Wilhelm IV. vom 4.10.1843, GStA PK I. HA. Rep. 89 Geh. Zivilkabinett Nr. 20636 (M), S. 14.

75 Friedrich Wilhelm IV. an MKH vom 23.10.1843 (Konzept), GStA PK I. HA. Rep. 89 Geh. Zivilkabinett Nr. 20636 (M), S. 15.

76 MKH an Friedrich Wilhelm IV. vom 4.10.1843, GStA PK I. HA. Rep. 89 Geh. Zivilkabinett Nr. 20636 (M), S. 14.

77 MKH an Reg. Köln vom 27.10.1843 (Abschrift), AVSchB Hofgärtnerei 1843–1845; die Regierungshauptkasse Köln hatte für die dem Gartenprojekt zufließenden Gelder eine „Extraordinarienrechnung von

der Verwaltung der Königlichen Schlösser und Gärten" zu führen, Reg. Köln an Regierungshauptkasse vom 9.11.1843, HStAD Reg. Köln 4643, S. 111.

78 Reg. Köln an Claussen vom 9.11.1843 (Konzept), HStAD Reg. Köln 4643, S. 112.

79 „... haben wir Ihnen vorläufig den Betrag von dreihundert Thalern bei der dortigen Steuerkasse zur Disposition gestellt.", Reg. Köln an Claussen vom 9.11.1843, AVSchB Hofgärtnerei 1843–1845.

80 Reg. Köln an Bauinspektor Biercher vom 9.11.1843 (Konzept), HStAD Reg. Köln 4643, S. 112.

81 Claussen an Reg. Köln vom 25.11.1843 mit beiliegender Lohnliste, HStAD Reg. Köln 4061.

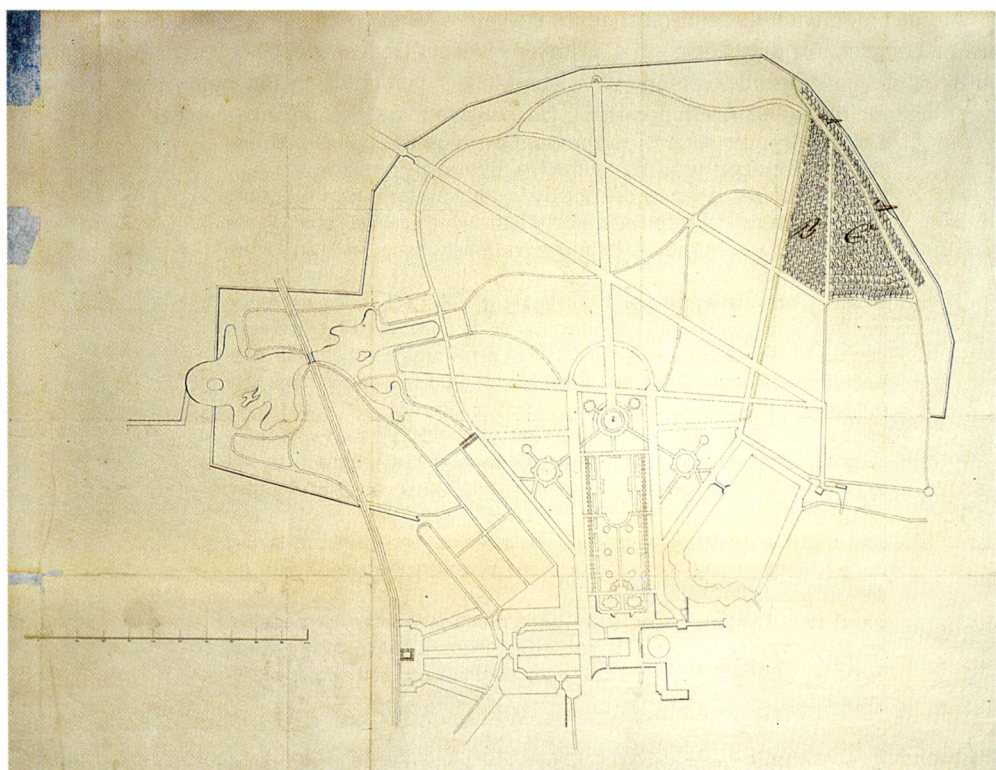

Abb. 31, Unsignierter Plan, um 1850, Schloßgarten Brühl, Abzugsgraben vom Pingsdorfer Bach durch Strichellinien angedeutet, Ausrichtung nach Süden.

Gärten monatlich Arbeiterlöhne in der Höhe zwischen 90 bis 460 Talern aufgeführt.[82] Im April 1845 waren die verfügbaren Etats ausgeschöpft;[83] der König erhielt Nachricht über den Abschluß des ersten Ausführungsabschnitts.[84]

Außerordentlich detaillierte Angaben über den Verlauf der Umsetzungsarbeiten enthält die von Claussen erstellte „Allgemeine Uebersicht über die Arbeiten im Königlichen Park zu Brühl, welche während der Zeit von 1843 bis 1847 ausgeführt worden sind".[85] Über die Jahre des ersten Ausführungsabschnitts ist darin folgendes vermerkt:

> „Als Unterzeichneter im Jahre 1843 nach Brühl versetzt wurde, um die neuen Anlagen im hiesigen Park auszuführen, war seine erste Arbeit die Anschläge über die vorzunehmenden Arbeiten auszuarbeiten. Nach geschehener Arbeit fing ich im Herbst dieses Jahres an die Arbeiten im Garten vorzunehmen. Die ersten Arbeiten waren die Anlegung der Gruppen auf dem Parterr. Dieselben wurden rigolt, die schlechte Erde verkarrt, und mit altem Mutt gedüngt. Ferner wurden noch in diesem Herbst die Wege ausgestochen, welche vom Schloßhofe nach dem Bahnhof führen, und dieselben mit holländi-

82 Ebd; „Rechnungen der Königlichen Regierungs Haupt Casse zu Cöln über die Verwaltung der Königlichen Schlösser und Gärten" pro 1844 und pro 1845, GStA PK I. HA. Rep. 113 (Ober-) Hofmarschallamt Nr. 2475 u. 2476 (M).

83 Genehmigte Anschläge A bis E (laut Ministerialverfügung vom 27.10.1843), ebd.

84 MKH an Friedrich Wilhelm IV. vom 11.4.1845, GStA PK I. HA. Rep. 89 Geh. Zivilkabinett Nr. 20636 (M), S. 24, auszugsweise zitiert in: Inventare, 1979, S. 250f.

85 Übersichtsbericht über die geleisteten Gartenarbeiten 1843–1847, Claussen 13.1.1848, HStAD Reg. Köln 4645, S. 121, im Anhang vollständig zitiert, S. 195ff.

schen Linden, direct aus Holland bezogen, bepflanzt. [47 Stück durch Vermittlung des Garteninspektors Weyhe in Wasserburg bei Kleve, „Rechnungen der Königlichen Regierungs Haupt Casse ... pro 1843", GStA PK I. HA Rep. 113 (Ober-) Hofmarschallamt Nr. 2474 (M.)] Dann trug ich Sorge, daß noch in diesem Jahr große Laubhaufen gebildet wurden, damit ich recht bald in Besitz von Erde käme, denn bis jetzt hatte ich noch keine Karre gute Erde für Pflanzen [Heranziehung von Pflanzen]. Alle diese Arbeiten geschahen aus dem Fonds: Lit A des hohen Ministerialrescript vom 27. October 43 N: 2298 über 6096 rt. 26 sg. 10 pf.

Dann legte ich den neuen Abzugsgraben an, der das Wasser vom Pingsdorfer Bach aufnimmt, und nach dem großen Bassin führt. Die Kosten wurden bestritten aus dem Fonds Lit B ... über 255 rt.

Im Jahre 1844 wurden die Gruppen auf dem Parterr rigolt im Frühjahr mit Gehölz bepflanzt und im folgenden Sommer auch schon mit Sommergewächsen. Die beiden Gruppen vor der Terrasse wurden mit Buchsbaum eingefaßt, und die kleinen Grasstücke neu belegt. Dann wurden die beiden großen Pappelalleen bis an die sogenannte Eselsallee ausgehauen, und die Wege neu gemacht, und zwar erst planirt, dann mit 2 Zoll groben Schutt und Kies versehen und zu beiden Seiten eine Rute breit umgegraben und neu besät. Diese Arbeit wurde mit allen folgenden Wegen vorgenommen. Ferner wurden die auf dem Plane [nicht vorhanden] colorirten Wege neu angelegt, und die Abzugsgräben auf dem Falkenluster und Schwadorffer Wege zugefüllt. Ferner wurde der alte Heckenweg [Platanenallee] ausgehauen beschnitten und der Weg planirt und ausgekießt, und diesem Heckenweg gleich wurde auf entgegengesetzter Seite ein neuer angelegt und bepflanzt. Ebenso die Nischen und Rundele, in welchen tiefe Löcher bestanden, die ausgefüllt werden mußten. Dann wurde das viereckige Bassin auf dem Parterr gereinigt und mit neuen Ufern versehen. Die Terrasse selbst wurde planirt und mit Kies neu befahren, die tiefen Stellen mit Schutt ausgefüllt und planirt. Ferner wurden 4 Fuß breit an der Mauer der Terrasse entlang rigolt gut gedüngt und mit Weinreben bepflanzt. Dann wurden die Wege vor und hinter dem Schloß [West- u. Osthof] neu angelegt, die Grasstücke ausgebessert, theilweise neu umgegraben und besät. Dann der Hauptweg der nach dem Bahnhof führt von Rasen gereinigt. Die Gruppen auf den Grasstücken rigolt und bepflanzt. Auch bemühte ich mich schon in diesem Jahr Hauspflanzen durch Vermehrung und durch Samung anzuschaffen, denn bei meinem Antritt fand ich nicht eine Pflanze vor. Die Kosten ... aus dem Fonds Lit A ...

Auch wurde in diesem Jahr im Herbst die Orangerie von Benrath nach Brühl gebracht, und die Kosten der Translocirung aus dem Fonds L C ... bestritten. [62 Stück Orangenbäume, 2 Lorbeer-Pyramiden und 2 Prunus Laurocerasus, MKH an Friedrich Wilhelm IV. vom 11.4.1845, GStA PK I. HA. 89 Geh. Zivilkabinett Nr. 20636, S. 24, auszugsweise zitiert in: Inventare, 1979, S. 250f.]

Im Jahre 1845 wurden die auf dem Plane [nicht vorhanden] colorirten Wege neu gebildet, die Fasanerie planirt, die großen Vertiefungen derselben ausgefüllt, die ganze Fläche neu umgegraben und besät. Ebenso das große Viereck zwischen den Kastanien [Fläche westlich des Stichkanals?, vgl. Lenné- u. Vollertplan, Abb. 36, 37] neu gebildet und dossirt. Die Ebene unter den Bäumen an der Falkenluster Allee rechts und links umgehauen, die großen Unebenheiten gerodet, umgegraben und neu besät. Ferner wurde der alte Schlangenbach gereinigt. Sodann die Gruppen bei der Fontaine rigolt mit Dung versehen und mit Gehölz und Sommergewächsen bepflanzt; ebenso die Gruppen auf dem Parterr. Ferner die hochstämmigen Rosen am Hauptwege nach der Fontaine gepflanzt. Dann die Durchsicht von der Schwadorffer Allee nach der Fasanerie durchgehauen gerodet umgegraben neu besät. Die Flächen bei der Fontaine gerodet rigolt mit Tannen bepflanzt und neu besät. Alle diese Arbeiten ... aus dem Fonds L: A".

d) Das Problem der Holzfällungen im Tiergarten

Aus dem Bericht des Hofgärtners Claussen geht nicht hervor, daß ihm die Durchführung der notwendigen Rodungsmaßnahmen im Tiergarten erhebliche Schwierigkeiten einbrachte. Von Anfang an stand fest, daß der vorhandene Baumbestand mit Zurückhaltung zu behandeln war. Im Kostenvoranschlag vom Juli 1843 hatte Claussen das „auszurodende Land" mit nur 7 1/2 Morgen – etwa zwei von insgesamt 40 Hektar Waldfläche – beziffert.[86] In erster Linie ging es bei den Rodungsar-

---

86 Revidierter Kostenvoranschlag Claussens für die Gartenarbeiten vom 29.7.1843, HStAD Reg. Köln 4643, S. 98, im Anhang vollständig zitiert, S. 187ff.

beiten um die Entfernung des Unterholzes, um somit die schönen Bäume des Parks besonders zur Geltung zu bringen: Laut Kostenvoranschlag sollten „die dicht geschlossenen Waldbestände vom Unterholz geräumt oder gelichtet, und dann der Boden wie im Berliner Thiergarten – um die herrlichen Bäume hervorzuheben – mit frischem Rasen bekleidet werden".[87] Wenn sich Bäume dennoch störend auf die Planungsabsichten auswirkten, bedeutete dies nicht unbedingt die Fällung der Bäume; zur Verschönerung anderer Parkteile wurden sie auch innerhalb des Tiergartens versetzt. Darauf deutet folgende Textstelle aus einer Ministerialverfügung hin, durch die der Verkauf von Bäumen und Sträuchern aus unfertigen Parkteilen unterbunden wird: „Der Königlichen Regierung wird ... eröffnet ..., daß dagegen aber keineswegs gestattet werden kann, aus den noch unberührten, der Allerhöchsten Genehmigung noch bedürfenden Theilen des Gartens und Parks Bäume oder Sträucher zu verkaufen oder zu vertauschen, da mit vieler Wahrscheinlichkeit anzunehmen ist, daß die vielleicht an einigen Stellen überflüssigen Bestände, an anderen sehr gut wieder zu verwenden sind, und dadurch die sonst erforderliche Ausgabe für anzukaufende derartige Gegenstände vermieden werden kann."[88]

Die ersten Holzfällungen fanden bereits um die Jahreswende 1843/1844 im Zuge von Wegebaumaßnahmen statt.[89] Seitens des Hausministeriums wurden dafür besondere Maßregeln erlassen: „Was nun aber den gegenwärtigen ersten Holzschlag, zur Anlegung der Allerhöchst befohlenen Anlagen anbetrifft, so soll der große neu anzulegende Fahrweg, bei dessen Richtung vorzugsweise die Schonung der vorhandenen Bäume berücksichtigt werden muß, erst dann zur Ausführung gebracht werden, wenn bei der jedenfalls im Laufe dieses Jahres zu erwartenden Anwesenheit des Herrn Garten Director Lenné daselbst von diesem die specielle Angabe an Ort und Stelle erfolgen kann, bis wohin also jene Anlage ausgesetzt bleibt."[90] Daraus läßt sich ersehen, daß die Führung der Wege durch den Lennéplan nicht bindend festgelegt war, sondern die Bewahrung von Baumsubstanz als ein weiteres Kriterium der Ausführung miteinbezogen werden sollte. Dieser Aspekt hatte offenbar ein solches Gewicht, daß das Ministerium bei umfassenderen Rodungsmaßnahmen Lennés Präsenz in Brühl für notwendig hielt. Ferner wurde bestimmt: „Bei den übrigen Wegen, die größtentheils ihre frühere Richtung beibehalten, wird es genügen, wenn dem p. Claussen im Allgemeinen besonders zur Pflicht gemacht wird, keinen Baum zwecklos schlagen zu lassen, wobei derselbe zugleich dahin angewiesen ist, die Hauptbäume, welche bei der sonstigen Verschönerungs-Anlagen weggeräumt werden müssen, auf einem hierzu anzufertigenden Situations-Plan speciell zu bezeichnen, welcher Letztere hiernächst zur weitern Prüfung der desfalsigen Vorschläge durch den Herrn Garten-Director Lenné, an uns zu reichen ist." Auch diese Bestimmung bedeutete für den Hofgärtner keinen wesentlichen Zugewinn an Eigenständigkeit. Die vom Hausministerium vorgeschriebene Vorgehensweise sicherte Lenné die alleinige Kompetenz, wenn es darum ging, über die Wegnahme von größeren Bäumen zu befinden.

Claussen verzichtete sogar auf das ihm zugestandene Minimum an Entscheidungsfreiheit, indem er der Regierung folgendes mitteilte: „... einen Situationsplan über die noch zu fällenden Bäume einzureichen, wird nicht nothwendig erscheinen, da ich bis zur Ankunft des Garten Directors Lenné

---

87 Ebd.; ein ähnliches Verfahren hatte Lenné – wie hier angedeutet – im Berliner Tiergarten vorgesehen: „Dieses Waldstück besteht größtenteils aus dichten Waldmassen, in denen einzelne sehr schöne Gruppen hervorgehoben zu werden lohnen", aus dem Erläuterungsbericht/Teilabschnitt VII Lenné 1.1.1837; zit. nach Hinz, 1989, S. 163.

88 MKH an Reg. Köln vom 24.4.1844 (Abschrift), AVSchB Hofgärtnerei 1843–1845.

89 Dies ist folgendem Schreiben zu entnehmen: MKH an Reg. Köln vom 16.1.1844 (Abschrift), AVSchB Hofgärtnerei 1843–1845.

90 Ebd.

keine großen Bäume mehr fällen lasse."[91] Augenscheinlich hatte Claussen erkannt, daß die Fällung von Bäumen eine heikle Angelegenheit bedeutete. Tatsächlich stellte die Regierung später in Frage, ob Claussen zur Durchführung der Holzfällungen berechtigt gewesen sei.[92] Diesem Vorwurf konnte Claussen nunmehr gelassen gegenüber stehen, da Lenné die entsprechenden Anweisungen erteilt hatte: „... erlaube ich mir ... ganz ergebenst zu benachrichtigen, daß ich im Jahre 1844 erst dann das Holz gefällt habe, nachdem Herr Garten Director Lenné hier gewesen, und er mir an Ort und Stelle speciell angegeben hatte, wo und wie ich die Wege durchschlagen und Aussichten bilden sollte. Sonst ist kein Holz gefällt worden."[93]

Das Datum von der Ankunft Lennés in Brühl ist nirgends vermerkt. Den Quellen läßt sich nur soviel entnehmen, daß Claussen im August 1844 mit Lennés „baldige[m] Hiersein"[94] rechnete.

3. Der zweite Ausführungsabschnitt

a) Das Obststück

Die Vorbereitungen zur Verwirklichung des zweiten Ausführungsabschnitts begannen im Frühjahr 1844 mit der Aufstellung von Kostenschätzungen für die Einrichtung eines Anzuchtgartens auf dem Obststück.[95] Nachdem Lenné sein Einverständnis mit den Kostenanschlägen erklärt hatte,[96] legte das Hausministerium dem König eine Kostenübersicht in der Höhe von 1028 Talern zur Genehmigung vor.[97] Sie enthielt Ausgaben über die Düngung des Obststücks mit Teichschlamm, die Herstellung von Mistbeeten und die Errichtung einer Fahrbrücke zum Obststück.[98] Am 1. Januar 1845 genehmigte der König die gärtnerischen Anlagen, lehnte aber die projektierte Brücke ab und befahl statt dessen die Anfertigung eines Kostenanschlags für einen Brückenbau nach dem Vorbild einer „Construction ..., welche die von Cöln nach der Rhein-Insel führende Brücke hat".[99] Nachdem dem König aber mitgeteilt worden war, daß sich die Brücke in Köln nicht bewährt habe und bereits nicht mehr existiere,[100] billigte er das ursprüngliche Projekt.[101] Aus der Vorlage des Hausmi-

91 Claussen an Reg. Köln vom 13.4.1844, HStAD Reg. Köln 4646.

92 Reg. Köln an Claussen vom 7.6.1845, AVSchB Hofgärtnerei 1843-1845.

93 Claussen an Reg. Köln vom 17.6.1845, HStAD Reg. Köln 4646.

94 Claussen an Reg. Köln vom 9.8.1844, HStAD Reg. Köln 4646.

95 Die Kostenanschläge für das Obststück wurden im Februar und März 1844 von Claussen und Biercher angefertigt, 29.2.1844 bzw. 19.3.1844, HStAD Reg. Köln 4644, S. 30 u. 26. Die Kostenvoranschläge wurden am 1.4.1844 durch die Reg. Köln an das MKH weitergeleitet. Das Datum ist genannt in: MKH an Reg. Köln vom 22.5.1844 (Abschrift), AVSchB Hofgärtnerei 1843–1845.

96 Claussen hatte den Anzuchtgarten zu groß veranschlagt. Er sollte nur sechs Morgen umfassen. Außerdem nahm Lenné weitere kleinere Modifikationen vor: z. B. Mistbeetfenster aus Eisen statt aus Holz, MKH an Reg. Köln vom 22.5.1844 (Abschrift), AVSchB Hofgärtnerei 1843–1845.

97 MKH an Friedrich Wilhelm IV. vom 30.10.1844, GStA PK I. HA. Rep. 89 Geh. Zivilkabinett Nr. 20636 (M), S. 18, auszugsweise zitiert in Inventare, 1979, S. 250.

98 Die Obststückbrücke sollte vom westlichsten Punkt des Boskettdreiecks auf das Obststück führen. Die heute als „Eselsbrücke" bezeichnete Brücke nimmt ihre Lage ein. Die heutige Benennung beruht auf einem Irrtum. Die eigentliche Eselsbrücke führte in Verlängerung der Eselsallee über den nördlichen Zufluß des Kleinen Inselweihers, vgl. diese Arbeit: Kap. IV.3.e).

99 Friedrich Wilhelm IV. an MKH vom 1.1.1845, GStA PK I. HA. Rep. 89 Geh. Zivilkabinett Nr. 20636 (M), S. 19; angesprochen ist die dem südlichen Kölner Rheinufer vorgelagerte Insel „das Werthchen". Dort hatte ein Verschönerungsverein für die Einrichtung einer gärtnerischen Erholungsanlage gesorgt, vgl. Meynen, 1979, S. 16.

100 MKH an Friedrich Wilhelm IV. vom 1.7.1845, GStA PK I. HA. Rep. 89 Geh. Zivilkabinett Nr. 20636 (M), S. 36.

101 Friedrich Wilhelm IV. an MKH vom 21.7.1845 (Konzept), GStA PK I. HA. Rep. 89 Geh. Zivilkabinett Nr. 20636 (M), S. 39.

nisteriums vom 30. Oktober geht hervor, daß der Entwurf der schließlich genehmigten Brücke auf Lenné zurückging; auch enthält das Schreiben eine detaillierte Beschreibung des Bauplans: „Die Ausführung derselben [Brücke] soll, nach dem von dem Garten-Director Lenné gemachten, ganz zweckmäßig erscheinenden Vorschlage von Holz erfolgen, mit eisernen 3 bis 4 Zoll starken säulenartigen Stützen auf eingerammten Pfählen ruhend, wie solches die dem Anschlage beigefügte Zeichnung [nicht vorhanden] des Näheren ersehen läßt. Der Anstrich der Säulen wird schwarzgrün, der des Holzwerks in einer entsprechend hellen Farbe erfolgen, wodurch die stützenden Säulen in der Entfernung den Augen kaum bemerkbar sein werden, und so die Brückenwölbung als ein freier Bogen erscheinen wird."[102]

Erste Vorarbeiten zur Anlage des Anzuchtgartens fanden bereits 1845 statt.[103] Die Wegebaumaßnahmen und die Pflanzung von Gewächsen erfolgten im darauffolgenden Jahr: „... 1846 wurde das Obststück fertig rigolt und gedüngt, die Wege gemacht und dieselben mit jungen Obstbäumen bepflanzt, und mehrere Stellen mit Steckholz[?] und Sträuchern bepflanzt; auch wurden viele Sämereien ausgesät. Jedoch ist der Boden noch roh und kalt, und ehe es zur Ziehung feiner Gewächse tauglich ist, vergehen noch mehrere Jahre."[104] Die Obststückbrücke wurde 1846 ausgeführt.[105]

b) Die Dorneninseln

Der Schwerpunkt der zweiten Ausführungsphase lag auf den projektierten Anlagen im Bereich der Dorneninseln. Ebenso wie im Tiergarten legte der Lennéplan die Ausführungsarbeiten nicht definitiv fest. Entsprechend heißt es in einem Schreiben Claussens vom Februar 1844, daß „der Verschönerungsplan über die Dornen-Inseln noch nicht fest bestimmt ist".[106]

Den Kostenanschlag für die Anlagen auf den Dorneninseln reichte Claussen am 12. Dezember 1844 bei der Regierung ein.[107] Gemeinsam mit dem Bericht über den Abschluß des ersten Ausführungsabschnitts wurde dem König am 11. April 1845 der Antrag auf Bewilligung der Kosten unterbreitet.[108] Dazu bemerkte das Hausministerium, daß der Kostenanschlag „dem Garten Director Lenné mitgetheilt worden ist und laut der von demselben gemachten Anzeige der von ihm an Ort und Stelle dem p. Claussen gegebenen Instruction entsprechend, bearbeitet ist, auch sonst nichts dabei zu erinnern gefunden hat". Folglich läßt sich sagen, daß Lenné die definitiven Anweisungen für die Gartenanlagen auf den Dorneninseln selbst gegeben hat. Wahrscheinlich geschah dies im Spätsommer 1844, als sich Lenné wegen der anstehenden Holzfällungen in Brühl aufhielt.

102 MKH an Friedrich Wilhelm IV. vom 30.10.1844, GStA PK I. HA. Rep. 89 Geh. Zivilkabinett Nr. 20636 (M), S. 18.

103 „Auch wurde theilweise in diesem Jahr [1845] das Obststück rigolt mit Mist und Mutt gedüngt aus dem Fonds des hohen Ministerial Rescripts vom 15. Maerz 1845 N° 604 über 552 rtl 11 sbg", Übersichtsbericht über die geleisteten Gartenarbeiten 1843–1847, Claussen 13.1.1848, HStAD Reg. Köln 4645, S. 121, im Anhang vollständig zitiert, S. 195ff.

104 Ebd.; vgl. auch Ausgaben für das Obststück: „Rechnungen der Königlichen Regierungs Haupt Casse zu Cöln über die Verwaltung der Königlichen Schlösser und Gärten" pro 1845 und pro 1846, GStA PK I. HA.

Rep. 113 (Ober-) Hofmarschallamt Nr. 2476 u. 2477 (M).

105 „Rechnungen der Königlichen Regierungs Haupt Casse zu Cöln über die Verwaltung der Königlichen Schlösser und Gärten" pro 1846, GStA PK I. HA. Rep. 113 (Ober-) Hofmarschallamt Nr. 2477 (M).

106 Claussen an Reg. Köln vom 11.2.1844, HStAD Reg. Köln 4645, S. 167.

107 Der Kostenanschlag Claussens liegt nicht vor; das Datum ist vermerkt in: MKH an Reg. Köln vom 9.4.1845, AVSchB Hofgärtnerei 1843–1845.

108 MKH an Friedrich Wilhelm IV. vom 11.4.1845, GStA PK I. HA. Rep. 89 Geh. Zivilkabinett Nr. 20636 (M), S. 24, auszugsweise zitiert in: Inventare, 1979, S. 250f.

Durch Ministerialverfügung vom 9. Mai 1845 wurden die Mittel für die Ausführung der Garten-anlagen auf den Dorneninseln bereitgestellt.[109] Die überwiesenen Gelder entsprachen der bean-tragten Summe von etwas mehr als 4970 Talern. Verglichen mit den Kosten der bisher geleisteten Gartenarbeiten – Fonds A aus dem Reskript vom 27. Oktober 1843 wies einen Gesamtbetrag von 6096 Talern aus – waren die Ausgaben für den weniger großen Bereich der Dorneninseln verhält-nismäßig bedeutend. Dies lag zum einen darin begründet, daß auf den Dorneninseln eine vollstän-dig neue Gartenanlage entstehen sollte. Zum anderen zeigte die Verteilung der Gelder, daß das ehemals untergeordnete Annexgebiet nunmehr als ein Schwerpunkt des Brühler Parks gemeint war. Eigentlich sollten die Ausführungsarbeiten noch im Jahre 1845 beginnen, doch blieb es bei einigen vorbereitenden Maßnahmen.[110] Zahlreiche Aktivitäten sind hingegen für 1846 und 1847 im Bericht Claussens verzeichnet:

> „Dann [1846] wurden die Arbeiten auf der Dorneninsel begonnen. Zuerst geschahen die Ausgrabun-gen um die Deiche zu bilden. Ferner wurden die neuen Dossirungen um die ganze Wasserfläche ge-macht, mit Rasen belegt und die obere Kante planirt und neu besät. Ferner wurden alle Vertiefungen und Unebenheiten der Insel gleichgemacht und ausgefüllt, Erhöhungen gebildet und die Dossirungen an der Eisenbahn gemacht. Ferner wurde das Land, das zu Grasstücken bestimmt, planirt, umgegra-ben und geharkt. Dann wurden die Wege auf der Insel ausgestochen ausgegraben, planirt mit Schutt und Kies befahren und mehrmals gewalzt, so wie die Ränder derselben mit Rasen eingefaßt. Ferner wurden die bestimmten Holzgruppen ausgestochen, rigolt und theilweise mit Gehölz bepflanzt. Die Witterung erlaubte es nicht mehr eine vollständige Pflanzung vorzunehmen. ... Im Jahre 1847 wurde ... die nochmalige Bepflanzung der schon angelegten Gruppen vorgenommen, dann die Inseln er-höht, Hügel aufgeworfen, neue Gruppen gebildet, dieselben rigolt und mit Gehölz bepflanzt. Die neuen Ufer regulirt. Die neuen Wege und Grasstücke mehrmals gewalzt, ausgebessert und von Un-kraut gereinigt. Die Weiher fast wöchentlich gereinigt. Alle Gruppen neu umgegraben und mehrmals angegossen. Die zu Grasstücken bestimmten Flächen geebnet, umgegraben, besät, geharkt."[111]

In einem Schreiben vom 11. Oktober 1847 vermerkte Domänenrat Lützeler, daß „die neuen An-lagen auf der Dornen-Insel seit geraumer Zeit beendigt sind."[112] Im großen und ganzen traf dies wohl zu; einige weniger bedeutende Arbeiten fanden jedoch noch in den folgenden Jahren statt.[113]

Schon im Mai 1847 hatte Lenné die Verschönerungsanlagen im Schloßgarten für vollendet er-klärt.[114] Offenbar waren nunmehr auch der südliche Rand des Tiergartens und der Volkstummel-platz fertiggestellt. Über die Ausführung dieser Plankomponenten liegen allerdings keine Schrift-quellen vor.

109 Das Datum ist vermerkt in: Rechnungen der Reg. Köln über die Verwaltung der Schlösser und Gärten pro 1846, HStAD Reg. Köln 4038.

110 Unter anderem: Veranlassung zur „sofortigen Ablas-sung und Ausfischung" der angrenzenden Weiher, Reg. Köln an Claussen vom 14.10.1845, AVSchB Hofgärtnerei 1843–1845.

111 Übersichtsbericht über die geleisteten Gartenarbeiten 1843–1847, Claussen 13.1.1848, HStAD Reg. Köln 4645, S. 121, im Anhang vollständig zitiert, S. 195ff.

112 Domänenrat Lützeler an Reg. Köln vom 11.10.1847, HStAD Reg. Köln 4645, S. 61.

113 Extraordinarienfonds Dorneninseln: pro 1848 Be-stand 1187 rtl 3 sgr 9 pf, Ausgabe 533 rtl 16 sgr; pro 1849 Bestand 653 rtl 17 sgr 9 pf, Ausgabe 353 rtl 21 sgr 6 pf; pro 1850 Bestand 299 rtl 26 sgr, Ausgabe 67 rtl 21 sgr; danach blieb der Fond für mehrere Jahre bestehen, ohne daß Ausgaben bestritten wur-den, Rechnungen der Reg. Köln über die Verwaltung der Schlösser und Gärten, HStAD Reg. Köln 4038.

114 „Nachdem gegenwärtig die Ausführung der ... Ver-schönerungsanlagen ..., nach der Aeußerung des Garten-Directors Lenné als vollendet zu betrachten ist", MKH an Friedrich Wilhelm IV. vom 31.8.1847, GStA PK I. HA. Rep. 89 Geh. Zivilkabinett Nr. 20636 (M), S. 60.

c) Die Festsetzung des Unterhaltungsetats

Nach Abschluß des ersten Ausführungsabschnitts ging es sogleich darum, das Erreichte durch Bereitstellung von Unterhaltungsmitteln zu sichern. Entsprechend enthielt bereits der Antrag des Hausministeriums auf Fortsetzung der Ausführungsarbeiten vom 11. April 1845 das Gesuch um Bewilligung eines Unterhaltungsetats für die bisher fertigstellten Gartenteile.[115] Das Budget war von Claussen und Lenné erarbeitet worden und schloß mit dem Betrag von 1887 rtl. 1 sgr. 4 pf. ab.[116] Nach der Zustimmung des Königs ließ das Hausministerium die Summe am 7. Mai 1845 an die Regierungshauptkasse überweisen.[117] Ab Juni desselben Jahres fanden die ersten Unterhaltungsmaßnahmen statt; sie werden im Überblicksbericht Claussens detailliert beschrieben.[118]

Als 1847 auch der zweite Ausführungsabschnitt weitgehend fertiggestellt war, hatte der König über die Erhöhung des Unterhaltungsfonds auf jährlich rund 2213 Taler zu entscheiden.[119] Die Mehrausgaben resultierten aus:

> „1, an Gehalt für einen zweiten Gehilfen mit 144 rth
> 2, an Löhnung für die Gartenarbeiten mit 327 10 sgr
> ..., und kommt nach Hinzurechnung dieser Summe zu dem bisherigen
> Etatbetrage des obigen Etats 1886 13 sgr
> [die Zusammensetzung dieses Etats ist vollständig zitiert in: Inventare,
> 1979, S. 251f.]
> auf jährlich 2213 rth 23 sgr"[120].

Der König genehmigte die Erhöhung des Fonds am 30. September 1847.[121]

d) Die Ausstattung mit Bänken und neuen Statuen

Ende 1844 ließ die Regierung zu Köln die Anfertigung von Parkbänken veranschlagen. Dazu bedurfte sie der Mitarbeit des Hofgärtners: „Es ist ferner dem hohen Ministerio von Seiten des Herrn Garten-Directors Lenné die Bemerkung mitgetheilt worden, daß es in dem dortigen Königl. Garten an den erforderlichen Gartenbänken noch gänzlich mangele und seien Ihnen bereits die Punkte bezeichnet, welche zu deren Aufstellung geeignet scheinen.

Wir haben daher der dieserhalb ergangenen höheren Weisung zufolge, den Bauinspector Biercher beauftragt, über die Anfertigung von 20 bis 24 Bänke, von einer der Örtlichkeit anzupassenden Länge, worüber mit Ihnen Rücksprache zu nehmen, auf eisernem Fußgestell mit Lehnen, einen Kosten-Anschlag aufzustellen und zur weitern Veranlassung an uns einzureichen".[122]

Am 11. April 1845 wurde dem König der Kostenanschlag für 24 Bänke über 148 Taler zur Genehmigung vorgelegt.[123] In der Kostenabrechnung der Regierungshauptkasse Köln für 1845 ist verzeichnet, daß die „Eisenhandlung Jacob Koesen hierselbst [Köln]" diesen Betrag „für gelieferte 24 Stück eiserne Sitzbänke"[124] erhalten hat.

115 MKH an Friedrich Wilhelm IV. vom 11.4.1845, GStA PK I. HA. Rep. 89 Geh. Zivilkabinett Nr. 20636 (M), S. 24, auszugsweise zitiert in: Inventare, 1979, S. 250f.

116 Der Etat ist vollständig zitiert in: Inventare, 1979, S. 251f.

117 Das Datum ist vermerkt in: Übersichtsbericht über die geleisteten Gartenarbeiten 1843–1847, Claussen 13.1.1848, HStAD Reg. Köln 4645, S. 121, im Anhang vollständig zitiert, S. 195ff.

118 Die Unterhaltungsmaßnahmen werden von Claussen detailliert beschrieben, ebd.

119 MKH an Friedrich Wilhelm IV. vom 31.8.1847, GStA PK I. HA. Rep. 89 Geh. Zivilkabinett Nr. 20636 (M), S. 60.

120 Ebd.

121 Friedrich Wilhelm IV. an MKH vom 30.9.1847 (Konzept), GStA PK I. HA. Rep. 89 Geh. Zivilkabinett Nr. 20636 (M), S. 60.

122 Reg. Köln an Claussen vom 21.12.1844, AVSchB Hofgärtnerei 1843–1845.

123 MKH an Friedrich Wilhelm IV. vom 11.4.1845, GStA PK I. HA. Rep. 89 Geh. Zivilkabinett Nr. 20636 (M), S. 24, auszugsweise zitiert in: Inventare, 1979, S. 250f.

124 „Rechnungen der Königlichen Regierungs Haupt Casse zu Cöln über die Verwaltung der Königlichen Schlösser und Gärten" pro 1845, GStA PK I. HA. Rep. 113 (Ober-) Hofmarschallamt Nr. 2476 (M).

Nach seiner Anwesenheit im Herbst 1844 hatte Lenné das Hausministerium darauf hingewiesen, daß sich die vier alten Sandsteinfiguren im Parterre[125] in einem ruinösen Zustande befänden und die Gartenanlagen verunzierten. Das Ministerium sah sich dadurch veranlaßt, die Statuen entfernen zu lassen, und forderte Lenné wegen eines Ersatzes zur Stellungnahme auf.[126] Unter Bezugnahme auf das Gutachten Lennés legte das Ministerium dem König im April 1845 mehrere alternative Projekte über die Ersetzung der barocken Figuren vor.[127] Zur Überraschung des Hausministeriums lehnte es der König vorerst ab, in der Sache zu entscheiden. Statt dessen befahl er, daß die alten Figuren in diesem Jahre noch auf ihren Plätzen verbleiben sollten.[128] Das Ministerium hatte die alten Figuren schon wieder aufstellen lassen,[129] als der König seine Meinung änderte: „Auf Ihren Bericht ... eröffne ich Ihnen, daß der Garten-Director Lenné von mir den speciellen Auftrag erhalten hat, die vier im Schloßgarten zu Brühl am Schluße des Parterres befindlichen, alten Sandsteinfiguren durch Aufstellung neuer Statüen in Zink zu ersetzen, welche in Berlin bei M.[oritz] Geiß in Bestellung gegeben u. nach Brühl dergestalt geschafft werden sollen, daß sie noch im Laufe d. M. [Juli] daselbst aufgestellt werden können."[130] Vermutlich ist die plötzliche Eile bei der Ersetzung der Figuren damit zu erklären, daß der relativ kurzfristig verabredete Besuch der englischen Königin Victoria auf Schloß Brühl nun unmittelbar bevorstand.[131]

Mit der Kabinettsordre vom 1. Juli 1845 bestimmte der König schließlich doch einen der ihm früher unterbreiteten Vorschläge zur Ausführung. Der in dem Schreiben des Hausministeriums vom 11. April[132] enthaltene Erläuterungsbericht über die Ersetzung der vorhandenen Figuren benennt Einzelheiten des Projekts und läßt die Einstellung gegenüber den historischen Statuen deutlich werden:

> „In aesthetischer Hinsicht ist von dem Garten-Director Lenné dahin angetragen worden, die Ueberbleibsel der völlig zerstörten vier Sandstein-Figuren, welche am Schlusse des Parterres sich vorfanden und in dem ganz verfallenen Zustande den Garten verunzierten, wegräumen zu lassen, mit dem Anheimstellen, wegen Ersatz dieser Ornamente durch ähnliche von Zinkguß, Eurer Majestät Allerhöchste Willensmeinung einzuholen.
>
> Es ist hierauf von uns die Wegräumung jener Überbleibsel angeordnet, gleichzeitig aber der p. Lenné zur Aeußerung aufgefordert worden, ob ein Ersatz der fraglichen Ornamente, mit Rücksicht auf die

125 Es handelte sich um Statuen der vier Jahreszeiten aus dem 18. Jahrhundert. Sie standen im hinteren Bereich des Parterres auf den heute noch dort erhaltenen Sockeln.

126 MKH an Friedrich Wilhelm IV. vom 26.6.1845, GStA PK I. HA. Rep. 89 Geh. Zivilkabinett Nr. 20636 (M), S. 35.

127 MKH an Friedrich Wilhelm IV. vom 11.4.1845, GStA PK I. HA. Rep. 89 Geh. Zivilkabinett Nr. 20636 (M), S. 24, auszugsweise zitiert in: Inventare, 1979, S. 250f.

128 Friedrich Wilhelm IV. an MKH vom 28.4.1845 (Konzept), GStA PK I. HA. Rep. 89 Geh. Zivilkabinett Nr. 20636 (M), S. 31.

129 MKH an Friedrich Wilhelm IV. vom 26.6.1845, GStA PK I. HA. Rep. 89 Geh. Zivilkabinett Nr. 20636 (M), S. 35.

130 Friedrich Wilhelm IV. an MKH vom 1.7.1845 (Konzept), GStA PK I. HA. Rep. 89 Geh. Zivilkabinett Nr. 20636 (M), S. 36; die Statuen trafen am 19. Juli in Brühl ein, Reg. Köln an Kgl. Steuerkasse vom 19.7.1845, AVSchB Hofgärtnerei 1843–1845.

131 Es war wohl zunächst nicht vorgesehen, daß das Treffen der Könige am Rhein stattfinden sollte: „Berlin, 2. Juni. Die Königin Victoria wird nicht nach Berlin kommen, weil, wie es heißt, sie sich damit nicht der Nothwendigkeit aussetzen will, einen Besuch in Hannover zu machen; der Familienproceß über die Diamanten ist noch nicht entschieden. Das eigentliche Reiseziel soll Coburg sein ... Die Begegnung mit dem Könige von Preußen wird am Rhein, wie es heißt, auf Stolzenfels, Statt finden. Auf diese Weise ist ein dringendes Motiv gegeben, daß S. Majestät den Entschluß ändern und doch die Rheinprovinz besuchen [wird].", Köln. Ztg. vom 7.6.1845; die Anwesenheit Victorias und Alberts auf Schloß Brühl dauerte vom 11. bis 13. August 1845, dazu: Zilliken, 1955, S. 7f., S. 12; Hansmann, 1985, S. 101–122; Krüger, 1992, S. 281–296.

132 MKH an Friedrich Wilhelm IV. vom 11.4.1845, GStA PK I. HA. Rep. 89 Geh. Zivilkabinett Nr. 20636 (M), S. 24; der Text entspricht der Auslassung bei Dohms: Inventare, 1979, S. 251.

übrigen dortigen Anlagen, nothwendig erforderlich, oder nur wünschenswerth sei. Nach der von dem p. Lenné hierauf gemachten Anzeige wird von ihm der Ersatz der mehr gedachten Sandstein-Figuren durch ähnliche von Zink garade nicht für durchaus unbedingt nothwendig, jedoch für höchst wünschenswerth erachtet, da der Charakter der gärtnerischen Aufschmückung des Parterres jene Statuen nur ungern vermissen lasse. Um dieserhalb alles zu Eurer königlichen Majestät Allerhöchsten Entscheidung vorzubereiten, ist hierauf die Regierung zu Cöln veranlaßt worden, wegen eventueller Wiederherstellung der in Rede stehenden Statuen anderweite Vorschläge zu machen, und den desfallsigen Kosten-Betrag anzuzeigen. Nach dem von der Regierung hierauf unterm 20ten Februar c. erstatteten Bericht, welchen wir in Abschrift hier allerunterthänigst beizufügen uns erlauben [nicht vorhanden], hat, da eine Veranschlagung der Kosten in gewöhnlicher Weise hier allerdings nicht erfolgen kann, der dortige Bildhauer Imhoff [nicht klar, ob Johann Joseph d.J. oder Wilhelm Joseph] für die Anfertigung der fraglichen 7 Fuß hohen Statuen, in der artistischen Auffassung der alten (die Jahreszeiten darstellend) ähnlich und mit den erforderlichen Attributen versehen, in 3 bis 4 Linien starkem Zinkguß ausgeführt, pro Stück 500 rtl, überhaupt also 2000 rtl gefordert, und dabei zugleich bemerkt, daß dieser Preis vielleicht – wie es allerdings der Fall ist – etwas hoch erscheinen möchte, er darauf aufmerksam machen zu müssen glaube, daß zu jeder Figur ein eigenes Modell zu fertigen sei, und dies bekanntlich viel Arbeit veranlasse.

Für die Ausführung der fraglichen Statuen in Heilbronner Sandstein verlangt der Imhoff 225 rtl, mithin für vier dergleichen 900 rtl.

Dieser Bericht der Regierung zu Cöln ist von uns dem Garten Director Lenné zur gutachtlichen Aeußerung mitgetheilt worden, zugleich mit dem Auftrag, eventualiter mit dem Besitzer einer Zinkgießerei M. Geiß hierselbst über die Anfertigung der mehr erwähnten Figuren Rücksprache zu nehmen, und das Resultat, mit Angabe des verlangten Preises anzuzeigen, wobei zu erwägen ist, ob, wenn die Anfertigung der Figuren, die Jahreszeiten darstellend, wegen der davon zu fertigenden Modelle, zu kostspielig werden sollte, nicht etwa vier andere Figuren, wozu die Modelle schon vorhanden, zu wählen sein dürften.

Nach der von dem p. Lenné hierauf unterm 31ten v. Mts. erstatteten Anzeige, welche wir hier urschriftlich beizufügen uns erlauben [nicht vorhanden], hat derselbe sich jenes Auftrages durch Rücksprache mit dem p. Geiß entledigt, und zugleich die anliegenden Skizzen [nicht vorhanden] von vier Figuren: Juno, Ceres, Venus von Capua und Meleager darstellend, eingereicht, von denen bereits Modelle vorhanden, und die Abgüsse in Zink, nach dem ferner beigefügten Kosten-Anschlage, marmorartig gestrichen, für den Preis von 1000 rtl. zu beschaffen sein würden. Der p. Lenné bemerkt hierbei, daß da je zwei und zwei dieser 4 Statuen sowohl von ziemlich gleicher Höhe als auch von ähnlichem Habitus sind, hierauf bei der eventuellen Aufstellung gerücksichtigt werden könnte, und ist außerdem von ihm anheim gegeben, ob vielleicht, mit Berücksichtigung des vorliegenden Zweckes, die Schaamtheile des Meleagers durch ein Blatt zu verdecken sein dürften. Eurer Königlichen Majestät Allerhöchsten Entscheidung stellen wir nunmehr allerunterthänigst anheim, ob die Wiederherstellung der vier Figuren in dem Schloßgarten zu Brühl an den früher damit verzierten Stellen erfolgen und bejahenden Falles, ob dem Bildhauer Imhoff zu Cöln der Zinkguß dieser vier Figuren in der früheren Art, die vier Jahreszeiten darstellen, für den geforderten Preis von 2000 rtl. oder die Anfertigung derselben in Heilbronner Sandstein für 900 rtl. übertragen werden oder ob endlich die Aufstellung der oben erwähnten vier Statuen in Zinkguß vom M. Geiß hierselbst für den Preis von 1000 rtl. erfolgen soll, und erbitten wir uns hierüber Allerhöchste Befehle ehrfurchtsvoll."

Die Entscheidung für die vier antikisierenden Zinkfiguren – Juno, Ceres, Venus von Capua und Meleager (Abb. 32, 33) – aus der Gießerei Moritz Geiß beruhte nicht in erster Linie aus dem Bedürfnis nach Kostenersparnis, da Nachbildungen in Sandstein billiger zu haben gewesen wären. Offenbar wurde Zink als Material bevorzugt. Die Präferenz für Zink ging so weit, daß dagegen selbst die Rekonstruktion der alten Figuren verzichtbar erschien, und es zur Aufstellung ikonographisch abweichender Bildwerke kam. Nur eine vage äußerliche Ähnlichkeit war gefragt, damit der „Charakter" der Gartenanlagen bewahrt wurde. Angesichts dieser am äußeren Erscheinungsbild des Gartens orientierten Betrachtungsweise ist es nicht verwunderlich, daß die Fragmente der alten Figuren unerträglich erschienen und ihre historische Bedeutung keine Beachtung fand.

Abb. 32, Schloßgarten Brühl, Zinkgußstatuen aus der Gießerei Moritz Geiß im Parterre (zerstört).

Abb. 33, Schloßgarten Brühl, Venusstatue aus der Gießerei Moritz Geiß (zerstört).

Die Berliner Werkstatt von Moritz Geiß hatte in Preußen und wohl auch darüber hinaus im Gießen von Zink eine führende Stellung.[133] Ein bedeutender Auftraggeber war das preußische Königshaus.[134] Mitunter wurden auch Bildwerke für die königlichen Gärten in Potsdam von Geiß bezogen;[135] die Brühler Figuren stellten also keinen Einzelfall dar. Besonders Schinkel hatte sich für Zink als Material eingesetzt.[136] Im Vorwort zu Geiß' Werkstatt-Katalog nahm Schinkel unter anderem zur Ersetzung barocker Bauornamente und Statuen durch Repliken in Zink Stellung. Insbesondere die geringschätzigen Äußerungen über barocke Formgebung lassen den Umgang mit den alten Brühler Gartenfiguren verständlich werden: „Wir sehen auch bereits große Statuen

133 Vgl. Rupp, 1990, S. 337–351, S. 343f.
134 Unter den Arbeiten von Geiß: Hauptgesims des Alten Museums, Portal der Werderschen Kirche u.a., Sperlich, 1964, S. 156f.
135 Vgl. Hüneke, 1995, S. 348–352, S. 351.
136 Vgl. Rupp, 1990, S. 337–351, S. 343f.

nach der Antike in der Werkstatt des Herrn Geiss in Berlin auf das sauberste ausgeführt. ... Vorzüglich aber werden große Kosten erspart bei der Restauration alter aus barocker Zeit stammender Bauwerke. Die geschmacklosen Formen der Ornamente dieser Gebäude werden auf die leichteste Weise durch Abformung der Originale und Ausguß in Zink erhalten und man übergeht eine langweilige, den Geschmack nicht fördernde Ausarbeitung in Stein".[137]

In der Öffentlichkeit wurde die Ersetzung der alten Figuren hingegen mit Ablehnung aufgenommen. Die Kölnische Zeitung beanstandete, „daß man gewiß in jeder Beziehung besser gethan hätte, die vier kolossalen die vier Jahreszeiten vorstellenden Bilder gleich denen auf dem Wachthäuschen vor dem Schlosse [Berzdorfer Brücke: Minerva und Mars] zu restauriren, als sie durch neue zu ersetzen, die gar winzig darstehen, und theilweise als Nachbildungen antiker Bildwerke in ein Kunstcabinet; nicht aber an diese Stelle passen mögen."[138] Offenbar reagierte die Gartenverwaltung auf diese Kritik und ließ die Sockel erhöhen, um die Figuren größer erscheinen zu lassen.[139]

e) Einzelne Maßnahmen und Projekte außerhalb der großen Etats

Bereits während der zweiten Ausführungsphase kam es zu einzelnen Verbesserungsmaßnahmen in den zuvor beendeten Anlagen.[140] Andere Arbeiten wurden durch kurzfristig auftretende Bedürfnislagen ausgelöst. Dazu gehörte etwa die Einhegung des östlichen Schloßvorhofs mit einer Ligusterhecke. Keineswegs waren ästhetische Gründe für diese Maßnahme ausschlaggebend; vielmehr handelte es sich um eine Sicherheitsvorkehrung, die sich als notwendig erwies, nachdem einige Parkbesucher vom Vorhof in den Umfassungskanal gefallen waren.[141] In einem Gutachten für das Hausministerium brachte Lenné die Anlage der Ligusterhecke in Vorschlag und empfahl außerdem, die benötigten Pflanzen aus der Landesbaumschule bei Potsdam zu einem günstigen Preis und „portofrei" nach Brühl abzugeben.[142] Am 2. Januar 1846 verfügte das Ministerium ein entsprechendes Vorgehen.[143]

Bei den Ausführungsarbeiten des Jahres 1845 wurde das vorhandene Pflaster teilweise aus der östlichen Schloßzufahrt entfernt und mit Makadam versehen. Später empfand man es als störend, daß Unkraut „in unvertilgbarer Weise" zwischen den verbliebenen Steinen hervorwuchs.[144] Die Regierung zu Köln schlug daher die vollständige Wegnahme des Pflasters und die Makadamisierung

---

137 Schinkel am 3.5.1840, Vorwort zu Zinkguß-Ornamente, 1841.

138 Köln. Ztg. vom 7.8.1845, im Anhang vollständig zitiert, S. 200.

139 Reg. Köln an Wegebaumeister Schopen vom 1.9.1847, HStAD Reg. Köln 4645, S. 21; Zeichnung von Schopen vom 8.1.1848, ebd., S. 111; Wegebaumeister Schopen an Reg. Köln vom 29.11.1848, ebd., S. 112.

140 „Da der Garten-Director Lenné am 1. d. M. hier eintraf und seine Reise über Brühl fortsetzte, so hat der Domainen Departements Rath ihn in den Königlichen Park begleitet, um dessen Gutachten über die bisher ausgeführten Anlagen und etwa vorzunehmenden Verbesserungen zu vernehmen.", Reg. Köln an Staatsministerium u. Hausministerium vom 3.9.1847 (Konzept), HStAD Reg. Köln 4645, S. 33.

141 „Wir haben in Erfahrung gebracht, daß unlängst mehrere Personen welche über den Vorhof des dortigen Königlichen Schlosses nach dem Bahnhofe zu gehen beabsichtigten, in den jenen Vorhof umgebenden Weiher gestürzt sind. Es erscheint daher dringend nöthig, die Ränder des Weihers, da wo sie an den Vorhof anstoßen mit einem Gehege zu versehen, was am zweckmäßigsten durch die Anlage einer lebendigen Hecke daselbst geschehen wird. Wir beabsichtigen daher, dieserhalb höheren Orts den geeigneten Antrag zu machen", Reg. Köln an Claussen vom 11.10.1845, AVSchB Hofgärtnerei 1843–1845.

142 Der Inhalt des Gutachtens ist wiedergegeben in: MKH an Reg. Köln vom 2.1.1846 (Abschrift), AVSchB Hofgärtnerei 1846–1855.

143 Ebd.

144 Reg. Köln an Staatsministerium u. Hausministerium vom 3.9.1847 (Konzept), HStAD Reg. Köln 4645, S. 33.

der Zufahrt vor.[145] In einem vom Hausministerium bestellten Gutachten erklärte sich Lenné grundsätzlich mit dem Vorhaben einverstanden, glaubte aber, „daß bei der eingeschlossenen schattigen Lage des Schloßhofes [Ehrenhof] und da die bezeichneten Plätze vom Publikum wenig betreten werden, der Besorgnis Raum zu geben sei, daß diese Stellen, auch nach der Macadamisirung der Begrünung unterworfen sein würden, während jene Rasenplätze für eine Verschönerung der Gesamt-Anlage zu betrachten, auch die Anlage, sowie die Unterhaltung derselben mit geringeren Kosten zu bewirken sei, als die Macadamisirung. Sollten kleine Communikation-Wege von einem Seitenflügel des Schlosses zum anderen nöthig sein, so könnten diese leicht durch die Rasenfläche zweckentsprechend eingelegt werden."[146] Am 7. September 1848 beantragte das Hausministerium die Bewilligung der Kosten für ein entsprechendes Projekt.[147] Angesichts der Situation im Revolutionsjahr befahl der König jedoch, „die Ausführung dieser Arbeiten bis auf günstigere Zeiten auszusetzen".[148] Für eine spätere Umsetzung des Projekts gibt es in den vorhanden Quellen keine Anzeichen.

1847 und 1848 wurde erörtert, ob die Pappelalleen zu beiden Seiten des Parterres zu ersetzen seien. Den Anlaß bot das „zunehmende Absterben" der Bäume, „indem durch das bei heftigem Winde zu besorgende Niederstürzen einzelner Pappeln für die Linden-Allee Beschädigungen zu befürchten sind".[149] Der auf ein Gutachten Lennés gestützte Antrag der Regierung zu Köln bestand darin, „daß die Pappel-Allee wegzunehmen u. durch schön blühende Kastanien zur größten Uebereinstimmung mit den übrigen Gartenanlagen zu ersetzen sei".[150] Das Hausministerium legte die Sache dem König zur Entscheidung vor. Dieser genehmigte die Ersetzung der Pappeln durch „aechte, schon möglichst starke Kastanien-Stämme", insistierte aber, daß dies nur geschehen solle, sofern die Pappeln „der Mehrzahl nach wirklich nicht mehr erhalten werden können".[151] Die darauf angestellten Ermittlungen ergaben, „daß die Mehrzahl derselben [Pappeln] nämlich 186 von 243 Stück allerdings noch einige Jahre erhalten werden kann".[152] Die Ersetzung der Pappeln durch Kastanien wurde also erst seit Beginn der 50er Jahre schrittweise vollzogen.[153]

„Zur Belebung des Wasserbassins im Königlichen Park zu Brühl" schien der Regierung zu Köln „das Vorhandensein zweier Paar Schwäne erforderlich" und bat um unentgeltliche Abgabe der Tiere aus der „Schwanenanstalt bei Potsdam".[154] Offenbar hielt man Schwäne für ein unverzichtbares Bestandteil des Gartenbildes, so daß – als noch keine eigenen im Brühler Schloßgarten vorhanden waren – während der Aufenthalte des Königs Schwäne von Privaten ausgeliehen wur-

145 Reg. Köln an Bauinspektor Biercher vom 20.11.1847 (Konzept), HStAD Reg. Köln 4645, S. 71.

146 Der Inhalt des Gutachtens ist wiedergeben in: MKH an Reg. Köln vom 14.6.1848, HStAD Reg. Köln 4645, S. 156.

147 MKH an Friedrich Wilhelm IV. vom 7.9.1848, GStA PK I. HA. Rep. 89 Geh. Zivilkabinett Nr. 20636 (M), S. 109.

148 Friedrich Wilhelm IV. an MKH vom 20.9.1848 (Konzept), GStA PK I. HA. Rep. 89 Geh. Zivilkabinett Nr. 20636 (M), S. 110.

149 Reg. Köln an Claussen vom 30.6.1846, AVSchB Hofgärtnerei 1846–1855.

150 Reg. Köln an MKH vom 26.8.1847 (Konzept), HStAD Reg. Köln 4645, S. 12.

151 MKH an Reg. Köln vom 26.1.1848, HStAD Reg. Köln 4645, S. 127.

152 Oberförster Schirmer u. Claussen an Reg. Köln vom 21.2.1848, HStAD Reg. Köln 4645, S. 138.

153 „... bin ich in Übereinstimmung mit dem erforderlichen Gutachten des Garten-Directors Lenné damit einverstanden, daß ... mit der Ergänzung in der Art vorangeschritten werde, daß zunächst von drei Pappeln, zwei derselben gefällt, und an deren Stelle nach der ausdrücklichen Bestimmung Sr. Majestät des Königs ... ächte möglichst starke Kastanien-Bäume gesetzt werden. ... Von der in Letzterem [Bericht Claussens vom 5. vorherigen Monats] vorgeschlagenen Anpflanzung von roth blühenden Kastanien Bäumen muß unter allen Umständen Abstand genommen werden ... Die Wegnahme der dann noch beim Blumen-Parterre stehen bleibenden Pappeln darf nur unter diesseitiger Genehmigung geschehen und wird zu seiner Zeit ein gehörig motivirter Antrag erwartet.", MKH an Reg. Köln vom 22.10.1850 (Abschrift), AVSchB Hofgärtnerei 1846–1855.

154 Reg. Köln an MKH vom 22.8.1847 (Konzept), HStAD Reg. Köln 4645, S. 5f.

den.[155] Im September 1848 erhielt das Königliche Hofjagdamt den Befehl zur Verschickung der Schwäne.[156] Sie trafen am 29. Oktober 1848 in Brühl ein.[157]

Ende 1849 beantragte der Hofgärtner erstmals seit der Ausführung des Lenné-Projekts eine umfangreiche Rodungsmaßnahme.[158] Sie betraf den südwestlichen Tiergarten.[159] Zur Begründung führte Claussen an, daß die Auslichtung notwendig sei, um zum einen die dort vorherrschende feuchte und ungesunde Luft zu verbessern und zum anderen, um in diesen Partien ein schönes Unterholz zu erzielen. Ohne die Zustimmung Lennés wollte die Regierung die Holzfällungen jedoch nicht genehmigen.[160] Am 28. September 1850 teilte Claussen mit, daß Lenné den Garten „vor einigen Wochen" besichtigt habe und sich bei dieser Gelegenheit für die Auslichtung der fraglichen Waldpartien ausgesprochen habe.[161] Die Regierung ließ darauf zunächst Untersuchungen durch einen Forstbeamten anstellen. Dieser bestätigte die Gründe Claussens, fügte aber hinzu, „daß durch diese Hiebe ... die herrliche Aussicht nach dem Vorgebirge und Siebengebirge dem Auge geöffnet wird."[162] Diese Aktennotiz ist deswegen von Bedeutung, da sie belegt, daß auch Blickbeziehungen in die umgebende Landschaft in der Konzeption des Gartens eine Rolle spielten.[163] Der Antrag der Regierung[164] auf Lichtung des südwestlichen Tiergartens wurde am 16. Dezember 1850 durch das Hausministerium genehmigt.[165]

Ein weiteres Projekt im Tiergarten bestand in der Erbauung einer Brücke, die in Verlängerung der Eselsallee über den Kleinen Inselweiher angelegt werden sollte und daher als Eselsbrücke bezeichnet wurde. Die Gründe für den Bau der Brücke, die im Lennéplan nicht vorgesehen war, erläuterte Claussen in einem Schreiben vom September 1848: „1. weil sie zur Verschönerung der Anlage sehr viel beiträgt. / 2. die Esel-Allee ist eine Hauptallee, worauf das Publicum meist geht. Dieselbe führt bis in die neue Anlage, und durch die erwähnte Brücke Uebergang zur neuen Anlage. Wenn man gleichwohl an anderen Orten zu derselben gelangen kann, so müßte das Publicum von der Eselsallee einen sehr großen Umweg machen. Die Brücke dürfte bloß eine Fußgängerbrücke werden".[166] Die Regierung gab daraufhin die Planung einer Brücke in Auftrag, wobei sie die Vorgabe machte, daß die Konstruktion sich an der bereits vorhandenen Obststückbrücke zu orientieren habe.[167] Das Ministerium erachtete es jedoch „unter den gegenwärtigen Zeit-Verhältnissen" als unangemessen, für die Ausführung des von der Regierung eingereichten Entwurfs, der ein eisernes Geländer vorsah, neue Geldmittel beim König zu beantragen.[168] Allerdings wolle man einem Brückenbau zustimmen, dessen Kosten mit Restbeträgen aus den bestehenden Fonds zu decken seien. Da aus den vorhandenen Fonds aber keine Mittel zu entnehmen waren,[169] wurde vorgeschlagen, „eine dem Bedürfnisse entsprechende Laufbrücke oder einen Steg auf minder kostspielige Weise, vielleicht mit

155 Ebd.; Reg. Köln an Claussen vom 9.8.1848 (Konzept), HStAD Reg. Köln 4645, S. 171.

156 Dies ist vermerkt in: MKH an Reg. Köln vom 16.9.1848, HStAD Reg. Köln 4645, S. 193.

157 Empfangsbestätigung vom 29.10.1848, HStAD Reg. Köln 4645, S. 214.

158 Claussen an Reg. Köln vom 4.11.49, HStAD Reg. Köln 4647.

159 Es handelte sich um die mit A, B, C bezeichneten Bereiche des beiliegenden Plans, HStAD Reg. Köln 4647 (Abb. 31).

160 Reg. Köln an Claussen vom 27.1.1850, HStAD Reg. Köln 4647.

161 Claussen an Reg. Köln vom 28.9.1850, HStAD Reg. Köln 4647.

162 Oberförster Schirmer an Reg. Köln vom 16.10.1850, HStAD Reg. Köln 4647.

163 Vgl. diese Arbeit: Kap. IV.4.d) u. IV.6.c).

164 Reg. Köln an MKH vom 19.11.1850 (Konzept), HStAD Reg. Köln 4647.

165 MKH an Reg. Köln vom 16.12.1850, HStAD Reg. Köln 4647.

166 Claussen an Reg. Köln vom 29.9.1848, HStAD Reg. Köln 4645, S. 200.

167 Randbemerkung vom 3.10.1848 auf vorherigem Schreiben, HStAD Reg. Köln 4645, S. 200.

168 MKH an Reg. Köln vom 18.5.1850 (Abschrift), AVSchB Hofgärtnerei 1846–1855.

169 Reg. Köln an Bauinspektor Junker vom 28.5.1850, AVSchB Hofgärtnerei 1846–1855.

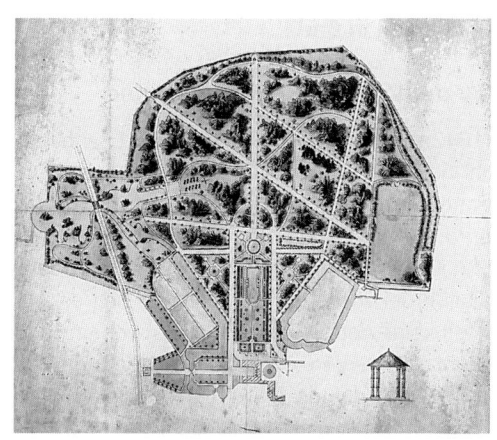

Abb. 34, „Koeber"-Plan, undatiert, Schloßgarten Brühl, Ausrichtung nach Süden.

im Schloßpark vorhandenen Materialien" auszuführen.[170] Nach den vorliegenden Akten war dies der letzte Stand, bevor im Sommer 1851 die Genehmigung zum Bau der Eselsbrücke erfolgte.[171] Ob die Brücke daraufhin zur Ausführung kam, ist unklar. Jedenfalls wurde im Jahre 1857 erneut die Anlage einer „Laufbrücke … am Ende der Esels-Allee" genehmigt.[172] Der auf 600 Taler veranschlagte Bau wurde nachweislich noch im selben Jahr ausgeführt;[173] leider enthalten die Quellen keine näheren Angaben über die äußere Beschaffenheit der Brücke.

Als weitere Ausstattungselemente des Tiergartens wurden zwei Hütten errichtet. Die sogenannte „Mooshütte" entstand 1855 „auf der rechten Seite, der am Ende der Hauptallee … aufgestellten Vogelstange [die Stange ist bereits in den Lennéplänen eingezeichnet]" nach einer – nicht erhaltenen – Zeichnung Claussens.[174] Die geringen Kosten von 30 bis 40 Talern lassen vermuten, daß zum Bau der Hütte Materialien aus dem Park verwendet worden sind. 1860 wurde der so bezeichnete „Moostempel" aufgestellt.[175] Über die Erteilung der Baugenehmigung wurde Claussen am 9. Juli 1859 informiert.[176] Das Schreiben läßt sich mit einem Plan aus der Potsdamer Plankammer[177] (Abb. 34) in Verbindung bringen, der den Standort der Hütte zeigt und mit einer Skizze der Hütte versehen ist: „… hat uns der Herr Minister des Königlichen Hauses durch Reskript vom 28. v.Mts. ermächtigt, an der auf dem anbei zurückfolgenden Gartenplan mit X bezeichneten Stelle in der s.g. [sogenannten] Fasanerie … einen Moostempel nach der ebenfalls anliegenden Zeichnung durch Sie auf Rechnung ausführen … zu lassen". Da der Moostempel nicht über einen Weg zu erreichen war, erscheint es unwahrscheinlich, daß er als Schutzhütte für die Parkbesucher dienen sollte; der Moostempel war wohl ein zusätzlicher Schmuck des Gartens. Zwar handelte es sich um einen sehr einfachen Holzbau aus einem flachen Ringpultdach auf vier Stützen,[178] doch besaß die Architektur in den Einzelheiten recht anspruchsvolle Formulierungen. Die aus mehreren Holzstangen zusammengefügten Stützen waren säulenartig artikuliert; sie ruhten auf einer Plinthe und schlossen oben mit einem Abakus ab; der oberste Schaftring war jeweils so gesetzt, daß ein Kapitell ablesbar wurde.

170 Bauinspektor Junker an Claussen auf vorherigem Schreiben, AVSchB Hofgärtnerei 1846–1855.

171 Mitteilung über die Genehmigung des Hausministeriums, Reg. Köln an Claussen vom 3.6.1851, AVSchB Hofgärtnerei 1846–1855.

172 MKH an Reg. Köln vom 11.2.1857 (Abschrift), AVSchB Hofgärtnerei 1856–1867.

173 Rechnungen der Reg. Köln über die Verwaltung der Schlösser und Gärten pro 1857, HStAD Reg. Köln 4038.

174 Mitteilung über die ministerielle Genehmigung zum Bau der Hütte, Reg. Köln an Claussen vom 5.2.1855, AVSchB Hofgärtnerei 1846–1855; daß die Mooshütte errichtet wurde, erweist sich anhand: Reg. Köln an Claussen vom 15.2.1861, AVSchB Hofgärtnerei 1856–1867.

175 Rechnungen der Reg. Köln über die Verwaltung der Schlösser und Gärten pro 1860, HStAD Reg. Köln 4038.

176 Reg. Köln an Claussen vom 9.7.1859, AVSchB Hofgärtnerei 1856–1867.

177 Beschriftet mit „Schloß Brühl", Feder in Schwarz, wenig Bleistift, laviert in Grün, Braun und Grau, 52,3 x 54,8 cm, Planslg. Nr. 13176, von Günther/Harksen dem Zeichner Gerhard Koeber zugeschrieben und um 1845 datiert: Lenné. Katalog der Zeichnungen, 1993, Kat. Nr. 529; zu Zuschreibung und Datierung vgl. diese Arbeit: Kap. IV.5.b).

178 Zum Bau war Eichenholz aus dem Park bestimmt, Reg. Köln an Oberförster Grunwald vom 5.12.1859 (Abschrift), AVSchB Hofgärtnerei 1856–1867.

4. Der Bau der Eisenbahnanlagen in Brühl

a) Die Ausgangssituation nach Abschluß der Verhandlungen mit Lenné

Nach den Verhandlungen mit Lenné im September 1842 machte sich die Bonn-Kölner Eisenbahngesellschaft sogleich daran, die Bahnanlagen in Brühl unter den veränderten Voraussetzungen zu planen und auszuführen. Der Verlauf des Schienenstrangs war bereits früher genehmigt worden,[179] und die weiteren Modalitäten des Trassenbaus waren durch die Abmachungen mit Lenné geklärt. Die Ausführung konnte daher sehr schnell vonstatten gehen; schon im Juli 1843 war das noch fehlende Verbindungsstück der Bonn-Kölner Eisenbahn bei Brühl vollendet.[180] Anders verhielt es sich bei den Gebäuden. Für den Bahnhof lagen bislang noch keine detaillierten Planungen vor, und der Entwurf der Brücke im Treibhausgarten mußte neu gemacht werden. Beide Bauvorhaben unterlagen königlicher Genehmigung,[181] so daß darauf zu achten war, daß die Projekte mit den Gartenanlagen und dem Schloß harmonierten. Um die Bauten möglichst rasch zu vollenden, suchte die Eisenbahngesellschaft teils die Zusammenarbeit mit der Verwaltung, teils ließ sie sich die Einflußnahme eher widerwillig gefallen. Trotz des Bemühens um ein rasches Vorgehen konnten die beiden Bauten nicht rechtzeitig zur Eröffnungsfahrt der Eisenbahn am 13. Februar 1844 fertiggestellt werden.[182]

Im Oktober 1842 wurden dem Kreisbaumeister Märtens aus Braunschweig die Planungen für den Eisenbahnbau übertragen.[183] Als dann die Situationspläne für die Bahnhöfe ausgearbeitet vorlagen,[184] nahm die Eisenbahngesellschaft eine Aufteilung der Kompetenzen vor: „Auf Ersuchen der Direktion erklärten sich die Mitglieder der technischen Commission [des Verwaltungsrats] bereit hinsichtlich der Ausführung der Bahnhofsbauten die Functionen des [früheren] Ober Ingenieurs zu übernehmen in der Art, daß die Herren [Johann Peter] Weyer und [Johann Heinrich] Sonnoré unter Verantwortlichkeit des ersteren den Bauten in Cöln und Brühl, der Herr Koenig unter eigener Verantwortlichkeit den Bauten in Bonn als Ober Ingenieur vorzustehen hat und zu den Bauten in Cöln gehören die Brücken über den Festungsgraben u. die Viaducte, zu den Bauten in Brühl die Brücke

179 Friedrich Wilhelm IV. an MKH u. Finanzminister vom 23.5.1842, GStA PK I. HA. Rep. 89 Geh. Zivilkabinett Nr. 29649 (M); vgl. diese Arbeit: Kap. III.5.c).

180 „... der Schienenweg ohne Unterbrechung vom Festungs Rayon zu Köln bis jenseits Falkenlust bei Brühl fertig", Verwaltungsratssitzung vom 24.7.1843 (Auszug), in: Köln. Ztg. vom 28.10.1843.

181 Hinsichtlich der Treibhausgartenbrücke: „Wir sehen daher, ehe Eure p [Direktion] den Bau der quest: Brücke beginnen läßt, der Vorlegung des Projekts zu diesem Baue entgegen, damit wir ... die Allerhöchsten Befehle über die Zulässigkeit der Ausführung derselben einholen können.", Reg. Köln an Direktion vom 3.4.1843 (Konzept), HStAD Reg. Köln 2020, S. 176; hinsichtlich des Bahnhofs und der Brücke: „Es schien dieses um so rathsamer, als die Projecte für Brühl doch von der Regierung erst nach Berlin zur Genehmigung eingeschickt würden", Direktionssitzung vom 29.4.1843, HAStK Best. 1028 Nr. 75, S. 314.

182 Die erste Eisenbahnfahrt von Köln nach Bonn, 1962, S. 1f.

183 „Die Direktion beschließt, daß mit dem Kreisbaumeister Märtens sofort persönlich Unterhandlungen in der Art angeknüpft werden sollen, daß derselbe in möglichst kurzer Zeit hierherkomme und hierbleibe bis die Berathung mit der Direktion und den Beamten der Gesellschaft, der Oberbau der Bahn und die sämmtlichen Pläne für die Stationsplätze, Bahnhöfe und für den Viaduct festgesetzt seien", Direktionssitzung vom 26.10.1842, HAStK Best. 1028 Nr. 75, S. 201.

184 „8. Vorlegung der Bahnhofspläne an den Verwaltungsrath / Die Situationspläne des Herrn Märtens für die Bahnhöfe in Bonn, Brühl u. Cöln sollen unter obigen Modificationen [für Brühl keine] dem Verwaltungsrath zur Genehmigung vorgelegt ... werden.", Direktionssitzung vom 15.1.1843, HAStK Best. 1028 Nr. 75, S. 251; der „Situationsplan des anzulegenden Bahnhofes in Brühl", HStAD Karte 8005 (abgebildet bei Leven, 1994, S. 16) stammt wahrscheinlich von Märtens. Die Situationspläne der Bahnhöfe wurden am 13. Februar 1843 vom Verwaltungsrat genehmigt, Verwaltungsratssitzung vom 13.2.1843, HAStK Best. 1028 Nr. 101.

über den Treibhaus Garten-Weiher in Brühl."[185] Die Zuständigkeit für die Brühler Eisenbahngebäude lag demnach bei Weyer, Stadtbaumeister in Köln,[186] und Sonnoré, ehemaliger Offizier in einem Ingenieurkorps[187]. Die Zuschreibung Bollenbecks an „Jan Honnoré" beruht auf einem Lesefehler.[188]

b) Der Brühler Bahnhof

Am 13. Februar 1843 genehmigte der Verwaltungsrat den Situationsplan des Brühler Bahnhofs, „enthaltend a) ein Stationshaus mit zwei Warteseelen, ... b) einen Schuppen für 4 Wagen"[189]. Alles weitere überließ man der Direktion und der Technischen Kommission[190] zur gemeinschaftlichen Entscheidung.

Wenige Tage später wurden erste Vorstellungen über die Architektur des Bahnhofsgebäudes entwickelt: „Es soll ein Plan unter Zu-Grundelegung einer vorgelegten lithographischen Ansicht eines hölzernen Sommerhauses [nicht vorhanden] ausgearbeitet werden. Die Halle soll 10 à 12 breit sein und die Warteseele circa 400 Quadratfuß Raum enthalten. Die Dachbedeckung soll wo möglich von Schiefer gemacht werden. Für das Stationshaus und den Wagenschuppen ... kann im Ganzen eine Summe von 8500 thl. verwandt werden."[191]

Zur Umgehung eines langwierigen Genehmigungsverfahrens entschloß sich die Direktion im April 1843, Lenné in die Planung des Bahnhofs einzubeziehen: „Um zu einem des Königs Majestät genehmen, und den dafür ausgeworfenen Etat nicht überschreitenden Project für das Brühler Stationshaus zu gelangen, erschien es angemessen Herrn Lenné in Potsdam unter Mittheilung des in den früheren Sitzungen festgestellten Programs u. des Grundrißes zu ersuchen, eine zu seinen Anlagen passende Facade durch einen dortigen Bauzuständigen zeichnen zu lassen. Es schien dieses um so rathsamer, als die Projecte für Brühl doch von der Regierung erst nach Berlin zur Genehmigung eingeschickt würden, u. sonach eine Zeitersparniß darin liegen würde, wenn uns durch Vermittlung des Herrn Lenné ein annehmbares Project zukäme."[192] Die Lenné übermittelten Angaben über die bisherige Planung enthielten neben den im Februar getroffenen Entscheidungen die Einschränkung, daß der Bau „in allen Fällen einstöckig zu machen" sei. Zur weiteren Orientierung wurden Lenné die „Entfernung des Stationshauses vom Schlosse, das Querprofil der Linie vom Schlosse bis zum Stationshause,

---

185 Des weiteren ist folgendes vermerkt: „Die Haftbarkeit für die Fixpuncte und das Nivellement sowie für die richtige Absteckung der Bahnhofsgebäude nach dem genehmigten Situationsplane sei am besten einem ...[?] Geometer zu übertragen, in welcher Beziehung der Geometer der Gesellschaft Herr Mühlejans[?] Vertrauen verdiene. Es bleibt demnach nur noch für die Leitung des Unter- und Oberbaus und für die Bahnhof Gebäude Vorsorge zu treffen übrig. Was das erstere betrifft, so sei es wie bisher dabei bleiben, daß die Erdarbeiten von dem Ingenieur von Lassaulx unter Oberaufsicht des Herrn Wegebaumeisters Werner ausgeführt werden. Der Oberbau soll durch Ingenieur de Lassaulx und Ingenieur v[on] d[er] Schmidt ausgeführt werden.", Direktionssitzung vom 18.2.1843, HAStK Best. 1028 Nr. 75, S. 271.

186 Zu Weyer: Bollenbeck, 1969.

187 Im Personenregister des HAStK ist über Sonnoré folgendes vermerkt: Johann Heinrich Son(n)oré, geb. Düren 1801 oder 1802 gestorben 1866 in Köln, Leutnant im Ingenieurkorps in Köln, 1839 ging als Hauptmann ab, 1847–1850 Beigeordneter, 1852–1861 Stadtrat. Außerdem war Sonnoré Mitglied des Verwaltungsrats, später der Direktion der Bonn-Kölner Eisenbahngesellschaft. Dies läßt sich anhand der jeweiligen Protokolle nachvollziehen, in denen die Sitzungsteilnehmer stets angegeben sind.

188 Bollenbeck, 1969, S. 139.

189 Verwaltungsratssitzung vom 13.2.1843, HAStK Best. 1028 Nr. 101.

190 Die Mitglieder der Technischen Kommission waren Weyer, Sonnoré und König.

191 Direktionssitzung vom 18.2.1843, HAStK Best. 1028 Nr. 75, S. 271.

192 Direktionssitzung vom 29.4.1843, HAStK Best. 1028 Nr. 75, S. 314.

u. die Höhe der ersten Etage des Schlosses" mitgeteilt. – Offenbar stellte das Verhältnis zum Brühler Schloß ein entscheidendes Kriterium in der Planung des Bahnhofs dar.

Im Juni 1843 besprachen die zuständigen Gremien der Eisenbahngesellschaft die „nach den Angaben des Herrn Garten Directors Lenné ausgearbeiteten beiden Projecte".[193] Man befand, daß die Entwürfe „in der vorliegenden Ausführung den Zwecken der Gesellschaft und den für dieses Gebäude disponiblen Geldmitteln nicht ganz angemessen" seien, und entschied sich, „das Herrn Lenné vorzugsweise genehme Project unserm Gebrauch gemäß zu modifiziren". Den Auftrag dazu erhielten Weyer und Sonnoré, wobei ihnen folgende Auflagen gegeben wurden:

> „1. die Aufsetzung eines zweiten, niedrigen Stocks wird übereinstimmend mit dem Lenné Plan wegen der ungleich schöneren Ansicht und aus dem Grunde genehmigt, weil sich für den zweiten Stock unter allen Umständen eine vortheilhafte, gut rentirende Verwendung finden wird,
> 2. das obere Dach soll wo möglich mit Schiefer gedeckt werden,
> 3. Die Halle [um den Gebäudekern vorlaufende Arkaden] ist mit Zink [?] zu decken und von Holz zu construiren, dieselbe ist mit einem Geländer zu versehen, um als Plattform benutzt werden zu können."

Am 24. Juli 1843 wurde der von Weyer und Sonnoré erarbeitete Plan der Direktion zur Feststellung vorgelegt[194]: „Der Grundriß des modifizirten Planes wird genehmigt, nur soll die Treppe etwas in die Mauer versetzt werden. Was das Aeußere betrifft, so wurde Zinkdeckung beschlossen, jedoch soll die Gallerie [Aussichtsplattform] wegfallen und die Dächer der Hallen sowie das Mitteldach eine angenehme Neigung zur Beförderung des Wasserabflusses gegeben werden, die Ausladung soll vermindert werden. Im Erdgeschosse sollen Sandstein Gewände genommen werden. Die hölzernen Pfeiler werden auf hausteinerne Sockel gesetzt. Die Hallen und Flure werden mit rothem Sandsteinen [aus]gestattet. Die Doppelfenster erhalten einen Flügel." Nachdem diese näheren Bestimmungen ergangen waren, wurden die „Herrn Techniker" Weyer und Sonnoré „zum sofortigen Begriffe des Fundaments authorisirt".

Die Verabschiedung des Kostenvoranschlags, der erst am 29. Juli 1843 ausgearbeitet vorlag, brachte noch einmal Schwierigkeiten mit sich, da der errechnete Betrag von 8776 Talern der Direktion viel zu hoch erschien.[195] Als Weyer und Sonnoré jedoch erklärten, „daß durch zweckmäßige Ersparnisse eine Reduction des Anschlages bis auf sechstausend siebenhundert Thaler zulässig sey",[196] erklärte sich die Direktion mit der Ausführung des Plans einverstanden und bestimmte ferner, daß das Gebäude „in acht Wochen zum Gebrauche disponibel seyn" solle.

Zur Eröffnung der Eisenbahn im Februar 1844 war der Bahnhof zwar benutzbar, doch fehlte – was das Äußere betraf – das Uhrentürmchen. Es wurde erst am 28. August 1844 genehmigt, wobei der ursprüngliche Plan so modifiziert wurde, „daß die darauf gezeichnete Gallerie wegfallen soll".[197] Die Ausführung ließ noch bis zum nächsten Jahr auf sich warten.[198] (Abb. 43)

---

193 Die von Lenné übermittelten Entwürfe sind nicht vorhanden; Direktionssitzung vom 24.6.1843, HAStK Best. 1028 Nr. 75, S. 363.

194 Der Entwurf von Weyer und Sonnoré ist nicht vorhanden; Direktionssitzung vom 24.7.1843, HAStK Best. 1028 Nr. 75, S. 392.

195 Direktionssitzung vom 29.7.1843, HAStK Best. 1028 Nr. 75, S. 396.

196 „Unter den Ersparnissen ist auch der Nichtausbau der Etage in dem Sinne verstanden, daß Thüren und Fenster gestellt, und ein roher Fußboden gelegt wird.", Direktionssitzung vom 29.7.1843, HAStK Best. 1028

Nr. 75, S. 396; Auftrag an Weyer und Sonnoré „durch Weglassung der angeordneten Verzierungen [nicht näher benannt]" zu sparen, Direktionssitzung vom 30.7.1843, HAStK Best. 1028 Nr. 75, S. 398.

197 Direktionssitzung vom 28.8.1844, HAStK Best. 1028 Nr. 76, S. 165; Kauf von Uhren für Köln, Bonn und Brühl „deren von Raskopf in Coblenz à rth 250 mit Schlagwerk" genehmigt, Verwaltungsratssitzung vom 30.6.1844, HAStK Best. 1028 Nr. 101.

198 Auszug aus der Generalversammlung der Bonn-Kölner Eisenbahngesellschaft vom 17.4.1845, in: Köln. Ztg. vom 18.4.1845.

Von einer königlichen Genehmigung des Bahnhofs ist in den Akten der Eisenbahndirektion nach dem 29. April 1843 nicht mehr die Rede; sie hat offenbar wegen Lennés Beteiligung an der Planung keine Schwierigkeit verursacht. Vermutlich hat sich der Plan Weyers und Sonnorés daher sehr eng an das von Lenné angeregte Projekt angelehnt. Zumindest wurde das Vorhaben eines einfachen, eingeschossigen Holzhauses durch das Einwirken Lennés hinfällig. Die Zweigeschossigkeit des Gebäudes sowie die Hinzufügung einer umlaufenden Galerie gingen nachweislich auf die von ihm angeregten Pläne zurück. Für die in der Literatur häufig wiederkehrende Behauptung, nach der die Architektur des Brühler Bahnhofs auf einem Entwurf des Königs beruhe, fanden sich keinerlei Anhaltspunkte.[199] In diesem Falle wäre der Eisenbahngesellschaft die Vornahme von Modifikationen gewiß schwerer gefallen. Es erscheint eher wahrscheinlich, daß sich Lenné wegen der Pläne an die Oberbaudeputation gewandt hat.

c) Die Eisenbahnbrücke im Park

Die Kabinettsordre vom 17. Oktober 1842 bestimmte die Details für die Anlage der Eisenbahnbrücke im Park nur insoweit, als die Länge der Brücke mit „etwa 30 Fuß" angeben war.[200] Doch hatte sich die Direktion bereits zum Zeitpunkt der Verhandlungen mit Lenné auf weitere Einzelheiten festgelegt. So war am 10. September 1842 der Beschluß gefallen, in der Frage der „Anlage einer Brücke mit 2 massiven Pfeilern u. eisernen Geländern über den mittleren Weyer des Treibhaus Gartens welche zur gleichen Zeit für die Passage der Fußgänger und für den Übergang über die Bahn mittelst doppelter Rampen dienen soll, nachzugeben".[201] Zwar gab die Eisenbahndirektion zwischenzeitlich aus Kostengründen die Planung einer hölzernen Brücke in Auftrag,[202] doch kam sie im März des folgenden Jahres auf das ursprüngliche Projekt zurück.[203] Kurz darauf reichten Weyer und Sonnoré offenbar eigene Pläne ein. Auch diese Entwürfe wären noch einmal geändert worden, wenn die beiden Architekten nicht gegen die Direktion aufbegehrt hätten: „Es wird ein Schreiben der Herrn Weyer und Sonoré vom 3t May d. J. vorgelegt, in welchem dieselben sich gegen die in der Direktion angeregte Modification des Planes für die Brücke in dem Treibhaus Garten zu Brühl erklären, und auf den von ihnen eingegebenen Pläne bestehen. Die Direktion erklärte sich nunmehr damit einverstanden, daß das ältere Projekt zur Ausführung komme."[204] Wenig später muß die königliche Genehmigung für den Brückenbau erfolgt sein,[205] denn die Fundamentarbeiten wurden noch im Mai veranlaßt;[206] bereits im Juli war die Brücke „bis zur Balkenlage" vollendet.[207] Indessen standen weitere Einzelheiten der Ausführung zur Debatte: Am 13. Juni 1843 erging der Beschluß, daß zum Bau der Pfeiler – anders als zunächst geplant – ausschließlich Ziegelsteine ver-

199 Vgl. unter anderem: Hansmann/Knopp, 1977, S. 141.

200 Friedrich Wilhelm IV. an MKH vom 17.10.1842 (Abschrift), AVSchB Hofgärtnerei 1843–1845, oben vollständig zitiert, Kap. III.2.c).

201 Direktionssitzung vom 10.9.1842, HAStK Best. 1028 Nr. 75, S. 180.

202 Direktionssitzung vom 15.1.1843 u. 25.2.1843, HAStK Best. 1028 Nr. 75, S. 251 u. S. 278.

203 „Herr Weyer berichtet über den von H. Schwieger[?] projektirten Brückenbau für den Treibhausgarten bei Brühl, daß die Stützpfähle in der Mitte durch eine massige Werksteinmauer ersetzt werden müssen. Die Direktion beschließt die Annahme des Projekts unter jener Modification und verwirft zugleich die von H. Schwieger projektirte Holzbekleidung, statt welcher

das frei bleibende Zimmerwerk einigermaßen zierlich angelegt werden soll. Ein gußeisernes Geländer soll dabei angewendet werden.", Direktionssitzung vom 25.3.1843, HAStK Best. 1028 Nr. 75, S. 290.

204 Direktionssitzung vom 6.5.1843, HAStK Best. 1028 Nr. 75, S. 321.

205 Die Regierung zu Köln forderte am 3. April den Entwurf für die Brücke zur Vorlage beim König von der Direktion ein, Reg. Köln an Direktion der Bonn-Kölner Eisenbahngesellschaft vom 3.4.1843 (Konzept), HStAD Reg. Köln 2020, S. 176.

206 Direktionssitzung vom 13.5.1843, HAStK Best. 1028 Nr. 75, S. 331.

207 Verwaltungsratssitzung vom 24.7.1843, in: Köln. Ztg. vom 28.10.1843.

wendet werden sollten.[208] Später stimmte die Direktion dem Antrag Weyers zu, „die Bandgesimse, Sockel, Postamente und ...gesimse[?] der Treibhausgartenbrücke in Brühl von Nieder-Mendiger Werksteinen auszuführen".[209] Dabei handelte es sich wohl um die Elemente des Überbaus.

Nach einer längeren Unterbrechung wurde der Brückenbau im Herbst 1844 fortgeführt. Zu diesem Zeitpunkt lag das gußeiserne Geländer längst bereit. Auch die Vasen, die ihren Platz auf den steinernen Postamenten zwischen den Geländerstücken finden sollten, warteten darauf, montiert zu werden.[210] Darüber hinaus wurden Veränderungen am Brückenbau notwendig. Ein Unfall hatte gezeigt, daß die Brücke zu eng bemessen war. Es wurde daher beschlossen, die Brücke „durch Anbringung von Pilastern in Ziegelstein Mauerwerk u. gutem Traßmörtel auf die lichte Breite von 28 rhein. Fuß innerhalb der äußersten Vorsprünge ... zu erweitern".[211]

Wenige Wochen vor dem Brühl-Aufenthalt des Königs im Jahre 1847 wurde die Eisenbahndirektion seitens der Regierung zu Köln daran erinnert, daß die Brücke „noch nicht verputzt ist", und erhielt die Aufforderung, den Verputz und den Anstrich umgehend durchführen zu lassen.[212] Dabei wollte die Regierung bestimmte Vorstellungen verwirklicht sehen: „Es würde am passendsten sein, wenn die Fugen der Brücke in etwas hellerer Steinfarbe als in welcher die von Mendiger Steinen aufgeführten Pfeiler derselben in ihrem beizubehaltenden natürlichen Tone erscheinen verputzt, und das eiserne Geländer sammt den eisernen Vasen, jetzt roth grundirt, mit einem grünen Ölanstrich nicht dick überzogen würden, um eine lichte Bronce-Farbe zu erzielen."[213] Wenig später meldete die Eisenbahndirektion, daß die Arbeiten nach dem Willen der Regierung ausgeführt worden seien.[214] (Abb. 51)

Dem Schreiben der Regierung zufolge bestanden die Pfeiler also aus Werksteinen. Dies widerspricht den Angaben aus den Sitzungsprotokollen der Direktion, in denen die Ausführung in Ziegelstein dokumentiert ist.[215] Angesichts der Fülle und Bestimmtheit dieser Hinweise scheint den Protokollen mehr Glaubwürdigkeit zuzukommen. Leider läßt sich diese Frage anhand der Zeichnung des „Grafen Mörner" nicht entscheiden.[216]

d) Die Umgebung des Bahnhofs und andere Einrichtungen der Eisenbahn

Zur Anlage des Bahnhofsvorplatzes kam es erst im Jahre 1847.[217] Der Grund für die Verzögerung lag darin, daß die Planungen ein Privatgrundstück miteinbezogen und sich die Verhandlungen mit dem Grundbesitzer Boismard um den Erhalt des Grundstücks als sehr langwierig erwiesen.[218] In ei-

208 Direktionssitzung vom 13.6.1843, HAStK Best. 1028 Nr. 75, S. 357.

209 Direktionssitzung vom 24.6.1843, HAStK Best. 1028 Nr. 75, S. 363.

210 Direktionssitzung vom 13.9.1844, HAStK Best. 1028 Nr. 76, S. 175.

211 Ebd.

212 Reg. Köln an Direktion vom 1.9.1847 (Konzept), HStAD Reg. Köln 4645, S 18.

213 Ebd.

214 Direktion an Reg. Köln vom 11.9.1847, HStAD Reg. Köln 4645, S. 39; Direktionssitzung vom 9.9.1847, HAStK Best. 1028 Nr. 77.

215 Direktionssitzung vom 1.6, 13.6. u. 24.6.1843, HAStK Best. 1028 Nr. 75, S. 345, S. 357 u. S. 363; Direktionssitzung vom 13.9.1844, HAStK Best. 1028 Nr. 76, S 175.

216 Vgl. diese Arbeit: Kap. IV.6.e).

217 Reg. Köln an Claussen vom 21.1.1847, AVSchB Hofgärtnerei 1846–1855.

218 Die Lage des Grundstücks ist auf einem Plan des Geometers Mack vom 30.3.1845 – HStAD Reg. Köln 2022 – verzeichnet: Es erstreckt sich von Süden aus keilförmig bis zur Berzdorfer Brücke. Der Schriftverkehr ist umfangreich, unter anderem: Direktionssitzung vom 9.4.1843, HAStK Best. 1028 Nr. 75, S. 298; HStAD Reg. Köln 4733.

nem Gutachten riet Lenné nachdrücklich zum Erwerb des Grundstücks an. Er wollte ausschließen, daß auf dem Grundstück Bauten entstünden, die die Aussicht aus dem Schloß stören und das Bemühen um die Herstellung einer gestalterischen Einheit von Bahnhof und Schloß zunichte machen würde. Ein Schreiben des Hausministeriums gibt die Argumentation Lennés im einzelnen wieder:[219] „Der p. Lenné führt dabei an, daß die östliche Hauptfront des Brühler Schlosses jetzt eine sehr ausgedehnte fruchtbare Ebene beherrsche, welche sich bis zum Rhein hinziehe und durch die jenseits liegenden Vorgebirge umkränzt sei, daß dies ein eigenthümliches, großartiges Panorama sei und daß es sehr wichtig erscheine, solches dem Schlosse vollständig zu erhalten und nicht durch Zwischenanlagen von Privaten auf eine oder andere Weise unterbrechen zu lassen. Bei der Anlage des Bahnhofes für die Bonn-Kölner Eisenbahn sei vorzugsweise darauf Rücksicht genommen worden, daß der neue Bahnhof und dessen geschmückter Vorplatz mit der Umgebung des Schlosses zu einem ansprechenden Ganzen sich gestalte und daß die neuen Baue der umgebenden Landschaft zur Zierde gereiche."

Die Verzögerung bei der Anlage des Bahnhofplatzes hinderte die Eisenbahndirektion nicht daran, einige Maßnahmen in der direkten Umgebung des Bahnhofs zu veranlassen. Bereits 1843 bestimmte sie: „der Bahnhof zu Brühl soll gleichfalls mit einer lebenden Hecke umfriedigt werden, und also ebenfalls wie der Bahnhof zu Bonn einen kreuzweise gefertigten Stangenzaun erhalten; der Zaun soll von der Comesgasse bis zum Treibhausgarten auf beiden Seiten des Bahnhofes mit Anschluß an das Stationshaus und auch sonst, wo es nöthig erscheint, mit einem Gatterthor [versehen] werden."[220]

In den Verhandlungen mit Lenné war der Eisenbahngesellschaft die Anlage eines Fahrweges nördlich des Schlosses zugestanden worden.[221] Doch einige Jahre später erachtete die Gesellschaft die Durchführung des Projekts für entbehrlich und suchte beim König um Entbindung von den damit zusammenhängenden Verpflichtungen nach.[222] Das Hausministerium teilte die Einschätzung der Eisenbahngesellschaft, indem sie den Weg durch den Park auch für Frachtfuhrwerke für ausreichend hielt: „Seitdem nämlich Eure königliche Majestät den Schloßpark zum Fahren, Reiten und Prominiren dem Publikum huldreichst zu eröffnen geruht haben, sind die Wege in dem Parke dazu eingerichtet und fortwährend unterhalten und die Verbindung zwischen Bahnhof und Stadt auch für das Fuhrwerk, wenngleich auf einem etwas weiteren Wege, und zwar durch die Allee um die Fontainen herum [Pappelalleen um das Parterre] vorbeigeführt."[223]

Zwar gewährte der König die Bitte der Eisenbahngesellschaft, doch legte er fest, daß, falls die Umstände in Zukunft die Anlage des Weges erforderlich machen sollten, die Eisenbahn für die Ausführung auf ihre alleinigen Kosten zu sorgen habe.[224]

Außerdem wurde die Eisenbahngesellschaft verpflichtet, den Verbindungsweg zwischen dem Bahnhofe und der Comesgasse, der zur Aufnahme des schweren Fuhrverkehrs dienen sollte, „schon jetzt herzustellen u. künftig zu unterhalten".

219 MKH an Friedrich Wilhelm IV. vom 19.12.1844, GStA PK I. HA. Rep. 89 Geh. Zivilkabinett Nr. 20636 (M), S. 20.

220 Direktionssitzung vom 2.9.1843, HAStK Best. 1028 Nr. 75, S. 411.

221 Vgl. diese Arbeit: Kap. III.5.d).

222 Die Eisenbahn reichte die Eingabe am 19.4.1847 ein. Datum und Inhalt ergeben sich aus: MKH an Friedrich

Wilhelm IV. vom 18.3.1848, GStA PK I. HA. Rep. 89 Geh. Zivilkabinett Nr. 20636 (M), S. 83.

223 Ebd.; das Schloßportal ist wohl – entgegen der ursprünglichen Absicht – nicht für den Verkehr geöffnet worden, vgl. diese Arbeit: Kap.III.5.d).

224 Friedrich Wilhelm IV. an MKH u. Staatsmin. Hansemann vom 9.8.1848, GStA PK I. HA. Rep. 89 Geh. Zivilkabinett Nr. 20636 (M), S. 171.

Erst während der 60er Jahre des 19. Jahrhunderts empfand man den Verkehr durch den Garten als so störend, daß die Anlage des Weges auf der Nordseite des Schlosses erneut in Vorschlag gebracht wurde.[225] Nachdem auch Lenné das Projekt befürwortet hatte,[226] genehmigte König Wilhelm am 10. Juni 1863, daß ein „chaussirter, auch für schweres Fuhrwerk benutzbarer Fahrweg"[227] durch den Nordgarten gelegt werden dürfe. Zugleich ordnete der König an, daß die „Communication" durch den Park „gänzlich außer Benutzung gesetzt werde". Die Ausführung des Weges verzögerte sich noch bis in das Jahr 1866.[228] Inzwischen hatte man sich jedoch für eine Reduzierung des Vorhabens entschieden; es wurde nur ein „Promenadenweg" angelegt. Nach der Fertigstellung des Weges konnte der Hofgärtner nunmehr beauftragt werden, „dem mit dem Eisenbahnhofe verkehrenden Publikum den Übergang über die Schloßterrasse in geeigneter Weise abzusperren".[229]

Bei Öffnung der neuen Gartenanlagen auf den Dorneninseln sah die Regierung zu Köln, „damit die öffentliche Sicherheit nicht gefährdet wird, die Nothwendigkeit, alle Ausgänge der Wege auf den Eisenbahnkörper [Übergänge] mit Barrieren zu versehen."[230] Am 5. Juli 1847 erhielt der Wegebaumeister Schopen den Auftrag, für den Entwurf und die Anfertigung von sieben Schranken zu sorgen.[231] Außerdem hielt es die Regierung für erforderlich, „zu beiden Seiten der Bahn innerhalb der Dornen-Inseln dieselbe durch eine lebendige Hecke abschließen zu lassen."[232] Soweit sich dies übersehen läßt, ist diese dem Lennéplan zuwiderlaufende Maßnahme jedoch nicht zur Ausführung gekommen.

225 In dem Schreiben wird zunächst vermerkt, daß „Güterverkehr und Personenverkehr in den letzten Jahren großen Aufschwung genommen" haben. Sodann werden die daraus resultierenden „Uebelstände" benannt: „... aus dem jetzigen Umfange des Personenverkehrs entstehen insofern Nachtheile für die Schloßgarten-Verwaltung, als die Menge der den Garten passirenden Wagen bei trockenem Wetter einen solchen Staub verursacht, daß davon die Sträucher und Blumen ganz bedeckt werden und die Frequenz auf dem dicht an dem Parterregeschoß des Schlosses vorüberführenden Fußwege [Terrasse] allmählig so zugenommen hat, daß wenn wiederum Allerhöchste oder Höchste Herrschaften im Schlosse Aufenthalt nehmen sollten, bei der Fortdauer der jetzigen Einrichtung Störungen und Belästigungen durch die große Masse der allen Ständen angehörigen Fußgänger kaum würde vermieden werden können.", MKH v. Schleinitz an Wilhelm vom 2.6.1863, GStA PK I. HA. Rep. 89 Geh. Zivilkabinett Nr. 20636 (M), S. 173.

226 Dies ist vermerkt in: ebd.

227 Wilhelm an MKH v. Schleinitz vom 10.6.1863 (Konzept), GStA PK I. HA. Rep. 89 Geh. Zivilkabinett Nr. 20636 (M), S. 177.

228 Mitteilung, daß der Wegebaumeister Schopen mit der Ausführung eines „Promenadenweg[es]" beauftragt sei: Reg. Köln an Direktion vom 4.8.1866 (Abschrift), AVSchB Hofgärtnerei 1856–1867.

229 Reg. Köln an Claussen vom 5.9.1867, AVSchB Hofgärtnerei 1856–1867.

230 Reg. Köln an Direktion vom 1.9.1847 (Konzept), HStAD Reg. Köln 4645, S 18.

231 Auftrag nach Absprache mit Claussen, eine Zeichnung und einen Kostenanschlag einzureichen, Reg. Köln an Wegebaumeister Schopen vom 5.7.1847 (Abschrift), AVSchB Hofgärtnerei 1846–1855; „Kostenanschlag nebst Zeichnung [vorhanden!] einer Barriere: 2 Barrieren über einen Fußweg auf dem Treibhause / 2 Barrieren an der nördlichen Seite der neuen Brücke / 2 Barrieren an der südwestlichen Ecke der neuen Brücke / 1 südlich der Brücke nach Osten / 1 südlich der Brücke nach Westen", Wegebaumeister Schopen an Reg. Köln vom 1.9.1847, HStAD Reg. Köln 4645, S. 21; „Rechnungen in duplo über die ausgeführten 7 Stück Barrieren", Wegebaumeister Schopen an Reg. Köln vom 19.11.1847, HStAD Reg. Köln 4645, S. 94.

232 Reg. Köln an Direktion vom 1.9.1847 (Konzept), HStAD Reg. Köln 4645, S. 18.

5. Das Planmaterial über die Ausführung

a) Der Vollertplan

Wegen der Übereinstimmungen des Vollertplans (Abb. 35) mit den Ergebnissen der Bestandsermittlung im Parkpflegewerk[233] stellt dieser Plan die wichtigste Quellengrundlage dar, wenn es darum geht, die Ausführung des Lenné-Projekts nachzuvollziehen. Der Plan ist mit 1859 datiert und stammt folglich aus einem Zeitraum, in dem die Gartenarbeiten zur Verwirklichung der Lenné-Planung abgeschlossen waren und neue Vorhaben weder durchgeführt noch projektiert worden sind. Es ist daher gerechtfertigt, den Plan als ein „Porträt" der fertigen Gartenanlagen in der Zeit Lennés zu charakterisieren.[234] – Die grundlegenden Informationen über den Plan werden von Günther/Harksen angegeben,[235] doch war die Person des Zeichners „H. Vollert" unbekannt.[236] Es liegt nahe zu vermuten, daß es sich um Hermann Vollert handelt, der ab 1869 als Leiter der technischen Arbeiten und seit 1873 als Obergärtner in den Koblenzer Rheinanlagen tätig gewesen ist.[237]

Der Vergleich mit den Lennéplänen ergibt, daß sich bei der Ausführung erhebliche Abweichungen von der ursprünglichen Konzeption ergeben haben. (Abb. 17, 18) Im Tiergarten kam es unter anderem zu den folgenden Modifikationen: In der östlichen Parkhälfte unterblieb die beabsichtigte weitgehende Auflösung des Waldgebietes; Wiesenflächen gab es meist nur als schmale Umrandung der Baumzonen. Zum einen blieb die räumliche Wirkung des Parks dadurch sehr eingeschränkt; zum anderen konnte die von Lenné zunächst intendierte Kontrastierung von schattigen Waldpartien und lichten Wiesenflächen bzw. Hainen nur in abgeschwächter Form zur Geltung kommen. Mit der Bewahrung zusammenhängender Waldbereiche im östlichen Tiergarten entfiel darüber hinaus auch der Gedanke einer kontinuierlichen Öffnung des Waldes in Richtung auf die Dorneninseln. In der Gegenüberstellung von Lenné- und Vollertplan zeigt sich ferner, daß einige der im Tiergarten vorgesehenen Wege nicht oder nur partiell ausgeführt worden sind und die realisierten Wege teilweise einen abweichenden Verlauf erhielten. Insgesamt verlor die Grundrißzeichnung des Tiergartengeländes dadurch einiges von ihrer ursprünglichen Eleganz; dies gilt sowohl im Hinblick auf den Schwung des einzelnen Weges als auch für die Harmonie des Wegegefüges insgesamt. Beides läßt sich anhand der neuen Wege im Zwischenraum von Poppelsdorfer und Bachallee nachvollziehen (Abb. 25, 35): Der an der Eselsallee ansetzende Weg – im Lennéplan Nr. XVI – beschreibt im Vollertplan keine weiche Kurve, sondern besteht aus mehreren geraden Teilstücken, deren Bruchstellen sich jeweils an den Schnittpunkten mit den Alleen befinden. Was die Koordination des Wegegefüges anbetrifft, sei beispielhaft auf die beiden Wegstücke – XVI und XVII – hingewiesen, die auf Höhe der Tannenallee zusammenkommen. Während die beiden Wege im Lennéplan fließend ineinander einmünden, sind die Wegstücke im Vollertplan als kurze Geraden ausgebildet, die in einem spitzen Winkel unvorbereitet aufeinandertreffen. Im Tiergarten wurde bei der Umsetzung der Planung folglich eine ganze

233 Parkpflegewerk, 1992, S. 59.
234 Seiler spricht in diesen Fällen von „dokumentierenden Plänen" und verwendet den Begriff des Porträtierens, Seiler, 1985, S. 120–140, S. 129.
235 Beschriftet mit „Schloßpark zu Brühl", Feder in Schwarz und Grau, laviert in Grün, Braun, sowie Hellocker und Blaßviolett, wenige Bleistiftanmerkungen, 57 x 48,6 cm, Stiftung Preußische Schlösser und Gärten Berlin-Brandenburg, Planslg. Nr. 13177, Lenné. Katalog der Zeichnungen, 1993, Kat. Nr. 530.

236 Ebd., S. 225.
237 Stadtarchiv Koblenz Best. 623 Nr. 8110; an anderer Stelle wird Vollert als Hofgärtner bezeichnet, v. Ompteda, 1886, S. 14; in der Koblenzer Zeitung vom 17. u. 18.6.1876 ist die Todesanzeige bzw. der Nachruf abgedruckt. Demnach wurde Vollert 1837 in Schwerin geboren; das Todesdatum ist mit dem 14.6.1876 angegeben. (Die Angaben über Vollert verdanke ich zum Teil Herrn Molkenthien vom Denkmalamt der Stadt Koblenz.)

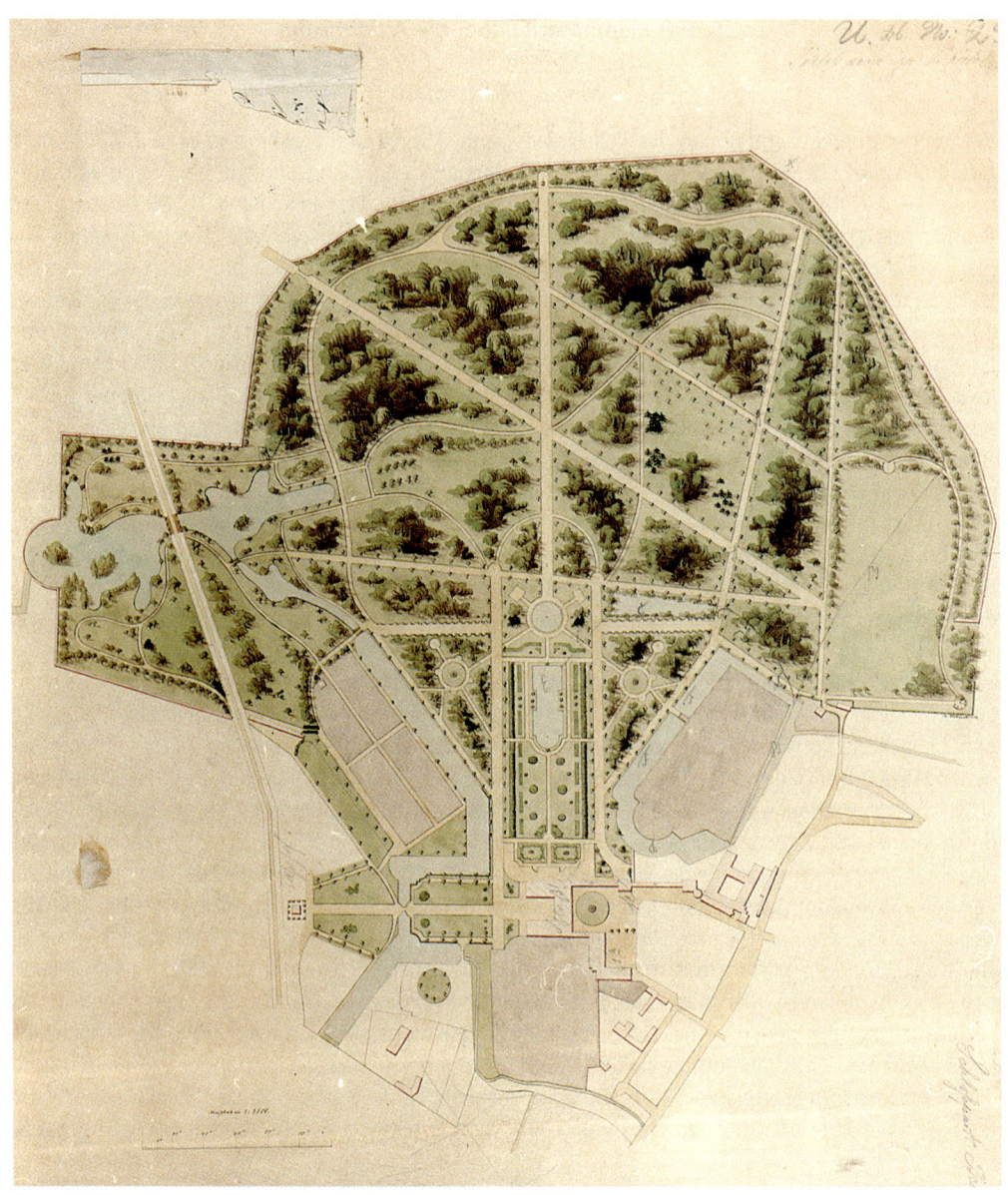

Abb. 35, Vollertplan, 1859, Schloßgarten Brühl, Ausrichtung nach Süden.

Reihe wichtiger Planungsaspekte fallengelassen oder in ihrer Bedeutung reduziert. Da die Ausführung der Arbeiten im Spätherbst 1844 unter Lennés persönlicher Leitung stattgefunden hat, sind ihm diese Modifikationen zuzurechnen.[238] Der ausschlaggebende Grund für die Planänderungen bestand wohl in der Bewahrung der vorhandenen Baumsubstanz.

238 Vgl. diese Arbeit: Kap. IV.2.d).

Abb. 36, Lennéplan, Oktober 1842, Schloßgarten Brühl, Ausschnitt, östlicher Tiergartenannex.

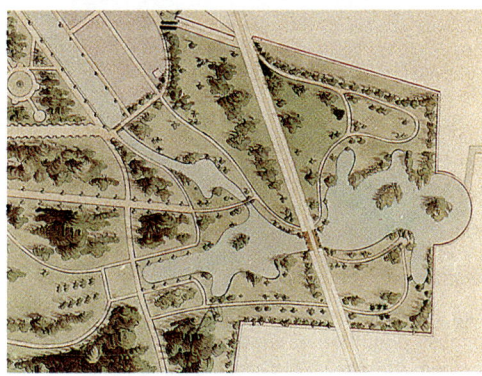

Abb. 37, Vollertplan, 1859, Schloßgarten Brühl, Ausschnitt, östlicher Tiergartenannex.

Erhebliche Unterschiede zwischen Lenné- und Vollertplan bestehen auch bei den Anlagen auf den Dorneninseln. (Abb. 36, 37) Dies gilt für die Verteilung der Pflanzungen und die Wegeführung; vor allem aber ist auf die veränderte Ausformung der Wasserflächen hinzuweisen: Insgesamt wurde der Verlauf des Ufers beruhigt; es entfiel die begehbare Insel des Großen Inselweihers, und am Zufluß des Kleinen Inselweihers wurde entgegen der ursprünglichen Planung eine Halbinsel angelegt, die von Westen aus so weit in das Gewässer hineinreicht, daß an der schmalsten Stelle die im Lennéplan nicht verzeichnete Eselsbrücke errichtet werden konnte.

Auch die Realisierung der neuen Anlagen auf den Dorneninseln hat Lenné stark beeinflußt, so daß ihm auch hinsichtlich dieses Parkbereichs die wichtigsten Planänderungen zuzuschreiben sind.[239] Die Motive für sein Vorgehen werden in den Schriftquellen nicht benannt. Dokumentiert ist aber, daß der Lennéplan ohnehin nicht uneingeschränkt als Maßstab für die Ausführungsarbeiten betrachtet worden ist, sondern Modifikationen von vornherein einkalkuliert waren. Da Lenné die endgültigen Bestimmungen „an Ort und Stelle"[240] getroffen hat, ist zu vermuten, daß die örtlichen Gegebenheiten zur weiteren Orientierung dienten.

Der Vollertplan zeigt ferner, daß zur Gliederung der Anzuchtgärten auf dem Obststück lediglich ein einfaches Wegekreuz angelegt wurde und die geplanten Bauten entfielen. Zu Planeinbußen kam es ebenfalls bei der Herrichtung des Volkstummelplatzes, der als schlichte Rasenfläche ohne die projektierte gartenarchitektonische Gestaltung realisiert wurde. In bezug auf diese Parkteile gibt es zwar keinen schriftlichen Nachweis dafür, daß Lenné die Abstriche von der ursprünglichen Planung gebilligt hat, doch ist dies angesichts von Lennés Stellung bei den Ausführungsarbeiten anzunehmen. Insofern kann auch die Realisierung dieser Gartenbereiche als Beleg dafür gelten, daß Lenné bei der Umsetzung seiner Konzeption äußerst pragmatisch vorging. In Anbetracht der teils erheblichen Planeinbußen wird ferner deutlich, daß der Lennéplan auch als eine Idealkonzeption gemeint war, dessen Ausführbarkeit sich in vielen Planbestandteilen erst noch an den vorzufindenden Realitäten erweisen mußte.[241]

239 Vgl. diese Arbeit: Kap. IV.3.b).

240 MKH an Friedrich Wilhelm IV. vom 11.4.1845, GStA PK I. HA. Rep. 89 Geh. Zivilkabinett Nr. 20636 (M), S. 24, auszugsweise zitiert in: Inventare, S. 250f.

241 Seiler unterscheidet „vier Arten von Entwurfsplänen". Der Brühler Plan wäre in die Kategorie „Schauplan" einzuordnen. „Sie sind mit der Absicht gefertigt, dem Laien ein eindrucksvolles Bild der projektierten Parkanlage zu vermitteln.", Seiler, 1985, S. 120–140, S. 123 u. S. 127ff.

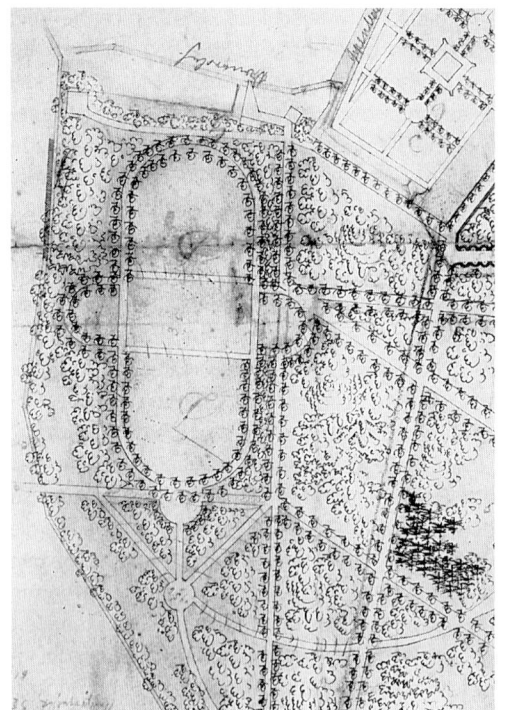

Abb. 38, Unsignierter und undatierter Plan nach Vorlage des undatierten Lennéplans, mit Bleistifteintragungen, Ausschnitt, westlicher Tiergarten.

Abb. 39, Unsignierter und undatierter Plan nach Vorlage des undatierten Lennéplans, mit Bleistifteintragungen, Ausschnitt, östlicher Tiergarten und Annex.

b) Die Frage nach dem Vorliegen eines Ausführungsplans

Mit Ausnahme der Darstellung des Baumbestandes stimmt der Koeber zugeschriebene Plan (Abb. 34) weitestgehend mit den Angaben Vollerts überein.[242] Der Datierung des Plans von Günther/Harksen – „um 1845" – zufolge würde der Plan jedoch in den Zeitraum der Ausführungsarbeiten gehören. Bei einigen Planbestandteilen, wie etwa der Eselsbrücke, müßte es sich demnach um bisher unausgeführte Vorhaben handeln: Der Plan hätte folglich die Eigenschaft eines Ausführungsplans. Es spricht gegen den Datierungsversuch von Günther/Harksen, daß der Plan Eintragungen aufweist, die eindeutig aus dem Jahr 1859 stammen.[243] Zwar könnte der Plan nachträglich damit versehen worden sein, doch erscheint es eher unwahrscheinlich, daß dies etwa fünfzehn Jahre nach Anfertigung des Planes geschehen sein soll. Nimmt man die Eintragungen als Anhaltspunkt für die Datierung, wird die Zuschreibung an Koeber hinfällig, da dieser im Jahre 1852 starb.[244]

242 Beschriftet mit „Schloß Brühl", Feder in Schwarz, wenig Bleistift, laviert in Grün, Braun und Grau, 52,3 x 54,8 cm, Stiftung Preußische Schlösser und Gärten Berlin-Brandenburg, Planslg. Nr. 13176, Lenné. Katalog der Zeichnungen, 1993, Kat. Nr. 529.

243 Es handelt sich um das Kreuz, das an der Stelle der ehemaligen Fasanerie eingezeichnet ist. Die Zeichnung des Moostempels befindet sich in der rechten unteren Ecke. Die Eintragung ließ sich in Verbindung bringen mit: Reg. Köln an Claussen vom 9.7.1859, AVSchB Hofgärtnerei 1856–1867; vgl. diese Arbeit: Kap. IV.3.e).

244 Vgl. Lenné. Katalog der Zeichnungen, 1993, S. 225.

Einer der in Potsdam vorhandenen Pläne von der Brühler Schloßanlage ist im Parkpflegewerk nicht aufgeführt.[245] (Abb. 38, 39) Es handelt sich um eine Nachzeichnung des Lennéplans von 1843, die von der Hand Emil Sellos stammen soll. Der Plan ist mit Bleistifteintragungen versehen, welche nach Meinung von Günther/Harksen „zur Skizzierung geplanter Veränderungen" vorgenommen worden seien.[246] Damit läge ein Arbeitsplan vor, der die Veränderungen bei der Ausführung des Gartens andeutet. Es läßt sich jedoch wohl nicht von vornherein ausschließen, daß die Bleistifteintragungen bereits geschehene Modifikationen wiedergeben könnten. Vermerkt sind die Vereinfachungen im Wegesystem des Tiergartens, die Beruhigung der Uferführung an den Inselweihern, der Verzicht auf eine gartenarchitektonische Gestaltung des Volkstummelplatzes sowie der Wegfall der Gebäude auf dem Obststück. Die Eselsbrücke ist allerdings nicht vorhanden; statt dessen wird weiter nördlich ein anderer Übergang über den Inselweiher angedeutet. Die Eintragungen stammen daher wohl aus einer Zeit, als noch keine Klarheit über die Lage der Brücke bestand. Dies spricht dafür, daß es um die Skizzierung beabsichtigter Veränderungen ging. Wenn dies zutrifft, so kommt eigentlich nur Lenné als Urheber der Eintragungen in Frage; bei seinem Brühl-Aufenthalt im Herbst 1844 hat er die veränderte Ausführung veranlaßt.

6. Die Darstellungen einzelner Gartenbereiche

a) Das vorliegende Bildmaterial

Die Ausführung des Lenné-Projekts ist auch durch eine Reihe zeitgenössischer Bildquellen dokumentiert. Über die Gartenbereiche in der unmittelbaren Nähe des Schlosses enthalten die Veduten des Architekturmalers Adolph Wegelin sowie des im Auftrag der Königlichen Porzellan-Manufaktur tätigen Prospektmalers Carl Daniel Freydanck wertvolle Informationen. (Abb. 40–50) Hinzu kommt eine Ansicht der Eisenbahnbrücke im Park von „Graf Mörner". (Abb. 51) Dabei handelt es sich um die einzige zeitgenössische Darstellung aus den neuen Anlagen bei den Dorneninseln.

Der Bericht der Allgemeinen Preußischen Zeitung vom 19. August 1845 über die Abreise der preußischen und englischen Monarchen von Schloß Brühl enthielt folgende Mitteilung: „13. Aug. Köln. ... Se. Majestät der König hat dem genialen Maler A. Wegelin zu Köln den ehrenden Auftrag erteilt, die vier äußeren Ansichten des Brühler Schlosses und Parkes und in andern vier Bildern die möglichst getreue Aufnahme der von der Königin Victoria bewohnten Säle, wie sie während der Anwesenheit Ihrer Majestät eingerichtet waren, in Aquarell auszuführen. Herr Wegelin begab sich bereits am 14. August nach dem Brühler Schlosse, um die nöthigen Skizzen aufzunehmen."[247] Schließlich fertigte Wegelin einige Interieurs mehr an, als ursprünglich vorgesehen gewesen waren, so daß er auf insgesamt dreizehn Arbeiten kam. Zu einem Album zusammengefaßt, ließ der König die Aquarelle 1846 als ein Souvenir des Brühl-Aufenthalts an Victoria senden.[248]

Im Sommer 1847 wurde Carl Daniel Freydanck seitens der Königlichen Porzellan Manufaktur in die Rheinprovinz entsandt, um von den dortigen königlichen Schlössern „einige Ansichten in Oehlskizzen aufzunehmen."[249] Als Erträge dieser Reise haben sich im KPM-Archiv neben Arbeiten über

245 Brühl, um 1845, Feder in Grau, wenig Bleistift, laviert in Grün und Rosa. 43 x 54,3 cm, Stiftung Preußische Schlösser und Gärten Berlin-Brandenburg, Planslg. Nr. 13175, ebd., Kat. Nr. 528.
246 Ebd.
247 Allgemeine Preußische Zeitung vom 19.8.1845.
248 Heute in den sogenannten „Souvenir Albums", Royal Library/Windsor Castle: Hansmann, 1985, S. 101–122, S. 104.
249 Direktor der KPM Frick an Hofmarschall Graf v. Keller vom 9.6.1847, zit. nach Baer, 1987, S. 43–60, S. 54.

die Schlösser Stolzenfels und Koblenz drei Ölskizzen sowie zwei kleine Gemälde vom Brühler Schloß erhalten. Häufig lagen der KPM genaue Angaben des Königs über die Auswahl der Motive und Blickwinkel vor, die den Vorlagenmalern sodann mit auf den Weg gegeben wurden.[250] Für die Aufnahmen des Brühler Schlosses hat eine solche Einflußnahme wohl nicht stattgefunden.[251] Zumindest eine der im KPM-Archiv vorliegenden Skizzen scheint sogar eher aus einem persönlichen Interesse Freydancks hervorgegangen zu sein, da die unprätentiöse Motivwahl wohl von vorherein nicht an eine Übertragung auf ein Luxusporzellan denken ließ.

Helmut Börsch-Supan hat auf den „unschätzbare[n] Wert" der Arbeiten Freydancks für die Denkmalpflege hingewiesen.[252] In dieser Beziehung ist den Ölskizzen eine größere Aussagekraft beizumessen als den fertigen Gemälden. So beobachtet Hoff „in allen Skizzen eine naturalistischere Auffassung und eine konkretere Wiedergabe einzelner Motive, vor allem der Pflanzen und Bäume", wohingegen die Gemälde „einer vereinheitlichenden Manier, einem Schema unterworfen" seien, „in dem das Besondere zugunsten einer Typisierung wegfiel: Das Baum- und Strauchwerk wurde regelmäßig verdichtet, durch Lichtführung und Beleuchtungseffekte wurde eine Stimmung erzeugt, Motive wurden weggelassen oder hinzugefügt".[253]

Die Bleistiftzeichnung von der Eisenbahnbrücke befindet sich mit einer Reihe weiterer Arbeiten desselben Zeichners – sie zeigen größtenteils Interieurstücke aus Schloß Falkenlust – im Kölnischen Stadtmuseum.[254] Die Zeichnung ist auf den 15. Juli 1862 datiert, jedoch ebenso wie die übrigen Zeichnungen unsigniert. In den Inventarbüchern, in denen die Zeichnungen als Neueingänge verzeichnet sind, ist lediglich von einem „Grafen Mörner" die Rede. In späteren Inventaren des Stadtmuseums wird „Hjalmar Graf von Mörner" als Zeichner benannt. Anhand der bei Thieme/Becker verzeichneten biographischen Daten läßt sich diese Zuschreibung allerdings ausschließen.[255] Der Berliner Architekt G. J. Wilhelm Neumann – seit 1878 „von Mörner"[256] – könnte hingegen als Zeichner in Frage kommen. Die von Hansmann bzw. Hansmann/Wörner verwendete Benennung „Wilhelm Graf Mörner" scheint sich auf Neumann zu beziehen.[257]

b) Die Ansichten der Ost- und Westseite des Schlosses

Wegelin ist bei der Wiedergabe der Gartenanlagen nicht mit derselben Präzision vorgegangen wie in der Architekturdarstellung. Seine Ostansicht des Schlosses macht dies besonders deutlich (Abb. 40): Der Ausblick aus dem Laubengang des Stationshauses läßt zwar Rasenpflanzungen auf dem Vorhof des Schlosses erkennen, doch fehlen die im Lennéplan vorgesehenen und im Vollertplan verzeichneten Strauchgruppen vor den Schloßflügeln. Auch übergeht Wegelin die flankierenden Lindenalleen, die nachweislich im Jahre 1843 angelegt worden sind.[258] Auf Freydancks Gemälde von der Ehrenhofseite des Schlosses[259] sind Strauchgruppen zu sehen. (Abb. 41) Dabei

250 Vgl. Baer, 1987, S. 43–60, S. 48 u. S. 55f.
251 Die Vorgaben des Königs für die Rheinreise Freydancks sind in folgendem Schreiben angeben: Königl. Geh. Kämmerer von Schöning an Direktor der KPM Frick vom 3.6.1847, zit. nach Baer, 1987, S. 43–60, S. 54.
252 Helmut Börsch-Supan, 1987, S. 61–68, S. 68.
253 Hoff in der Einleitung des Katalogteils, Kat. Freydanck, 1987, S. 72–73, S. 73.
254 Bleistiftzeichnung, unsigniert, datiert unten rechts mit 15.7.1862, 11,2 x 18,7 cm, Kölnisches Stadtmuseum: Brühl 19, G 826a.

255 Thieme/Becker, Bd. 25, 1931, S. 31.
256 Vgl. Eva Börsch-Supan, 1970, S. 639.
257 Hansmann, 1989(2), S. 27–29, S. 29; Hansmann/Wörner, 1989, S. 81–88, S. 88.
258 Vgl. diese Arbeit: Kap. IV.2.c).
259 Bezeichnet: „Ansicht des Königl. Schlosses in Brühl. Morgenseite. C F fec. 1848", Öl auf Leinwand, 28,2 x 36,2 cm, KPM-Archiv, Schloß Charlottenburg, Inv. Nr. 214, Kat. Freydanck, 1987, Kat. Nr. 84.

Abb. 40, Blick vom Bahnhof auf Schloß Brühl, Aquarell von Adolph Wegelin, 1845/46.

Abb. 41, Schloß Brühl, Ostansicht, Gemälde von C. D. Freydanck, 1848.

Abb. 42, Schloß Brühl, Westansicht, Aquarell von Adolph Wegelin, 1845/46.

sind die Pflanzen jeweils so angeordnet, daß das Strauchwerk – allmählich ansteigend – bis über Mannshöhe aufragt. Nach dem Lennéplan sollte der Platz auf dem Vorhof durch ein Wegekreuz in vier, mit Rasen bepflanzte Teilflächen gegliedert werden. Anhand von Freydancks Gemälde ist die Ausführung dieser Plankomponente nachzuvollziehen. Allein der Baum am rechten Bildrand läßt sich nicht mit dem Konzept Lennés vereinbaren. Der Baum dient im Bildaufbau als Repoussoir und ist wohl allein aus kompositorischen Gründen hinzugefügt worden.

Von Wegelin liegt ferner eine Ansicht der westlichen Schloßseite vor. (Abb. 42) Ungenauigkeiten in der Darstellung der Gartenelemente können hier nicht nachgewiesen werden: Die um ein kreisförmiges Rasenstück verlaufende Schloßzufahrt ist auf den Lennéplan (Abb. 17) zurückzuführen; es fehlt allein die beabsichtigte Bepflanzung der Zwickel zwischen Schloß und Galeriegebäuden. Die Ansicht Wegelins zeigt ferner, daß um die runde Rasenfläche vier Kübelbäume gruppiert sind; weitere befinden sich kurioserweise auf den Dächern der Galerie. Die in Verlängerung des nördlichen Galerieflügels gepflanzte Baumreihe ist vorhanden.[260]

c) Die Aussicht aus dem Zimmer des Königs

Von Freydanck liegen zwei Ölskizzen vor, die auf der Rückseite mit „Aussicht ... aus dem Zimmer des Königs im Schlosse zu Brühl" beschriftet sind.[261] (Abb. 43, 44) Die dargestellten Motive liegen östlich bzw. nordöstlich des Schlosses. Als Standort des Malers kommt somit nur die ehemalige Bibliothek des Kurfürsten an der Nordostecke des Südflügels in Frage.[262]

260 Zur Baumreihe vor der nördlichen Galerie: diese Arbeit: Kap. III.3.b).

261 Bezeichnet: „Aussicht auf den Bahnhof aus dem Zimmer des Königs im Schlosse zu Brühl", Öl auf Papier, 27 x 37,2 cm, KPM-Archiv, Schloß Charlottenburg, Mappe 41, Nr. 42, Kat. Freydanck, 1987, Kat. Nr. 86; bezeichnet: „Aussicht aus dem Zimmer des Königs im Schlosse zu Brühl", Öl auf Papier, 28,8 x 37,1 cm, KPM-Archiv, Schloß Charlottenburg, Mappe 41, Nr. 35, Kat. Freydanck, 1987, Kat. Nr. 87.

262 Als einziger Raum der Bel Etage besitzt die ehemalige Bibliothek eine Fensteranordnung, die Ausblicke in beide Richtungen zuläßt.

Abb. 43, Schloß Brühl, Aussicht aus dem Zimmer des Königs auf den Bahnhof, Ölskizze von C. D. Freydanck, 1847.

Lenné hatte sich nachdrücklich für den Erwerb des Boismardschen Grundstücks im Vorfeld des Bahnhofs eingesetzt, da die Aussicht aus dem Schloß durch die Errichtung von Privatbauten gefährdet erschien.[263] Eine der Ölskizzen Freydancks[264] macht die Tragweite dieses Anliegens deutlich (Abb. 43): Der Blick geht über die beiden Platzanlagen vor dem Schloß hinweg auf den Bahnhof und verliert sich sodann in der Weite der Rheinebene. Die Architektur des Bahnhofes entspricht dem Stimmungsgehalt der weichen und heiteren Landschaft, indem der eigentlich strenge kubische Baukörper durch Hinzufügung des schmalen Uhrentürmchens und der zierlichen Galerie ins Leichte übersetzt ist. Auch die abfahrende Eisenbahn vermag nicht zu stören: Von dem erhöhten Betrachterstandpunkt Freydancks erscheint die Bahn wie eingebettet in die umgebende Natur.

Die Arbeit Freydancks bestätigt die Umsetzung vieler Planungselemente. Dazu gehören die Lindenbäume und Rasenpflanzungen des Schloßvorhofs sowie die nachträglich beschlossene Einhegung des Platzes mit einer Ligusterhecke.[265] Der Bahnhofsvorplatz war erst kurz vor der Entstehung der Ölskizze fertiggestellt worden.[266] Daher sind die Bäume der Diagonalalleen – die südliche ist links nur im Ansatz sichtbar – noch nicht sehr hoch gewachsen. Wie im Lennéplan vorgesehen, bedecken Rasenpflanzungen die Freiflächen. Während die üppige Strauchgruppe auf dem nördlichen Rasenstück leicht auszumachen ist, werden auf dem nur teilweise dargestellten, südlichen Pendant

---

263 Vgl. diese Arbeit: Kap. IV.4.d).
264 Aus dem östlichen Fenster der Bibliothek.

265 Vgl. diese Arbeit: Kap. IV.3.e).
266 Vgl. diese Arbeit: Kap. IV.4.d).

Abb. 44, Schloß Brühl, Aussicht aus dem Zimmer des Königs auf die Silhouette Kölns, Ölskizze von C. D. Freydanck, 1847.

am äußersten Bildrand nur einige Pflanzen sichtbar. Sie lassen aber vermuten, daß hier ein Pendant vorhanden war. Ferner bestätigt die Ölskizze, daß in der Nähe des Bahnhofs ein Lattenzaun zur Sicherung des Schienenverkehrs errichtet worden ist. Anders als von der Eisenbahndirektion ursprünglich beschlossen, kam offenbar ein Zaun mit senkrechten Stangen zur Aufführung.[267] Nach der Darstellung Freydancks erhielt er einen weißen Anstrich.

Die andere Ölskizze[268] gibt einen Ausblick über die Landschaft im Nordosten des Schlosses auf die ferne Silhouette von Köln. (Abb. 44) Der Bildausschnitt setzt erst jenseits des königlichen Terrains an und zeigt zunächst einige private Gartenparzellen, die bis zur Comesgasse[269] im Mittelgrund des Bildes reichen. Jenseits dieser Linie öffnet sich die Landschaft. Dabei wird der Blick durch die seitlichen Wohnhäuser gerahmt. Wiederum ist die Eisenbahn Bestandteil des Landschaftsraums.

Hoff bezweifelt, daß die Motive der beiden Ölskizzen den repräsentativen Anforderungen der KPM entsprachen.[270] Zumindest im Falle der Aussicht auf Köln wird Freydanck wohl von vornherein nicht an eine Übertragung auf Porzellan gedacht haben. Offensichtlich lag es hier nicht in Freydancks Absicht, durch das Motiv zu beeindrucken; eher ist eine Freude am Nebensächlichen und auch am verwirrenden Detail – wie etwa der öffentlichen Uhr inmitten eines der vorderen Gärten – zu beob-

267 Zunächst war an einen Zaun mit kreuzweise gesetzten Stangen gedacht worden, vgl. ebd.
268 Aus dem nördlichen Fenster der Bibliothek.

269 Die Lage der Comesstraße ist durch ein Fuhrwerk angedeutet und teilweise anhand von Alleebäumen ablesbar.
270 Hoff in der Einleitung des Katalogteils, Kat. Freydanck, 1987, S. 72–73, S. 73.

Abb. 45, Schloß Brühl, Speisesaal, Aquarell von Adolph Wegelin, 1845/46.

achten. Sein Hauptinteresse richtete sich wohl auf den malerischen Reiz des Gegensatzes zwischen dem Gelb der Landschaft und dem Blau des Himmels. Letzteres scheint ebenso für die Aussicht auf den Bahnhof zuzutreffen. Doch ist die Darstellung der Eisenbahn und des Bahnhofs gewiß nicht ohne repräsentativen Gehalt. Anderenfalls wäre Wegelin, dessen Bilder für die englische Königin Victoria bestimmt waren, nicht darauf aus gewesen, die Eisenbahn in seine Darstellung des Speisesaals – die dampfende Lokomotive ist durch ein Fenster zu sehen – aufzunehmen. (Abb. 45)

Abb. 46, Schloß Brühl, Südansicht, Aquarell von Adolph Wegelin, 1845/46.

d) Die Darstellungen des Parterres

Wegelin und Freydanck geben die Gartenansicht des Schlosses wieder, wobei von Freydanck sowohl die Ölskizze als auch das darauf beruhende Gemälde vorhanden sind.[271] (Abb. 46 bzw. Abb. 47, 48) Der Bildausschnitt ist jeweils so gewählt, daß ein Teil des Parterres sichtbar wird. Von Interesse ist aber auch die Pflanzenausstattung der Terrasse. Bei Wegelin sind die Orangeriebäume sehr viel weniger dicht angeordnet als auf den Darstellungen Freydancks. Auch die Dekoration der Treppenanlage mit Topfpflanzen fällt bei letzterem üppiger aus. Dasselbe gilt für die Anlagen auf dem Parterre. Vor der Terrasse zeigt Wegelin zwei Rasenstücke, die mit Blumeninseln besetzt sind. Darüber hinaus gibt es an der Terrassenmauer Pflanzungen mit einzelnen Blumen und Klettergewächsen. Der Standort Freydancks liegt ein wenig weiter vom Schloß entfernt auf einem der großen Rasenstücke des Parterres. Die Anlagen direkt vor der Terrasse befinden sich jenseits eines Weges und werden teilweise verdeckt. Erkennbar ist aber, daß sie üppig bepflanzt sind und am Weg zur Treppe Orangeriebäume die Eckpunkte der Pflanzungen akzentuieren. Die Terrassenmauern sind bei Freydanck vollständig bewachsen.

Gewiß lassen sich die Unterschiede in der Darstellung teils damit erklären, daß Wegelin zwei Jahre vor Freydanck den Garten aufnahm, als das Wachstum der Pflanzen noch nicht so weit fortgeschritten war.[272] Daneben scheint Wegelin die Pflanzenausstattung bewußt reduziert zu haben,

271 Ölskizze: unbezeichnet, Öl auf Papier, 28,7 x 36,5 cm, KPM-Archiv, Schloß Charlottenburg, Mappe 41, Nr. 37, Kat. Freydanck, 1987, Kat. Nr. 85 a; Gemälde: bezeichnet mit „Ansicht des Schlosses in Brühl. Gartenseite. C F fec. 1847.", Öl auf Leinwand, 28 x 36,3 cm, KPM-Archiv, Schloß Charlottenburg, Inv. Nr. 212, Kat. Freydanck, 1987, Kat. Nr. 85.

272 Ebd., Kat. Nr. 85 a; vgl. Hansmann, 1995(1), S. 5.

Abb. 47, Schloß Brühl, Südansicht, vorderer Parterrebereich, Ölskizze von C. D. Freydanck, 1847.

Abb. 48, Schloß Brühl, Südansicht, vorderer Parterrebereich, Gemälde von C. D. Freydanck, 1847.

Abb. 49, Blick von Süden über das Parterre auf Schloß Brühl, Aquarell von Adolph Wegelin, 1845/46.

um alle Aufmerksamkeit auf die Architektur zu lenken. Einige Gartenelemente hat Wegelin nachweislich übergangen: Laut Kostenvoranschlag vom 29. Juli 1843 sollten „Weinreben" zur Bepflanzung der Terrassenmauern verwendet werden – „bei 6'[Zoll] Pflanzweite: dazu gehören 122 Pflanzen".[273] Hinsichtlich der „beiden Hauptgruppen dicht am Parterr" – angesprochen sind die von Wegelin dargestellten Rasenstücke unmittelbar vor der Terrasse – ist von einer Einfassung mit „Buchsbaum"[274] die Rede. Die Verwirklichung dieser Gartenbestandteile ist jeweils dokumentiert.[275]

Auch diejenige Ansicht des Südflügels, auf der Wegelin ausgehend vom großen Fontänenbecken einen Blick über das gesamte Parterre gibt, vermittelt keine authentische Vorstellung vom Erscheinungsbild des Gartens. (Abb. 49) Offensichtlich zielte Wegelin nicht auf eine detailgetreue Wiedergabe des Gartens ab, sondern es ging ihm um den Nachweis künstlerischer Meisterschaft: Im virtuosen Umgang mit einer Vielzahl von Grüntönen vermittelt Wegelin einen stimmungsvollen Eindruck des Gartens.

273 Revidierter Kostenvoranschlag für die Gartenarbeiten vom 29.7.1843, HStAD Reg. Köln 4643, S. 98, im Anhang vollständig zitiert, S. 187ff.
274 Ebd.

275 Übersichtsbericht über die geleisteten Gartenarbeiten 1843–1847, Claussen 13.1.1848, HStAD Reg. Köln 4645, S. 121, im Anhang vollständig zitiert, S. 195ff.

Sicherlich gab es auf dem Parterre mehr farbige Akzente. Dafür sprechen die schriftlichen Angaben über die Pflanzenausstattung. Gemäß Kostenüberschlag sollten von „feinem Gehölz" – „bei 4' Pflanzweite = 322 Stück" – sowie von „Stauden und Sommergewächsen" – davon „93 Schock [= 5580 Stück; 1 Schock = 60 Stück]"[276] – verwendet werden. Hinzu kamen „hochstämmige Rosen am Hauptwege nach der Fontaine".[277]

Dennoch gibt das Aquarell Wegelins auch einige wichtige Anhaltspunkte über den ausgeführten Zustand des Parterres. Zum Beispiel zeigt es die noch vorhandenen äußeren Pappelalleen. Außerdem ist zu erkennen, daß die Lindenalleen wie schon im 18. Jahrhundert einen Formschnitt erhielten. Allerdings übergeht Wegelin, daß die Unterseiten der Laubdächer wohl doch in der Art von Gewölbearkaden beschnitten worden sind.[278] Dafür spricht eine Zeitungsnotiz aus dem Jahre 1845, in der von „niedlich gewölbten Lindenalleen"[279] die Rede ist.

Das Wegelin-Aquarell bestätigt ferner die Realisierung folgender Planbestandteile: die Aufstellung neuer Statuen, die Wiederherstellung der großen Fontäne und des runden Bassins, die Anlage eines Weges in der Richtung der ehemaligen Kaskade sowie die Einfassung des Spiegelweihers mit Rasenböschungen unter Beibehaltung der ursprünglichen Umrißlinie. Das Wegesystem ist so weit erkennbar, daß die symmetrische Flächeneinteilung des Parterrefeldes nachvollziehbar wird: Der von der Terrassenanlage ausgehende Hauptweg teilt das Parterre in zwei gleiche Hälften; vor dem Spiegelweiher verzweigt sich der Weg und folgt der Uferführung des Gewässers.

Ob das Prinzip der Symmetrie auch auf die Bepflanzung durchschlug, läßt sich anhand der vorhandenen Bildquellen kaum ersehen. Die einzige aussagekräftige Quelle zur Beurteilung dieser Frage ist der Vollertplan (Abb. 35): Innerhalb der Terrassenflügel liegen zwei kleinere querrechteckige Kompartimente, die in sich und zueinander symmetrisch sind. Südlich des vor der Terrasse entlangführenden Querwegs setzen große Rasenflächen an, die bis zum Spiegelweiher reichen. An den Außenflanken der Rasenstücke sind jeweils mehrfach unterbrochene Rabatten verzeichnet; sie setzen sich auch seitlich und hinter dem Spiegelweiher fort. Im Inneren der großen Rasenstücke sind jeweils drei kreisförmige Pflanzeninseln hintereinander angeordnet. Auch sie tragen zu einer insgesamt symmetrischen Anlage des Parterres bei.

Die geforderte „zeitgemäße" Wiederherstellung des Parterres beinhaltete folglich keine Brechung von Symmetrien.[280] Das differenzierende Merkmal vom historischen Vorbild bestand wohl in der Höhe der Anpflanzungen, die weit über das im Barock Übliche hinausging. Dies zeigen die Darstellungen Freydancks (Abb. 47, 48): Die Beetpflanzungen im Vordergrund bestehen aus hochgewachsenen Sträuchern, die von Blumen und Stauden umgeben sind. Dabei ist die Wiedergabe so detailliert, daß sich bei genauerem Hinsehen einzelne Pflanzenarten bestimmen ließen.

Ein weiteres Aquarell Wegelins gibt einen Blick auf die Rückseite des Parterres. (Abb. 50) Rechts ist eine Rabatte zu erkennen, die – wenn auch sehr viel schematischer dargestellt – ebenso komponiert ist wie die Pflanzeninseln bei Freydanck. Abschließend sei auf die im Hintergrund dargestellten Tannen hingewiesen. Von deren Anpflanzung ist im Arbeitsbericht Claussens die Rede.[281] Sie bilden mit ihrem dunklen Grün einen Kontrast zu den hellen Pappeln.

---

276 Revidierter Kostenvoranschlag für die Gartenarbeiten vom 29.7.1843, HStAD Reg. Köln 4643, S. 98, im Anhang vollständig zitiert, S. 187ff.

277 Übersichtsbericht über die geleisteten Gartenarbeiten 1843–1847, Claussen 13.1.1848, HStAD Reg. Köln 4645, S. 121, im Anhang vollständig zitiert, S. 195ff.

278 Dies scheinen die Lennépläne anzudeuten, vgl. diese Arbeit: Kap. III.3.b).

279 Köln. Ztg. vom 7.8.1845, im Anhang vollständig zitiert, S. 200.

280 Davon war schon Hansmann unter Rückgriff auf eines der Wegelin-Bilder (Abb. 46) ausgegangen, Hansmann, 1985, S. 101–122, S. 118.

281 Übersichtsbericht über die geleisteten Gartenarbeiten 1843–1847, Claussen 13.1.1848, HStAD Reg. Köln 4645, S. 121, im Anhang vollständig zitiert, S. 195ff.

Abb. 50, Schloß Brühl, Blick vom Parterre auf die Abschlußfontäne, Aquarell von Adolph Wegelin, 1845/46.

e) Die Zeichnung von der Eisenbahnbrücke im Park

Die Bleistiftzeichnung von „Graf Mörner" aus dem Jahre 1862 überliefert eine Ansicht der ehemaligen Eisenbahnbrücke im Brühler Schloßpark. (Abb. 51) Wahrscheinlich wird die Ostseite der Brücke wiedergegeben: Unter den Brückenöffnungen sind die Wehrkörper vage zu erkennen, über die das Wasser aus dem Kleinen Inselweiher in den tiefer gelegenen Großen Inselweiher fließt.

Der Brückenbau besitzt zwei gleichgroße Öffnungen, die von durchlaufenden Trägern überspannt sind. Nach Lage der Quellen wurden zur Herstellung des Tragwerks Holzbalken benutzt.[282] Für das Mauerwerk kamen sowohl Niedermendiger Steine als auch Ziegel zur Anwendung. Wahrscheinlich bestanden die Elemente des Überbaus aus Werkstein, während die Pfeiler und Böschungsflügel überwiegend aus Ziegeln errichtet worden sind.[283] Leider werden die Materialunterschiede anhand der Zeichnung nicht deutlich.

Der ästhetische Anspruch, dem die Brückenarchitektur nach königlichem Willen zu genügen hatte, manifestiert sich in einer differenzierten Ausgestaltung des Überbaus: Während die Brüstung im Bereich der Böschungsflügel aus einer geschlossenen Mauer besteht, gibt es über den Brückenöffnungen leichte, gußeiserne Geländer. Sie werden aus jeweils drei Stäben gebildet, die unter dem Handlauf nach beiden Seiten volutenartig eingedreht sind. Hinzu kommen vasenbekrönte Postamente: Sie verleihen der Brüstung eine regelmäßige Untergliederung und akzentuieren die Stützenelemente der Brücke – Mittelpfeiler und äußere Widerlager –, auf denen sie aufsitzen.

282 Es ist von einer „Balkenlage" die Rede, Auszug aus der Verwaltungsratssitzung vom 24.7.1843, in: Köln. Ztg. vom 28.10.1843.

283 Vgl. diese Arbeit: Kap. IV.6.e).

Abb. 51, Schloß Brühl, Eisenbahnbrücke im Schloßgarten, Zeichnung von „Graf Mörner".

Insgesamt entspricht die Brücke sowohl in der Betonung des Tektonischen als auch in der Wahl des Details den Mustern klassizistischer Repräsentationsarchitektur.

Die Zeichnung des „Grafen Mörner" bietet nicht nur in der Wiedergabe der Architektur einen wichtigen Nachweis für die besondere Bedeutung der Eisenbahnbrücke innerhalb des Parks; das Blatt belegt auch, daß gärtnerische Mittel zur Hervorhebung des Bauwerks angewandt worden sind. Das sanft abfallende Terrain vor den Böschungsflügeln ist bis hinab zum Ufer mit niedrigem Strauchwerk bedeckt. Es verbirgt die Nahtstelle zwischen Bauwerk und Gelände und ergibt zusammen mit den darüber aufragenden Bäumen eine vollständige Einfassung des Bauwerks. Hinzu kommt, daß die Uferführung des Weihers vor der Brücke einen weiten Bogen beschreibt, so daß sich die Parksituation im Wasserspiegel verdoppelt.

Von links führt ein Weg auf die Brücke zu. Dies bestätigt, daß sich an der Brücke ein Übergang über die Schienen befand.[284] Die seitlichen Pflanzungen werden folglich auch den Zweck gehabt haben, die wenig anlagegerechten Eisenbahnschranken zu verdecken.

284 Es ist von einem „Übergang ... mittelst Rampen" die
Rede, Direktionssitzung vom 10.9.1842, HAStK Best.
1028 Nr. 75, S. 180.

V. Interpretatorische Ansätze

1. Die historischen Hintergründe der Gartenplanung

a) Die Gartenplanung als „Reminiszenz" der Königsreise von 1842

In einem Artikel der Kölnischen Zeitung vom 18. September 1842 werden die Aufwertung des Brühler Schlosses und die Gartenplanung als „Reminiscenzen"[1] des kurz zuvor beendeten Königsbesuchs betrachtet. Vor dem Hintergrund, daß die entsprechenden Absichten im wesentlichen während oder kurz nach der Anwesenheit Friedrich Wilhelms IV. formuliert und publik gemacht worden sind, erweist sich diese Bezeichnung als zutreffend.[2] Offenbar sollte anhand der Maßnahmen an Schloß und Garten die Anschauung königlicher Präsenz noch über den Tag der Abreise hinaus prolongiert und die zukunftsfrohe Stimmung der vergangenen Festtage lebendig erhalten werden.

In den ersten Regierungsjahren war es ein Hauptanliegen Friedrich Wilhelms IV., den Entwicklungen eines zunehmend öffentlichen Massenzeitalters dadurch zu begegnen, daß er die preußische Monarchie auf eine breitere gesellschaftliche Grundlage zu stellen suchte.[3] Als „Volkskönig" mußte er in der entstehenden Öffentlichkeit präsent sein, was Friedrich Wilhelm zu einer ausgiebigen Reisetätigkeit in seinen Herrschaftsgebieten bewog.[4] Dabei versetzte die Anwesenheit des Monarchen die bereisten Provinzen in eine Festtagsstimmung, die die Bevölkerung für die Anerkennung monarchischer Werte empfänglich machte.

Friedrich Wilhelm IV. wird sich über das Mobilisierungspotential der Dombaubewegung bewußt gewesen sein, als er 1842 die Reise in die Rheinprovinz antrat. Noch verbanden sich die Motive der unterschiedlichsten gesellschaftlichen Gruppen mit dem Dombau, und es war noch nicht ausgemacht, ob es dem König gelingen würde, die damit einhergehende Begeisterung in monarchische Herrschaftsbestätigung umzumünzen.[5] Doch war im Vorfeld des Dombaufestes schon viel getan, um die Rheinländer in diesem Sinne zu beeinflussen. Bereits seit August 1842 fanden bei Euskirchen und Düsseldorf die Herbstmanöver des rheinischen und des westfälischen Armeekorps statt. Das unzweideutig auf den König als obersten Heerführer bezogene Manövergeschehen hatte die Bevölkerung bereits in Festtagslaune versetzt. Dabei hing die Begeisterung nicht allein mit der Im-

---

1 „Brühl 17. Sept. Die schönen Tage von Aranjuez sind nun vorüber [Anspielung: „Don Carlos" Schiller], jedoch nicht ohne große Reminiscenzen zurück zu lassen und freudige Hoffnungen zu erregen. Noch klingt in den gewohnten Ohren ein jedes Wort, ein jeder Ton: „Und was unser König verspricht, das hält er gewiß." Der Vater des Vaterlandes hat uns seine öftere Rückkehr verheißen, und so wie die ganze Rheinprovinz, so sieht insbesondere unser Städtchen diesen beglückenden Perioden mit sehnsuchtsvoller Liebe entgegen. Der Zustand von Veödung und Verlassenheit, der seit der Fremdherrschaft mit bleiernen Flügeln auf der ehemaligen Lieblings-Residenz der Kurfürsten lastete, wird demnach einer besseren Aera weichen. Der Park, aus dem noch vor Kurzem der einsame Wanderer, durch Disteln und Dornen zurückgehalten, mit einem wehmüthigen Blick auf die Vergänglichkeit des Irdischen scheiden mußte, wird nun bald wieder die Pracht seiner Laubhallen entfalten, und die Myrte an die Stelle Cypresse treten.", Köln. Ztg. vom 18.9.1842, im Anhang vollständig zitiert, S. 199.

2 Vgl. diese Arbeit: Kap. III.1.b).

3 Vgl. Barclay, 1995(1), S. 88.

4 Vgl. ebd., S. 178.

5 Zu den politischen Implikationen des Dombaufests und der Dombaubewegung u. a.: Trippen, 1979, S. 99–115; Nipperdey, 1979, S. 175–202, S. 180f. u. 184f.; Parent 1980(1), S. 106–113; Parent 1980(2), S. 114–124, S. 118f.; Dann, 1983, S. 78–95, S. 85ff.; Borger-Keweloh, 1986, S. 37f.; John, 1992, S. 63–84.

posanz der großangelegten Militärübungen[6] zusammen, sondern resultierte auch daraus, daß das Umfeld des Manövers die Züge eines Volksfestes besaß. So berichtete die Kölnische Zeitung, daß schon die Aufstellung des Militärlagers bei Euskirchen die „regste Aufmerksamkeit der Schaulustigen" hervorgerufen und sich wenige Tage später gar eine „mehrere Tausende" zählende Menschenmenge „wie auf Messen und Jahrmarkt"[7] im Lager gedrängt habe. Über den anderen Lagerstandort in Grimlinghausen bei Neuss gab es ähnliche Mitteilungen: „Die Linie der Erquickungsanstalten ... überflügelt bereits die Lagerfront um ein bedeutendes."[8] Und es wurde hinzugefügt, daß zu diesen Einrichtungen unter anderem „ein Kunstreiter-Circus sowie Pano-, Pleno- und Dioramen und sogar ein Wachsfiguren-Cabinet"[9] gehörten.

Nach dem Dombaufest wurden die militärischen Übungen als ein gemeinsames Manöver beider Korps fortgesetzt. Vom Brühler Schloß, wo der König sein Hoflager aufgeschlagen hatte, ging in diesen Tagen ein höfischer Glanz aus, wie ihn das Rheinland seit der Kurfürstenzeit nicht mehr gekannt hatte. Der König selbst war mit einem mehr als hundertköpfigen Gefolge angereist und hatte eine Vielzahl von „Allerhöchsten und Höchsten Gästen" – darunter die Könige von Württemberg, von Hannover und der Niederlande – nach Brühl geladen.[10]

Zum Abschluß der Manövertage am 12. September wurde auf den Feldern bei Erp eine große Heerschau abgehalten. Im Pomp der Parade trat der König nochmals wirkungsvoll als Befehlshaber einer gewaltigen Armee in Erscheinung. Dabei vollzog er zwei symbolische Handlungen, die in ihrem Ausdrucksgehalt ebenso gegensätzlich erscheinen wie die vorangegangenen Tage in ihrer Mischung aus fürstlicher Repräsentation und Volksfest: Zu Beginn der Parade verlieh der König den Landwehrregimentern neue Fahnen; zum Abschluß ernannte er den Erzherzog Johann von Österreich zum Befehlshaber eines preußischen Infanterieregiments.[11] Da die Landwehr allgemein als volksnah galt,[12] stellte ihre Auszeichnung eine populäre Geste dar; dagegen war die Ehrung des Erzherzogs als Versicherung deutscher Fürstenfreundschaft zu verstehen. Die die Essenz aller Feierlichkeiten ausmachende Verkopplung von Monarchie und Volkstümlichkeit hatte ihren Vorläufer im Nationalfest von 1814, das aus Anlaß des ersten Jahrestags der Leipziger Völkerschlacht begangen

---

6 Ordre de Bataille des 7. Armeekorps. General-Leutnant von Pfuel, insg. 22820 Mann, 4400 Pferde (ohne Offiziere und Offizierspferde); Ordre de Bataille des 8. Armeekorps. General-Leutnant von Thile, insg. 23620 Mann, 4000 Pferde (ohne Offiziere und Offizierspferde), Rheinische Zeitung vom 23.8.1842.

7 Köln. Ztg. vom 15.8.1842.

8 Köln. Ztg. vom 9.8.1842.

9 Köln. Ztg. vom 18.8.1842.

10 „Logirungs=Liste der Personen der Allerhöchsten und Höchsten Gäste nebst Umgebung und Dienerschaft, im königlichen Schlosse, so wie in Brühl und Umgegend / A. Im königlichen Schlosse zu Brühl / a. Allerhöchstes Gefolge": General-Major v. Neumann, Generaladjudant; Major v. Willisen, Flügeladjudant; Major Graf Schlieffen, Flügeladjudant; Graf Stolberg, Geheimer Staatsminister; Dohms, Hofstaatssekretär; Graf Doenhof, Kammerherr, Schloßhauptmann Königsberg; v. Meyerinck, Hofmarschall, Intendant der Schlösser und Gärten u.a.; Diener, Köche und weiteres Personal / „b. Prinzen des kgl. Hauses nebst Gefolge": Prinz von Preußen ... / „c. Fremde Allerhöchste und Höchste

Herrschaften nebst Gefolge": König v. Hannover; König v. Württemberg; Herzog Alexander v. Württemberg; Prinz Carl v. Bayern; Erzherzog Johann von Österreich; Großherzog von Mecklenburg-Schwerin im Oratorium; Prinz Friedrich der Niederlande; Prinzessin Friedrich der Niederlande / „B. In Brühl": Prinz Carl von Preußen; Prinz Albrecht von Preußen; Prinz August v. Württemberg; Prinz Georg v. Cambridge; Lord Cantelupe / „C. In der Umgegend von Brühl": Prinz August v. Preußen; Prinz Friedrich v. Düsseldorf; Prinz Georg; Erbgroßherzog v. Baden; Markgraf Maximilian v. Baden; Fürst Labanof Gen. Adj.; v. Mansuroff, kaiserlich russischer General; Arbuthnot, britischer Oberst u.s.w., HAStK Abt.7 Nr.1 Fasz.7. Der König der Niederlande traf am 10. September in Brühl ein, Journal der Flügeladjutanten des Königs, GStA PK BPH Rep. 50 Personalrepositur Friedrich Wilhelm IV. F1 Nr.3, Bd. 2 (M), S. 42; vgl. Zilliken, 1954, S.28.

11 Köln. Ztg. vom 14.9. u. 16.9.1842; vgl. Parent, 1981, S. 55 f.

12 Zur Organisation und zum öffentlichen Ansehen der Landwehr: Messerschmidt, 1975, S. 64ff. u. S. 75.

worden war.[13] Tatsächlich spielte die Erinnerung an den Sieg über Napoleon auch im Festprogramm des Jahres 1842 eine herausragende Rolle.[14] Angesichts der erst kurz zurückliegenden, französischen „Rheindrohung" wird die Aktualisierung der Befreiungskriege – ebenso wie das Manöver selbst – als Bekräftigung des deutschen Verteidigungswillens verstanden worden sein. Doch konnte das Andenken an die gemeinsam errungenen Siege auch dafür sorgen, daß die in den vorangegangenen Festtagen beschworene Einheit von Fürst und Volk an Plausibilität gewann.

Vor diesem Hintergrund war die Gartenplanung Lennés nicht nur insofern ein Nachhall auf den Königsbesuch von 1842, als Friedrich Wilhelm IV. hiermit die Fortdauer seiner Gunst bezeigte, sondern es hat auch den Anschein, als ob die Doppeldeutigkeit der Planung, indem sie sowohl Restitution eines Fürstengartens als auch Einrichtung eines Volksgartens bedeutete, den ideologischen Kern des Festprogramms nochmals reflektieren sollte.

b) Die Schloßanlage als Denkmal vorrevolutionärer Traditionen

Bereits die publizistischen Reaktionen auf die ersten Instandsetzungsarbeiten des Sommers 1842 zeigen, daß die Brühler Schloßanlage im Bewußtsein der Öffentlichkeit ein Denkmal der Kurfürstenzeit darstellte. So fühlte man sich angesichts der bis dahin ausgeführten Verschönerungen „in die Zeit vergangener Fürstengröße zurückversetzt",[15] und die „untergegangenen Herrlichkeiten" erschienen nun „wie von einem neuen Lebenshauche von der hohen Huld unseres Monarchen auferweckt".[16] Der König förderte diese Assoziationen nicht nur durch die fortgesetzten Wiederherstellungsmaßnahmen an Schloß und Garten, sondern ließ ferner „eine Anzahl Kurfürsten-Bilder" ankaufen und restaurieren, um damit im Brühler Schloß eine Galerie einzurichten.[17] Hinzu kam, daß der König die beginnenden Bemühungen um die Erforschung der Kurfürstenzeit förderte: „Köln 19. Oct. Se. Maj. der König haben die jüngste Schrift unseres Mitbürgers, des D. Freiherrn v. Mering: ‚Die Ritterburgen [etc]' Heft VI., enthaltend die Geschichte der vier letzten Kurfürsten von Köln, nicht nur mit besonderer Aufmerksamkeit huldvoll entgegenzunehmen und zwanzig Exemplare an die höchsten und hohen Gäste im Schlosse zu Brühl vertheilen zu lassen geruht, sondern der Verfasser ist auch mit [einem] ... Allergnädigsten Cabinetsschreiben beehrt worden."[18]

Die Denkschrift Lennés läßt erkennen, daß die Brühler Gartenplanung Bestandteil einer umfassenderen Maßnahme in den königlichen Gärten des Rheinlandes gewesen ist.[19] Mit den Schloßanlagen Benrath und Koblenz bezog sie zwei weitere Residenzen aus dem 18. Jahrhundert mit ein.

13 Ein Jahr nach dem Nationalfest von 1814 erschien ein von K. Hoffmann herausgegebenes Sammelwerk, das als Beschreibung dienen wollte, „wie das aus zwanzigjähriger französischer Sklaverei durch Fürsten-Eintracht und Volkskraft gerettete Teutsche Volk" den ersten Jahrestag der Völkerschlacht von Leipzig begangen habe, zit. nach Düding, 1987, S. 371–388, S. 372.

14 Trinkspruch Friedrich Wilhelms IV. zum Mittagsmahl im Brühler Schloß am 12.9.1842: „Meine Herren vom siebenten und achten Armee-Corps! Wenn wir zurückblicken auf die siegreichen Schlachten der Jahre 1814 und 1815, so werden wir unwillkürlich erinnert an die glorreichen Namen des Kronprinzen von Würtemberg und des Prinzen Wilhelm von Oranien. Jetzt, da beide die Kronen ihrer Väter tragen, haben sie es nicht verschmäht, die Festtage meines Heeres zu verherrlichen", Köln. Ztg. vom 20.9.1842; der König gab

während der Dombaufeierlichkeiten ein Festessen im „Königszelte, welches bereits im Lager zu Kalisch [1813 Abschluß des Bündnisvertrags zwischen Preußen und Rußland gegen Frankreich] gedient und vom Zar dem König Friedrich Wilhelm III. geschenkt worden war.", Schorn, 1898, S. 160.

15 Köln. Ztg. vom 26.6.1842.

16 Köln. Ztg. vom 28.8.1842.

17 MKH an Reg. Köln vom 21.10.1844, HStAD Reg. Köln 4640; nach einem Schreiben des in dieser Angelegenheit beauftragten Professors Bischoff aus Bonn handelte es sich um 41 Bilder, Prof. Bischoff an Reg. Köln vom 8.12.1844, HStAD Reg. Köln 4640.

18 Köln. Ztg. vom 20.10.1842.

19 Vgl. diese Arbeit: Kap. III.2.a); Denkschrift Lennés vom 10.10.1842, GStA PK I. HA. Rep. 89 Geh. Zivilkabinett Nr. 20646 (M), im Anhang vollständig zitiert, S. 177ff.

157

Die Arbeiten an den Gärten gingen mit Instandsetzungsarbeiten an den Gebäuden einher,[20] und das Koblenzer Schloß wurde ebenfalls mit Bildnissen und Wappen der ehemaligen Kurfürsten ausgestattet.[21] Mithin war das Interesse der preußischen Kulturpolitik im Rheinland nicht allein auf die Pflege sogenannter Altertümer wie den Kölner Dom oder die Burgen entlang des Rheins konzentriert, sondern sie setzte – wenngleich bei weitem nicht mit demselben Aufwand – auch auf eine Wiederbelebung des 18. Jahrhunderts.

Das so bezeichnete „Zweite Rokoko" im Bereich der königlichen Schlösser in Berlin und Potsdam stellt darin eine vergleichbare Tendenz dar.[22] Vor allem in Sanssouci, das Friedrich Wilhelm IV. kurz nach der Thronbesteigung zu seinem ständigen Wohnsitz gemacht hatte, wurden zahlreiche Maßnahmen vorgenommen, die die Zeit Friedrichs II. vergegenwärtigten. Dazu gehörten Rekonstruktionen wie der Versuch, die friderizianische Bildergalerie wieder zu vereinigen, oder auch das Bemühen um die erneute Aufstellung des ehemaligen Skulpturenschmucks im Park. Wo Neues zu errichten oder anzufertigen war, kam es sogar zur erneuten Verwendung des alten und lange Zeit verpönten Formenguts.[23]

Der legitimatorische Effekt des „zweiten Rokoko" in Sanssouci ist leicht erkennbar: Er bestand in der Identifikation des amtierenden Königs mit einem ruhmreichen Ahnen. Im Rheinland konnte sich Friedrich Wilhelm IV. dagegen nicht auf eine dynastische Tradition berufen. Doch gerade hier mußte ihm der Nachweis seiner Legitimität besonders am Herzen liegen: Die Prägung des Rheinlands durch die französischen Regierungsjahre, die sich teils daraus speisenden starken liberalen und regionalistischen Strömungen, sowie der rheinische Katholizismus ließen die Loyalität zur preußischen Krone unsicher erscheinen.[24] Die demonstrative Pflege rheinischer Kunst- und Kulturdenkmäler war da ein willkommenes Mittel, um emotionale Bindungen zwischen dem Rheinland und Preußen aufzubauen und dem immer noch künstlichen Gebilde der Rheinprovinz eine Identität zu geben.[25] Ferner ließ sich „Denkmalpflege" gegen liberales Denken instrumentalisieren, indem die Erinnerung an die vorrevolutionäre Historie gegen das „halbwälsche Sonderdasein"[26] der Rheinländer eingesetzt werden konnte. Wenn es um die Erhaltung und Wiederherstellung alter Herrschaftssitze ging, bot

20 Im Vorfeld des Königsbesuchs ist in der Kölnischen Zeitung von Instandsetzungsmaßnahmen in allen drei Schlössern die Rede: Brühl: „Sehr erfreulich und überraschend ist die Thätigkeit, mit welcher die Restaurationsbauten in dem hiesigen königlichen Schlosse unter der obern Leitung des Bau-Inspectors Biercher durch den Bau-Conducteur Overbeck ihrem Ziele immer näher kommen", Köln. Ztg. vom 31.7.1842; Koblenz: Köln. Ztg. vom 30.7.1842.; Benrath: Köln. Ztg. vom 14.8.1842.

21 Neu angebrachtes, kurfürstliches Wappen im „Fürstensaal" (wohl 40er Jahre), neue Zinkgußstatue des letzten Kurfürsten von Trier (1853), Bildnisse der Trierer Kurfürsten im Fürstensaal (seit 1860), Michel 1954, S. 113ff.; über den „Fürstensaal" im Koblenzer Schloß: „Die Bildnisse der Fürsten die hier Jahrhunderte hindurch lebendskräftig und wirkungsvoll walteten, schauen in geordneter Reihe von den Wänden herab. Ringsum stehet was von ihrem zerstreuten Hausrate und Besitze wieder versammelt werden konnte. So ist, von den jetzigen, den ehemaligen Herrschern ein ehrendes Andenken, eine pietätvolle Erinnerung gestiftet worden.", v. Ompteda, Berlin, 1886, S. 12.

22 Zum zweiten Rokoko in Sanssouci: E. Börsch-Supan, 1980, S. 145–152; Eckardt, 1985, S. 141–156; Weickardt, 1993, S. 190–192.

23 Unter anderem: Neue Möbel wurden im Stil des Rokoko erstellt; ebenso die vor allem von Ludwig Persius durchgeführten Um- und Neubauten der Wirtschaftsflügel, vgl. ebd.

24 Über das konfliktreiche Verhältnis des preußischen Staates zum Rheinland, unter anderem: Faber, 1966; Petri, 1965, S. 37–79; Vierhaus, 1965, S. 152–175; Schütz, 1984, S. 195–225.

25 Vgl. Speitkamp, 1989, S. 129–159, S.139; vgl. Mölich, 1995, S. 163–167.

26 Treitschke berichtet über die Reise Friedrich Wilhelms IV. in die Rheinlande, das Dombaufest sowie über den Brühl-Aufenthalt im Jahre 1842 und stellt in diesem Zusammenhang folgendes fest: „daß die Rheinländer ihrer eigenen großen Vorzeit wieder liebevoll in die Augen zu sehen wagten, das verdankten sie der Krone Preußen, die dies Land seinem halbwälschen Sonderdasein entrissen und in die Strömung des nationalen Lebens zurückgeleitet hatte.", v. Treitschke, 1894, S. 172.

Denkmalpflege dem König sogar die Möglichkeit, sich als Sachwalter der ehemaligen Landesherren zu präsentieren und somit indirekt rheinische Herrschaftstraditionen auf sich zu beziehen. Im Zusammenhang mit den Baukampagnen der Burgenromantik am Rhein, die maßgeblich durch die königliche Familie getragen wurden, spielte dieser Gedanke gewiß eine Rolle.[27] Bei der Aufwertung der barocken Residenzen in Brühl, Benrath und Koblenz, die im Vergleich mit den Burgen noch wenig kunsthistorisches Interesse auf sich zogen, wird die Inanspruchnahme rheinischer Herrschaftstraditionen ein entscheidendes Motiv gewesen sein. Indem die Anlagen das Ende der vorrevolutionären Entwicklung markierten, boten sie der restaurativen Rhetorik von der Wiederherstellung der überlieferten Ordnung den direktesten Anknüpfungspunkt. Die französische Zeit konnte sich hieran als Zwischenspiel der Usurpation und des Verfalls erweisen, das die Kontinuität rechtmäßiger Herrschaft nur kurzweilig gestört habe. Insofern bestand in der Wiederbelebung der Schlösser und Gärten in Brühl, Benrath und Koblenz ein Mittel zur Durchbrechung der jüngeren liberalen Traditionen zugunsten der alten feudalen.

Es ist nicht überraschend, daß erst der eminent in den Dimensionen des Historischen denkende Friedrich Wilhelm IV. die rheinischen Schloßanlagen wiederherstellen ließ. Obwohl bereits die Verwaltung des Generalgouvernements die symbolische Bedeutung der Schloßanlagen erkannt hatte,[28] zeigte sein Vater wenig Interesse an den spätesten Hinterlassenschaften der rheinischen Fürsten. Kennzeichnend ist in diesem Zusammenhang, daß sich Friedrich Wilhelm III. bei der Übernahme der Rheinlande zwar mit Aachen als Krönungsort deutscher Könige eine der geschichtsträchtigsten Städte innerhalb seines neuen Herrschaftsgebiets zum Schauplatz für die Huldigungsfeierlichkeiten wählte,[29] aber somit zugleich die Verwaltungsstruktur des ehemaligen französischen Roerdepartements nachvollzog. Dagegen hielt sich Friedrich Wilhelm IV. bei seinem Antrittsbesuch im Rheinland jeweils mehrere Tage in Benrath, Brühl und Koblenz auf, und erwies dadurch Hauptorten der untergegangenen bergischen, kurkölnischen und kurtrierischen Territorien eine besondere Reverenz. Nach Aachen kam er dagegen nur für einen Tag.[30]

c) Die Brühler Gartenplanung als sozialpolitische Maßnahme

Laut Königsbefehl vom 17. Oktober 1842 bestand der Ansatzpunkt der Gartenplanung in der Herbeiführung einer verbesserten Gesundheit für die Bevölkerung.[31] Zwar ist in einem Schriftstück aus dem Jahre 1838 die Rede davon, daß der versumpfte und verschmutzte Zustand der Parkgewässer „Augenkrankheiten" in Brühl hervorgerufen habe,[32] doch hatten diese Erkrankungen – sie finden in den zeitgleichen Medizinalberichten der Regierung zu Köln keine Erwähnung[33] – wohl kaum ein beachtliches Ausmaß. Gewiß waren es daher nicht die Verhältnisse in Brühl selbst, die den Aspekt der Volksgesundheit in den Vordergrund der Planung rücken ließen. Vielmehr bestand in der Gesundheitsförderung längst eine herrschaftsrelevante Forderung.[34] Spätestens die großen Seuchen-

27 Vgl. Rathke, 1979, S.49.
28 Vgl. diese Arbeit: Kap. II.3.c).
29 Die Huldigung in Aachen fand am 15.5.1815 statt, Schütz, 1984, S. 195–225, S. 199; Schneider, 1995, S. 44ff.
30 Besuch in Aachen vom 7.9. bis 8.9.1842, Journal der Flügeladjutanten des Königs v. 16.1.1842 bis 11.9.1843, GStA PK BPH Rep. 50 Personalrepositur Friedrich Wilhelms IV. F1 Nr. 3, Bd. 2.
31 Friedrich Wilhelm IV. an MKH vom 17.10.1842 (Abschrift), AVSchB 1843–1845; oben vollständig zitiert.

32 Wegen des versumpften Zustands der Weiher hätten „sich denn auch nicht selten der Gesundheit nachtheilige Dünste entwickeln mögen, welchen vielleicht nicht mit Unrecht die Erzeugung der in Brühl vorgekommenen Augenkrankheiten pp. beigemessen wird.", Gemeinsamer Bericht Bauinspektor Biercher u. Domänenrat Lützeler vom 25.9.1838, HStAD Reg. Köln 4719.
33 Sanitätsberichte der Regierungsbezirk Köln, HStAD Reg. Köln 1344 u. 1345; Sanitätsberichte im Medizinalkollegium, LHAK 407 Nr. 350 u. 351.
34 Lipp sieht die Anfänge staatlicher Gesundheitsfürsorge im elisabethanischen England, Lipp, 1987, S. 263.

züge des 19. Jahrhunderts – namentlich die seit den 30er Jahren wiederholt auftretenden Cholera-epidemien – verschafften dieser Problematik eine zentrale Bedeutung. Die Seuchen mußten den Regierenden vor allem auch deswegen bedrohlich erscheinen, da es beim Auftreten der ersten Toten stets zu spontanen Tumulten kam. Eine innere Verbindung zwischen Revolutions- und Seuchengefahren war schnell hergestellt, so daß Gesundheitsförderung zu einer programmatischen Aufgabe restaurativer Politik wurde.[35]

Solange die Infektionswege unerforscht blieben, hielt sich die Vorstellung, daß Seuchen über Verunreinigungen in der Luft – sogenannte Miasmen – übertragen würden.[36] Daher galt die Schaffung „reiner" Luft als ein wichtiges Mittel der Seuchenabwehr, was vor allem die Entfernung versumpfter Gewässer und feuchter Böden sowie die Abstellung hygienischer Mißstände durch Kloaken und Ähnliches beinhaltete.[37] – Daß solche Entwässerungs- und Sanitätsmaßnahmen am Anfang des Brühler Planungsprogramms standen,[38] war für Lenné nichts Neues; insbesondere bei den Planungen für den Berliner Tiergarten hatten gartenklimatische und hygienische Verbesserungen schon früher eine zentrale Rolle gespielt.[39]

Die Bemühungen um Hebung der Volksgesundheit richteten sich vor allem auf die großen Städte, da sich dort – angesichts rapider Urbanisierungsprozesse – die Lebensbedingungen der Bevölkerung immer mehr verschlechterten. Dies traf auch auf Köln zu, wo die Einwohnerzahl zwischen 1816 und 1843 um fast 60 Prozent von etwa 49000 auf mehr als 78000 angestiegen war,[40] ohne daß gleichzeitig eine Ausdehnung der Stadtgrenzen stattgefunden hätte. Innerhalb der Stadtmauern schlossen sich nun die letzten Baulücken, und die einst ausgedehnten Gärten im Westen und Süden der Altstadt verschwanden.[41] Da Köln kaum öffentliche Gartenanlagen besaß[42] und als Festungsstadt im direkten Vorfeld keine attraktiven Spaziergänge bot,[43] trat ein akuter Mangel an Erholungszonen ein. Diese Situation mag im 19. Jahrhundert, als der Aufenthalt in der Natur zu den essentiellen Bestandteilen der Kultur zählte,[44] ebenso gravierend empfunden worden sein wie Wohnungsnot und Wohnungselend. Mit dem Projekt der Bonn-Kölner Eisenbahn, das den Brühler Schloßgarten unmittelbar an Köln anband, ergab sich die Möglichkeit, der Stadt zu einer großen Parkanlage zu verhelfen. Der König nahm diese Gelegenheit zum Anlaß, um seine Fürsorge für die Kölner unter Beweis zu stellen: Er gab den Brühler Garten nun offiziell für die Allgemeinheit frei und machte ihn durch Hinzufügung von Bestandteilen eines modernen Volksgartens[45] – Tummelplatz, abwechslungsreiche Spazierwege, Ruhesitze, Schutzhütte usw. – für ein großes Publikum nutzbar.

In diesem Zusammenhang ist es wichtig festzustellen, daß die Fahrtkosten von Köln nach Brühl den Benutzerkreis des Gartens nicht auf wohlhabende Schichten eingrenzten. Bereits 1836 war der provisorische Ausschuß der Eisenbahngesellschaft dazu entschlossen, „die Benutzung [der Bahn] so wohlfeil zu stellen, daß nicht nur gering bemittelte Personen davon Gebrauch machen können,

35 Zur Cholera im 19. Jahrhundert: Dorrmann, 1995, S. 204–251; Lipp, 1987, S. 263; Sengle, 1971, S. 40.
36 Vgl. Schäfer, 1978, S. 14.
37 Vgl. Ebd., S. 28 u. S. 33.
38 Vgl. Positionen „1." u. „2." des Königsbefehls, Friedrich Wilhelm IV. an MKH vom 17.10.1842 (Abschrift), AVSchB 1843–1845; oben vollständig zitiert, Kap. III.2.b).
39 Vgl. Wendland, 1979, S. 139; vgl. Hinz, 1989, S. 119, S. 145 u. S. 163; vgl. Schulz, 1992, S. 86–120, Anm. 26.
40 Die Einwohnerzahlen sind entnommen aus: Uebersicht der Bestandtheile und Verzeichniß, 1844, S. 11; Dann, 1983, S. 78–95, S. 80.
41 Vgl. Dann, 1983, S. 78–95, S. 80.
42 Zu den vorhandenen öffentlichen Grünanlagen in Köln: Meynen, 1979, S. 15.
43 Vgl. Dann, 1983, S. 78-95, S. 80.
44 Vgl. Lipp, 1987, S. 263.
45 Zum Ausstattungsprogramm von Volksgärten: Schulz, 1992, S. 86–120, S. 87.

sondern daß auch Tagelöhner und Landleute ... sich mit Vorteil dieser Anstalt bedienen können."[46] Auch später, bei der Aufnahme des Fahrbetriebs, sah die Gesellschaft ihr Interesse darin, die Eisenbahn in der einfachen Bevölkerung zu popularisieren: „Unsere 4. Wagen-Classe, zu 16 Pf pr. Meile für die ganze Fahrlänge berechnet, darf als neue Erscheinung gelten und ist auf die Gewinnung eines Publicums berechnet, welches den Eisenbahnen im Allgemeinen noch nicht angehört."[47] Da der Besuch des Parks ansonsten von finanziellen Belastungen oder sozialen Einschränkungen befreit blieb,[48] fühlte sich ein breiter Benutzerkreis durch die Angebote des Gartens angezogen. So erwies sich die Frequenz der Eisenbahnfahrten zwischen Köln und Brühl schon bald als sehr bedeutend,[49] und bereits im April 1845 wurde dem König vom Hausministerium mitgeteilt, daß „im vergangenen Sommer namentlich an den Sonntagen wohl schon 4000 Menschen im Park anwesend gewesen sein [sollen]".[50]

Ebenso wenig wie der Besuch des Gartens unterlag auch die Besichtigung des Schlosses einer sozialen Beschränkung. Als wegen des großen Zustroms ins Schloß eine Verminderung des Publikums angestrebt wurde,[51] entschied man sich höheren Orts gegen das vorgeschlagene Eintrittgeld und reglementierte nur die Besuchszeiten und die Größe der Besuchergruppen.[52] Offenbar lag Friedrich Wilhelm IV. daran, daß das königliche Schloß und der königliche Garten für alle zugäng-

---

46 Provisorischer Ausschuß der Bonn-Kölner Eisenbahn an den Bürgermeister von Oedekoven Karth vom 19.7.1836, StAB, Nachlaß Niessen (Quellenabschriften).

47 Generalversammlung der Bonn-Kölner Eisenbahngesellschaft vom 8.4.1844, Köln. Ztg. vom 16.4.1844 (Beilage).

48 Der Garten war für jedermann zugänglich: Text der Warntafeln an den Eingängen des Gartens: „Warnung / Auf den Grund der Genehmigungs Verfügung der hohen Ministerien des Königlichen Hauses und des Innern vom 10n d. M. wird nachstehendes hierdurch bekannt gemacht. / Es ist verboten, in diesem Park außerhalb der Wege über die Graßstücke und durch die Pflanzungen zu gehen, Blumen, Sträucher, Epheu oder dergleichen abzupflücken, Vögel wegzufangen oder deren Nester auszunehmen, sowie auch die Bau- und Kunstwerke oder Bänke zu beschädigen oder zu verunreinigen. Das Fahren und Reiten ist nur in den dafür besonders bezeichneten Wegen erlaubt. Lastwagen jedoch, beladen oder unbeladen, dürfen die Wege gar nicht passiren. Ebenso ist das Treiben von Vieh jeder Art durch den Park verboten. / Wer diesen Verboten zu wider handelt, hat die gesetzliche Polizei-Strafe verwirkt. / Köln, den 29n Mai 1844 / Königl. Reg.", Text liegt bei: AVSchB 1843–1845.

49 Meldungen über den großen Zuspruch für die Eisenbahnstrecke Köln-Brühl und über Extrafahrten nach Brühl, u. a.: Köln. Ztg. vom 20.3.1844, 31.3.1844, 3.5.1844 u. 26.5.1844.

50 MKH an Friedrich Wilhelm IV. vom 11.4.1845, GStA PK I. HA. Rep. 89 Geh. Zivilkabinett Nr. 20636 (M), S. 24, auszugsweise zitiert in: Inventare, 1979, S. 250f.

51 MKH an Friedrich Wilhelm IV. vom 11.4.1845, GStA PK I. HA. Rep. 89 Geh. Zivilkabinett Nr. 20636 (M), S. 24, auszugsweise zitiert in: Inventare, 1979, S. 250f.

52 MKH an Reg. vom 30.5.1844, HStAD Reg. Köln 4644, S. 86: „Bekanntmachung: Der seit Eröffnung der Bonn-Cölner Eisenbahn in hohem Grade vermehrte Besuch des königlichen Schlosses zu Brühl hat es nothwendig gemacht, in dieser Hinsicht folgende Anordnungen zu treffen. / 1) Wer das königliche Schloß zu Brühl im Innern zu besuchen wünscht, hat sich dieserhalb an den Kastellan desselben zu wenden, welcher jedoch angewiesen ist, nur 10 bis höchstens 12 Personen zu gleicher Zeit einzulassen und im Schloß herumzuführen. / 2) Zu dem Besuche des Schlosses sind nur die Wochentage, mit Ausschluß also der Sonn- und Feiertage und genau in den Stunden von 9 bis 12 Uhr Vormittags und von 3 bis 7 Uhr Nachmittags bestimmt. / 3) An Sonn- und Feiertagen kann der Besuch des Schlosses nur ausnahmsweise und zwar gegen eine von dem Herrn Regierungs-Präsidenten ertheilte, auf den Namen des Inhabers lautende und an den Kastellan abzugebende Einlaßkarte, so wie übrigens unter den oben zu 1) und 2) erwähnten Maßregeln, gestattet werden. / 4) Wer eine solche Einlaßkarte zu erhalten wünscht, hat sich dieserhalb in den gewöhnlichen Geschäftsstunden in dem im Regierungsgebäude befindlichen Präsidial-Büreau unter Angabe des Namens und der Personenzahl, für welche die Karte gewünscht wird, zu melden. / Vorstehende Anordnungen treten als bald nach der Bekanntmachung in Kraft.", Reg. Köln zur Veröffentlichung an die Expedition der Köln. Zeitung und des Bonner Wochenblatts vom 24.6.1844, HStAD Reg. Köln 4644, S. 107. (Diese Quelle markiert den Beginn eines fest reglementierten Führungsbetriebs im Brühler Schloß.)

lich blieb. Neben der allgemeinen Zielsetzung einer ästhetischen und sittlichen Erziehung, wie sie allen großen Volksgarten-Projekten dieser Zeit zu eigen war,[53] trat in Brühl mithin die spezifische Absicht hinzu, allen Schichten das Gefühl eines unmittelbaren Verhältnisses zum König zu vermitteln.[54]

Zwar sollte die Brühler Schloßanlage als Beleg königlicher Volksnähe dienen, doch beinhaltete dies noch keine Nivellierung der bestehenden Statusordnung. Anders als es die frühen Vertreter des Volksgartens – Hirschfeld und Sckell – gefordert hatten, erstrebte Lenné nie, seine Gärten zu Orten sozialer Annäherung zu machen, und sah stets differenzierte Aufenthalts- und Nutzungsangebote vor.[55] Im Brühler Garten spiegelten sich soziale Differenzierungen etwa darin wider, daß neben dem Spazierengehen auch die Möglichkeit zum Ausreiten und für Kutschfahrten gegeben war.[56] Indem das Miteinander der verschiedenen Gesellschaftsschichten somit auf den gemeinsamen Aufenthalt in den königlichen Anlagen beschränkt blieb, wird deutlich, daß die der Planung zugrunde liegende gesellschaftspolitische Konzeption eine Harmonisierung sozialer Gegensätze allein in der schichtenübergreifenden Identifikation mit dem König suchte.

2. Die Eisenbahn im Brühler Garten als künstlerische Aneignung von Technik

a) Die Eisenbahn als Symbol

Die Gestaltung des Brühler Gartens hob die Anlagen der Bonn-Kölner Eisenbahn pointiert hervor.[57] In einer Zeit, in der Architektur, Gartenbilder und Landschaften Assoziationen evozierten, war die Inszenierung der Eisenbahn gewiß ebenfalls mit spezifischen Bedeutungsgehalten verknüpft. Dies trifft um so mehr zu, als die Eisenbahn schon im frühen 19. Jahrhundert zum Exponenten ihres Zeitalters geworden war. An ihrem Beispiel zeichneten sich die wesentlichen Konfliktlinien der gesellschaftlichen Entwicklung bereits deutlich ab: Als Indikator eines tiefgreifenden Erneuerungsprozesses war die Eisenbahn Wunsch- und Schreckbild zugleich. Die einen begeisterte die neue Technik, was nicht zuletzt mit der Erwartung zusammenhing, daß der Aufschwung der Technik ebenfalls zu einer Verbesserung der gesellschaftlichen Zustände führen würde. Wo technischer Fortschritt zum Synonym des allgemeinen kulturellen Fortkommens wurde, nahm Technik ihren Charakter als neue Diesseitsreligion an. Für die anderen war das Aufkommen neuer Technologien Ausdruck von Unbeständigkeit und Krise. Sie erblickten darin ein Anzeichen für den Verlust sozialer Bindung und Geborgenheit sowie für die Gefährdung der überlieferten politischen Ordnung. Dem Totalitätsanspruch von Technik und technischem Fortschritt setzten sie ihr striktes Beharren auf den traditionellen Kulturträgern von Kunst und Literatur entgegen und verwiesen bereits früh auf den zerstörerischen Einfluß technischer

53 Zur Erziehungsfunktion von Volksgärten: Hennebo, 1974, S. 77–90, S. 81; Schmidt, 1982, S. 343–357, S. 343ff; Schulz, 1992, S. 86–120, S. 86.

54 Die Köln. Ztg. kommentiert die Erhöhung der Eisenbahnfahrpreise zwischen Berlin und Potsdam: „... findet man es auch in höchsten Kreisen um so unverantwortlicher, daß die Preise der Fahrten erhöht werden. Die Einrichtungen der Fuhrleute werden daher auch sehr begünstigt, da eine Abnahme des Besuchs von Potsdam, herbeigeführt durch Vertheuerung des Vergnügens, ganz gegen die Absichten des Königs ist, der seine schönen Gärten den Besuchenden öffnen läßt,

und es gern sieht, wenn sie recht gefüllt sind", Köln. Ztg. vom 15.6.1843.

55 Vgl. Hennebo, 1974, S. 77–90, S. 83; Schmidt, 1982, S. 343–357, S. 346; Buttlar, 1989(1), S. 25–29, S. 26; Schulz, 1992, S. 86–120, S. 108 u. S. 110.

56 Ein Kostenanschlag benennt die im Brühler Garten vorgesehenen Fahr- u. Reitwege, revidierter Kostenvoranschlag Claussens für die Gartenarbeiten vom 29.7.1843, HStAD Reg. Köln 4643, S. 98, im Anhang vollständig zitiert, S. 187ff.

57 Vgl. diese Arbeit: Kap. III.5.e).

Anlagen auf Landschaft und Natur. Im Widerspiel der Interpretationen wurde die Eisenbahn somit zur Chiffre für den Konflikt zwischen Fortschrittsanhängern und Vertretern der überkommenden Ordnung um die zukünftige gesellschaftliche und politische Entwicklung sowie für die sich abzeichnende Kluft zwischen naturwissenschaftlich-technischer und künstlich-literarischer Kultur.[58]

b) Die „Modernisierung" der preußischen Monarchie

Wie sich an seinem Entgegenkommen gegenüber der Bonn-Kölner Eisenbahn Gesellschaft zeigte,[59] teilte Friedrich Wilhelm IV. im Gegensatz zu vielen seiner Herrscherkollegen die negative Bewertung moderner Technik nicht, sondern förderte ihren Ausbau nach Kräften.[60] Seine Innovationsbereitschaft auf dem Gebiet der Technik stand mit der Absicht im Zusammenhang, sein Königtum gegenüber dem Druck revolutionärer Kräfte resistenter zu machen; eine Politik des Erhaltens und Bewahrens hielt der König angesichts der Herausforderungen nicht mehr für hinreichend.[61] Freilich beinhalteten seine Reformabsichten kein Entgegenkommen gegenüber Konstitutionalismus und Parlamentarismus. Gerade in diesen Strömungen erblickte Friedrich Wilhelm IV. den eigentlichen Gegenpart zu seinem Konzept einer „organischen" Staatsordnung, bei dem das Verhältnis zwischen Fürst und Volk auf Vertrauen und Liebe beruhen sollte.[62] Es ging vielmehr um eine Erneuerung in konservativem Geiste, wobei das Neue am Maßstab des zu Bewahrenden reflektiert wurde. Konkret bedeutete dies, daß Friedrich Wilhelm IV. moderne Erscheinungen und Entwicklungen zu integrieren gedachte, sofern sie nur irgendwie mit der Auffassung seines Königtums vereinbar schienen.[63] Sein Kalkül bestand zum einen darin, die Wucht gesellschaftlicher Veränderungsprozesse soweit wie möglich abzufangen; zum anderen sollte sich in der Aufnahme des Modernen monarchische Zukunftsfähigkeit erweisen. Was konträr zu seinen Vorstellungen blieb, wollte der König hingegen offensiv bekämpfen. Auch in dieser Hinsicht verhielt sich Friedrich Wilhelm IV. modern, indem er sich neue Formen politisch-ideologischer Auseinandersetzung zu eigen machte. Seine Reisetätigkeit und die großen monarchistischen Feste sind Beispiele dafür.[64] Angesichts dieser stark auf populäre Wirkung abzielenden Herrschaftspraxis ist es selbstverständlich, daß Friedrich Wilhelm IV. auch die Kunst als Kommunikationsträger seiner Auffassungen zu nutzen suchte.[65] Umgekehrt erscheint es daher angebracht, Argumente der Politik auf ein künstlerisches Werk wie den Brühler Garten zu projizieren.

c) Die Verkopplung von Technik mit den rückversichernden Projektionsbildern „Natur" und „Geschichte"

Zu Lebzeiten Friedrich Wilhelms IV. hatte sich die konservative Kulturkritik noch nicht zu unversöhnlichem Technikhaß gesteigert;[66] noch war der synthetisierende Geist der Romantik spürbar, der

---

58 Die Darstellung beruht auf: Riedel, 1961, S. 100–123; Schivelbusch, 1977, S. 15ff. u. S. 67; Buddensieg, 1985, S. 47–66; Sonnenberger, 1985, S. 25–37, Tschoeke, 1985, S. 433–438; Heinimann, 1992.
59 Vgl. diese Arbeit: Kap. III.5.c).
60 Negative Äußerungen über die Eisenbahn von Herzog Ernst August von Cumberland und König von Hannover, sowie von König Ludwig I. von Bayern werden dokumentiert in: Buddensieg, 1985, S. 47–66, S. 53; über die Einstellung Friedrich Wilhelms IV. zur Eisenbahn und zur modernen Technik: Barclay, 1995(1), S. 175; Sprecher, 1995, S. 170–177.

61 Barclay hat das Modernisierungskonzept Friedrich Wilhelms IV. als „Monarchisches Projekt" bezeichnet: Barclay, 1995(2), S. 22–27.
62 Vgl. Kroll, 1987, S. 95–106, S. 101.
63 Vgl. Barclay, 1995(2), S. 22–27, S. 24.
64 Vgl. ebd., S. 26.
65 Vgl. ebd.
66 Besonders wirksam als Vertreter radikaler Technikkritik: Julius Langbehn: „Von Rembrandt als Erzieher" (1890); außerdem wird man in diesem Zusammenhang Paul Anton de Lagarde und Arthur Moeller van den Bruck nennen müssen.

selbst Gegensätzliches wie moderne Technik und traditionelle Wertemuster vereinbar erscheinen ließ. – Wollte man Technik in das alte Weltbild integrieren, so kam es darauf an, ihrem aggressiv-revolutionären Pathos ein Korrektiv entgegenzusetzen. In den wesensverwandten Leitbegriffen „Natur" und „Geschichte"[67] fanden sich die regulativen Prinzipien: Ihre Bedeutungsgehalte von Vertrautheit, Konstanz und Seinsgewißheit kompensierten die Technikmotive des Fremdartigen, der Bewegung und der Unsicherheit. Zudem galten Natur und Geschichte als „moralische Instanzen",[68] was sie dazu befähigte, einem utilitaristisch geprägten Werk der Technik zu höherer Legitimation zu verhelfen.

Wenn es in der Kunst des 19. Jahrhunderts um die Aneignung von Technik ging, kamen die rückversichernden Projektionsbilder von Natur und Geschichte in vielfältiger Weise zur Anwendung. Versuchte man etwa, technische Phänomene in Allegorien umzusetzen, so geschah dies – wie es etwa das geflügelte Rad der Eisenbahn deutlich macht – häufig unter Rückgriff auf hergebrachte Naturikonographie.[69] Ähnliches zeigte sich in der Landschaftsmalerei, die die dargestellten technischen Anlagen mit der umgebenden Natur zu einer Einheit verschmelzen ließ.[70] Technisch geprägte Architektur wurde dagegen im allgemeinen durch geschichtliche Anklänge beredt gemacht.[71]

Friedrich Wilhelm IV. gab sich modern, als er mit der Brühler Gartenplanung dem Bedarf nach einem Park für Köln nachkam. Das Konzept für den Garten verband Elemente der Neuplanung, die auf die aktuelle Bedürfnissituation eingingen, mit Maßnahmen zur Erhaltung und Wiederherstellung historischer Anlageteile. Geradezu visionär erscheint der Gedanke, die neue Technologie der Eisenbahn zur Verwirklichung des arkadischen Ideals eines Lebens vor der Stadt anzuwenden. Insofern verbanden sich bereits in der Praxis der Brühler Gartenplanung fortschrittliches und historisierendes Denken, moderne Technik und Naturideal. Doch wurde die Synthese von Tradition und Modernität sowie Natur und Technik auch in den Strukturen des Gartens sichtbar gemacht.

d) Das Schloß und der Bahnhof als Synthese von Traditionalität und Modernität

In dem Bemühen, zwischen dem preußischen Königtum und der Rheinprovinz Traditionsbindungen künstlich zu installieren, aktivierte Friedrich Wilhelm IV. auch die historische Bedeutung der rheinischen Barockschlösser.[72] Diese Absicht wurde in Brühl nicht etwa dadurch entwertet, daß mit dem Stationsgebäude der Bonn-Kölner Eisenbahn ein technisch geprägtes Bauwerk in der Hauptachse des Brühler Schlosses errichtet wurde. Im Sinne seines konservativen Erneuerungskonzepts mußte es dem König sogar darauf ankommen, Traditionsgebundenheit mit Modernisierungsgesten zu verknüpfen. Folglich nutzte er die Geschichtlichkeit der Brühler Schloßanlage auch dazu, sein eingeschränktes Fortschrittsbekenntnis darzustellen. Dabei wurde das Verhältnis der Zusammengehörigkeit von Traditionalität und Modernität nicht allein durch die axiale Zuordnung von Schloß und

---

67 Geschichte und Natur wiesen im 19. Jahrhundert eine starke inhaltliche Verwandschaft auf, indem in der Geschichte ebenfalls das zeitlos Gültige, das Ursprüngliche gesucht wurde: „... das Ursprüngliche bildet gewissermaßen das Intergral des Historischen und kann im allgemeinen nur in historischen Werten ausgedrückt werden", Bausinger, 1986, S. 132; vgl. Lipp, 1987, S. 265.

68 Vgl. Lipp, 1987, S. 70 u. S. 74.

69 Zur motivischen Verquickung des Technischen mit dem Organischen, Sternberger, 1938, S. 27ff.

70 Vgl. Bertsch, 1994, S. 233–261, S. 237ff.

71 Doch gab es in der Architektur durchaus auch Natursymbolik: Reminiszenzen aus dem Gewächshausbau bei Joseph Paxtons Kristallpalast in London (1850–1851), vgl. Haltern, 1971, S. 69; in der spezifischen Bedeutung eines Gewächshauses der Wissenschaft bei Umbau und Erweiterung der Bibliothèque Nationale in Paris durch Henri Labrouste (1861–1869), vgl. Beutler, 1965, S. 315–327, S. 324.

72 Vgl. diese Arbeit: Kap. V.1.b).

Abb. 52, Blick über Köln auf Dom und Rheinbrücke, A. Holzer nach A. Borchel, Lithographie, 1862.

Stationsgebäude artikuliert (Abb. 24): Schloßvorhof und Bahnhofsplatz schließen aneinander an und weisen mit den flankierenden Alleen und den Rasenflächen entsprechende Gestaltungsmittel auf. Somit ist dafür gesorgt, daß der Raum zwischen Schloß und Bahnhof als gemeinsame Platzanlage wahrgenommen wird. Solchermaßen ästhetisch mit dem Schloß zu einem Ganzen verwoben,[73] stellt das Fortschrittssymbol der Eisenbahn das historisch Gewachsene nicht in Frage, sondern zeigt sich damit im Einklang. Es ergibt sich die Perspektive einer Modernisierung in Kontinuität des Alten, eines Fortschritts ohne Brüche. Der integrierende Charakter dieser Konzeption ist leicht auszumachen: Einerseits gab sich der König gegenüber einer fortschrittsgläubigen Öffentlichkeit als zukunftsfördernde Kraft zu erkennen, andererseits bot er denjenigen Rückhalt, die in einer sich wandelnden Zeit nach Sicherheiten suchten.[74]

Signale von Aufbruch und Rückversicherung sind zahlreichen Projekten Friedrich Wilhelms IV. zu eigen. Wenn auch ins Monumentale gewendet und daher in den propagandistischen Effekten kaum zu vergleichen, so weisen doch insbesondere die großen Brückenbauvorhaben über die Nogat bei Marienburg und über den Rhein in Köln[75] eine gewisse Verwandtschaft mit der Brühler Planung auf: Der Bau der seit den vierziger Jahren projektierten Eisenbahnbrücken zählte zum Anspruchsvollsten, was Preußen in dieser Zeit auf dem Gebiet der Technik zu leisten imstande war. In den monumentalen Ausstattungsprogrammen der Brücken ließ Friedrich Wilhelm IV. sich selbst und andere Mitglieder der Königsfamilie als Bauherren darstellen.[76] Offenbar bestand die Absicht, mit technischen Höchstleistungen das Zukunftsvertrauen in die Monarchie zu stärken. Wohl jeweils mit königlicher Zustimmung wurde die Nogatbrücke direkt auf das Marienburger Hochschloß orientiert und die Kölner Brücke in die Achse des Domchors gesetzt.[77] (Abb. 52) Somit bestand – hierin dem Brühler Gartenprojekt ähnlich – in beiden Fällen eine wechselseitige Bezogenheit zwischen einem modernen, technischen Bauwerk und einem Baudenkmal. Buddensieg sieht in der Nachbarschaft der Kölner Brücke zum Dom ein Zeichen für die Selbstherrlichkeit der „Ingenieure", die die Konfrontation mit der Vergangenheit gesucht hätten.[78] Nach dem hier Gesagten stellt sich das Verhältnis anders dar: Vielleicht ermöglichte erst die Nähe des Geschichtsdenkmals das Bekenntnis zum technischen Zukunftswerk, weil es dazu zunächst der Rückversicherung durch die Geschichte bedurfte.

73 Vgl. die Absichten Lennés zum Vorhof: „Bei der Anlage des Bahnhofes für die Bonn-Cölner Eisenbahn sei vorzugsweise darauf Rücksicht genommen worden, daß der neue Bahnhof und dessen geschmückter Vorplatz mit der Umgebung des Schlosses zu einem ansprechenden Ganzen sich gestalte", MKH an Friedrich Wilhelm IV. vom 19.12.1844, GStA PK I. HA. Rep. 89 Geh. Zivilkabinett Nr. 20636 (M).

74 In der gesellschaftlichen Praxis wurde das Gewaltsame solcher Harmonisierungsversuche schnell erkannt. Bereits 1842 kursierten Volkswitze, in denen spöttisch von einem „gehemmten Fortschritt" und „geförderten Rückschritt" die Rede war, Engel, 1987, S. 157–203, S. 178.

75 Vgl. Breuer, 1981, S. 52ff.; vgl. Engel, 1987, S. 157–203, S. 173; vgl. Buschmann, 1995, S.76–91, S. 76; vgl. Nicolai, 1995, S. 94–103, S. 97ff.

76 Vgl. Vomm, 1980, S. 213–248, S. 218; vgl. Breuer, 1981, S. 56; vgl. Trier/Puls, 1990, S. 141–168, S. 148.; vgl. Nicolai, 1995, S. 94–103, S. 98.

77 Friedrich Wilhelm IV. hat die Ausrichtung der Kölner Brücke per Dekret bestimmt; vgl. Breuer, 1981, S. 52; für die Nogatbrücke kann man die Beteiligung des Königs nur vermuten.

78 Buddensieg, 1985, S. 47–66, S. 63.

e) Der Garten als Ort der Auseinandersetzung mit Technik und Natur

Die Kritik am Vorhandensein der Eisenbahn im Brühler Garten spiegelt das Naturverständnis des 20. Jahrhunderts insoweit wider, als man die Räume, in denen Natur vorkommt, möglichst von anderen Einflüssen gereinigt sehen will. Technik in einem Garten mußte da als Makel erscheinen. Diese Sichtweise wird historischen Gärten nicht gerecht, da sie übergeht, daß der Garten – in seiner Ambivalenz zwischen Natürlichkeit und Künstlichkeit nachgerade dazu prädestiniert – seit jeher ein Ort gewesen ist, an dem das Verhältnis von Natur und Menschenwerk hinterfragt wurde. Dabei hatte zunächst weder das eine noch das andere ein Übergewicht; erst als A. J. Dézallier d'Argenville zu Beginn des 18. Jahrhunderts in seiner Gartentheorie postulierte, daß die Kunst der Natur zu weichen habe, gewann das Natürliche Vorrang.[79] Die Forderung d'Argenvilles vollzog nach, daß die Vorstellung einer universellen Seinsordnung, wie sie die Gartenkunst bislang sinnbildhaft umgesetzt hatte, brüchig geworden und sich in die einzelnen Komponenten Natur, antike Tradition, Kunst und Technik aufzulösen begann.[80] Folglich betraf der Rückzug des Künstlichen aus dem Garten auch den Bereich des Technischen, der, solange der Garten ein ganzheitliches Weltbild reproduzierte, unabdinglich hinzugehört hatte. Automaten und Wundermaschinen, mit denen die Gärten und dort insbesondere die Grotten bereichert worden waren, zählten von nun an immer seltener zu den Ausstattungsprogrammen. Doch wurde das Technische nicht vollständig aus dem Garten verbannt, wie es etwa anhand der noch lange üblichen Brunnenanlagen deutlich wird. Selbst der frühe Landschaftsgarten in all seiner Betonung des Natürlichen schloß Technik nicht aus. Raum dafür bot seine Orientierung an der Horaz'schen Formel von der Einheit des Schönen mit dem Nützlichen. Diese Offenheit gegenüber Fragen der konkreten Lebenswirklichkeit ermöglichte es, daß Fürst Leopold Friedrich Franz von Anhalt-Dessau seinen Wörlitzer Garten mit einer verkleinerten Nachbildung der erst kurz zuvor

errichteten Coalbrookdale Bridge ausstatten ließ. (Abb. 53) Als erste Brücke aus industriell gefertigtem Eisenguß repräsentierte sie die Spitze des technischen Fortschritts.[81]

Die Verquickung ästhetischer und materieller Interessen blieb als gartenkünstlerische Maxime bis in die Zeit Lennés wirksam[82] und war gewiß eine Rechtfertigung für die Integration der Eisenbahn in den Brühler Garten. Doch zeigte sich hierin nicht mehr das unbefangene Nützlichkeitsdenken der Aufklärung, das es möglich machte, technischen Fortschritt vorbehaltlos zu begrüßen.[83] Inzwischen war der entwertende und zersetzende Charakter utilitaristischen Denkens zu Bewußtsein gekommen und hatte Gefühle der

Abb. 53, Park zu Wörlitz, Nachbildung der Coalbrookdale Bridge.

79 „On peut distinguer quatre maximes fondamentales pour bien disposer un Jardin; la première, de faire céder l'Art à la Nature", Dézallier d'Argenville, 1760, S. 18; vgl. Hajós, 1996, S. 507–514, S. 512.

80 Bredekamp spricht von einer Verkettung der Glieder „Naturform – antike Skulptur – Kunstwerk – Maschine". Sie habe in Gärten und Grotten besonders sinnfällig werden können, Bredekamp, 1993, S. 50f.

81 Die Coalbrookdale Bridge von Darby u. Wilkinson entstand in den Jahren 1777–1779, die Kopie in Wörlitz 1791; zum Wörlitzer Brückenprogramm: Sperlich, 1995, S. 74–87, S. 74f. u. S. 80; Burkhardt, 1996, S. 207–218, S. 207 u. S. 215.

82 Vgl. Axel, 1992, S. 15–21, S. 15ff.

83 Zur philosophischen Bewertung von Technik in der Aufklärung, vgl. Huning, 1990, S. 26–40, S. 35.

Abb. 54, Köln, „Flora", Ausstellung der Gasmotoren-Fabrik Deutz, 1875.

Entfremdung hervorgerufen.[84] Mit ihrem Wunsch nach einer wieder ganz gewordenen Welt bildete sich in der Romantik eine Gegenbewegung, die das Nützliche zwar nicht ächten, aber ihm wieder einen Platz in einem umfassend gedachten Wertesystem zuweisen wollte. In diesem Sinne spiegelte die gartengestalterische Einbindung der Eisenbahn in den Brühler Park den Versuch, die in der rationalen Nüchternheit des Technischen wahrgenommene Dissonanz wieder aufzulösen. Als spirituelles Therapeutikum wirkte hierbei die Zusammenfügung mit der umgebenden Natur, deren übermenschlicher Charakter wiederum die Verbindung zu einem mystischen Weltganzen herstellte.

Das Bestreben, Technik aus der Sphäre des reinen Nutzens zu entheben, spielte nicht allein im Brühler Garten eine Rolle. Offenbar hatten Gärten und Gartenkunst im Prozeß der Aneignung von Technik häufig eine sinnstiftende Funktion. So hing es vielleicht nicht allein mit den räumlichen Verhältnissen Londons zusammen, daß die ersten öffentlichen Probefahrten mit der Eisenbahn im Regentpark stattgefunden haben[85] und die Weltausstellung 1851 im Hydepark eingerichtet worden ist.[86] Bei Industrieschauen zeigte sich die Korrespondenz zwischen Gartenkunst und Technik auch in der Übernahme inszenatorischer Mittel: Die verschiedenen Pavillons wurden nach den Prinzipien des Landschaftsgartens erschlossen;[87] die einzelnen Industrieprodukte waren oft selbst wie Gartengewächse präsentiert.[88] Eindrucksvoll gibt dies eine Abbildung wieder, auf der eine Ausstellung der Gasmotoren-Fabrik Deutz in der Kölner „Flora" dargestellt ist. (Abb. 54) Ausstellungsbauten und einzelne Maschinen liegen „malerisch" über das Gartengelände verstreut.

84 Zur philosophischen Bewertung von Technik in der
   Romantik, vgl. ebd.; vgl. Sonnenberger, 1985,
   S. 25–37, S. 29; Giedion hat die eintretende Entfremdung als Trennung von Gefühl und Denken beschrieben, Giedion, 1965, S. 40.

85 Vgl. Riedel, 1961, S. 101–123, S. 110.
86 Vgl. Haltern, 1971, S. 64.
87 Vgl. Krasny, 1996, S. 314–338, S. 314.
88 Vgl. Giedion, 1965, S. 179f.; vgl. Kunst, 1996,
   S. 22–36, S. 27.

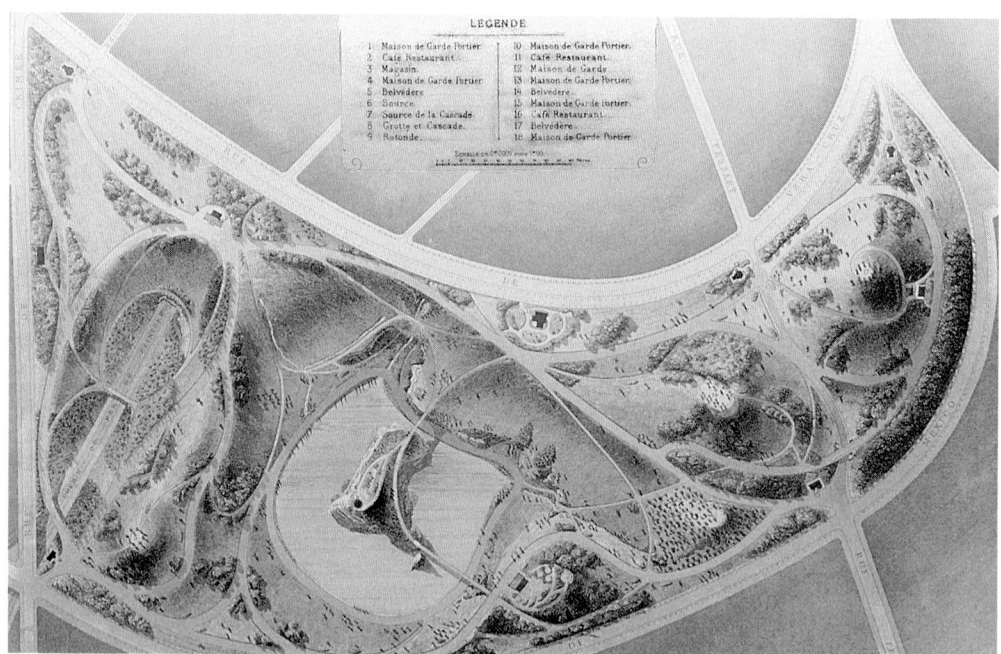

LEGENDE

1	Maison de Garde Portier.	10	Maison de Garde Portier.
2	Café Restaurant.	11	Café Restaurant.
3	Magasin.	12	Maison de Garde.
4	Maison de Garde Portier	13	Maison de Garde Portier.
5	Belvédère.	14	Belvédère.
6	Source.	15	Maison de Garde Portier.
7	Source et la Cascade.	16	Café Restaurant.
8	Grotte et Cascade.	17	Belvédère.
9	Rotonde.	18	Maison de Garde Portier

Abb. 55, Paris, Park von Buttes Chaumont, Reliefplan.

Brühl war nicht der einzige Garten Friedrich Wilhelms IV., in dem Technik vorkam. So ließ der König etwa die Potsdam-Magdeburger Eisenbahn nach ganz ähnlichen Kriterien in die Gartenlandschaft bei Sanssouci einbinden.[89] In den gekünstelten Inszenierungen der modernen Dampfmaschinen für die dortigen Wasserspiele – das Potsdamer Pumpenhaus erhielt das Äußere einer Moschée[90] – mag die Renaissancetradition der Wundermaschinen im Garten eine späte Nachfolge gefunden haben.

Wo sachlich geprägter Technik wie im Falle der Potsdamer Maschinenhäusern erneut märchenhafte Züge auferlegt wurden,[91] da schlug das Bemühen um eine philosophisch-umblickende Einbindung von Technik ins Illusionäre um und verkam zur schönrednerischen Geste. Angesichts einer immer stärker hervortretenden Verselbständigung der technischen Zivilisation mußte die Tendenz aber ohnehin immer mehr in die Richtung scheinheiliger Beschönigung von Technik gehen, wie sie noch heute in einem Euphemismus wie „Industriepark" fortlebt. – Oder aber, man gelangte zu einer Technikrezeption, die ohne Verklärung auskam. In den Pariser Parks aus der Zeit des Second Empire von J. Adolphe Alphand war dieser Schritt bereits vollzogen.

In den Park von Buttes Chaumont, der ab Mitte der sechziger Jahre entstand, bezog Alphand eine Eisenbahnstrecke ein. (Abb. 55, 56) Sie wurde nicht wie in Brühl (Abb. 36) durch malerisch ge-

89 „Die Anlegung der Potsdam-Magdeburger Eisenbahn veranlaßte 1847, nachdem ihr Uebergang über die Havelinseln nach dem Kywit und ihr Lauf zwischen Charlottenhof und dem Wildpark, durch die Eicher und Golmer Niederung durch den König bestimmt worden, dicht hinter Charlottenhof die Anlage der sogenannten Wildparkstation, deren Garten von dem Königlichen Gartenconducteur Meyer ausgeführt worden, zusamt den weiteren Anlagen bis Eichow, welche den Zweck die prosaische Bahnlinie mit wechselnden Ge-büschen und kleinen bald breiteren Ansammlungen fließenden Wassers anmuthig zu begleiten und zu decken, angenehm erfüllen.", Kopisch, 1854, S. 208; vgl. Sprecher, 1995, S. 170–177, S. 171f.

90 Vgl. Tagebuchnotiz v. Persius, 8.1.1841, Tagebuchseite 12, Persius, 1980, S. 45; Näheres über die Potsdamer Pumpenhäuser: Pieper, 1994, S. 104–115.

91 Märchenhaftes sieht Giedion ebenfalls in der Technikinszenierung der Weltausstellung 1851, Giedion, 1965, S. 179.

Abb. 56, Paris, Park von Buttes Chaumont, Vogelperspektive.

Abb. 57, Paris, Park von Buttes Chaumont, Blick auf die Rotunde und die umgebende Stadt.

setzte Baumgruppen und eine behutsame Terrainangleichung gartengestalterisch integriert, sondern der Schienenstrang bahnte seinen Weg, ohne daß eine Kommunikation mit der umgebenden Natur gesucht wäre, durch einen tiefen Geländeeinschnitt und einen Tunnel. Indem sich technisches Regelmaß in der Geradlinigkeit der Trasse schonungslos gegenüber der Unregelmäßigkeit des Landschaftsraums durchsetzte, wurde die rationale Struktur von Technik ungemindert ablesbar.

Die veränderte Sicht auf Technik ging einher mit einem Wandel der Naturauffassung: Wer zur Rotunde im Park hinaufstieg und das sich bietende Panorama auf Paris wahrnahm (Abb. 57), dem mußte angesichts der isolierten Lage des Parks innerhalb des Stadtkörpers deutlich werden, daß die Natur des Gartens künstlich erzeugte Natur war. Mithin gab der Park von Buttes Chaumont nicht mehr vor, ein authentisches Naturbild widerzuspiegeln, sondern verwies selbst auf die technischen Bedingungen seiner Entstehung.[92] In einem Garten, der vorrangig als ein Werk der Technik verstanden wurde, kam Natur nur noch die Rolle eines formbaren Rohstoffs zu; für den ehrfürchtigen Natursinn, wie er in Brühl noch spürbar war, gab es keinen Raum mehr.

92 Tatsächlich stellt Alphand in seinem Werk über die Pariser Gärten die technischen Leistungen bei der Anlage der Gärten besonders heraus. In bezug auf den Park von Buttes Chaumont: Les Promenades de Paris, 1867–1873 (Nachdruck 1984), S. 198ff; Marceca weist auf den Zusammenhang der Gartenplanung mit der Weltausstellung 1867 hin und wertet: „The parcs celebrate the triumph of technology understood as the exploition of that vast reservoir of energy that is nature", Marceca, 1981, S. 57–79, S. 59.

VI. Zusammenfassung

Die Brühler Planung Lennés ist von der Forschung bisher kaum beachtet worden. In den vorhandenen, meist äußerst knappen Bemerkungen wird das Projekt überwiegend als eine wenig rücksichtsvolle Umgestaltungsmaßnahme der barocken Vorgängeranlage Girards hingestellt. Diese Einschätzung ist schon deshalb verfehlt, da sich der Brühler Garten zu Planungsbeginn in einem derart desolaten Erhaltungszustand befand, daß von der Umgestaltung eines vorhandenen Parks eigentlich nicht die Rede sein kann. Tatsächlich standen zunächst Maßnahmen zur Wiedernutzbarmachung des Gartens – zuletzt hatte er vorwiegend land- und forstwirtschaftlichen Zwecken gedient – auf dem Programm des Lenné-Projekts. Außerdem ist die Kennzeichnung als Umgestaltungsmaßnahme unzutreffend, da die Planung nicht auf die Veränderung des Alten abzielte, sondern im Gegenteil die Bewahrung und Wiederherstellung des historisch Gegebenen ein wesentliches Anliegen darstellte. Neuerungen waren zwar ebenfalls vorgesehen, doch beeinträchtigten sie – indem die entsprechenden Einrichtungen in den Randpartien des Gartens untergebracht wurden – die Grundstrukturen des Girardschen Ursprungsplans nur wenig.

Trotz dieses für das 19. Jahrhundert stark ausgeprägten „gartenhistorischen" Bewußtseins, hielt Lenné nicht an der gesamten überkommenen Substanz fest. Meist unbeachtet blieben Relikte aus der Anlagephase unter Kurfürst Max Franz und aus französischer Zeit. Sie konnten in den Augen Lennés offenbar keine historische Bedeutung für sich beanspruchen. In dieser Hinsicht zählte allein die Vorgängeranlage Girards. Doch auch hier stand nicht die Erhaltung des einzelnen Gartenelements im Vordergrund. Die Bewahrung historischer Anlageteile war nur insoweit unabdingbar, als es die Erkennbarkeit der alten Gesamtkonzeption erforderlich machte. Beibehalten wurden daher vor allem die überkommenen Raum- und Erschließungsstrukturen; insbesondere in den zentralen, schloßnahen Bereichen. Wo innerhalb dieser Zone aus Mangel an historischer Substanz Neuanlagen oder umfangreiche Instandsetzungsarbeiten durchzuführen waren, ließ sich Lenné in der Grundrißbildung von barocken Gestaltungsprinzipien leiten. Indem er diese strenger anwandte, als es bei Girard der Fall gewesen ist, griff Lenné im Sinne der Entstehungszeit des Gartens „korrigierend" ein. Zugleich waren die Wiederherstellungsabsichten aber auch an ästhetische Vorstellungen der eigenen Zeit gebunden, was sich darin offenbarte, daß im Parterre eine dem barocken Vorbild zuwiderlaufende, hohe und damit räumlich-differenzierende Bepflanzung verwirklicht wurde. Wegen des Fehlens an einer eindeutigen Orientierung im Umgang mit der Geschichtlichkeit des Gartens wird man zwar nach heutigem Maßstab nicht von einer Maßnahme der Denkmalpflege sprechen wollen, doch ist der Begriff der Denkmalpflege in Analogie zur „Baudenkmalpflege" des 19. Jahrhunderts durchaus zutreffend, da hierbei ebenfalls historisierender Stilpurismus und Neugestaltungsmaßnahmem miteinander einhergingen.

Mit der Einbeziehung der alten Poppelsdorfer und Falkenluster Allee erwies sich das der Brühler Planung zugrunde liegende Erhaltungsinteresse auch innerhalb des Tiergartens. Allerdings war es nicht dominant vorhanden. Die neuen Wiesenräume und geschwungenen Wege stellten wichtige Plankomponenten dar, indem sie zur Öffnung und weiteren Erschließung des ehemaligen Tiergartenforsts beitrugen und einen Landschaftsraum schufen, der den neuen Nutzungserfordernissen des Brühler Gartens als öffentlicher Park entgegen kam. Unter diesem Gesichtspunkt sind auch die Anlagen in den peripheren Bereichen des ehemaligen Seeweihers und der Dorneninseln zu betrachten. Sie wurden ganz nach zeitgemäßen Vorstellungen als hippodromförmiger „Volks-Tummelplatz" bzw. mustergültiger Landschaftsgarten konzipiert.

Konservatorische Erwägungen richteten sich nicht nur auf historische Anlageteile, sondern auch auf die vorhandene Baumsubstanz. In der Planung wurde dies durch die Einbeziehung der Tannen-, Bach- und Dunkelallee deutlich: Die Alleen gehörten, anders als im Parkpflegewerk angenommen, zum Vorzustand, und waren wahrscheinlich als Forstwege nicht lange vor der Lenné-Planung in den Tiergarten eingebracht worden. Der Grund für ihre Einbeziehung lag nicht in der Rücksicht auf die historischen Züge des Gartens, sondern durch die Beibehaltung der Alleen entfielen Neuerschließungsmaßnahmen, die Fällungen erforderlich gemacht hätten. Besonders wichtig wurde der Aspekt der Baumerhaltung jedoch in der Ausführungsphase, als Lenné die alleinige Befugnis zur Festlegung der zu fällenden Bäume zugewiesen wurde. Dabei war die Schonung der Bäume einer der wichtigsten Gründe für die Vornahme von Planmodifikationen innerhalb des Tiergartens.

Die Forschung hat das Vorhandensein der Eisenbahn im Park meist mit Bedauern zur Kenntnis genommen; in ihr erkannte man ein parkfremdes, zerstörerisches Element. Hansmann hat dieser Anschauung widersprochen, indem er auf die gelungene gestalterische Einbindung der Eisenbahnanlagen in den Park hinwies.[93] Dieser Ansatz konnte fortgeführt werden: Wie sich anhand einer Schriftquelle belegen ließ, wurde die Eisenbahn keineswegs als Störfaktor aufgefaßt, sondern man sah in ihrem Vorhandensein eine Bereicherung für den Park. Innerhalb der Konzeption Lennés hatten die Eisenbahnanlagen besonderes Gewicht. Die Schienenstrecke wurde nach derselben Vorgehensweise in die Inszenierung des Parkraums einbezogen wie die Wasserflächen, die in der Gestaltung von Landschaftsgärten ein hochrangiges Ausstattungselement darstellen. Zudem markierte die Eisenbahnbrücke als Blickfang einer der wichtigsten Sichtachsen einen Schwerpunkt innerhalb der Parkgestaltung.

Ursprünglich sollte das Schloßterrain gar nicht von der Bahn berührt werden. Doch sah die Eisenbahngesellschaft später ein ökonomisches Interesse darin, den Park als Erholungsort für die Bewohner Kölns zu erschließen. Zur Gewährleistung eines ungehinderten Zugangs zum Garten hielt sie es für notwendig, das Brühler Stationsgebäude direkt vor der Auffahrt zum Schloß zu errichten. Sie nahm dabei in Kauf, daß das Heranrücken des Bahnhofs auf das Schloß die Durchschneidung des vorspringenden Gartengeländes bei den Dorneninseln mit sich bringen würde. In der Eingabe an den König vom 27. September 1841 bat die Eisenbahngesellschaft um Genehmigung für ihr Vorhaben. Am 23. Mai 1842 stimmte der König zu; der Genehmigungsbescheid an die Bahn erging am 13. Juli 1842.

Ende August bewirkte das Eingreifen Lennés den Abbruch der bereits begonnenen Umsetzungsarbeiten an den Bahnanlagen. In Anbetracht der fortgeschrittenen Ausführungsmaßnahmen ist davon auszugehen, daß die zu beträchtlichen Änderungen des Eisenbahnprojekts führende Gartenplanung nicht allzu lange vor August 1842 aufgenommen worden ist. Gewiß aber werden zum Zeitpunkt des später teils revidierten Königsbefehls vom Mai 1842 keine Planungsabsichten für den Garten bestanden haben. Möglicherweise hat erst das Genehmigungsverfahren der Eisenbahn den Anstoß für die Gartenplanung gegeben. Dafür spricht, daß ein an die preußischen Verwaltungsbehörden überwiesenes Gutachten der Eisenbahndirektion wesentliche Motive des späteren Lenné-Projekts vorwegnahm. Zumindest aber stellte die Eisenbahn eine Grundbedingung der Gartenplanung dar. Erst durch die Eisenbahnanbindung konnte der Brühler Garten zu einem Volksgarten für Köln werden, so daß alle daraus resultierenden Planbestandteile ohne das Vorhandensein der Bahn undenkbar wären.

Fast gleichzeitig mit dem Beginn des Genehmigungsverfahrens für die Eisenbahn im Herbst 1841 wurde die forstliche Nutzung der Brühler Anlagen eingeschränkt und unterblieb seit Frühjahr des

93 Hansmann, 1989(2), S. 27–29, S. 28.

172

folgenden Jahres ganz. Nun war der Brühler Garten wieder parkmäßig zu unterhalten. Außerdem wurden erste Instandsetzungsarbeiten befohlen. Diese Maßnahmen dienten zur Vorbereitung für den Aufenthalt des preußischen Königspaares auf dem Brühler Schloß im September 1842; als erste Anzeichen der bevorstehenden Gartenplanung Lennés sind sie wohl nicht zu betrachten. Die vorliegenden Nachweise über die Planungstätigkeit Lennés lassen erkennen, daß die Grundlinien der Brühler Gartenplanung im wesentlichen erst während der Rheinreise des Königs entwickelt worden sind. In Denkschrift und Plan vom Oktober 1842 faßte Lenné die Ergebnisse der Planung zusammen. Der König, der sich zuvor wiederholt am Planungsprozeß beteiligt hatte, ließ die verschiedenen Punkte der Denkschrift in Befehle umarbeiten, ohne inhaltliche Veränderungen vorzunehmen.

Das Memorandum Lennés bezog sich auch auf die Schloßgärten von Benrath, Koblenz und Stolzenfels. Daraus wird deutlich, daß die Brühler Planung Teil einer umfassenderen Maßnahme in den königlichen Gärten des Rheinlands gewesen ist. Doch stellte Brühl, was die Dimensionen der Planung und die finanzielle Ausstattung anbetraf, das bei weitem bedeutendste dieser Vorhaben dar. Damit korrespondiert, daß dem Brühler Schloß unter den Schlössern am Rhein, die nun wieder eingerichtet werden sollten, eine herausragende Rolle als königliche Residenz in den Rheinlanden zugedacht war.

Die Brühl betreffenden Passagen der Denkschrift Lennés gingen in zwei Kabinettsordres ein, die beide auf den 17. Oktober 1842 datieren. Eine führte die wesentlichen Programmpunkte der Gartenplanung auf und stellte infolgedessen gemeinsam mit dem Lennéplan die Grundlage der späteren Ausführung dar. Der zweite Königsbefehl bestätigte die zwischen Lenné und der Bonn-Kölner Eisenbahngesellschaft ausgehandelten Verhandlungsergebnisse nunmehr offiziell. Im Austausch dafür, daß der König das benötigte Bauland innerhalb des Gartenterrains kostenlos zur Verfügung stellte, wurde die Eisenbahngesellschaft verpflichtet, die von Lenné angeregten Vorkehrungen zur gartengestalterischen Einbindung der Bahn zu berücksichtigen. Dazu gehörte unter anderem die Anlegung sanfter Böschungen entlang der Bahntrasse sowie der Bau einer architektonisch anspruchsvollen Eisenbahnbrücke.

Auf Initiative Lennés wurde die Brühler Hofgärtnerstelle wieder eingerichtet und mit einem hochqualifizierten Gärtner besetzt. Hermann Claussen, der am 6. Juni 1843 das neue Amt in Brühl antrat, war Absolvent der Königlichen Gärtnerlehranstalt und hatte als Ober-Gehilfe in den königlichen Gärten in Potsdam Praxiserfahrung gemacht. Diese Schulung gewährleistete, daß Claussen engstens mit den gärtnerischen Vorstellungen Lennés vertraut war. Mithin konnte Lenné versichert sein, daß sich das Brühler Gartenprojekt trotz seiner seltenen Anwesenheit vor Ort im eigenen Sinne realisieren ließ. Das wichtigste Mittel Lennés zur Beeinflussung der Ausführungsarbeiten lag in der Prüfung und Festlegung der von Claussen erstellten Kostenvoranschläge. Darüber hinaus hat es nach gegenwärtiger Quellenlage keine schriftlichen Anweisungen von Lenné gegeben; konkrete Ausführungsbestimmungen kann Lenné daher nur bei seinen gelegentlichen Brühl-Aufenthalten erteilt haben. Hauptsächlich wird es dabei um Grundzüge der Realisierung gegangen sein, wohingegen Einzelheiten wohl meist dem Hofgärtner überlassen blieben. Wenn Claussen gegenüber der Regierung zu Köln Gegenteiliges behauptete, so ist dies darauf zurückzuführen, daß er die der Regierung zustehende Kontrolle unterlaufen konnte, indem er sich auf Lenné berief.

Die Rolle der Regierung zu Köln beschränkte sich nicht auf eine Aufsichtsfunktion über den Hofgärtner. Die baulichen Maßnahmen innerhalb des Gartenprojekts, die vor allem die Erneuerung der Brunnenanlagen und die Wiederherstellung der Orangerietrakte betrafen, wurden unter ihrer Verantwortung durch Bauinspektor Mathias Biercher durchgeführt. Die Begutachtung der entsprechenden Kostenvoranschläge übernahm die Oberbaudirektion in Berlin.

Die Realisierung der Brühler Gartenplanung begann im Mai 1843 mit dem teilweisen Abriß der Parkmauer. Die Umsetzung der gärtnerischen Anlagen setzte erst später ein und vollzog sich in zwei Phasen, von November 1843 bis April 1845 und von diesem Zeitpunkt ab bis hinein in das Jahr 1847. Die Ausführungsabschnitte lassen sich anhand des zweiten Lennéplans, der nach der hier versuchten Datierung im Sommer 1843 entstanden ist, voneinander abgrenzen. (Abb. 18) Zunächst wurden die im Plan farbig eingezeichneten Bereiche – die Umgebung des Schlosses und das Innere des Tiergartens – in Angriff genommen. Erst danach ging es an die Verwirklichung der Randpartien: Obststück, Dorneninseln, Volkstummelplatz und äußerer Tiergarten.

Claussen hat den Ablauf der Gartenarbeiten in einem Tätigkeitsbericht über die Jahre 1843 bis 1847 anschaulich geschildert. Weitere Einzelheiten über die Ausführung lassen sich den größtenteils vorhandenen Kostenvoranschlägen und Jahresetats entnehmen. Wahrscheinlich liegt mit einem in der Potsdamer Plankammer befindlichen Plan – Nr. 13175 – ein Arbeitsplan vor, auf dem Lenné beabsichtigte Veränderungen der ursprünglichen Konzeption mit Bleistift skizziert hat.

Parallel zur Umsetzung der Gartenplanung wurden die Brühler Eisenbahnbauten neu konzipiert und ausgeführt. Sowohl der Bau des Brühler Stationshauses als auch der Eisenbahnbrücke im Park unterlagen königlicher Zustimmung. Die Eisenbahngesellschaft hatte folglich Projekte zu entwickeln, die dem König genehm waren und mit Schloß und Garten harmonierten. Im Falle des Bahnhofs bezog man Lenné in die Planung ein. Dieser ließ zwei Fassadenskizzen nach seinen Angaben ausarbeiten. Schließlich wurde der von Lenné bevorzugte Entwurf dem endgültigen Projekt von Johann Peter Weyer und Johann Heinrich Sonnoré zugrunde gelegt.

Der Vollertplan von 1859 zeigt die Brühler Schloßanlage nach Beendigung der Arbeiten. (Abb. 35) Der Vergleich mit dem Lennéplan ergibt, daß es bei der Ausführung zu erheblichen Abweichungen von der ursprünglichen Konzeption gekommen ist. Vor allem im Bereich des Tiergartens und der Dorneninseln wurde eine Reihe wichtiger Planungsabsichten fallengelassen oder in ihrer Bedeutung geschmälert. Den Schriftquellen läßt sich entnehmen, daß der Lennéplan die Ausführungsarbeiten nicht definitiv festlegte, sondern von Anfang an mit Veränderungen gerechnet worden ist. Darüber hinaus ist nachweisbar, daß Lenné weitreichende Modifikationen stets selbst vorgenommen hat. Da er die entsprechenden Anweisungen vor Ort erteilt hat, kann davon ausgegangen werden, daß es um eine stärkere Berücksichtigung der örtlichen Gegebenheiten ging.

Die Aquarelle Wegelins und die Ölbilder Freydancks zeigen die Vorhöfe des Schlosses und das Parterre in erneuertem Zustand. Selbst wenn die Darstellungen, wie es insbesondere für die Arbeiten Wegelins zutrifft, häufig vielmehr an künstlerischen Erwägungen als an einer präzisen Wiedergabe der Gartenanlagen orientiert sind, so läßt sich anhand dieser Bildquellen doch die Umsetzung vieler Planbestandteile bestätigen. Die Zeichnung „Graf Mörners" verdeutlicht, daß die Eisenbahnbrücke sowohl in ihrer architektonischen Formulierung als auch durch ihre gärtnerische Einbindung einen Schwerpunkt innerhalb der Parkgestaltung darstellte.

Die Gartenplanung Lennés wurde in der zeitgenössischen Presse als Reminiszenz der Rheinreise des Königs im Spätsommer 1842 gewertet. Offenbar ging es Friedrich Wilhelm IV. darum, für die Zeit nach seiner Anwesenheit das Fortwirken königlicher Geneigtheit zu signalisieren. Der Aufenthalt des Königs, der die Grundsteinlegung zum Weiterbau des Kölner Doms miteinbezog, war als großangelegtes Fest gestaltet, dessen propagandistische Zielsetzung in der Beschwörung einer Einheit von Fürst und Volk lag. Die Brühler Gartenplanung scheint diesen Kerngehalt des Festprogramms zu reflektieren, indem sie die Wiederherstellung eines Fürstengartens mit der Einrichtung eines Volksgartens verknüpfte.

Als Denkmal der späten Kurfürstenzeit bot Schloß Brühl gemeinsam mit Benrath und Koblenz den unmittelbarsten Anhalt für die Aufnahme vorrevolutionärer Traditionen im Rheinland. Durch Erhaltungs- und Wiederherstellungsmaßnahmen an den Schloßanlagen konnte der König als legitimer Nachfolger der einstigen Landesherren auftreten; der vormals verfallene Zustand ließ sich dagegen als Resultat der politischen Verhältnisse unter französischer Herrschaft hinstellen. Insofern bestand in der Aufwertung der rheinischen Schloßanlagen der Versuch, die jüngeren liberalen Traditionen des Rheinlandes zugunsten der alten feudalen zu durchbrechen.

Mit der Zueignung des Brühler Schloßparks an die Allgemeinheit und dem Ausbau zum Volksgarten demonstrierte der König Volksnähe. Soziale Schranken für die Besichtigung bzw. den Besuch von Schloß und Garten bestanden nicht, und auch die Kosten der Eisenbahnfahrt von Köln stellten keine wesentliche Einengung des Benutzerkreises dar. Dennoch sollte der Brühler Garten nicht zum Ort für die Vermischung der gesellschaftlichen Schichten werden. Vielmehr boten unterschiedliche Nutzungsmöglichkeiten Raum für soziale Differenzierung. Die Harmonisierung sozialer Gegensätze beschränkte sich somit allein auf die gemeinsame Identifikation mit dem König.

Selbst wenn das der Brühler Gartenplanung zugrunde liegende Gesellschaftsbild durchaus rückständige Züge aufwies, so war die Einrichtung eines Volksgartens trotzdem ein fortschrittlicher Akt. Der König ging damit auf die neue, durch Industrialisierung und Urbanisierung geschaffene Bedürfnissituation Kölns ein, für dessen Bewohner in und vor der Stadt keine Erholungsorte geblieben waren. Mit der nachdrücklichen Hervorhebung hygienischer Maßnahmen antwortete die Gartenplanung ebenfalls auf aktuelle Erfordernisse. Was dies betraf, war das Projekt Bestandteil der Bemühungen um Seuchenbekämpfung, die angesichts der großen Choleraepidemien des 19. Jahrhunderts besonders geboten erschienen.

Zukunftsfähigkeit und Innovationsbereitschaft signalierte auch die Aufnahme der Eisenbahn in den Park. Doch selbstredend bestand darin kein vorbehaltloses Fortschrittsbekenntnis. Friedrich Wilhelm IV. verfolgte ein konservatives Erneuerungskonzept, bei dem das Neue am Maßstab des zu Bewahrenden reflektiert wurde. Für das dem Fortschrittssymbol „Eisenbahn" anhaftende revolutionäre Pathos bedurfte es also eines Korrektivs. Ebenso wie dies auf anderen Feldern der Kunst geschah, wenn es um die Aneignung von moderner Technik ging, wurden die technischen Anlagen der Bahn im Brühler Garten mit den Projektionsbildern „Geschichte" und „Natur" in Verbindung gebracht, um die Wirkung des Neuen durch die Nachbarschaft mit Vertrautem abzumildern. Die axiale Zuordnung und gartenästhetische Verknüpfung von Schloß und Bahnhof artikulierte eine Zusammengehörigkeit von Traditionalität und Modernität und eröffnete die Perspektive für einen Fortschritt ohne Brüche. Erlaubte hier die Rückversicherung durch die Geschichte das Bekenntnis zum technischen Zukunftswerk, so war es innerhalb der landschaftlichen Teile des Parks die Integration der Eisenbahn in die umgebende Natur. Die spirituelle Qualität der Natur setzte das Technische wieder mit einem mystischen Weltganzen in Verbindung, von dem es sich losgelöst zu haben schien. Insofern spiegelt sich im Brühler Garten die Janusköpfigkeit romantischer Gesinnung, die, gerade weil sie die in der Nüchternheit des Technisch-Rationalen liegende Gefahr nihilistischer Entwertung genau erkannte, um so mehr auf die Gültigkeit einer allumfassenden Seinsordnung bestand.

VII. Quellenanhang

Promemoria Lennés vom 10. Oktober 1842, GStA PK I. HA. Rep. 89 Geh. Zivilkabinett Nr. 20646 (M):

„Se Majestät der König haben bei Allerhöchstihrer Anwesenheit in den Rhein-Provinzen in Beziehung auf die dortigen koeniglichen Gärten und Anlagen folgendes zu bestimmen geruhet.

A. für Benrath

Der Schloßgarten daselbst soll nach dem ursprünglich vorhandenen Plane wieder hergestellt werden. Se. Majestät haben es allergnädigst genehmigt, daß die extraordinairen Einnahmen dieses koeniglichen Gartens, welche jährlich circa 400–500 th. betragen, zur vollständigen allmählichen Herstellung der Garten Anlagen und zu deren sorgfältiger Erhaltung verwendet werden sollen, was bisher wegen Unzulänglichkeit des Garten Etats nicht möglich gewesen ist. Die Königl. Regierung Düsseldorf würde von dieser Allerhöchsten Bestimmung in Kenntniß zu setzen sein.

B. für Brühl

I. betreffend die Eisenbahn und Anlage des Bahnhofes

1. Se. Majestät der König genehmiget die Anlage des Bahnhofes auf der auf dem vorliegenden Plane bezeichneten Stelle, desgleichen die zwischen dem Bahn- und Schloßhofe projectirte Einrichtung und Bepflanzung des Vorplatzes. Das zu dieser Anlage erforderliche Königliche Areal soll der Eisenbahn-Direction nicht käuflich sondern auf die Dauer ihres Bestehens zur Nutznießung unentgeldlich überlassen bleiben. Die Einrichtungs-Kosten dieses zum Bahnhofe gehörigen Vorplatzes, des vom Schloßhofe dahin führenden Mittelweges und der Seitenwege trägt die Eisenbahn-Verwaltung, wohingegen die Anlage und Unterhaltung der Rasenplätze und Bosquets Seitens der Garten Verwaltung übernommen wird. Eine veränderte Einrichtung dieser Anlage oder Benutzung dieses Vorplatzes zu anderen Zwecken, darf ohne Allerhöchste Genehmigung nicht stattfinden.
2. Se. Majestät der Koenig genehmiget die Eröffnung eines angemessenen neuen Fahrweges zwischen dem Bahnhof und der Stadt Brühl, in der auf dem Plane angedeuteten Richtung, längs der Nordseite des Königl. Schlosses. Se Majestät gestatten Allergnädigst, daß das zur Anlage dieses Erneuerungsweges erforderliche Koenigliche Terrain unentgeldlich hergegeben werden soll, wohingegen die Kosten dieser Wege-Anlage der Eisenbahn Direction und der Orts Gemeinde zur Last fallen.
3. Soweit die Eisenbahn den Königl. Garten durchzieht, sollen längs derselben keine Seitengräben angelegt, sondern zu beiden Seiten der Bahn sanft auslaufende Böschungen nach dem Niveau des tiefer liegenden Terrains, gebildet werden. Um jedoch der Eisenbahn Direction das zur Aufschüttung der Bahnlage erforderliche Erdquantum in möglichster Nähe zu verschaffen, genehmiget Se. Majestät der Koenig das Ausgraben der benöthigten Erde an denjenigen Stellen, wo nach dem Plane große Bassins ausgegraben werden sollen.
4. In Berücksichtigung der Mehrkosten welche der entferntere Erdtransport aus den vorgedachten Bassins und die Herstellung einer neuen eleganten etwa 30 Fuß langen Brücke herbeiführen werden, welche letztere die Eisenbahn Direction sich anheischig gemacht hat, zur vermehrten Zierde der von Sr. Majestät dem Koenige beabsichtigten Garten Anlagen bei A. des Planes zu erbauen, haben Se. Majestät, dem Antrage gemäß Allergnädigst bestimmt: daß der von der Königl. Regierung laut Taxation vom 25. August v. J. ermittelte Bodenwerth vom c. 1500 rthl. für das zur Bahn und zum Bahnhofe abgetretene Königl. Terrain auf die Dauer des Bestehens der Eisenbahn unentgeldlich überwiesen werden soll.

Diese ad 1–4 beregten Allerhöchsten Bestimmungen und Begünstigungen hat die Eisenbahn-Direction mit dankbarer Anerkennung der ihr dadurch gewährten Königl. Huld entgegen genommen und wie aus den hier beigefügten Anlagen vom 16. und 24. vor. Mts. hervorgehet, zur bestmöglichen Realisierung derselben sich verpflichtet.

Die Königl. Regierung zu Coeln wird von diesen Allerhöchsten Bestimmungen zur Nachachtung in Kenntniß zu setzen sein.

II. betreffend die Herstellung und künftige Erhaltung der Garten- und Park-Anlagen.

1. Bei den von Sr. Majestät dem König befohlenen Anlagen in der Umgebung des Schlosses zu Brühl soll vorzugsweise auf die Beseitigung der stagnierenden versumpften Wassergräben, welche für die Gesundheit der Bewohner der Stadt und Umgebung als höchst nachtheilig sich erwiesen haben, Rücksicht genommen werden.

   Die Zuschüttung dieser ausgedehnten Wassergräben würde zwar ein radicales aber zugleich sehr kostspieliges Unternehmen sein. Referent glaubt, daß dem Uebelstande auf eine Weise abgeholfen werden kann, die nur sehr geringe Auslagen erfordert, und ebenfalls zum Zwecke führen wird: nämlich durch Ableiten der jetzt zufließenden Gewässer. Nach den vorläufig angestellten Untersuchungen lassen sich nämlich die Zuflüsse (:kleine Bäche:) die im nahe gelegenen Vorgebirge ihre Quelle haben:) alle nach dem sogenannten Krautgartenteich B. ableiten, auch die entfernter belegenen, welche in früherer Zeit die Bestimmung hatten, den sogenannten neuen Teich C [der ehemalige Seeweiher] und den großen Kanal, welcher den Park an der ganzen Südseite umkreist, zu speisen. Entzieht man diesen in den Sommer Monaten theils trockenliegenden theils völlig versumpften mit Rohr und Schilf bewachsenen Gräben den Zufluß der sie speisenden Gewässer vollständig, so ist der jetzt mit Recht beklagte Uebelstand beseitigt und es bilden sich aus diesen Sümpfen Wiesen und durch die Besaamung der nahe stehenden Bäume Holzungen von selbst. Anderseits gewährt die Concentrirung der sämmtlichen Zuflüsse in den Krautgartenteich B den Vortheil, diejenigen Wassergräben in der unmittelbaren Umgebung des Schlosses, die schon der Vorfluth wegen, aber auch in Rücksicht des Gesammtplanes, wonach Schloß und Garten angelegt worden sind, nicht beseitigt werden können, reichlicher wie bisher mit fließendem Wasser zu versehen, und da sich durch ein angestelltes Nivellement ergeben hat, daß der Wasserspiegel des Teiches B um circa 4 1/2 Fuß höher wie das Bassin D. [Spiegelweiher] und 9 Fuß höher wie der Schloßkanal E. [Weißweiher] liegt, so dürfte bei Concentrirung sämmtlicher Wasserzuflüsse nach B der reichliche Zufluß zur Speisung der nach dem vorliegenden Plane zu erhaltenden Wasserbecken, wie auch ein regides Abziehen von einem Teich zum anderen, nicht in Zweifel zu ziehen sein.

2. Als zweite Sanitäts Maßregel stellt sich die Verlegung der Latrinen des Seminars, welche jetzt in den zunächst dem Kgl. Schloße belegenen Teich B. abgeleitet sind, und dadurch Luft und Wasser zugleich verpesten, heraus; es scheint keinen Schwierigkeiten zu unterliegen, zur Ableitung, event. Benutzung solcher Stoffe, ähnliche Vorrichtungen verfertigen zu lassen, wie dergleichen in allen Kasernen seit vielen Jahren üblich sind.

   Hierüber würde das Erforderliche an die Regierung zu Cöln oder an das Geistlichen-Ministerium zu erlassen sein.

3. Anlangend die Herstellung u. künftige aesthetische Anordnung der Garten und Park Anlagen haben Se. Majestät bereits befohlen, daß:

a. der Schloßhof nach anliegendem Plane eingerichtet und mit holländischen Linden bepflanzt werden soll.

b. daß die Terrasse an der Garten Seite des Schlosses mit Orangerie Bäumen, wie zur Kurfürstlichen Zeit, geschmückt werden soll; hierzu können aus dem Schloßgarten zu Benrath, unbeschadet der dortigen Gärtnerei, 60–80 Bäume verwendet werden. Es sind dieselben Bäume, die früher der Gärtnerei zu Brühl angehört haben.

c. das Parterre von dem Schloße nach der Gartenseite soll zeitgemäß wieder hergestellt, das erst in jüngster Zeit zugeschüttete runde Bassin soll restituirt, auch das größere viereckige Bassin mit Rasen-Böschungen – anstatt der verfallenen Einfassungs-Mauern – umfriedigt werden.

   Die allem Anschein nach ganz unversehrt gebliebene Rohrleitung von 8–9" Durchmesser, welche das Wasser aus den bei Vochem und Kirberg belegenen Weihern (:Reservoirs:) den früheren Wasserkünsten im Schloße und Garten zugeführt hat, soll näher untersucht und ein Kosten-Anschlag über die Herstellung der näher von Sr. Majestät zu bestimmenden Wassersprünge angefertiget werden.

d. Sobald die Eisenbahn-Direction das zur Bahnlage erforderliche Erd-Quantum abgefahren haben wird, soll ein Kosten-Anschlag über die Ausführung des an der Morgenseite des Parks projectirten Teiches angefertigt werden und Sr. Majestät dem Koenige vorgelegt werden.

e. der Park soll dem Publicum geöffnet und für die Bewohner der Stadt Köln – die vermittelst der Eisenbahn künftig in einer Viertel-Stunde Brühl erreichen wird – und der Umgebung das werden, was der Thiergarten bei Berlin für die Residenz ist. Demgemäß sollen im Park die vorhandenen sumpfigen Stellen ausgetrocknet, die großen Alleen dem fahrenden und reitenden Publicum geöffnet und neue Wege zu vermehrtem Genuß, in demselben anlegt, auch an der Stelle des früher sogenannten neuen Teiches C. ein Volks-Tummelplatz angelegt werden.

[im folgenden: spätere Einfügung]

f. Der Park ist an der Morgen-, Mittag- und Abendseite mit einer 8–10 Fuß hohen Mauer umschlossen. Diese Mauer soll auf der Strecke, die im Plane mit f. bis t. bezeichnet ist, bis zur Höhe von 4 Fuß über der Erde, jedoch so, daß sie wie jetzt in einer Ebene bleibt, abgebrochen und zur besseren Conservirung mit guten Mauersteinen abgedeckt werden.

Die durch Verkauf des übrig bleibenden Materials sich ergebende baare Einnahme soll zunächst zur planmäßigen Instandsetzung der Garten u. Park-Anlagen verwendet werden.

Se. Majestaet der Koenig erwartet fernere Vorschläge über den Betrag des zur allmähligen Ausführung jener Anlagen erforderlichen jährlichen Zuschußes. [Ende der Einfügung]

Die mir zugekommenen Allerhöchsten Befehle über die Einrichtung der Garten- u Park-Anlagen habe ich mich bemüht auf dem vorliegenden Plane zusammenzustellen.

Die Ausführung der im Vorstehenden zur Allerhöchsten Entschließung allerunterthänigst vorgelegten Vorschläge zu angemessener Herstellung der Garten- u. Park-Anlagen zu Brühl, erfordert um so mehr einen sachkundigen und zuverlässigen Gartenkünstler, als Se. Majestät bereits befohlen haben, daß der Garten mit Orangerie geschmückt und Blumen-Parterres angelegt werden sollen; ich stelle es demnach allerunterthänigst anheim, ob Se. Majestaet der Koenig einen der hier herangebildeten königl. Ober-Gehilfen in der Eigenschaft als Hofgärtner daselbst anzustellen und unter meiner Leitung die allmählige Ausführung der Anlagen allergnädigst zu befehlen geruhen wollen.

C. betreffend die Anlagen beim Königl Schloße zu Coblenz und Stolzenfels

Nachdem der vor wenigen Jahren zu Gunsten des Königl. ZollAmtes zu Coblenz dem Schloßplatz daselbst entzogene nördlich belegene Gartenraum, wurde zurückgestellt, auch der Herr Kriegs Minister Excellenz bei seiner jüngsten Anwesenheit am Rhein erklärt hat, daß der geräumige, zwischen dem engeren Schloßhofe und der Fahrstraße belegene Kiesplatz für die Exerzition der Koblenzer Garnison entbehrlich sei, steht der Ausführung der von Sr. Majestaet dem Könige bereits im vorigen[?] Frühjahre befohlenen Anlagen kein Hinderniß mehr entgegen. Mit Zuziehung des Herrn Garten Directors Weyhe und des Bau Inspectors H. Delassau hat der Unterzeichnete die betreffenden Nivellements-Pläne an Ort und Stelle festgestellt, über den Angriff der Grund und Pflanz Arbeiten in allen Details Rücksprache genommen, und den zu Schloß Engers stationirten Weyhe junior mit den erforderlichen Instructionen versehen, so daß die Arbeiten nun raschen Fortgang haben können.

Sowohl für die erste Dotirung[?] dieser Anlage wie derjenigen, welche Se. Majestaet bei dem Schloß Stolzenfels auszuführen befohlen haben, scheint es, aber sowohl in oeconomischer wie in aesthetischer Hinsicht vortheilhaft zu sein, wenn beide Gärten unter Aufsicht des Garten Inspectors Weyhe zu Engers gestellt werden, da an letzterem Orte alle Mittel gegeben sind, den erforderlichen Blumenschmuck für die neuen Gärten bei den Königl. Schloessern zu Coblenz und Stolzenfels, mit den geringsten Kosten anzuziehen und zu beschaffen.

In Engers sind nämlich noch 12–16 Stück recht schöne Orangerie-Bäume und werthvolle Gewächse. Die vorhandenen Conservir-Häuser sind jedoch viel zu geräumig für den geringen Bestand, welcher auch bisher von Jahr zu Jahr aus dem Grund mehr und mehr vermindert worden ist, weil die zur Unterhaltung der dortigen Baumschulen und Garten-Anlagen contribuirenden Gemeinden, mit vollem Recht die Anzucht und Unterhaltung der Orangerie und Schmuck-Gewächse, als eine unnütze Last ansehen, und wiederholt bei der Regierung auf Entbindung von Abgaben angetragen haben, die auf Gegenstände verwendet werden, die außer ihrem Interesse liegen. Se Majestaet der Koenig würde daher denjenigen Gemeinden des Regierungs-Bezirks Coblenz, deren Geld-Zuschüsse theilweise auch auf die Unterhaltung oben gedachter Schmuck Gewächse verwendet worden sind, eine begründete Wohlthat erweisen, wenn Allerhöchstendieselben sowohl die Unterhaltung der in Engers vorhandenen Conservir-Häuser, wie den Bestand an Orangerie und Schmuck Gewächsen zum Kronfidei-Kommiß zu übernehmen die Guete haben.

Durch Vermittlung des Herrn Ober Präsidenten von Schapers würden die Unterhandlungen mit den betreffenden Gemeinden sehr bald zum gewünschten Ziele führen. Mit geringen Mitteln würde der Bestand an Schmuck-Gewächsen aller Art in den ganz vorzüglich dafür geeigneten Gewächshäusern zu Engers reichlich vermehrt, und auf diese Weise das Bedürfniß für die neuen Gärten zu Coblenz und Stolzenfels auf die wohlfeilste Weise beschafft werden können.

Zur Unterhaltung dieser letztgedachten Gärten würde es nur nothwendig sein, an jedem Orte für die Sommer-Monate einen praktisch erfahrenen und zuverlässigen Garten-Gehilfen zu stationiren, welche unter specieller Anleitung des Inspectors Weyhe für die Unterhaltung und den angemessenen Blumenschmuck jener resp. 1 und 2 Stunde von Engers entfernt belegenen Gärten Sorge zu tragen haben würden."

Lenné an die Direktion der Bonn-Kölner Eisenbahngesellschaft vom 12. September 1842, Abschrift, GStA PK I. HA. Rep. 89 Geh. Zivilkabinett Nr. 20646(M):

„Euer verehrlichen Eisenbahn-Direction zu Bonn beehre ich mich ganz ergebenst anzuzeigen, daß des Königs Majestät bei Gelegenheit eines Vortrages des Unterzeichneten über die von Allerhöchstdemselben befohlenen Wiederherstellung der Gärten und Parkanlagen zu Brühl in Bez. auf die Eisenbahn-Anlage, die so fern diese auf königlichem Areal angelegt werden soll, Nachstehendes allergnädigst zu bestimmen geruhet haben.

1., Seine Majestät genehmigt die Lage des Bahnhofes auf der, auf dem beifolgenden Plane bezeichneten Stelle, desgleichen die zwischen dem Bahn- und Schloßhofe projectirte Einrichtung und Bepflanzung des Vorplatzes. Das zu dieser Anlage erforderliche Areal soll der Eisenbahnverwaltung nicht verkauft, sondern so lange die Eisenbahn bestehen wird, zur Nutznießung unentgeldlich überlassen bleiben. Eine veränderte Einrichtung dieser Anlage oder Benutzung des Vorplatzes zu anderen Zwecken, kann nur mit Allerhöchster Genehmigung stattfinden. Die Einrichtungskosten dieses Vorplatzes trägt die Eisenbahn-Verwaltung.

2., Den auf dem Plane bezeichneten neuen Weg zur Stadt, längs der Nordseite des königlichen Schlosses findet Seine Majestät nicht für nöthig; Seine Majestät will vielmehr gestatten, daß die Passage über den Schloßhof und durch das Portal des Schlosses zur Stadt, vom Publikum benutzt werden darf.

3., Soweit die Eisenbahn den königlichen Garten durchzieht, wünscht Seine Majestät, daß keine Seitengräben angelegt, sondern sanfte Böschungen beiderseits der Bahn nach dem Niveau des tiefer liegenden Terrains angelegt werden möchten.

4., Desgleichen wird es Seine Majestät sehr erfreuen, wenn der projectirten Brücke über den Hauptwassergraben zwischen dem vormaligen Chinesischen und dem Schneckenhause eine möglichst elegante Bauart und solche Construction ertheilt werde, daß dieselbe als eine wesentliche Zierde der von Seiner Majestät beabsichtigten landschaftlichen Gartenanlage daselbst hervortreten und sich darstellen möge.

5., Bei den ad 4 beregten Anlagen sollen geräumige Wasserteiche ausgegraben werden; Seine Majestät genehmigen, daß die Eisenbahn-Verwaltung die zur Aufschüttung der Eisenbahnanlage erforderliche Quantität Erde an denjenigen Stellen entnehmen kann, wo nach dem Plane die Bassins ausgegraben werden sollen und ist der Unterzeichnete von Seine[r] Majestät autorisirt, diese Stellen zu bezeichnen und der Verwaltung das erforderliche Erdquantum zu überweisen."

Direktion der Bonn-Kölner Eisenbahngesellschaft (Schramm) an Lenné vom 16. September 1842 (Abschrift), AVSchB Hofgärtnerei 1843–1845:

„An den Garten-Director Herrn Lenné Wohlgeboren zu Coblenz

Die Anlage der Bonn-Kölner Eisenbahn im Treibhaus-Garten zu Brühl und des Bahnhofes vor dem Schlosse daselbst betreffend

Das neue Leben, welches allenthalben, wo des Königs Auge sich hinwendet in mächtigster Entfaltung der Welt verkündet, daß für uns die Zeiten wiederum in Treue und Einigkeit erstreckt sind, tilgt rasch die letzten sichtbaren Spuren und mit ihnen auch die Erinnerung früherer Störungen, über dieselben das segensreiche Gewand der Schönheit ausbreitend. In dieser freudigen Ueberraschung ist auch der königl. Entschluß, den Brühler Park wieder herzustellen, begrüßt worden.
Die Kölner, deren Stadt und Umgebung, durch Festungsanlagen und Einrichtungen für den Handelsverkehr allmählig des natürlichen Schmucks entblößt einen durchweg ernsten Charakter angenommen hat, glauben in demselben einen Akt königl. Huld vernehmen zu dürfen, welche ihnen nach der Tagesarbeit die Erquickung einer schönen freien Natur gewähren möchte.
Brühl erhält durch ihn zu dem vollendeten Kommunikationsmittel das andern den Werth desselben erst bestimmende Moment, das empfehlende Motiv eines täglichen Zuspruchs Besuchender und Consumirender. Mit dem geförderten Lebensgenuß der Kölner und materiellen Wohl der Brühler vereiniget sich das Interesse unserer Gesellschaft, und wir müssen es für unsere nächste Pflicht halten, Er. Wohlgeboren zu bitten, des Königs Majestät für die befohlene Wiederherstellung des Parks unsern ehrfurchtsvollen und allerunterthänigsten Dank zu Füßen zu legen.
Er. Wohlgeboren werden sich von selbst überzeugt halten, daß wo wir so glücklich sind, durch unsere Einrichtungen den Absichten Sr. Majetät entgegen kommen zu können, wir soweit unsere Geldkräfte reichen, in keiner Weise etwas versäumen werden, indessen befinden wir uns bei unserem beschränkten Grundkapital von 876000 Thalern, welche uns, wenn Prioritäts-Aktien vermieden werden sollen, statt auf Verschönerungen auf Ersparnisse zu sinnen, nöthigt, in der Lage, bei den in Brühl aufzuwendenden Mehrkosten die unseren Verhältnissen angemessene Grenze nicht überschreiten zu dürfen, wobei wir der hohen Nachsicht Seiner Majestät ehrfurchtsvoll vertrauen.
Wir erlauben uns die einzelnen Positionen Ihres Briefes mit unsern Erklärungen und unmaßgeblichen Bemerkungen zu begleiten.
ad 1. Garten-Anlage zwischen dem Schloßhofe und dem Bahnhofe. Steht unserer Gesellschaft ein Expropriationsrecht auf das zu dieser Anlage erforderliche Terrain des Herrn Boismard zu, so verpflichtet dieselbe sich unbedingt zum Ankauf desselben.
Steht ihr dasselbe nicht zu, so kann sie nur versprechen, alle Mühe zur Erwerbung desselben anzuwenden ohne eine Verbindlichkeit in dieser Beziehung zu übernehmen.
Es sollen dieserhalb sogleich die erforderlichen Schritte geschehen, und wird binnen wenigen Tagen über den Erfolg derselben berichtet werden. Die Gesellschaft übernimmt die Bekiesung und Unterhaltung des Vorplatzes zum Bahnhofe des zum Schloßhofe dahin führenden Mittelweges und der beiden Seitenwege; die Anlage, Bepflanzung und Unterhaltung der Rasenplätze, Bosquets, und Alleen möchte indessen Sache der königl. Garten Direction sein, auch schon wegen der nothwendigen Harmonie mit der Anlage des Schloßplatzes nur von ihr besorgt werden können. Die Gesellschaft wird zu diesem Behufe der Garten Direction das von Boismard anzukaufende Terrain, dessen Eigenthum sie behält, überweisen.
Sie verpflichtet sich allenfallsige durch die nothwendige Einrichtung des Bahnhofes gebotene Modificationen nur mit Genehmigung des königl: Garten-Directors auszuführen.
zu 2. Weg durchs Schloß
Die Gesellschaft erstattet für die Gewährung des Weges über den Schloßhof und durchs Portal des Schlosses zur Stadt ihren allerunterthänigsten Dank, indem dieser Weg jedenfalls für's Publikum die größte Annehmlichkeit darbietet. Daß ein oder zwei Stellungen[?] zu den ...[?] im Wege stehende Bäume weggenommen werden, wird wohl keinen Anstand haben. Sie hofft daß wenn es sich späterhin als wünschenswerth, oder als Bedürfniß herausstellen möchte, einen besondern Weg für den Landverkehr und das Frachtfuhrwerk zu haben, in solchem Falle auch ausser dem Hauptwege der Weg längs der Nordseite des Schlosses erlaubt auch als dann auf gemeinschaftliche Kosten der OrtsGemeinde und der Gesellschaft hergestellt werde.

ad 3 und 5 Unterlassung der Seitengräben innerhalb des königlichen Gartens und Entnehmung des zur Anschüttung erforderlichen Terrains aus den auszugrabenden Bassins.

Die Gesellschaft wird sich diesem Vorschlage conformiren. Die Böschungen im Treibhausgarten sollen 1 1/2 füssig ausgeführt und die untern Kanten derselben auf angemessene Art dem Gartenterrain angeschmiegt werden.

ad 4 Brücke im Treibhaus-Garten.

Die Gesellschaft ist gerne bereit zur Erbauung einer der Landschaft zur Zierde gereichenden etwa 30 Fuß langen Brücke mit Geländer die Hand zu bieten. Da indessen bereits der weitere Erdtransport aus den Bassins beträchtliche Mehrkosten verursacht und die Kosten einer solchen Brücke mit der für den Brückenbau im Treibhausgarten veranschlagten Summe ausser allem Verhältniß stehen, so erlaubt sie sich Er. Wohlgeboren sachkundigen Urtheile anheim zu stellen, ob es nicht begründet erscheinen möchte, wenn sie zur Erleichterung dieser Mehrkosten auf Nachlassung der von der königlichen Regierung laut Taxation vom 25ten August d. J. festgestellten Preises von circa 1500 rth für das zur Bahn und zum Bahnhofe allergnädigst abgetretene königl. Terrain hiermit allerunterthänigst anzutragen wagt.

Endlich möchten wir E. Wohlgeboren darauf aufmerksam zu machen uns erlauben, welche Annehmlichkeit es für das Publikum haben möchte, wenn an einer passenden Stelle inmitten des Parks eine elegante Restauration errichtet würde, etwa an der Stelle, wo die Fasanerie gestanden hat. Er. Wohlgeboren würden uns sehr verbinden, sofern es statthaft ist bei der königl. Majestät anzufragen, ob für den Fall daß wir die Erbauung einer solchen Restauration vorzunehmen wünschten uns ein Platz dazu zur dauernden Benutzung oder in der Weise, daß es nur gegen Ersatz unserer Anlagekosten zurückziehbar wäre, erstattet werden könnte."

Dienstinstruktionen für den Brühler Hofgärtner vom 28. Oktober 1845, HStAD Reg. Köln 3750:

„Dienst-Instruction für den Königlichen Hofgärtner zu Brühl

§ 1
Der Hofgärtner zu Brühl ist der Königlichen Regierung zu Cöln untergeben und hat solche als die ihm vorgesetzte Behörde zu achten.

Angelegenheiten des Hofgärtners

I. Bezüglich der Beaufsichtigung des Gartens und seiner Zubehörungen

§ 2
Derselbe ist verpflichtet, für die Aufrechterhaltung derjenigen Bestimmungen zum Schutze der Anlage und zur Erhaltung des Gartens, welche theils in den allgemeinen Gesetzen beruhen, theils besonders ergangen sind oder in der Folge noch ergehen möchten, zu sorgen.

§ 3
Zu diesem Zwecke muß er
1. Holzdiebstähle möglichst zu verhindern suchen und, wenn dergleichen dennoch vorkommen sollten, sich innerhalb der gesetzlichen Schranken möglichst bemühen, um die Thäter zu entdecken und dergestalt bei der betreffenden gerichtlichen Behörde zur Anzeige zu bringen, daß die Bestrafung mit Erfolg eingeleitet werden kann.
2. Auf die Befolgung der Vorschriften der am Park aufgestellten Warnungstafeln selbst wachen und durch den Parkaufseher, die Gehilfen und Arbeiter wachen lassen.

§ 4
Der Hofgärtner hat ferner darauf zu wachen, daß die Grenzen des Gartens durch die Besitzer der benachbarten Privatgrundstücke nicht überschritten werden.
Sobald ihm die Absicht Jemandes bekannt wird, in der Nähe der Grenze des Parks oder Gartens neue Gebäude, Anpflanzungen oder sonstige Anlagen auszuführen, welche die Aussicht aus Ersterm beeinträchtigen oder denselben andere Annehmlichkeiten oder Vortheile irgend einer Art entziehen könnten, so hat er der königlichen Regierung unverzüglich Anzeige davon unter Beachtung der Mittel der Abwendung der Gefahr zu machen.

§ 5
Derselbe hat überhaupt dahin zu sehen, daß die Gerechtsame der Gartengrundstücke in keiner Weise Störung oder Beeinträchtigung erleide. Auch hat er insbesondere darüber zu wachen, daß die Nutzungen und Rechte der durch Privatgrundstücke bis zum königlichen Schlosse führenden Wasserleitungsröhren erhalten, die unter beschränkenden Verhältnissen mehreren Privaten gewährte Begünstigung von Wasserableitungen nicht zu weit ausgedehnt werde und Niemand, welcher dazu kein Recht hat sich eine solche Benutzung des Wassers anmaße.

§ 6
Sollten an den in oder bei dem Garten befindlichen, dazu gehörigen Dienst- oder anderen Gebäuden oder sonstigen Baulichkeiten Reparaturen nöthig werden, so hat der Hofgärtner solches der königlichen Regierung ungesäumt anzuzeigen.

II. Bezüglich der technischen (gartenkünstlerischen) und ähnlichen Verrichtungen

§ 7
Derselbe hat alle Arbeiten zu leisten resp. leisten zu lassen, welche technischer (gartenkünstlerischer) Natur sind, oder doch zur Unterhaltung des Gartens gehören und liegen ihm in dieser Beziehung hauptsächlich folgende Verpflichtungen ob:

1. die Unterhaltung der Waldbestände des Parks und die größtmögliche Vermehrung der Bäume und Sträucher durch Ableger, Stockholz und Aussaaten, mit Rücksicht auf die Erhöhung der Einnahme des Gartenfonds durch den Verkauf von Pflanzstämmen.
   Das Einsammeln von Gehölz-Sämereien ist zu gehöriger Zeit zu bewirken.
2. die Unterhaltung der Alleen, Hecken u.s.w., wobei besonders dahin zu wirken ist, daß die alten Bäume durch das Einstutzen älterer Aeste in möglichst kräftigem Zustande und bei langer Dauer erhalten werden. Die Lücken sind durch passende Bäume zu ergänzen und letztere besonders in dem ersten Jahre durch Gießen u.s.w. zu ihrem künftigen Gedeihen zu pflegen.
   Abgestandene Bäume müssen ausgerodet werden,
3. die Unterhaltung der Rasenplätze im besten Kulturzustande, und ist besonders in den sorgfältig zu unterhaltenden Schmuckpartien der Rasen stets kurz zu halten.
4. Die Unterhaltung der Baumschule und Orangerie, sowie die Anzucht und Vermehrung der zum Schmucke der Gartenanlagen erforderlichen Zierpflanzen, sowohl im freien Lande als in den Pflanzenhäusern.
5. Die Unterhaltung der Reit- und Fußwege, sowie der chaussirten und nicht chaussirten Fahrwege, der Brücken, Wege, Warnungstafeln, Barrieren u.s.w.

§ 8

Dafür, daß alle Arbeiten ordnungsmäßig zur Ausführung kommen und alle Arbeiter, sowohl Gehilfen als Lehrlinge und Tagelöhner ihre Schuldigkeit thun und die Dienst- und Arbeitsstunden von dem gesammten Personal gehörig eingehalten werden, ist der Hofgärtner zunächst verantwortlich.

Derselbe darf auch sämmtliche Gehilfen, Lehrlinge und Arbeiter, welche aus den Mitteln des Gartens zu Brühl gelohnt werden, nur mit solchen Arbeiten beschäftigen, welche dem Garten zu gute kommen.

§ 9

Die Annahme und Entlassung der Garten-Gehilfen und Lehrlinge bleibt dem Hofgärtner überlassen, doch ist derselbe für deren Leistungen der königlichen Regierung verantwortlich, sowie derselbe auch auf deren dienstliche und außerdienstliche Führung genau zu achten, und bei stattfindender Unzufriedenheit damit deren Entlassung zu bewirken hat.

III. Bezüglich des Geldverkehrs und Rechnungswesens

§ 10

Derselbe hat sich aller zum Ressort der Gartenverwaltung gehörigen Geld-Einnahmen und Zahlungen, insoweit solches nicht etwa ausdrücklich genehmigt wird, zu enthalten und solche der von der königlichen Regierung hierzu bestimmten Kasse zu überlassen.

§ 11

Der Hofgärtner hat wöchentlich die Liquidationen
1. über den, den Arbeitern zustehenden Tagelohn nach dem anliegenden Muster A
2. über Lieferungen und Arbeiten für den Garten nach dem Muster B aufzustellen und, wie dort angegeben, zu bescheinigen.
   Werden Geräthschaften geliefert oder angekauft, so müssen dieselben unverzüglich in ein von dem Hofgärtner zu diesem Zweck zu führendes Inventarien-Verzeichniß unter fortlaufender Nummer eingetragen werden und ist die Ablieferung und die Eintragung nach Vorschrift des Musters B zu bescheinigen.

§ 12

Die Auszahlung der in den wöchentlichen Lohn- und Arbeitslisten verzeichneten Beträge geschieht durch die Steuerkasse zu Brühl unmittelbar an die in den Listen verzeichneten Empfänger in Gegenwart des Hofgärtners.

§ 13

Es dürfen nur diejenigen Arbeiten, für welche in dem Etat des Gartens Beträge ausgeworfen sind, oder deren Ausführung speziell genehmigt worden, ausgeführt werden, und darf sich der Hofgärtner Ueberschreitungen der bewilligten Beträge niemals erlauben.

Auch ist es ihm nicht gestattet, Ersparnisse, welche er bei der Ausführung der einen Arbeit etwa gemacht hat, ohne ausdrückliche Genehmigung der königlichen Regierung zu anderen Arbeiten zu verwenden.

§ 14

Ein Verkauf von Erzeugnissen des Gartens oder der zu demselben gehörigen Gegenstände darf ohne Genehmigung der königlichen Regierung nicht vorgenommen werden; dagegen ist dem Hofgärtner gestattet, solche Pflanzen, die in dem königlichen Schloßgarten zu Brühl in großer Anzahl herangezogen sind, gegen andere dort noch fehlende Schmuckpflanzen zu vertauschen, über welches Tausch-Geschäft jedoch der Hofgärtner eine besondere Nachweisung zu führen hat, aus welcher die weggegebenen Pflanzen und die dafür empfangenen Gegenstände jederzeit ersehen werden können, und welche derselbe auf Verlangen vorlegen muß.

§ 15

Das Brenn- oder Nutzholz, welches bei dem Einschlagen oder Roden abgestandener oder, in Folge der etwaigen Anlage neuer Partien und Gänge, mit ausdrücklicher Genehmigung zu fällender oder zu rodender Bäume und Sträucher, sowie durch das Einstutzen der Baumäste usw. gewonnen wird, hat der Hofgärtner alsbald als Brenn- oder Nutzholz forstmäßig aufarbeiten, solches an einem dazu passenden Orte in Klafter oder Haufen aufstellen und numeriren zu lassen.

Ein hiermit von der königlichen Regierung ein für alle Mal zu beauftragender Forstbeamter trägt demnächst das Material nebst dem Taxwerthe in zwei nach dem Muster C gefertigte Listen ein, von welchen die eine das Bau- und Nutzholz und die andere das Brennholz enthält.

Von dem Hofgärtner wird alsdann der Betrag des Hauerlohnes zugesetzt und zugleich die Kolonne „Taxwerth" incl. Nebenkosten ausgefüllt. Sodann reicht derselbe die Listen der königlichen Regierung ein, nachdem er zuvor in der Kolonne „Bemerkungen" angegeben hat, welche Nummern er zum Verbrauche zurückbehalten möchte und welche ihm zum Verkaufe geeignet scheinen.

Die wie die gewöhnlichen Lohnlisten aufzustellende Nachweisung der Hauerlöhne ist den Listen beizufügen.

Nachdem der hierzu von der königlichen Regierung beauftragte Forstbeamte den Verkauf abgehalten und in dem Verkaufs-Protocolle die Nummern in der Reihenfolge der Abzählungs-Liste aufgeführt hat, trägt der Hofgärtner die übrig gebliebenen Stücke in eine neue Liste ein und bemerkt die Art der Verwendung in der betreffenden Kolonne.

Am 1sten Januar schließt er seine Liste ab und reicht sie der königlichen Regierung ein, fügt aber die ursprüngliche Abzählungsliste bei.

Bleibt am Ende des Jahres ein Bestand, so hat der Hofgärtner denselben in seiner Verwendungsliste speziell vorzutragen.

§ 16

Ueber das angekaufte Feuerungs-Material hat der Hofgärtner nach dem anliegenden Muster D ein genaues Register zu führen, und solches bis zum 3ten Januar der königlichen Regierung einzureichen.

IV. Bezüglich verschiedener anderer Gegenstände

§ 17

Der Hofgärtner ist nicht ermächtigt, seine Gehilfen länger als auf 24 Stunden zu beurlauben und würde eine längere Abwesenheit aus dem Garten die verhältnißmäßige Einbehaltung des Lohnes zur Folge haben müssen. Er selbst hat, wenn er zu einer Reise, welche über zwei Mal 24 Stunden dauert, veranlaßt ist, von der königlichen Regierung hierzu Urlaub nachzusuchen.

§ 18

Die Gartenwerkzeuge und Geräthe dürfen nur im Garten, oder für die Zwecke desselben benutzt werden, und ist es dem Hofgärtner untersagt, einzelne Stücke an andere verabfolgen zu lassen oder selbst zu anderem Behufe zu verwenden.

§ 19

Der Hofgärtner hat die Schriftstücke über seine Geschäftsführung gehörig zu ordnen und zu heften, auch ein Geschäfts-Journal nach dem unter E anliegenden Muster zu führen.

Schließlich wird dem Hofgärtner im Allgemeinen empfohlen, seinem Amte volle Aufmerksamkeit und Thätigkeit zu widmen, auch sich eines bescheidenen, Achtung gebietenden Benehmens gegen seine Untergebenen sowohl, als gegen das Publicum zu befleißigen."

Gutachten der Oberbaudeputation vom 21.4.1843 über die Wiederherstellung der Brunnenanlagen und Orangeriegebäude, GStA PK I. HA. Rep. 93D Oberbaudeputation Lit. Gc Tit. XXV Nr. 17 (M), S. 8:

„Eurer Durchlaucht und Eurer Excellenz reichen wir die Beilagen des verehrlichen Schreibens vom 4ten v. M. ganz gehorsamst zurück, nachdem wir die unter denselben befindlichen Anschläge revidirt, den Anschlag N°1 zur Herstellung des großen Bassins und des damit vorbunden gewesenen Wassersprunges im Garten des königl. Schlosses zu Brühl auf   1749 Thl   24 Sgr   2 Pf
und den Anschlag N°2 zur baulichen Instand-
setzung der sogenannten großen Gallerie bei
dem königl. Schlosse ebendaselbst, zur Auf-
nahme von Orangerie Bäumen auf   1135 Thl   1 Sgr   2 Pf
zusammen ohne Abänderung auf   2884 Thl   25 Sgr   4 Pf
festgesetzt haben.

Zur Beachtung bei der Ausführung erlauben wir uns nach folgende Bemerkung hinzuzufügen:

1.) Erscheint es gerathen, die vertikalen Umfassungswände des Bassins nicht zu putzen, sondern das mit Traß aufzumauernde angenommene Mauerwerk nur gut zu fugen und event. mit dem Eisen zu brennen. Der Putz an vertikalen Wänden kann unmöglich von langer Dauer sein, da es, wenn auch die Abdeckung der Mauer mit festem Haustein beabsichtigt wird, nicht zu vermeiden ist, daß Feuchtigkeit zwischen Mauer und Putz eindringt, den dann Frost leicht zu zerstören und abzuwerfen im Stande sein wird.

2.) In dem Anschlage von der baulichen Instandsetzung der sogen. gr. Gallerie sind hölzerne Fenster in den Arkaden angenommen worden. Statt derselben werden eiserne Fenster und hölzerne Rahmen anzuwenden sein, die mit Rücksicht auf den kostbaren Beschlag, den erstere erfordern, nicht theurer zu stehen kommen werden. Für Orangeriehäuser sind eiserne Fenster abgesehen von der längeren Dauer, besonders zweckmäßig, da sie nur selten geöffnet zu werden brauchen und die Flügel zur Lüftung in Zapfen hängend, sich leicht zum Stellen einrichten lassen.

Zu dem Vorschlage des Garten Directors Lenné, statt der veranschlagten 3 zölligen bleiernen Zuleitungsröhren, 7 1/2 Zoll weite gußeiserne anzuwenden und an die Stelle des 4 Zoll weiten eisernen Abzugsrohres, einen gemauerten Kanal[!], bemerken wir ganz geh.[orsamst], daß es allerdings zweckmäßig erscheint, das vorhandene 7 1/2 Zoll weite Zuleitungsrohr in gleicher Weite bis zum springenden Strahl fortzuführen, vorausgesetzt, daß das zur Speisung des Strahls disponible Wasserquantum eine solche Weite erheischt. In dem vorliegenden Anschlage ist die Ausguß-Oeffnung der Fontaine nur von 1 bis 1 1/2" Durchmesser angenommen. Für einen Wasserstrahl von dieser Abmessung, würde ein 3" weites Zuleitungsrohr vollkommen ausreichen und der Höhe des Strahles keinen wesentlichen Abbruch thun, wonach also die Annahme eines 7 1/2 Zoll weiten Rohres nicht nothwendig erscheint. Ist es dagegen, wie der Garten Director Lenné zu vermuthen scheint, zulässig eine 3" im Durchmesser haltende Spritzöffnung mit disponiblen Wasser-Vorrath zu speisen, dann würde jedenfalls zu empfehlen sein, das vorhandene 7 1/2 Zoll weite Zuleitungsrohr in gleicher Weite bis zum springenden Strahl fortzuführen.

Bevor nicht genau das disponible Wasserquantum und die Fallhöhe für den zu bildenden Wasserstrahl ermittelt ist, kann weder für die eine noch für die andere Annahme hinsichts der Weite der Zuleitungsröhre entschieden werden.

Für den Fall ein 3 zölliges Zuleitungs-Rohr nach Maaßgabe der anzustellenden Ermittlungen ausreichend sein sollte, wird es vorzuziehen sein, dasselbe in Blei auszuführen, da die Mehrkosten gegen ein eisernes Rohr von diesem Durchmesser nicht erheblich sind, und die Anfertigung besonderer Modelle für die etwa erforderliche Steinröhren pp. dabei vermieden wird.

Die Anlage eines gemauerten Kanales nach dem Vorschlage des p. Lenné an Stelle eines 4 zölligen Ableitungsrohres, erscheint nicht rathsam, vorausgesetzt, daß das 4" weite Rohr für die Abführung des Wassers, daß die Fontaine liefert, ausreicht. Ein gemauerter Kanal würde theurer zu stehen kommen, als ein 4 zölliges gußeisernes Rohr. In Sans-Souci sind nach Angabe des mitunterzeichneten Bau Raths Persius nur an den Stellen gemauerte Abzugskanäle in Anwendung gekommen, wo die Ableitung von mehreren Punkten zusammen geführt werden konnte und wo es die Aufnahme einer sehr weiten und daher kostbaren eisernen Röhre bedürft hätte."

Kostenanschläge für den ersten Ausführungsabschnitt, HStAD Reg. Köln 4643, S. 98:

„A (Copia ad acta d. CN 9467)
Kosten Ueberschlag der Verschönerungsanlagen eines auf beifolgendem Plane illuminirten angegebenen Theils des Schloßgartens zu Brühl"

h		rthr	sgr	pf
I.	32,4' laufend Ruthen 2° breiten Fahrweg vorzuplaniren à 1 rth	32	12	–
	32,4' laufd Ruth 2° breit. Fahrweg 2" mit groben ausgesiebten Kies zu versehen. Dazu gehören 10 4/5 Schachtruth. à 2 rth 15 sgr	27	–	–
	Die 10 4/5 Schchtrthn Auftrag aufs Planum zu verkarren à 8 sgr	2	26	4
	Auf diesen 32,4' laufd Ruth. 2° breit. Fahrweg den Auftrag zu planiren und walzen à 8 sgr	8	19	2
	32,4' laufd Ruth. 1° 8' breit umzugraben à 1 1/2 = 54 3/10	2	27	5
	[insg.]	73	24	11
II.	82,7' laufd. Ruth 1 1/2 breit. Fahrweg vorzuplaniren à 22 Sgr 6 pf	62	–	9
	82,7' " " " " " mit 2" groben ausgesiebten Kies zu versehen. Dazu gehören 20 2/3 Schachtruthn à 2 rth 15 sgr	51	20	–
	Diese 20 2/3 Schchtrthn Auftrag aufs Planum zu verkarren à 8 Sgr	5	15	4
	Auf diesen 82,7' lfd Ruth. 1 1/2° breit. Fahrweg den Auftrag zu planiren und walzen à 8 sgr	22	1	7
	78 laufd Ruth 1° breit umzugraben à 1 1/2 Sgr	3	27	–
	[insg.]	145	4	8
III.	28,9' laufd. Ruth 2° 3' breit. Fußweg vorzuplaniren à 1 rth wobei einige Ausfüllungen vorkommen	28	27	–
	28,9' laufd. Ruth 2° 3' breit. Fußweg mit 2" groben und feinen Kies zu versehen; dazu gehören 11 1/6 Schrthn à 2 rth	22	10	–
	Diese 11 1/6 Schchtrthn Auftrag aufs Planum zu verkarren à 6 Sgr	2	7	–
	Auf diesen 28,9' laufd Ruth. 2° 3' breit. Fußweg den Auftrag zu planiren u walzen à 8 sgr	7	21	–
	[insg.]	61	5	–
IV.	95 laufd. Ruth 1 1/2° breiten Fahrweg vorzuplaniren à 22 Sgr 6 pf	71	7	6
	95' " " " " " mit 2" groben ausgesiebten Kies zu versehen; dazu gehören 23 3/4 Schtrth à 2 rth 15 sgr	59	11	3
	Diese 23 3/4 Schtruthn aufs Planum zu verkarren à 8 Sgr	6	6	–
	Auf diesen 95 laufd Ruth. 1 1/2° breit. Fahrweg den Auftrag zu planiren walzen à 8 sgr	25	10	–
	90 laufd Ruthen umzugraben à 1 1/2	4	15	–
	[insg.]	166	23	9
V.	112,7' laufd Rth 2° breit. Fahrweg vorzuplaniren, da bereits vieles dafür geschehen 15 sgr	56	10	6
	112,7' laufd " " " " " mit 2° groben ausgesiebten Kies zu versehen; dazu gehören 37 14/30 Schtrth à 2 1/2 rth	93	27	6
	Diese 37 14/30 Schtrthen aufs Planum zu verkarren à 8 Sgr	10	–	6
	Auf diesen 112,7' laufd Ruth. 2° breit. Fahrweg den Auftrag zu planiren walzen à 8 sgr	30	1	7
	112,7' lang 8' breit auszuroden à [Quadrat]R 4 sgr = 90 [Quadrat]R	12	–	–

187

	Beschreibung			
	112,7' lang 2°6' breit umzugraben à [Quadrat]R 1 1/2 sgr = 293 [Quadrat]R	14	19	6
	[insg.]	216	29	7
VI.	170,6' laufd Ruth 1° breit vorzuplaniren à 12 1/2 sgr	71	2	6
	170,6' laufd Ruth 1° breit mit 2" groben und feinen Kies zu versehen; dazu gehören 28 13/30 Schachtruth à 2 rth	56	26	–
	Diese 28 13/30 Schtrthn aufs Planum zu verkarren à 6 sgr	5	20	7
	Auf diesen 170,6' laufd Ruth. 1° breit. Weg den Auftrag zu planiren walzen à 5 sgr	28	13	–
	170,6' laufd Ruth 1° 2' breit umzugraben à [Quadrat]R 1 1/2 sgr = 204,72 [Quadrat]R	10	7	1
	170,6' laufd Ruth 8' breit auszuroden à [Quadrat]R 4 sgr 136,28	18	5	10
	[insg.]	190	15	–
VII.	186,4' laufd Ruth 2° breiten Fahrweg vorzuplaniren wie ad V à 15 sgr	93	6	–
	186,4' laufd Ruth 2° " " mit 2" groben ausgesiebten Kies zu versehen; dazu gehören 62 2/15 Schtrth à 2 rth 15 Sgr	155	10	–
	Diese 62 2/5[!] Schtrth aufs Planum zu verkarren à 8 Sgr	16	17	–
	Auf diesen 186,4' laufd Ruth. 2° breit. Fahrweg den Auftrag zu planiren walzen à 8 sgr	49	21	2
	186,4' lang 8' breit auszuroden à [Quadrat]R 4 sgr 149 [Quadrat]R 12 [Quadrat]Fß	19	26	6
	186,4' lang 2° 5' breit umzugraben à [Quadrat]R 1 1/2 sgr	23	9	–
	[insg.]	357	29	–
XIII.	105 laufd Ruth 1° breiten Fußweg vorzuplaniren à 12 1/2 Sgr	43	22	6
	" " " " " mit groben und feinen Kies zu versehen; dazu gehören 17 1/2 Schachtrth à 2 rth	35	–	–
	Diese 17 1/2 Schachtrth aufs Planum zu verkarren à 6 Sgr	3	15	–
	Auf diesen 105 laufd Ruthen 1° breit. Weg den Auftrag zu planiren walzen à 5 sgr	17	15	–
	105° lang 1° breit umzugraben à [Quadrat]R 1 1/2 sgr 105 [Quadrat]R	5	7	6
	[insg.]	105	–	–
IX.	86,3' laufd Ruth 1° breit Fußweg vorzuplaniren à 12 1/2 Sgr	35	28	9
	86,3' laufd Ruth 1° breit. Weg mit groben und feinen Kies zu versehen; dazu gehören 14 2/5 Schtrth à 2 rth	28	24	–
	Diese 14 2/5 Schtruthn aufs Planum zu verkarren à 6 Sgr	2	26	5
	Auf diesen 86,3' laufd Ruth 1° breit. Weg den Auftrag zu planiren, walzen à 5 sgr	14	11	6
	86,3' lang 1° 1 1/2' breit umzugraben à [Quadrat]R 1 1/2 sgr = 99 [Quadrat]R 24 [Quadrat]Fß	4	28	10
	[insg.]	86	29	6
X.	123 laufd Ruth 1° breit Weg vorzuplaniren à 12 1/2 Sgr	51	7	6
	" " " mit 2" groben und feinen Kies zu versehen; dazu gehören 20 1/2 Schtrth à 2 rth	41	–	–
	Diese 20 1/2 Schachtrth aufs Planum zu verkarren à 6 Sgr	4	3	–
	Auf diesen 123 laufd Ruth 1° breit. Weg den Auftrag zu planiren, walzen à 5 sgr	20	15	–
	123 lang 9' breit umzugraben à [Quadrat]R 1 1/2 sgr = 110 [Quadrat]R 7 [Quadrat]Fß	5	15	–
	[insg.]	122	10	6
XI.	54,5' laufd Ruth 1° breit Weg vorzuplaniren à 12 1/2 Sgr	22	21	3

	54,5' " " " " mit 2" groben und feinen Kies zu versehen; dazu gehören 9 1/12 Schachtrth à 2 rth	18	5	–
	Diese 9 1/12 Schachtrth aufs Planum zu verkarren à 6 Sgr	1	24	6
	Auf diesen 54,5 laufd Ruth 1° breit. Weg den Auftrag zu planiren, walzen à 5 sgr	9	2	6
	54,5' lang 1° breit umzugraben à [Quadrat]R 1 1/2 sgr	2	21	9
	[insg.]	54	15	–
XII.	61 laufd Ruth 1° breit Weg vorzuplaniren à 12 1/2 Sgr	25	12	6
	" " " " mit groben und feinen Kies zu versehen; dazu gehören 10 1/6 Schachtrth à 2 rth	20	10	–
	Diese 10 1/6 Schachtruthn aufs Planum zu verkarren à 6 Sgr	2	1	–
	Auf diesen 61 laufd Ruth 1° breiten Weg den Auftrag zu planiren, walzen à 5 sgr	10	5	–
	30 laufd. Ruthen 3' breit umzugraben à [Quadrat]R 1 1/2 sgr 9 [Quadrat]R	–	13	6
	[insg.]	58	12	–
XIII.	83 laufd Ruth 1° breit Weg vorzuplaniren à 12 1/2 sgr	34	17	6
	" " " " mit 2" groben und feinen Kies zu versehen; dazu gehören 13 5/6 Schtruth à 2 rth	27	20	–
	diese 13 5/6 Schtrth aufs Planum zu verkarren à 6 Sgr	2	23	–
	Auf diesen 83 laufd Ruth. 1° breit Weg den Auftrag zu planiren walzen à 5 sgr	13	25	–
	107 laufd Ruth 1 1/2° breit auszuroden à [Quadrat]R 4 sgr 160 1/2 [Quadrat]R	21	12	–
	107 laufd Ruth 1° breit umzugraben à [Quadrat]R 1 1/2 sgr	5	10	6
	[insg.]	105	18	–
XIV.	Beide Kreise sollen enthalten 30 [Quadrat]R: Diese 30 [Quadrat]R auszuroden à [Quadrat]R 4 sgr	4	–	–
	d d d vorzuplaniren a 12$^1/_2$ sgr	12	15	–
	Diese 30 [Quadrat]R mit 3" groben und feinen Kies zu versehen; dazu gehören 7 1/2 Schchtrth à 2 rthl	15	–	–
	Diese 7 1/2 Schchtrthn aufs Planum zu verkarren à 6 Sgr	1	15	–
	Auf diese 30 [Quadrat]R den Auftrag zu planiren walzen à 5 sgr	5	–	–
	[insg.]	38	–	–
XV.	132 laufd Ruth 1° breiten Weg vorzuplaniren wegen Terrain Schwierigkeit à 15 sgr	66	–	–
	132 laufd Ruth 1° breit Weg mit 2" groben und feinen Kies zu versehen; dazu gehören 22 Schtrth à 2 rthl	44	–	–
	Diese 22 Schtrth aufs Planum zu verkarren à 6 Sgr	4	12	–
	Auf diesen 132 laufd Ruth. 1° breit Weg den Auftrag zu planiren walzen à 5 sgr	22	–	–
	132 laufd Ruth 1 1/2° breit auszuroden à [Quadrat]R 4 sgr 198 [Quadrat]R	26	12	–
	132 laufd Ruth 1° breit umzugraben à [Quadrat]R 1 1/2 sgr = 132 [Quadrat]R	6	18	–
	[insg.]	169	12	–
XVI.	126 laufd Ruth 1° breit Weg vorzuplaniren à 12 1/2 sgr	52	15	–
	" " " " d mit 2" groben und feinen Kies zu versehen; dazu gehören 21 Schtrth à 2 rthl	42	–	–
	Diese 21 Schtrth aufs Planum zu verkarren à sgr	4	6	–
	Auf diesen 126 laufd Ruth. 1° breit Weg den Auftrag zu planiren walzen à 5 sgr	21	–	–
	126 laufd Ruth 1 1/2° breit auszuroden à [Quadrat]R 4 sgr 189 [Quadrat]R	25	6	–
	126 laufd Ruth 1° breit umzugraben à [Quadrat]R 1 1/2 sgr 126 [Quadrat]R =	6	9	–
	[insg.]	151	6	–

XVII.	36 laufd Ruth 1° breiten Weg vorzuplaniren à 12 1/2 sgr	15	–	–
	" " " " " d mit 2" groben und feinen Kies zu versehen; dazu gehören 6 Schtrth à 2 rthl	12	–	–
	Diese 6 Schtrth aufs Planum zu verkarren à 6 sgr	1	6	–
	Auf diesen 36 laufd Ruth. 1° breiten Weg den Auftrag zu planiren walzen à 5 sgr	6	–	–
	36 laufd Ruth 1 1/2° breit auszuroden à [Quadrat]R 4 sgr = 54 [Quadrat]R	7	6	–
	36 laufd Ruth 1° breit umzugraben à [Quadrat]R 1 1/2 sgr	1	24	–
	[insg.]	43	6	–
XVIII.	230 laufd Ruth 1° breit Fahrweg vorzuplaniren wegen örtliche Schwierigkeit à 15 sgr	115	–	–
	" " " " " 1° breit Weg mit 2" groben und feinen Kies zu versehen; dazu gehören 38 1/3 Schtrth à 2 rthl	76	20	–
	Diese 38 1/3 Schtrth aufs Planum zu verkarren à 6 sgr	7	20	–
	Auf diesen 230 laufd Ruth. 1° breit Weg den Auftrag zu planiren walzen à 5 sgr	38	10	–
	180 lfd Rth 1 1/2° breit auszuroden à [Quadrat]R 4 sgr = 270 [Quadrat]R	36	–	–
	230 lfd Ruth 1° breit umzugraben à [Quadrat]R 1 1/2 sgr	11	15	–
	[insg.]	285	5	–
XIX.	97 lfd Ruth 1° breiten Weg vorzuplaniren wegen örtlicher Schwierigkeit à 15 sgr	48	15	–
	" " " " mit 2" groben und feinen Kies zu versehen; dazu gehören 16 1/6 Schachtrth à 2 rthl	32	10	–
	Diese 16 1/6 Schtruth aufs Planum zu verkarren à 6 sgr	3	7	–
	Auf diesen 97 lfd Rth. 1° breit Weg den Auftrag zu planiren walzen à 5 sgr	16	5	–
	97 laufd Ruth 1 1/2° breit auszuroden à [Quadrat]R 4 sgr = 145 1/2 [Quadrat]R	19	12	–
	97 laufd Rth 1° breit umzugraben à [Quadrat]R 1 1/2 sgr	4	25	6
	[insg.]	124	14	6
XXI.	68,4' laufd Ruthen 1° breiten Weg vorzuplaniren à 12 1/2 sgr	28	15	–
	" " " " " mit 2" groben und feinen Kies zu versehen; dazu gehören 11 2/5 Schachtrthn à 2 rthl	22	24	–
	Diese 11 2/5 Schtruthn aufs Planum zu verkarren à 6 sgr	2	8	5
	Auf diesen 68,4 laufd Rth. 1° breit Weg den Auftrag zu planiren und walzen à 5 sgr	11	12	–
	34 lfd Ruth 3° breit auszuroden à [Quadrat]R 4 sgr = 162 [Quadrat]R	13	18	–
	64,4' laufd Rth 1° breit umzugraben à [Quadrat]R 1 1/2 sgr	3	12	7
	Dazu gehört noch:			
	81,3' lang 6' breit auszuroden à [Quadrat]R sgr 48 4/5 [Quadrat]R	6	15	3
	" " zu rajolen à laufd Ruth 4 sgr	10	25	2
	Diese 81°3' lange Hecke zu bepflanzen, dazu gehören bei 1' Pflanzweite 976 Stück. Diese auszuheben à Schock 14 sgr	7	17	9
	Diese Pflanzen vorzubereiten, Graben aufwerfen, pflanzen à laufd Rth 4 sgr	12	25	2
	32 Halbkreise von 1°3' Durchmesser = 21 1/4 [Quadrat]R auszuroden à 4 sgr	2	25	–
	64 Halbkreise von 1°3' Durchmesser = 42 1/2 [Quadrat]R umzugraben à 1 1/2 sgr	2	3	9
	[insg.]	122	22	1
XX.	142 laufd Ruth 9' breit Weg vorzuplaniren à 10 sgr	47	10	–
	" " " " mit 2" groben und feinen Kies zu versehen; dazu gehören 17 2/3 Schtrthn à 2 rthl	35	10	–

190

	Diese 17 2/3 Schtruthn aufs Planum zu verkarren à 6 sgr	3	16	–
	Auf diesen 142 laufd Rth. 1° breit Weg den Auftrag zu planiren und walzen à 5 sgr	23	20	–
	142 laufd Ruthen 1 1/3° breit auszuroden à [quadrat]R 4 sgr = 189 1/2 [quadrat]R	25	7	4
	142 laufd Rth 1° breit umzugraben à [quadrat]R 1 1/2 sgr	7	3	–
	[insg.]	142	6	4
XXII.	262°6′ länge 6′ Breite von beiden genannten Stücken zu behacken und auszuroden = 131 1/4 [Quadrat]R à 4 sgr	17	15	–
	262°6′ laufd Rth 6′ breit zu rajolen à laufd Rth 4 sgr	35	–	5
	Dazu gehören bei 1′ Pflanzweite 3151 Pflanzen. Dieselben auszuheben a Schock 14 sgr.	24	15	3
	Diese vorzubereiten, Graben aufwerfen pflanzen à laufd Rth 4 sgr	35	–	5
	300 1/2 [Quadrat]R Wege Kreise und Nischen auszuroden à 4 sgr	40	2	–
	Diese 300 1/2 [Quadrat]R mit 2″ groben und feinen Kies zu versehen; dazu gehören 50 1/2 Schtrthn à 2 rthl	100	9	–
	Diese 50 1/2 Schtruthn aufs Planum zu verkarren à 6 sgr	10	–	6
	Diesen Auftrag zu planiren und walzen à [Quadrat]R 5 sgr	50	2	6
	Die beiden innern Kreise umzugraben 31 4/5 [Quadrat]R à 1 1/2 sgr	1	17	8
	[insg.]	313	28	9
XXIII.	Den Inhalt beider Nischen auszuroden = 27 2/5 [Quadrat]R à 4 sgr	3	19	7
	Die 27 2/5 [Quadrat]R mit 2″ groben und feinen Kies zu versehen; dazu gehören 4 17/30 Schtrthn à 2 rthl	9	4	–
	Diese 4 17/30 Schtruthn aufs Planum zu verkarren à 6 sgr	–	27	5
	Diesen Auftrag zu planiren und walzen à [Quadrat]R 5 sgr 27 2/5 [Quadrat]R	4	17	–
	29 laufd Ruth 1° breit Weg vorzuplaniren à 12 1/2 sgr	12	2	6
	″ ″ ″ ″ ″ mit 2″ groben und feinen Kies zu versehen; dazu gehören 4 5/6 Schchtrthn à 2 rthl	9	20	–
	Diese 4 5/6 Schtruthn aufs Planum zu verkarren à 6 sgr	–	29	–
	Den Auftrag zu planiren und walzen à 5 sgr 29[Quadrat]R	4	25	–
	33 laufd Ruth 1° breiten Weg vorzuplaniren à 12 1/2 sgr	13	22	6
	Diese 33 laufd Ruth 1° breit Weg mit 2″ groben und feinen Kies zu versehen; dazu gehören 5 3/6 Schchtrth à 2 rthl	11	–	–
	Diese 5 3/6 Schtrth aufs Planum zu verkarren à 6 sgr	1	3	–
	Diesen Auftrag zu planiren ud walzen à 5 sgr	5	15	–
	23 laufd Ruth 9′ breit umzugraben à [Quadrat]R 1 1/2 sgr/ 17 1/4 [Quadrat]R	–	25	10
	31 2/5 laufd Rthn Hecken 6′ breit zu rajolen à 4 sgr	4	5	7
	Dazu gehören bei 1′ Pflanzweite 377 Stück			
	Diese 377 Stück Pflanzen auzuheben à 14 sgr (:6 1/4 Schock:)	2	27	6
	Diese vorzubereiten, Graben aufwerfen pflanzen à 5 sgr (:31 2/5 laufd Ruthn:)	5	7	–
	[insg.]	90	10	11
XXIV.	206,6′ laufd Ruth 1° breiten Weg vorzuplaniren à 10 sgr	68	26	–
	″ ″ ″ ″ ″ ″ mit 2″ groben und feinen Kies zu versehen; dazu gehören 34 13/30 Schtrth à 2 rthl	68	26	–
	Diese 34 13/30 Schtrth aufs Planum zu verkarren à 6 sgr	6	26	7

	Auf diesen 206,6′ laufd Rth. 1° breiten Weg den Auftrag zu planiren und walzen à 5 sgr	34	13	–
	[insg.]	179	1	7
XXV.	32 laufd Ruth 1° breiten Weg vorzuplaniren à 12 1/2 sgr	13	10	–
	Diesen 32 laufd Ruthen 1° breit Weg mit 2″ groben und feinen Kies zu versehen; dazu gehören 5 1/3 Schtrth à 2 rthl	10	20	–
	Diese 5 1/3 Schtrth aufs Planum zu verkarren à 6 sgr	1	2	–
	Auf diesen 32 laufd Ruth. 1° breit Weg den Auftrag zu planiren und walzen à 5 sgr	5	10	–
	[insg.]	30	12	–
XXVI.	68,4 laufd Ruthen 1° breiten Weg vorzuplaniren à 15 sgr	34	6	–
	Auf diesen 68,4 laufd Ruth 1° breit Weg groben und feinen Kies zu bringen; dazu gehören 11 2/5 Schtrth à 2 rthl	22	24	–
	Diese 11 2/5 Schtrth aufs Planum zu verkarren à 6 sgr	2	8	4
	Auf diesen 68,4′ laufd Ruth. 1° breiten Weg den Auftrag zu planiren und walzen à 5 sgr	11	12	–
	[insg.]	70	20	4
XXVII.	54 laufd Ruth 1 1/4° breit Fahrweg auszuroden à 4sgr=67 1/2 [Quadrat]R	9	–	–
	″ ″ ″ ″ ″ ″ mit 2″ groben ausgesiebten Kies zu versehen; dazu gehören 11 1/4 Schtruth à 2 rt 15 sgr	28	3	9
	Diesen 54 laufd Ruth 1 1/4° breiten Fahrweg vorzuplaniren der örtlichen Schwierigkeit wegen à 20 sgr	36	–	–
	11 1/4 Schtrth aufs Planum zu verkarren à 6 sgr	2	7	6
	Auf diesen 54 laufd Ruth. 1 1/4 breiten Weg den Auftrag zu planiren und walzen à 7 sgr	12	18	–
	Die Terrasse von 147 [Quadrat]R Inhalt zu reinigen à 2 sgr	9	24	–
	Diese 147 [Quadrat]R mit 2″ Lehm und Kies zu versehen, dazu gehören 24 1/2 Schtruthn à 2 rth	49	–	–
	Diese 24 1/2 Schachtruthen aufs Planum zu verkarren à 6 sgr	4	27	–
	Auf diese 147 [Quadrat]R den Auftrag zu planiren und walzen à 5 1/2 sgr	26	28	6
	Den Schloßhof nebst breiten Weg nach der Eisenbahn zu reinigen von 188 [Quadrat]R Inhalt à [Quadrat]R 2 sgr	12	16	–
	[insg.]	103	5	6
	Es erscheint zweckmäßig, längst den gedachten Hauptwegen eine muldenartige Vertiefung zur Ableitung des Oberwassers zu erhalten.			
	Um den Graben, der zu beiden Seiten des Hauptweges führt a 2/3tel der Tiefe auszufüllen; dazu gehören 72 4/5 Schchtrth à 1 rth	72	24	–
	Um die Vertiefungen auf den beiden Seiten des Weges, welcher nach Falkenlust führt, à 2/3 auszufüllen, dazu gehören 65 1/3 Schtrthen à 1 rth	65	10	–
	Die sämmtlich auf dem Parterr zu rajolenden Gruppen betragen 191 [Quadrat]R à 8 sgr	50	28	–
	Um die Gruppen mit guter Erde, Schlamm aus den Teichen und Dünger zu meliren	200	–	–
	Laut Verzeichniß der Königl. Central Baumschule zu Cöln kostet die Bepflanzung dieser Gruppen an feinem Gehölz bei 4′ Pflanzweite = 322 Stück à 100 Stück 20 rth	64	12	–
	Die dazu nöthigen Löcher machen und pflanzen à 5 2/5 Schock à 1 rth	5	12	–

Stauden und Sommergewächse muß der Hofgärtner allmählig anziehen und vermehren hierzu überhaupt	150	–	–
Dieselben zu pflanzen à Schock 8 sgr (:93 Schock:)	24	24	–
Die Mauer der Terrasse von 61 Ruth Länge mit Weinreben zu bepflanzen bei 6' Pflanzweite: dazu gehören 122 Pflanzen à Stück 4 sgr	16	8	–
61 Ruth lang und 4' breit zu rajolen à 3 sgr (:20 1/3 [Quadrat]R:)	2	1	–
Den Boden mit guter schwarzer Erde und Dünger zu meliren	25	–	–
Die beiden Hauptgruppen dicht am Parterr mit Buchsbaum einzufassen dies betragen 110° = 1320 Fuß. Den Fuß Buchsbaum anzukaufen, zu rechten und legen à 2 sgr	88	–	–
Das im Park auszurodende Land beträgt 7 1/2 Morg. à [Quadrat] 4 sgr = 1350 [Quadrat]R	180	–	–
das incls.[?] an den Wegen umzugrabende Land beträgt 12 Morgen à 9 rth	108	–	–
Im Ganzen sind 26 Mrg. umzugrabenes Land. Diese zu besäen à Morgen 36 rth = 8 1/2 ctr [Cetner?] à ctnr 14rth	119	–	–
Diese 26 Morgen besätes Land einzuharken, walzen à Morgen 6 rth	156	–	–
Die Stellen an welchen die dicht geschlossenen Waldbestände vom Unterholze geräumt oder gelichtet, und dann der Boden wie im Berlinen Thiergarten - um die herrlichen Bäume hervorzuheben, mit frischem Rasen bekleidet werden soll, lassen sich nach dem Verschönerungsplan nicht speziell berechnen. Der Unterzeichnete würde diesen wichtigen Theil der Anlagen zur Stelle [?] anzugeben sich vorbehalten müssen.			
59 [Quadrat]R Rasen zu stechen, legen, anfahren à 1 rthl	59	–	–
Das viereckige Bassin auf dem Parterr zu reinigen	50	–	–
Die Dosirung um das viereckige Bassin beträgt 85 laufd Ruthen 8' breit. Dieselbe wieder herzustellen à 1 rth	85	–	–
85 laufd Ruth 2'breit mit Rasen zu belegen à 8 sgr	22	20	–
42 Stück Hainbuchen an die Wege vor dem Schloßhof anzukaufen und zu pflanzen à 1 1/2 rt	63	–	–
Extraordinarien			
Für Anschaffung von Geräthschaften	300	–	–
Für einen Gehülfen jährliches Gehalt	192	–	–
Für unvorhergesehene Fälle	300	–	–
Summa	6096	26	10

Brühl, 29t Juli 1843
gez: H Claussen
königl. Hofgärtner

Weitere Kostenvoranschläge

„Litt B (Copia ad acta)

Kosten-Ueberschlag des Pingsdorfer Abzugsgrabens nach dem Kanal, welcher früher aus dem großen Seeweiher nach dem Bassin der Hauptfontaine führte, zu verlegen.

Um das Pingsdorfer Wasser nach dem Kanal, welcher früher aus dem großen Seeweiher nach dem Bassin der Hauptfontaine führte, zu verlegen, dazu gehören, um den Graben zu bilden

1. 125 Schachtruthen Erden à 1 rt	125 rt
2. 80 °Ruthen zu stecken, legen, anzufahren	
à 1 rt	80 rt
Summa	205 rt

gez: Claußen
königlicher Hofgärtner

3. Für die Wiederherstellung desselben, theilweise beschädigten Kanals, im Falle die Ableitung des Pingsdorfer Baches in der von Herrn p. Claussen vorgeschlagenen Art genehmigt werden sollte, werden zur nähern Nachweisung angenommen	50 rt
Summa	255 rt

Cöln, 18. August 1843
Der Bau Inspector
gez. Biercher

Litt. C   Copia ad Acta
Kosten Ueberschlag über die Translocirung der Orangerie von Benrath nach Brühl

Zur Ausschmückung der Terrasse und der dicht
angrenzenden Rasenplätze gehören 70 Stück
Orangen-Bäume, welche auch ganz gut im
hiesigen Orangen Hause untergebracht werden können

Dieselben aus dem Orangenhause zu Benrath bis zur Ablage am Rhein zu transportiren kostet [durchgestrichen 25 rt 10 sgr]	22 rt
Zu Schiffe von der Ablage bis Jodorf die Bäume zu bringen, beträgt der Schiffer à Stück 2 rt [160 durchgestrichen]	140 rt
Von Jodorf nach Brühl zu transportiren kostet [42 durchgestrichen]	35 rt
Summa	197 rt

[233 10 durchgestrichen]
Brühl, den 29. Juli 1843
     gez Claussen, K. Hofgärtner
revid. und gez. Lenné

Kostenanschlag Litt. E   Copia ad Acta 8. August 43

4 gußeiserne Oefen von 18" Durchmesser und 5 1/2 bis 6 Fuß Höhe	790 rt

     Bauinspector Biercher"

Übersichtsbericht des Hofgärtners Hermann Claussen über die geleisteten Gartenarbeiten 1843–1847 vom 13.1.1848, HStAD Reg. Köln 4645, S. 121. Diese Quelle wurde an verschiedenen Stellen im Text zitiert. Im folgenden ist die Quelle nochmals im Zusammenhang und vollständig wiedergegeben:

„Allgemeine Uebersicht über die Arbeiten im Königlichen Park zu Brühl, welche während der Zeit von 1843 bis 1847 ausgeführt worden sind.

Als Unterzeichneter im Jahre 1843 nach Brühl versetzt wurde, um die neuen Anlagen im hiesigen Park auszuführen, war seine erste Arbeit die Anschläge über die vorzunehmenden Arbeiten auszuarbeiten. Nach geschehener Arbeit fing ich im Herbst dieses Jahres an die Arbeiten im Garten vorzunehmen. Die ersten Arbeiten waren die Anlegung der Gruppen auf dem Parterr. Dieselben wurden rigolt, die schlechte Erde verkarrt, und mit altem Mutt gedüngt. Ferner wurden noch in diesem Herbst die Wege ausgestochen, welche vom Schloßhofe nach dem Bahnhof führen, und dieselben mit holländischen Linden, direct aus Holland bezogen, bepflanzt. Dann trug ich Sorge, daß noch in diesem Jahr große Laubhaufen gebildet wurden, damit ich recht bald in Besitz von Erde käme, denn bis jetzt hatte ich noch keine Karre gute Erde für Pflanzen. Alle diese Arbeiten geschahen aus dem Fonds: Lit A des hohen Ministerialrescripts vom 27. October 43 N: 2298 über 6096 rt. 26 sg. 10 pf.
Dann legte ich den neuen Abzugsgraben an, der das Wasser vom Pingsdorfer Bach aufnimmt, und nach dem großen Bassin führt. Die Kosten wurden bestritten aus dem Fonds Lit B des hohen Ministerialrescripts vom 27. Octbr 43 N: 2298 über 255 rt.

Im Jahre 1844 wurden die Gruppen auf dem Parterr rigolt im Frühjahr mit Gehölz bepflanzt und im folgenden Sommer auch schon mit Sommergewächsen. Die beiden Gruppen vor der Terrasse wurden mit Buchsbaum eingefaßt, und die kleinen Grasstücke neu belegt. Dann wurden die beiden großen Pappelalleen bis an die sogenannte Eselsallee ausgehauen, und die Wege neu gemacht, und zwar erst planirt, dann mit 2 Zoll groben Schutt und Kies versehen und zu beiden Seiten eine Rute breit umgegraben und neu besät. Diese Arbeit wurde mit allen folgenden Wegen vorgenommen. Ferner wurden die auf dem Plane colorirten Wege neu angelegt, und die Abzugsgräben auf dem Falkenluster und Schwadorffer Wege zugefüllt. Ferner wurde der alte Heckenweg ausgehauen beschnitten und der Weg planirt und ausgekießt, und diesem Heckenweg gleich wurde auf entgegengesetzter Seite ein neuer angelegt und bepflanzt. Ebenso die Nischen und Rundele, in welchen tiefe Löcher bestanden, die ausgefüllt werden mußten. Dann wurde das viereckige Bassin auf dem Parterr gereinigt und mit neuen Ufern versehen. Die Terrasse selbst wurde planirt und mit Kies neu befahren, die tiefen Stellen mit Schutt ausgefüllt und planirt. Ferner wurden 4 Fuß breit an der Mauer der Terrasse entlang rigolt gut gedüngt und mit Weinreben bepflanzt. Dann wurden die Wege vor und hinter dem Schloß neu angelegt, die Grasstücke ausgebessert, theilweise neu umgegraben und besät. Dann der Hauptweg der nach dem Bahnhof führt von Rasen gereinigt. Die Gruppen auf den Grasstücken rigolt und bepflanzt. Auch bemühte ich mich schon in diesem Jahr Hauspflanzen durch Vermehrung und durch Samung anzuschaffen, denn bei meinem Antritt fand ich nicht eine Pflanze vor. Die Kosten zu diesen Arbeiten wurden bestritten aus dem Fonds Lit A des hohen Ministerialrescripts vom 27. October 43 N: 2298 über 6096 rth 26 sgr 10 pf.
Auch wurde in diesem Jahr im Herbst die Orangerie von Benrath nach Brühl gebracht, und die Kosten der Translocirung aus dem Fonds L C des hohen Ministerialrescripts vom 27. Octb 43 N: 2298 über 197 rth bestritten.

Im Jahre 1845 wurden die auf dem Plane [nicht vorhanden] colorirten Wege neu gebildet, die Fasanerie planirt, die großen Vertiefungen derselben ausgefüllt, die ganze Fläche neu umgegraben und besät. Ebenso das große Viereck zwischen den Kastanien neu gebildet und dossirt. Die Ebene unter den Bäumen an der Falkenluster Allee rechts und links umgehauen, die großen Unebenheiten gerodet, umgegraben und neu besät. Ferner wurde der alte Schlangenbach gereinigt. Sodann die Gruppen bei der Fontaine rigolt mit Dung versehen und mit Gehölz und Sommergewächsen bepflanzt; ebenso die Gruppen auf dem Parterr. Ferner die hochstämmigen Rosen am Hauptwege nach der Fontaine gepflanzt. Dann die Durchsicht von der Schwadorffer Allee nach der Fasanerie durchgehauen gerodet umgegraben neu besät. Die Flächen bei der Fontaine gerodet rigolt mit Tannen bepflanzt und neu besät. Alle diese Arbeiten wurden bestritten aus dem Fonds L: A des hohen Ministerialrescripts vom 27. October 43 N: 2298 über 6096 rth 26 sgr 10 pf.

195

Auch wurde theilweise in diesem Jahr das Obststück rigolt mit Mist und Mutt gedüngt aus dem Fonds des hohen Ministerialrescripts vom 15t Maerz 1845 N: 604 über 552 rth 11 sgr.

Zugleich begannen vom Monat Juny die ersten Unterhaltungsarbeiten der vollbrachten Arbeiten aus dem Fonds des hohen Ministerialrescripts vom 7t May 1845 N: 1146 über 1887 rth 15 sgr

Unter diesen Arbeiten waren besonders:

Begießen der Blumengruppen, Kultivirung der Pflanzen, Verpflanzen und Begießen der Orangerie, Reinigung der Wege, Umsetzen der Laubhaufen, Walzen der Wege und der Grasstücke, Mähen der Grasstücke, Reinigung der Gewässer, Reinigung der Blumengruppen. Abstecken der Wege. Aufbinden der rankenden Gewächse, Bekiesen der Wege, Begießen der neu gepflanzten Sachen, Reinigung und Aufwerfung[?] der Mistbeete, Umgraben der Blumengruppen, Durchstöben[?] der alten Laubhaufen, und Kleinmachen der Schonzen, Herbeischaffen des B... [?], Aufhacken des Eises in dem Abzugsgraben; Reinigung der Wege von Schnee.

Im Jahre 1846 wurde das Obststück fertig rigolt und gedüngt, die Wege gemacht und dieselben mit jungen Obstbäumen bepflanzt; auch wurden viele Sämereien ausgesaet. Jedoch ist der Boden noch zu roh und kalt, und ehe es zur Ziehung feiner Gewächse tauglich ist, vergehen noch mehrere Jahre. Der Boden muß alle Jahre sehr stark gedüngt mit noch andern Erdtheilen vermengt und kräftig umgearbeitet werden ehe es zu dergleichen Kulturen benutzt werden kann.

In diesem Jahr wurde auch die Reinigung des Krautgarten Weihers vorgenommen, so wie die neue Dossirung desselben nach der Gartenseite zu. Nach geschehener Arbeit wurde der Weiher wieder mit Wasser angelassen und mit 20 Stück Gußkarpfen besetzt. Die Kosten wurden bestritten aus dem Fonds laut hohem Ministerial Rescript vom 7t Decbr. 45 N:2987 über 300 rtl.

Dann wurden die Arbeiten auf der Dorneninsel begonnen. Zuerst geschahen die Ausgrabungen um die Deiche zu bilden. Ferner wurden die neuen Dossirungen um die ganze Wasserfläche gemacht, mit Rasen belegt und die obere Kante planirt und neu besät. Ferner wurden alle Vertiefungen und Unebenheiten der Insel gleichgemacht und ausgefüllt, Erhöhungen gebildet und die Dossirungen an der Eisenbahn gemacht. Ferner wurde das Land, das zu Grasstücken bestimmt wurde planirt, umgegraben und geharkt. Dann wurden die Wege auf der Insel ausgestochen ausgegraben, planirt mit Schutt und Kies befahren und mehrmals gewalzt, so wie die Ränder derselben mit Rasen eingefaßt. Ferner wurden die bestimmten Holzgruppen ausgestochen, rigolt und theilweise mit Gehölz bepflanzt. Die Witterung erlaubte es nicht mehr eine vollständige Pflanzung vorzunehmen. Alle diese Arbeiten wurden bestritten aus dem Fonds laut hohem Ministerialrescript vom 7 May 1845. N: 1146 über 4970 rth 8 Silb 6 pf.

Ferner wurden aus dem Unterhaltungs Fonds des hohen Ministerialrescripts pro 1846 Tit. III. B. N. 12 über 1056 rth 3 sbg folgende Arbeiten während des Jahres vorgenommen. Die Gruppen um die Fontaine neu ausgegraben mit guter Erde angefüllt und bepflanzt. Ferner wurden alle Wege mit Kies befahren, die Blumengruppen mit 60 Fuhren Mist und 200 Fuhren guter Erde ...[?] von den angelegten Laubhaufen gedüngt; das gepflanzte Gehölz wurde beschnitten, die Orangerie verpflanzt und die Stämme geputzt, die Laubhaufen umgesetzt und neu gebildet. Die Topfgewächse verpflanzt. Stauden angezogen und verpflanzt. Die Gruppen umgegraben. Die vorhandenen Gewächse beschnitten und aufgebunden. Die Wege vom Unkraut gereinigt, neu bekießt und gewalzt. Die Kanten derselben zweimal abgestoßen und regulirt. Die Grasstücke vom abgefallenen Laub gereinigt, mit 300 Fuhren Mutt gedüngt, gekratzt und gewalzt. Die Mistbeete angelegt, die dazu nöthige Erde so wie die zum Verpflanzen der Orangerie und Topfgewächse nöthige Erde herangefahren. Die Baumschule umgegraben so wie die sumpfigen Stellen im großen Sehweiher. G...[?] Kultur der Sommergewächse und Stauden. Gießen der Orangerie und Topfgewächse. Begießen der gepflanzten Sträucher, Stauden und Sommergewächse. Reinigung derselben. Mähen der Grasstücke, abermaliges Walzen der Grasstücke und Wege. Bedecken der feinen Stauden und Sträucher mit Laub und Einhüllung mit Stroh. Schneiden des Kummerholzes[?] und Blumenstäbe. Kleinmachen der Hölzer. Reinigung der Gewässer u. Aufeisen im Abzugsgraben. Reinigung der Wege vom Schnee. ...[?] Rohr...[?] gearbeitet. Aufeisen der Weiher um den Fischen Luft zu geben. Schneiden der Linden-Alleen, Heckenwege und aller Hecken im Garten, so wie Reinigung derselben.

Im Jahre 1847 wurde aus dem Fonds laut hohem Ministerial Rescripts vom 9t May 1845 N. 114b über 4970 rht 8 Sbg 6d die nochmalige Bepflanzung der schon angelegten Gruppen vorgenommen, dann die Inseln erhöht, Hügel aufgeworfen, neue Gruppen gebildet, dieselben rigolt und mit Gehölz bepflanzt. Die neuen Ufer regulirt. Die neuen Wege und Grasstücke mehrmals gewalzt, ausgebessert und von Unkraut gereinigt. Die Weiher fast wöchentlich gereinigt. Alle Gruppen neu umgegraben und mehrmals angegossen. Die zu Grasstücken bestimmten Flächen geebnet, umgegraben, besät, geharkt. Später die ganzen Flächen mit Mutt befahren und die schlechten Stellen mit guter Erde ausgebessert. Ferner wurde alles Gehölz beschnitten und die Gruppen auf dem Schloßhofe neu rigolt mit guter Erde angefüllt und bepflanzt; ebenso die Flächen rechts und links liegend an der Schwadorffer Allee gerodet und geebnet. Auch wurden noch die fehlenden Allee-Bäume 200 an der Zahl ausgenommen und neu gepflanzt, so wie ein Theil der Schloßweiher ausgemuttet und die Ufer dossirt.

Aus dem Unterhaltungs Etat des hohen Ministerial Rescripts pro 1847 sub Tit. III B N. 12 über 1056 rtl 3 Silb sind folgende Arbeiten geleistet.

Einige Gruppen neu gebildet mit guter Erde angefüllt und bepflanzt. Alle Grasstücke gut gedüngt, geharkt und gewalzt. Alle Gruppen im Garten gedüngt theils mit Mist theils mit guter Erde und dann umgegraben. Die Wege gereinigt vom Schnee. Das in die Wege hängende und trockene Holz zusammengehauen[!] und zu Schonzen gebildet. Der Pingsdorffer Bach ausgebessert, der vom Frost sehr gelitten hat. Laubhaufen umgegraben, neue gebildet, und die fast zur Erde gewordenen durchgesibt. Kies auf alle Wege gefahren und die schlechten Stellen ausgebessert, Erde für die Mistbeete Topfgewächse und Orangerie angefahren. Topfpflanzen und Orangerie verpflanzt, Mistbeete angelegt und gepflegt, Mist auf die Kulturstücke gefahren, und zur Verbesserung derselben viel Schutt und Asche. Das zusammengeharkte Laub auf Haufen angefahren, die Stauden aufgedeckt und gereinigt. Die rankenden Gewächse beschnitten, gedüngt und neu aufgebunden, Wege vom Unkraut gereinigt, im Sommer stets gefegt und die Kanten derselben mehrmals abgestochen. Neue Anpflanzungen von Akazien und anderm Gehölz gemacht. Neue Aussaaten von Sommergewächsen und Stauden, dieselben angezogen und begossen. Das Begießen der Orangerie und der Blumengruppen, mehrmalige Reinigung derselben. Mähen der Grasstücke und Walzen derselben, Beschneiden der Linden-Alleen, Heckenwege und aller Hecken im Garten. Putzen der Orangerie, Kleinmachen des Holzes. Schneiden des Kummerholzes[?] und Blumenstäbe, Reinigung der Gewässer. Stetes Aufeisen des Pingsdorffer Baches als auch der Weiher wegen den Fischen, Theilweise Ausmuttung des Schlangenbaches, Bedecken der feinen Stauden und Sträucher mit Laub und Einhüllung mit Stroh. Verwahrung und Ueberwinterung aller Hauspflanzen.

Die Ueberwinterung der feinen Topfgewächse im Orangen Hause aber ist kümmerlich, und gehen alle Jahre eine Masse von Pflanzen zu Grunde, da das Haus sich dazu durchaus nicht eignet, Höchst wünschenswerth wäre es deshalb, wenn ein neues Gewächshaus erbaut würde, denn nur dann bin ich im Stande schöne Decorations Pflanzen zu erziehen. Zur Verschönerung der neuen Anlagen auf der Dorneninsel wäre es höchst nöthig, wenn die fehlende Fußbrücke am Ende der Eselsallee auf dem Plane von 1847 mit A bezeichnet in diesem Jahr über den Weiher erbaut würde."

Kölnische Zeitung vom 6. September 1842 über die Ankunft des preußischen Königspaares:

„Brühl, 4. Sept. Gegen 1/2 12 Uhr Nachts trafen II. MM. der König und die Königin wohlbehalten auf dem Schlosse hier ein, nachdem Allerhöchstdieselben von der freudig bewegten Menge des Ortes den ganzen Nachmittag über schon erwartet worden. Eine kleine Provinzstadt hat wohl selten so viel gethan, um II. MM. den herzlichsten Willkommensgruß darzubringen, als unser Brühl. Geschmackvoll decorirt boten am Tage Häuser und Straßen den heitersten Anblick, der besonders durch die wehenden Fahnen und Flaggen von verschiedenen Farben gehoben wurde, während mit Beginn der Nacht eine allgemeine Erleuchtung zu dem Einzuge Ihrer Maj. die Tageshelle herstellte. Die Schützen-Compagnie ganz neu uniformirt, harrte mit Ungeduld unter ihrem Führer, dem Hrn. Martini, um II. MM. in die Stadt einzuholen, und die berittene Ehrengarde, unter Hrn. Barion, war dem hohen Herrscherpaar bis an die Gränze des Ortes entgegengezogen. Auf dem Schloß standen zum Empfange der Herr Landrath Simons, der als Commandant fungirende Capitän Baron v. Seckendorf, der Bürgermeister D. Scholl nebst der Geistlichkeit, den Vorständen des Seminars und den Stadträthen, so wie sich unter Leitung der Frau Majorin Hein und der Frau Bürgermeisterin Scholl 30 weißgekleidete junge Mädchen im Portal aufgestellt hatten. II. MM. nahmen bei Ihrer Ankunft die ehrerbietigen Begrüßungen der Behörden aufs huldvollste an und liehen den kurzen an Allerhöchstdieselben gerichteten Anreden, welche von der Tochter der Frau Witwe Cluth an Se. Maj. und von der Tochter des Herrn Einnehmers Haldensleben an Ihre Maj. die Königin gerichtet wurden, theilnehmendes gnädiges Gehör. Während Ihre Majestäten die Stufen der schönen Treppe hinaufstiegen, begann von den Seminaristen des hiesigen Schullehrer-Seminars ein Gesang, der einen sehr angenehmen Eindruck hervorbrachte. Alles wogte in freudiger Aufregung nach Hause und ein Jeder war glücklich, den von Allen herzlich liebgewonnene König in seiner Nähe zu wissen. Er wird ruhig schlafen, denn Sein Volk betet für Ihn und der Himmel wird Ihn segnen! Dies sprach ein jeder Mund und las man auf jedem Gesicht."

Kölnische Zeitung vom 18. September 1842:

„Brühl 17. Sept. Die schönen Tage von Aranjuez sind nun vorüber, jedoch nicht ohne große Reminiscenzen zurück zu lassen und freudige Hoffnungen zu erregen. Noch klingt in den gewohnten Ohren ein jedes Wort, ein jeder Ton: ‚Und was unser König verspricht, das hält er gewiß.' Der Vater des Vaterlandes hat uns seine öftere Rückkehr verheißen, und so wie die ganze Rheinprovinz, so sieht insbesondre unser Städtchen diesen beglückenden Perioden mit sehnsuchtsvoller Liebe entgegen. Der Zustand von Verödung und Verlassenheit, der seit der Fremdherrschaft mit bleiernem Flügel auf der ehemaligen Lieblings-Residenz der Kurfürsten lastete, wird demnach einer besseren Aera weichen. Der Park, aus dem noch vor Kurzem der einsame Wanderer, durch Disteln und Dornen zurückgehalten, mit einen wehmüthigen Blick auf die Vergänglichkeit des Irdischen scheiden mußte, wird nun bald wieder die Pracht seiner Laubhallen entfalten, und die Myrte an die Stelle Cypresse treten. Dem Vernehmen nach soll der geniale Schöpfer der Verschönerungen um Potsdam und des berliner Thiergartens, der königl. Garten-Director [etc.] Lenné, unser Landsmann, von Sr. Majestät hieher berufen worden sein, um den Park und die Umgebung des Schlosses herzustellen und ästhetisch zu gestalten. Namentlich soll dem Uebelstande der stagnirenden Wasser, welche sich in weiten Gräben durch den Park verbreiten, um die Fischweiher zum Behuf der Falkenjagd anzuziehen, durch Vereinigung der Bäche etc. vom Vorgebirge in seenartige Bassins, durch Cascaden und lebhafte Strömung abgeholfen werden. Die bonn-kölner Eisenbahn soll in diese neuen Anlagen zeitgemäß verflochten und zu einer Hauptzierde derselbe erhoben, ihr auch mit fürstlicher Munificenz das nöthige Terrain innerhalb der Domäne unentgeltlich überlassen werden. Was aber mehr als Alles die erhabenen Gesinnungen und das edle Herz unseres allverehrten Monarchen charakterisirt, ist Allerhöchstdessen Absicht, daß die Passage durch das Schloß, wie zu der Kurfürsten Zeiten auch für das Publicum gestattet, und der Park, zu einem Volksgarten umgeschaffen, für Köln das werden soll, was der Thiergarten für Berlin ist. In der That eignet sich das hiesige Schloß unter allen Schlössern der Rheinprovinz am würdigsten zu fürstlicher Repräsentation. Dessen Park ist ein großer herrlicher Hain, fast der einzige den Devastationen entgangene, dessen sich die Bewohner Kölns erfreuen können, während die dortigen Festungsverhältnisse sie für immer einer ähnlichen Anlage vor ihren Thoren berauben. Die Entfernung Brühls von Köln und Bonn wird vermittels der Eisenbahn etwa eine Viertelstunde betragen, und die fürstliche Residenz demnach, beiden Städten gleichsam angehörig, recht eigentlich im Herzen der Rheinprovinz liegen. Wenn die rheinische Eisenbahn einst mit der bonn-kölner verbunden ist, gelangt man von hier in zwei Stunden nach Aachen und eben so schnell nach Düsseldorf u.s.w.. Während nun, wie es heißt, die königl. Anlagen bereits in diesem Herbste begonnen werden sollen, ist es sehr zu bedauern, daß die bonn-kölner Eisenbahn durch die stäte Unbestimmtheit ihrer Endpuncte [Standorte der Bahnhöfe in Bonn und Köln] immer noch einem Leibe ohne Kopf zu Fuß gleicht, und daß der große Garten des Vorgebirges, der sich rechts und links um Brühl ausbreitet, nur auf dem Wege der Urwelt zugänglich bleibt."

Kölnische Zeitung vom 7. August 1845:

„Brühl, 6. Aug. Die festlichen Tage für unsere Provinz sind endlich erschienen. Ihre Majestäten unser König und unsere Königin weilen auf längere Zeit in den gesegneten, reizenden Fluren des lieben Rheinlandes. Einem treuen, biedern Volke erwächst aus der unmittelbaren Nähe seines edlen Fürsten, um mich so auszudrücken, aus dem persönlichen Umgange und Verkehre mit ihm nothwendig Heil und Segen; denn der Fürst schauet da mit eigenen Augen die Perle, welche es ihm in seinem Schoße birgt, und das Volk fühlt sich gehoben durch das Wohlwollen und Vertrauen, welche er bei diesem Anblicke selbst unwillkürlich an den Tag legt. So sieht der Rheinländer diese festlichen Tage zugleich als Tage an, welche ihn dem Herzen seines Königs näher bringen, ihm Tage der Aussaat sind für eine reich beglückende Aernte. Festlich frohe, hoffnungsvolle Tage sind es deshalb für die ganze Provinz, vorzüglich aber für die Orte, an denen der Allverehrte Sich und Seinen Hohen Gäste Hoflager halten wird – für Stolzenfels und Brühl. Mag das alterthümliche Stolzenfels auch der Mittelpunkt der seltenen Festlichkeiten sein, so steht das freundliche Brühl mit seinem herrlichen Schlosse, seinem wunderlieblichen Parke und seiner weitern anmuthig schönen Umgebung ihm doch würdig zur Seite. Brühl ist, seit die Huld des geliebten Königs zur Wiedererweckung seiner alten Herrlichkeit, welche, wie so manches Gute und Schöne, in der französischen Revolution ihr Grab gefunden, sich ihm zuwandte, in einer Weise erstanden, die Einheimische und Fremde in Erstaunen setzt, zumal wenn man bedenkt, daß es bloß der Anfang dessen ist, was werden soll. Das Schloß, welches auch in seiner Verödung jedem Beschauer seiner Räume Bewunderung einflößte, kennt man, nachdem es durch Möblirung [etc.] wohnlich gemacht ist, in der einfachen, aber sehr ansprechenden Pracht kaum wieder. Auf der Terrasse vor demselben prangen die altehrwürdigen Orangenbäume, die schon zu kurfürstlichen Zeiten die Stelle einnahmen, in der Schreckensperiode auswanderten und jetzt endlich zurückgekehrt sind in ihre alte Heimat. Der von dem niedlich gewölbten Lindenalleen eingeschlossene Hofgarten, lange Zeit ein gar einförmiger Grasplatz, ist jetzt wieder mit fast zauberhafter Schnelligkeit zum blühenden und duftenden Blumengarten geworden. Den großen schöngeformten Teich in seiner Mitte beleben prächtige Schwäne, und der gewaltige Springbrunnen bildet den Uebergang zu dem schattigen Parke, in welchem zum Lustwandeln zahlose Wege und Pfade unter dem Schirme hundertjähriger Eichen und Buchen sich ausdehnen. Wir sind versichert, die hohen und höchsten Herrschaften, welche Herrlichkeiten ihre Residenzen ihnen bieten mögen, werden hier genußreiche Stunden verleben. In dem Wiederhergestellten wie in dem Neugeschaffenen herrscht durchweg ein reiner Geschmack, nur können wir nicht umhin, es auszusprechen, daß man gewiß in jeder Beziehung besser gethan hätte, die vier kolossalen die vier Jahreszeiten vorstellenden Bilder gleich denen auf dem Wachthäuschen vor dem Schlosse zu restauriren, als sie durch neue zu ersetzen, die gar winzig dargestehn, und theilweise als Nachbildungen antiker Bildwerke in ein Kunstcabinet, nicht aber an diese Stelle passen mögen."

VIII. Verwendete Abkürzungen

Archive:

AVSchB	= Archiv Verwaltung Schloß Brühl
GStA PK	= Geheimes Staatsarchiv Preußischer Kulturbesitz Berlin
HAStK	= Historisches Archiv der Stadt Köln
HStAD	= Nordrhein-Westfälisches Hauptstaatsarchiv Düsseldorf
LHAK	= Landeshauptarchiv Koblenz
StAB	= Stadtarchiv Bonn

Sonstige Abkürzungen:

GG	= Generalgouvernement Niederrhein bzw. Nieder- u. Mittelrhein
Köln. Ztg.	= Kölnische Zeitung
LzMR	= Lande zwischen Maas und Rhein
MKH	= Minister des Königlichen Hauses Fürst Wittgenstein (bis 1851 im Amt; für die Folgezeit wird der jeweilige Minister benannt)
RD	= Roerdepartement
Reg. Köln	= Königliche Regierung zu Köln

Abgekürzt zitierte Primärquellen:

Direktion	= Direktion der Bonn-Kölner Eisenbahngesellschaft
Direktionssitzung	= Protokoll der Direktionssitzung der Bonn-Kölner Eisenbahngesellschaft
Verwaltungsratssitzung	= Protokoll der Verwaltungsratssitzung der Bonn-Kölner Eisenbahngesellschaft

Abgekürzt zitierte Sekundärliteratur:

Gartendenkmalpflege = Gartendenkmalpflege. Grundlagen der Erhaltung historischer Gärten und Grünanlagen, hrsg. von Dieter Hennebo, Stuttgart 1985.

Kat. Freydanck = Carl Daniel Freydanck 1811–1887. Ein Veduten-Maler der KPM (= Kat. zur Ausst. der Verwaltung der Staatlichen Schlösser und Gärten Berlin und der Staatlichen Porzellan-Manufaktur Berlin, Schloß Charlottenburg, Knobelsdorff-Flügel vom 6.6. bis 30.8.1987), Berlin 1987.

Kat. Friedrich Wilhelm IV. = Friedrich Wilhelm IV. Künstler und König. Zum 200. Geburtstag, hrsg. v. der Generaldirektion der Stiftung Preußische Schlösser und Gärten Berlin-Brandenburg (= Kat. zur Ausst. Neue Orangerie im Park von Sanssouci vom 8.7. bis 3.9.1995), Frankfurt a. M. 1995.

Lenné. Gartenkunst im 19. Jahrhundert = Peter Joseph Lenné. Gartenkunst im 19. Jahrhundert. Beiträge zur Lenné-Forschung, hrsg. v. Brandenburgischen Landesamt für Denkmalpflege, Berlin u. München 1992.

Lenné. Katalog der Zeichnungen = Peter Joseph Lenné. Katalog der Zeichnungen, bearb. v. Harri Günther u. Sibylle Harksen, hrsg. v. Heinz Schönemann (= Kat. zur Ausst. „Peter Joseph Lenné, Landschaftsarchitekt und Städteplaner. 1789–1866" im Deutschen Architekturmuseum, Frankfurt a. M. vom 21.5. bis 8.8.1993; Landeskreditbank Baden-Württemberg, Stuttgart vom 6.9. bis 24.10.1993), Tübingen u. Berlin 1993.

Lenné. Volkspark und Arkadien = Peter Joseph Lenné. Volkspark und Arkadien, hrsg. v. Florian von Buttlar (= Kat. zur Ausst. Schloß Charlottenburg, Orangerie vom 17.6. bis 30.9.1989; Schloß Glienicke, Orangerie vom 17.6. bis 30.9.1989; Pfaueninsel, Berlin vom 17.6. bis 30.7.1989), Berlin 1989.

Thieme/Becker = Allgemeines Lexikon der bildenden Künstler von der Antike bis zur Gegenwart. Begründet v. Ulrich Thieme und Felix Becker. ... Hrsg. v. Hans Vollmer, 25. Band, Leipzig 1931.

IX. Nachweis über die schriftlichen Quellen

[Die Quellen werden nur dann mit Seitenzahlen zitiert, sofern die Dossiers eine eindeutige Numerierung aufweisen und das Datum keine bessere Orientierung bietet. Letzteres ist etwa bei den Journalen der Flügeladjutanten des Königs der Fall. Die angegebenen Seitenzahlen beziehen sich stets auf die erste Seite des Dokuments.
Die im Quellennachweis mit Klammern versehenen Signaturen wurden herangezogen, aber nicht im Text zitiert.]

Archiv Schloß Dyk

Korrespondenz des Fürsten Josef: Renteimeister J. G. Kerris, Brühler Schloßgärtner Weyhe; (Peter Joseph Lenné d. J.).

Archiv Verwaltung Schloß Brühl (AVSchB)

Hofgärtnerei 1843–1845; 1846–1855; 1856–1867.

Geheimes Staatsarchiv Preußischer Kulturbesitz Berlin (GStA PK)

I. HA. Rep. 89 Geheimes Zivilkabinett Nrn. (3210); (20583); 20588; (20592); (20602); 20636; 20646; (28550); 29649; 32569.
I. HA. Rep. 90a Staatsministerium K III 3 Nr. 10.
I. HA. Rep. 93D Tech. Oberbaudeputation Lit. Gc Tit. XXV Nr. 17.
I. HA. Rep. 113 (Ober-) Hofmarschallamt Nr. 2463ff. (jährliche Kostenberichte der Reg. Köln von 1832–1908).
I. HA. Rep. 151 Finanzministerium Nr. (8061).
BPH Rep. 50 Personalrepositur Friedrich Wilhelms IV. F1 Nr. 3, Bd. 2.
BPH Rep. 192 Nachlaß Lenné A 6; A 7; (A 8); (B 10).

Historisches Archiv der Stadt Köln (HAStK)

Best. 400 Nrn. (I 1 B 3); I 21 A 6; VII 20 C 1.
Best. 1028 Nrn. 75; 76; 77; (79); 101; 365 Bd. 1.; 365 Bd. 2.
Abt. 7 Nrn. 1 Fasz. 7; (1 Fasz. 11); 2 Fasz. 7.

Landeshauptarchiv Koblenz (LHAK)

403 Nrn. (4912); (9131); (9568); (9691); (9738); (9739); 11812.
407 Nrn. 350; 351.

Nordrhein-Westfälisches Hauptstaatsarchiv Düsseldorf (HStAD)

Kurköln II (454); (455); (509); 510; (1666).
LzMR 166; (557); 898.
RD 413; (1802); (3033); 3301; 3442; 3444; (3451); 3781; (3787).
GG 664; (1585); 1586; 1587; 1981.
Reg. Köln (30); 36; (38); 1344; 1345; (1768); 1901; 1903a; 2020; (2021); 2022; (2023); (2024); (2025); (2026); (2027); (2028); 3749; 3750; 4038; 4061; (4637 fehlt); 4638; 4639; 4640; (4641); 4642; 4643; 4644; 4645; 4646; 4647; (4649); 4650; 4651; (4662); (4663); 4697; (4713); 4714;

4715; (4716 fehlt); 4717; (4718); 4719; 4720; 4733; (4734); 6367.
Amtsblatt der Königlichen Regierung zu Köln, DSE 4 1822.

Personenstandsarchiv in Brühl

Supplements Heiraths-Urkunden-Register der Bürgermeisterei in Brühl pro 1856.

Stadtarchiv Bonn (StAB)

Handschriftlicher Stammbaum der Familie Lenné. Kopie „nach einer im Besitz von Herrn Josef Dietz befindliche Abschrift", StAB Ig 2609.
Nachlaß Niessen (Quellenabschriften).
Nachlaß Spiegel (Münsterischer Teil) 258; (259); (273); (680).
Pr (95/203); Pr 6793.

Stadtarchiv Brühl

Sitzungsprotokolle des Gemeinderats der Bürgermeisterei Brühl von 1844–1872.

Stadtarchiv Koblenz

Best. 623 Nr. 8110.

Zeitungen

Allgemeine Preußische Zeitung: Jg. 1845.
Bonner Wochenblatt: Jge. (1841); (1842); (1843).
Koblenzer Zeitung: Jg. 1876.
Köln. Ztg.: Jge. 1837; (1840); 1841; 1842; 1843; 1844; 1845; (1846); (1847).
Rheinische Zeitung: Jg. 1842.
Rheinischer Beobachter: Jg. 1937.

X. Nachweis über die Sekundärliteratur

Allgemeines Lexikon der bildenden Künstler von der Antike bis zur Gegenwart. Begründet v. Ulrich Thieme und Felix Becker. ... Hrsg. v. Hans Vollmer, 25. Bd, Leipzig 1931.

Annalen des historischen Vereins für den Niederrhein, 26–27 (1874), S. 408.

Annalen des historischen Vereins für den Niederrhein, 28 (1876), S. 350.

Reinhard Axel: Das Gartenreich von Anhalt-Dessau. Aufklärung, Empfindsamkeit, Frühromantik, in: Peter Joseph Lenné und die europäische Landschafts- und Gartenkunst im 19. Jahrhundert. 6. Greifswalder Romantikerkonferenz. C. D. Friedrich Institut für Kunstwissenschaft, Greifswald 1992 (= Wissenschaftliche Beiträge der Ernst-Moritz-Arndt Universität Greifswald), S. 15–21.

Ilse Baer: Carl Daniel Freydanck und Johann Christian August Walter. Höhepunkt der KPM-Ansichtenmalerei, in: Kat. Freydanck, 1987, S. 43–60.

Hugh Murray Baillie: An English Duchess at the court of Bonn in 1768 and 1771, in: Festschrift für Franz Graf Wolff Metternich, Neuss 1973 (= Rheinischer Verein für Denkmalpflege und Landschaftsschutz, Jahrbuch 1974), S. 150–159.

David E. Barclay: Anarchie und guter Wille. Friedrich Wilhelm IV. und die preußische Monarchie (Aus dem Amerikanischen von Marion Müller), 1. Aufl., Berlin 1995(1).

Ders.: Politik als Gesamtkunstwerk. Das Monarchische Projekt, in: Kat. Friedrich Wilhelm IV., 1995(2), S. 22–27.

Christian Bauer: Das Parkpflegewerk als nachhaltige Betriebsführung und Betriebsplanung, in: Das Gartenamt, 10 (1961), S. 232–233.

Hermann Bausinger: Volkskultur in der technischen Welt, Neuauflage, Frankfurt a. M. 1986.

Gerd Bermbach: Die Flora zu Köln am Rhein, Köln 1991 (= Landschaftsverband Rheinland, Landeskonservator Rheinland, Arbeitsheft 29).

Christoph Bertsch: Industrielle Revolution in der Bildenden Kunst des 19. Jahrhunderts, in: Technik und Kunst, hrsg. von Dietmar Guderian, Düsseldorf 1994 (= Technik und Kultur, hrsg. v. Wilhelm Dettmering und Armin Herrmann, Bd. 7), S. 233–261.

Bestandskatalog der Lennépläne in der Plankammer der Staatlichen Schlösser und Gärten, Potsdam-Sanssouci. Teil III, bearb. v. Harri Günther u. Sibylle Harksen, Potsdam 1990.

Christian Beutler: St. Eugène und die Bibliothèque Nationale, in: Miscellanea pro Arte, Hermann Schnitzler zur Vollendung des 60. Lebensjahres am 13. Januar 1965, Düsseldorf 1965 (= Schriften des Pro Arte Medii Aevi, Freunde des Schnütgen-Museums e.V., hrsg. im Auftrage des Vorstandes von Peter Bloch und Joseph Hoster), S. 315–327.

Eva Börsch-Supan: Berliner Baukunst nach Schinkel 1840–1870, München 1977 (= Studien zur Kunst des neunzehnten Jahrhunderts; Bd. 35).

Dies.: Zu Friedrich Wilhelms IV. Restaurierungen in Sanssouci, in: Festschrift für Martin Sperlich zum 60. Geburtstag 1979. Schlösser Gärten Berlin, Tübingen 1980 (= TU Berlin Kunstwissenschaftliche Schriften, hrsg. v. Detlef Heikamp, Bd. 31), S. 145–152.

Helmut Börsch-Supan: Ansichten auf Berliner Porzellan, Ansichten darüber und Bemerkungen zu Carl Daniel Freydanck, in: Kat. Freydanck, 1987, S. 61–68.

Karl Joseph Bollenbeck: Der Kölner Stadtbaumeister Johann Peter Weyer, Diss. Aachen 1969.

Hugo Borger / Frank Günter Zehnder: Köln. Die Stadt als Kunstwerk. Stadtansichten vom 15. bis 20. Jahrhundert, Köln 1982.

Nicola Borger-Keweloh: Die mittelalterlichen Dome im 19. Jahrhundert, München 1986.

Max Braubach: Kurköln. Gestalten und Ereignisse aus zwei Jahrhunderten rheinischer Geschichte, München 1949.

Ders.: Am Hofe des Kurfürsten Clemens August. Ein Bild rheinischer Kultur des 18. Jahrhunderts, in: Aus Schloß Augustusburg zu Brühl und Falkenlust, hrsg. v. Walter Bader, Köln 1961, S. 33–55.

Horst Bredekamp: Antikensehnsucht und Maschinenglauben. Die Geschichte der Kunstkammer und die Zukunft der Kunstgeschichte, Berlin 1993 (= Kleine Kulturwissenschaftliche Bibliothek, Bd. 41).

Jakob Bremer: Die reichsunmittelbare Herrschaft Dyck der Grafen jetzigen Fürsten zu Salm-Reifferscheidt, Mönchengladbach 1959.

Judith Breuer: Die Kölner Domumgebung als Spiegel der Domrezeption im 19. Jahrhundert, Mönchengladbach 1981 (= Landschaftsverband Rheinland, Landeskonservator Rheinland, Arbeitshefte 10).

Tilmann Buddensieg: Das Alte bewahren, das Neue verwirklichen. Zur Fortschrittsproblematik im 19. Jahrhundert, in: Die Nützlichen Künste. Gestaltende Technik und Bildende Kunst seit der Industriellen Revolution, hrsg. v. Tilmann Buddensieg und Hennig Rogge (= Kat. zur Ausst. Messegelände am Funkturm, Berlin vom 15.5. bis 21.6.1981), Berlin 1981, S. 47–66.

Berthold Burkhardt: Das Brückenprogramm in Wörlitz, in: Weltbild Wörlitz. Entwurf einer Kulturlandschaft, hrsg. v. Frank-Andreas Bechtoldt u. Thomas Weiss (= Kat. zur Ausst. Deutsches Architekturmuseum, Frankfurt a. M. vom 22.5. bis 2.6.1996), Ostfildern-Ruit bei Stuttgart 1996 (= Kataloge und Schriften der Staatlichen Schlösser und Gärten Wörlitz, Oranienbaum, Luisium; Bd. 1), S. 207–218.

Walter Buschmann: Die Rheinbrücken von Köln, in: Denkmalpflege im Rheinland, 12 (1995) 2, S. 76–91.

Adrian von Buttlar: Gartentheorie um die Wende des 19. Jahrhunderts, in: Lenné. Volkspark und Arkadien, 1989(1), S. 25-–29.

Ders.: Der Landschaftsgarten. Gartenkunst des Klassizismus und der Romantik, Köln 1989(2).

Paul Clemen: Die Kunstdenkmäler des Landkreises Köln, Düsseldorf 1897 (= Die Kunstdenkmäler der Rheinprovinz, 4. Bd. I).

Otto Dann: Die Dombau-Bewegung und die Kölner Gesellschaft in der ersten Hälfte des 19. Jahrhunderts, in: Religion, Kunst, Vaterland. Der Kölner Dom im 19. Jahrhundert, hrsg. v. Otto Dann, Köln 1983, S. 78–95.

Deutsche Eisenbahnen. Ein Handbuch für Geschäftsleute, Capitalisten und Speculaten enthaltend Geschichte und Beschreibung der Eisenbahnen, deren Verfassung ..., bearb. v. Julius Michaelis, 2. Aufl., Leipzig 1859.

Deutsches Wörterbuch. Von Jacob u. Wilhelm Grimm (16 Bde., Leipzig 1854–1860), Bd. 10, 1877.

Antoine Joseph Dézallier d'Argenville: La Théorie et La Pratique du Jardinage ... Mit einer Einleitung v. Hans Foramitti, Nachdruck der Ausgabe Paris 1760, Hildesheim u. New York 1972.

O. Dominick: Brühl. Einiges von seiner Vergangenheit und Gegenwart, Brühl 1880.

Michael Dorrmann: „Das asiatische Ungeheuer". Die Cholera im 19. Jahrhundert, in: Das große Sterben. Seuchen machen Geschichte, hrsg. v. Hans Wilderotter unter Mitarbeit von Michael Dorrmann (= Kat. zur Ausst. Deutsches Hygiene-Museum, Dresden vom 8.12.1995 bis 10.3.1996), Berlin 1995, S. 204–251.

Dieter Düding: Deutsche Nationalfeste im 19. Jahrhundert. Erscheinungsbild und politische Funktion, in: Archiv für Kulturgeschichte, 69 (1987) 2, S. 371–388.

Th.[eodor] Echtermeyer: Die Königl. Gärtnerlehr-Anstalt am Wildpark bei Potsdam. Festschrift zur Erinnerung an das 75jährige Bestehen, Berlin 1899.

Götz Eckardt: Zweites Rokoko um 1840 in den königlichen Schlössern von Berlin und Potsdam, in: Historismus – Aspekte zur Kunst im 19. Jahrhundert, hrsg. v. Karl-Heinz Klingenburg, Leipzig 1985, S. 141–156.

Die erste Eisenbahnfahrt von Köln nach Brühl. Die Autoritäten von Köln, Bonn und Brühl waren geladen, in: Brühler Heimatblätter, 19 (1962), S. 1–2.

Helmut Engel: Friedrich Wilhelm IV. und die Baukunst, in: Friedrich Wilhelm IV. in seiner Zeit. Beiträge eines Colloquiums, hrsg. v. Otto Büsch, mit Beiträgen von David. E. Barlay u. a., Berlin 1987 (= Einzelveröffentlichung der Historischen Kommission zu Berlin, Bd. 62: Forschungen und Berichte), S. 157–203.

Karl-Georg Faber: Die Rheinlande zwischen Restauration und Revolution. Probleme der rheinischen Geschichte von 1814 bis 1848 im Spiegel der zeitgenössischen Publizistik, Wiesbaden 1966.

Sigfried Giedion: Raum, Zeit, Architektur. Die Entstehung einer neuen Tradition, Ravensburg 1965.

Goethes Werke, hrsg. im Auftrage der Großherzogin Sophie von Sachsen, Abt. 1, Bde 1–53, Bd. 34, Weimar 1902.

Harri Günther: Peter Joseph Lenné. Gärten, Parke, Landschaften, Berlin 1985.

Géza Hajós: Automaten in Gärten, in: Wunschmaschine. Welterfindung. Eine Geschichte der Technikvisionen seit dem 18. Jahrhundert, hrsg. v. Brigitte Felderer, Wien u. New York 1996, S. 507–514.

Utz Haltern: Die Londoner Weltausstellung von 1857. Ein Beitrag zur Geschichte der bürgerlich-industriellen Gesellschaft im 19. Jahrhundert, Münster 1971 (= Neue Münstersche Beiträge zur Geschichtsforschung, Bd. 13).

Wilfried Hansmann: Das Treppenhaus und das Große Neue Appartement des Brühler Schlosses. Studien zur Gestaltung der Hauptraumfolge, Düsseldorf 1972.

Ders.: Die Planung Johann Conrad Schlauns für Schloß Brühl, in: Johann Conrad Schlaun. Schlaunstudien I (Textteil), hrsg. v. Klaus Bußmann (= Kat. zur Ausst. Westfälisches Landesmuseum, Münster vom 21.10. bis 30.12.1973), Münster 1973, S. 64–79.

Ders: Die indianischen Lustbauten des Kurfürsten Clemens August im Brühler Schloßpark, in: Beiträge zur rheinischen Kunstgeschichte und Denkmalpflege II, Düsseldorf 1974 (= Die Kunstdenkmäler des Rheinlandes, hrsg. v. Günther Borchers, Beiheft 20), S. 191–211.

Ders.: Die Brühl-Aquarelle Adolph Wegelins für Königin Victoria, in: Jahrbuch der Rheinischen Denkmalpflege, Bd. 30/31, Köln 1985, S. 101–122.

Ders.: Die kurkölnische Landesburg als Ruine. Zwei Veduten von Renier Roidkin aus Schloß Augustusburg in Brühl, in: Jahrbuch der Rheinischen Denkmalpflege, Bd. 32, Köln u. Kevelaer 1987, S. 55–64.

Ders.: Gartenkunst der Renaissance und des Barock, 2. Aufl., Köln 1988.

Ders.: Denkmalpflege an Schloß Augustusburg in Brühl 1984–1986, in: Jahrbuch der Rheinischen Denkmalpflege, Bd. 33, Kevelaer 1989(1), S. 229–264.

Ders.: Ein Parkpflegewerk zum Lenné-Jahr 1989, in: Denkmalpflege im Rheinland, 4 (1989)(2), S. 27–29.

Ders: Georg Potente und die Rekonstruktion des Parterres von Schloß Augustusburg in Brühl 1933–1935, bislang unveröffentlichtes Manuskript 1995(1).

Ders.: Schloß Augustusburg Brühl 1724–1728, in: Florian Matzner, Ulrich Schulze: Johann Conrad Schlaun 1695–1773. Das Gesamtwerk, hrsg. v. Klaus Bußmann im Auftrag des Landschaftsverbands Westfalen-Lippe ..., Bd. II, Stuttgart 1995(2), S. 128–135.

Wilfried Hansmann / Gisbert Knopp: Die Bau- und Kunstdenkmäler des Erftkreises. Stadt Brühl, Berlin 1977 (= Die Bau- und Kunstdenkmäler von Nordrhein-Westfalen, I. Rheinland 7.3).

Dies.: Schloß Brühl. Die kurkölnische Residenz Augustusburg und Schloß Falkenlust, Köln 1982.

Wilfried Hansmann / Raimund Schmitz: Die Brühler Schlösser Augustusburg und Falkenlust. Ein Bericht über zehn Jahre Denkmalpflege. 1973–1983, Köln 1985 (= Sonderdruck aus Jahrbuch der Rheinischen Denkmalpflege, Bd. 30/31).

Wilfried Hansmann / Rose u. Gustav Wörner: Ein Parkpflegewerk für den Brühler Schloßpark, in: Rheinische Heimatpflege, N.F. 26 (1989), S. 81–88.

Alfred Ch. Heinimann: Technische Innovation und literarische Aneignung. Die Eisenbahn in der deutschen und englischen Literatur des 19. Jahrhunderts, Bern 1992 (= Basler Studien zur deutschen Sprache und Literatur, hrsg. v. Heinrich Löffler u. a., Bd. 63).

Dieter Hennebo: Der Stadtpark, in: Die deutsche Stadt im 19. Jahrhundert. Stadtplanung und Baugestaltung im industriellen Zeitalter, München 1974 (= Studien zur Kunst des 19. Jahrhunderts, Bd. 24), S. 77–90.

Ders.: Gartendenkmalpflege in Deutschland. Geschichte – Probleme – Voraussetzungen, in: Gartendenkmalpflege, 1985(1), S. 11–48.

Ders.: Tendencies in Mid-Eighteenth-Century German Gardening, in: Journal of Garden History, 5 (1985)(2), S. 355–370.

Ders.: Vom „klassischen Landschaftsgarten" zum „gemischten Styl". Zeittypische Gestaltungstendenzen bei Peter Joseph Lenné, in: Lenné. Volkspark und Arkadien, 1989, S. 49–59.

Gerhard Hinz: Peter Joseph Lennés Schöpfungen im Rheinland, in: Rheinische Heimatpflege, N.F. 4 (1967), S. 194–207.

Ders.: Peter Joseph Lenné. Das Gesamtwerk des Gartenarchitekten und Städteplaners, 2 Teile, Hildesheim u.a. 1989.

Friedrich Hörold: Der Schloßpark zu Brühl, in: Kurfürst Clemens August. Landesherr und Mäzen des 18. Jahrhunderts (= Kat. zur Ausst. Schloß Brühl 1961), Köln 1961, S. 147–149.

Marlis Hoff: Carl Daniel Freydanck – Ansichten und Aussichten. Katalog, in: Kat. Freydanck, 1987, S. 71–174.

Godehard Hoffmann: Schloß Bensberg als preußisches Kadettenhaus (1840-1918), in: Denkmalpflege im Rheinland, 11 (1994) 4, S. 155–161.

Saskia Hüneke: Bildwerke im Garten, in: Kat. Friedrich Wilhelm IV., 1995, S. 348–352.

Alois Huning: Die philosophische Tradition, in: Technik und Philosophie, hrsg. v. Friedrich Rapp, Düsseldorf 1990 (= Technik und Kultur, hrsg. v. Wilhelm Dettmering u. Armin Herrmann, Bd. 1), S. 26–40.

Die Inventare der Schlösser und Gärten zu Brühl. Mit einem Quellenanhang, bearb. v. Peter Dohms, Düsseldorf 1978.

Kirsten John: Das Kölner Dombaufest von 1842 – eine politische Demonstration König Friedrich Wilhelms IV., in: Das Kölner Dombaufest von 1842. Ernst Friedrich Zwirner und die Vollendung des Kölner Doms. Beiträge zu einer Ausstellung aus Anlaß des 150. Jahrestages der feierlichen Grundsteinlegung zum Fortbau des Kölner Doms, hrsg. v. Nikolaus Gussone, Ratingen 1992, S.63–84.

Richard Klapheck: Goethe und das Rheinland. Rheinische Landschaft. Rheinische Sitten. Rheinische Kunstdenkmäler, Zeitschrift des Rheinischen Vereins für Denkmalpflege und Heimatschutz, 25 (1932) 1 (Nachdruck Düsseldorf 1992).

Heinrich Klotz: Geschichte der Architektur. Von der Urhütte zum Wolkenkratzer, 2. Aufl., München u. New York 1995.

Köln und die Eisenbahn. 150 Jahre deutsche Eisenbahnen (= Kat. zur Ausst. Kölnisches Stadtmuseum vom 15.5. bis 17.7.1985), Köln 1985.

August Kopisch: Die Königlichen Schlösser und Gärten zu Potsdam von der Zeit ihrer Gründung bis zum Jahre MDCCCLII. Auf Allerhöchsten Befehl Sr. Majestät des Königs geschichtlich dargestellt, Berlin 1854.

Walter Kordt: Untersuchungen über die Entstehung und Durchführung des Brühler Parkplans und die Mitwirkung Dominique Girards, in: Die Gärten von Brühl, hrsg. v. Walter Bader, Köln 1963, S. 10–87.

Elke Krasny: Zukunft ohne Ende – das Unternehmen Weltausstellung, in: Wunschmaschine. Welterfindung. Eine Geschichte der Technikvisionen seit dem 18. Jahrhundert, hrsg. v. Brigitte Felderer, Wien u. New York 1996, S. 314–338.

Frank-Lothar Kroll: Politische Romantik und romantische Politik, in: Friedrich Wilhelm IV. in seiner Zeit. Beiträge eines Colloquiums, hrsg. v. Otto Büsch, mit Beiträgen von David. E. Barclay u.a., Berlin 1987 (= Einzelveröffentlichung der Historischen Kommission zu Berlin, Bd. 62: Forschungen und Berichte), S. 95–106.

Ingeborg Krueger: Queen Victorias Besuch am Rhein, in: Vom Zauber des Rheins ergriffen. ... Zur Entdeckung der Rheinlandschaft vom 17. bis 19. Jahrhundert, hrsg. v. K. Honnet, Klaus Weschenfelder, Irene Haberland (= Kat. zur Ausst. Rheinisches Landesmuseum, Bonn vom 11.9. bis 29.11.1992; Mittelrhein-Museum, Koblenz vom 10.9. bis 25.10.1992), München 1992, S. 281–296.

Hans-Joachim Kunst: Landschaftsgartenvorstellungen in Wörlitz, Glienicke und in Adalbert Stifters „Nachsommer", in: Peter Joseph Lenné und die europäische Landschafts- und Gartenkunst im 19. Jahrhundert. 6. Greifswalder Romantikerkonferenz. C. D. Friedrich Institut für Kunstwissenschaft, Greifswald 1992 (= Wissenschaftliche Beiträge der Ernst-Moritz-Arndt Universität Greifswald), S. 22–36.

[Julius Langbehn]: Rembrandt als Erzieher. Von einem Deutschen, 33. Aufl., Leipzig 1891.

Peter Joseph Lenné. Katalog der Zeichnungen, bearb. v. Harri Günther u. Sibylle Harksen, hrsg. v. Heinz Schönemann (= Kat. zur Ausst. „Peter Joseph Lenné, Landschaftsarchitekt und Städteplaner. 1789–1866"; Deutsches Architekturmuseum, Frankfurt a. M. vom 21.5. bis 8.8.1993; L-Bank Landeskreditbank Baden-Württemberg, Stuttgart vom 6.9. bis 24.10.1993), Tübingen u. Berlin 1993.

Hans-Joachim Leven: Schienenwege in Brühl. Ein Beitrag zur Brühler Stadtgeschichte, hrsg. v. Förderkreis zur Brühler Stadtgeschichte, Brühl 1994.

Hans-Joachim Leven / Winand Perillieux: Eine Stadt erlebt ihre Verkehrsgeschichte. Brühl und die Eisenbahn, hrsg. v. der Stadt Brühl (= Kat. der Ausst. Galerie des Schlosses Brühl vom 24.8. bis 19.9.1985), Brühl 1985.

Harald Linke: Die Königliche Landesbaumschule Potsdam/Wildpark – Beginn der Landschaftsarchitektenausbildung, in: Lenné. Gartenkunst im 19. Jahrhundert, 1992, S. 171–184.

Wilfried Lipp: Natur. Geschichte. Denkmal. Zur Entstehung des Denkmalbewußtseins der bürgerlichen Gesellschaft, Frankfurt a. M. u. New York 1987.

Maria Luisa Marceca: Reservoir, circulation, residue. J.C.A. Alphand, technological beauty and the green city, in: Lotus International, 30 (1981), S. 57–79.

M. Mertens: Kurze Übersicht über die Geschichte Brühls, o.O. o.J.

Manfred Messerschmidt: Die politische Geschichte der preußisch-deutschen Armee, München 1975 (= Handbuch zur deutschen Militärgeschichte 1648–1939, hrsg. v. Militärischen Forschungsamt durch Friedrich Forstmeier u. Hans Meier-Welcker, Projektleitung u. Gesamtredaktion Gerhard Papke, IV. 1, Militärgeschichte im 19. Jahrhundert. 1814–1890).

L. H. Meyer: 150 Jahre Eisenbahnen im Rheinland, Köln 1989.

Henriette Meynen: Die Kölner Grünanlagen. Die städtebauliche und gartenarchitektonische Entwicklung des Stadtgrüns und das Grünsystem Fritz Schumachers, Düsseldorf 1979 (= Beiträge zu den Bau- und Kunstdenkmälern im Rheinland. Im Auftrage des Kultusministers und des Landschaftsverbandes Rheinland, hrsg. v. Landeskonservator Dr. Udo Mainzer, Schriftleitung: Professor Dr. Hans Peter Hilger, Bd. 25).

Fritz Michel: Die Kunstdenkmäler der Stadt Koblenz. Die profanen Denkmäler und die Vororte, o.O. 1954 (= Die Kunstdenkmäler von Rheinland-Pfalz, hrsg. v. Werner Bornheim gen. Schilling, Bd. 1).

Georg Mölich: Preußische Kulturpolitik am Rhein nach der Besitzergreifung, in: Lust und Verlust: Kölner Sammler zwischen Trikolore und Preußenadler, hrsg. v. Hiltrud Kier und Frank Günter Zehnder (= Kat. zur Ausst. Joseph-Haubrich-Kunsthalle, Köln vom 28.10.1995 bis 28.1.1996), Köln 1995, S. 163–167.

Bernd Nicolai: Nationale Brückenschläge – Technologie und gesellschaftliche Identität im Brückenbau des 19. Jahrhunderts, in: Daidalos, 57 (1995), S. 94–103.

J. Nießen: Wanderung durch den Brühler Park, in: Rheinische Heimatbücher. Beiträge zur Landes- und Volkskunde der Rheinlande. H. 1. Brühl, hrsg. v. F. A. Jungbluth, Bonn 1921, S. 35–52.

Thomas Nipperdey: Kirche und Nationaldenkmal. Der Kölner Dom in den 40 Jahren, in: Staat und Gesellschaft im politischen Wandel. Festschrift für Walter Bußmann, hrsg. v. Werner Pöls, Stuttgart 1979, S. 175–202.

Ludwig Fhr. von Ompteda: Rheinische Gärten von der Mosel bis zum Bodensee. Bilder aus alter und neuer Gärtnerei, Berlin 1886.

Thomas Parent: Der Dombau und die politischen und sozialen Konflikte, in: Der Kölner Dom im Jahrhundert seiner Vollendung, 2. Bd., Essays, hrsg. v. Hugo Borger (= Kat. zur Ausst. der Historischen Museen, Josef-Haubrich-Kunsthalle, Köln vom 16.8.1980 bis 11.1.1981), Köln 1980(1), S. 106–113.

Ders.: Die Hohenzollern als Protektoren der Kölner Domvollendung, in: Der Kölner Dom im Jahrhundert seiner Vollendung, 2. Bd., Essays, hrsg. v. Hugo Borger (= Kat. zur Ausst. der Historischen Museen, Josef-Haubrich-Kunsthalle, Köln vom 16.8.1980 bis 11.1.1981), Köln 1980(2), S.114–124.

Ders.: Die Hohenzollern in Köln, Köln 1981.

Parkpflegewerk. Park des Schlosses Augustusburg in Brühl. Grundsätze und Vorschläge zur Erhaltung, partiellen Wiederherstellung und Pflege des bedeutenden Kulturdenkmals und Gesamtkunstwerkes, bearb. v. Rose u. Gustav Wörner, unveröffentliches Manuskript 1992.

Wolfgang Pehnt: Peter Joseph Lenné. Der Gärtner des Königs schuf glückselige Gefilde, in denen die Göttin der Freiheit wohnt, in: FAZ Magazin vom 11.6.1993, S. 42–48.

Ludwig Persius: Das Tagebuch des Architekten Friedrich Wilhelms IV. 1840–1845, hrsg. u. kommentiert v. Eva Börsch-Supan, München 1980 (= Kunstwissenschaftliche Studien; Bd. 51).

Franz Petri: Preußen und das Rheinland, in: Das Rheinland in preussischer Zeit. 10 Beiträge zur Geschichte der Rheinprovinz, hrsg. v. Walter Först, Köln, Berlin 1965, S. 37–70.

Jan Pieper: Die Maschine im Interieur. Ludwig Persius' Dampfmaschinenhaus im Babelsberger Park, in: Daidalos, 53 (1994), S. 104–115.

Rainer Piepmeier: Ästhetische Landschaft und gestaltete Landschaft, in: Lenné. Volkspark und Arkadien, 1989, S. 19–24.

Georg Potente: Die Wiederherstellung des Großen Gartenparterres im Schloßpark zu Brühl, in: Gartenkunst, 48 (1935) 12, S. 209–211.

Wilhelm Prasuhn: Brühl im 19. Jahrhundert, Brühl 1991 (= Schriftenreihe zur Brühler Geschichte, hrsg. v. der Stadt Brühl, Bd. 16).

Les Promenades des Paris. Histoire – description des embellissements – dépenses de création et d'entretien ... Étude sur l'art des jardins et arboretum par A. Aphand, Paris 1867–1873 (Nachdruck Princton 1984).

Ursula Rathke: Preußische Burgenromantik am Rhein. Studien zum Wiederaufbau von Rheinstein, Stolzenfels und Sooneck (1823–1860), (Diss. Bonn 1975) München 1979 (= Studienkreis zur Kunst des neunzehnten Jahrhunderts, Bd. 42. Forschungsunternehmen der Fritz Thyssen Stiftung, Arbeitskreis Kunstgeschichte).

Edmund Renard: Schloß Augustusburg in Brühl. Ein Führer im amtlichen Auftrage, Berlin 1920.

Ders.: Schloß Augustusburg in Brühl, 2. Aufl., Berlin 1931.

Ders.: Schloß Brühl. Die kurkölnische Sommerresidenz Augustusburg, bearb. v. Franz Graf Wolff Metternich unter Mitarbeit von Wilhelm Dernette, Berlin 1934.

H. Reuße: Die deutschen Eisenbahnen, in Beziehung auf Geschichte, Technik und Betrieb, Cassel 1844.

Manfred Riedel: Vom Biedermeier zum Maschinenzeitalter. Zur Kulturgeschichte der Eisenbahn in Deutschland, in: Archiv für Kulturgeschichte, 43 (1961) 1, S. 100–123.

Gerhard Rupp: Gips, Zink und Bronze. Berliner Vervielfältigungsfirmen im 19. Jahrhundert, in: Ethos und Pathos. Die Berliner Bildhauerschule 1786–1914. Beiträge, hrsg. v. Peter Bloch, Sibylle Einholz u. Jutta von Simson (= Kat. zur Ausst. Skulpturengalerie der Staatlichen Museen Preußischer Kulturbesitz, Hamburger Bahnhof, Berlin vom 19.5. bis 29.7.1990), Berlin 1990, S. 337–351.

Heinrich Georg Schäfer: Staatliche Abwehrmaßnahmen gegen die Cholera in der Rheinprovinz während der Seuchenzüge des 19. Jahrhunderts, dargestellt am Beispiel der Stadt Aachen, Diss. Aachen 1978.

Wolfgang Schivelbusch: Geschichte der Eisenbahnreise. Zur Industrialisierung von Raum und Zeit im 19. Jahrhundert, München u. Wien 1977 (= Hanser Anthropologie, hrsg. v. Wolf Lepenies u. Hennig Ritter).

Erika Schmidt: Zierde, Vergnügen, gesunde Luft und gute Lehren. Zur Geschichte des Stadtparks in Bochum und anderswo, in: Das Gartenamt, 31 (1982) Juni, S. 343–375.

Reinhard Schmoeckel / Klaus Kemp: 150 Jahre Eisenbahn in Bonn, hrsg. v. der Stadt Bonn, Bonn 1994.

Ute Schneider: Politische Festkultur im 19. Jahrhundert. Die Rheinprovinz von der französischen Zeit bis zum Ende des Ersten Weltkrieges (1806–1918), Essen 1995 (= Düsseldorfer Schriften zur neueren Landesgeschichte und zur Geschichte Nordrheinwestfalens; Bd. 41, hrsg. v. Hans-Joachim Behr, Wolfram Köhler u. a.).

Heinz Schönemann: Der Hippodrom in Charlottenhof, in: Mitteilungen der Fürst-Pückler-Gesellschaft, N.F. 9 (1993), S. 99–116.

Karl Schorn: Lebenserinnerungen. Ein Beitrag zur Geschichte des Rheinlands im neunzehnten Jahrhundert. Erstes Buch (1818–1848), Bonn 1898.

Rüdiger Schütz: Preußen und die Rheinlande. Studien zur preußischen Integrationspolitik im Vormärz, Wiesbaden 1979.

Ders: Zur Eingliederung der Rheinlande, in: Expansion und Integration. Zur Eingliederung neugewonnener Gebiete in den preußischen Staat, hrsg. v. Peter Baumgart, Köln u. Wien 1984 (= Neue Forschungen zur Brandenburg-Preussischen Geschichte, 5), S. 195–226.

Gabriele Schulz: Lennés Entwürfe für die Gestaltung von Volksgärten, in: Lenné. Gartenkunst im 19. Jahrhundert, 1992, S. 86–121.

Walter Schwenecke: Behandlung von Geländeformen, Wege-, Platz- und Wasseranlagen in historischen Freiräumen, in: Gartendenkmalpflege, 1985, S. 282–329.

Michael Seiler: Auswertung historischer Pläne der Landschaftsgärten, in: Gartendenkmalpflege, 1985, S. 120–140.

Friedrich Sengle: Biedermeierzeit. Deutsche Literatur im Spannungsfeld zwischen Restauration und Revolution 1815–1848, Bd. 1. Allgemeine Voraussetzungen. Richtungen. Darstellungsmittel, Stuttgart 1971.

Franz Sonnenberger: Mensch und Maschinen. Technikfurcht und Techniklob am Beispiel Eisenbahn, in: Zug der Zeit – Zeit der Züge, hrsg. v. der Eisenbahnjahr Ausstellungsgesellschaft mbH (= Kat. zur Ausst. Nürnberg 1985), Berlin 1985, S. 25–37.

Winfried Speitkamp: Kulturpolitik unter dem Einfluß der Französischen Revolution: Die Anfänge der modernen Denkmalpflege in Deutschland, in: Tel Aviver Jahrbuch für deutsche Geschichte, 18 (1989), S. 129–159.

Martin Sperlich: Phillip Conrad Moritz Geiß, in: Neue Deutsche Biographie, Bd. 6, Berlin 1964, S. 156–157.

Martin Sperlich: Überbrücken, in: Daidalos, 57 (1995), S. 74–87.

Eva Sprecher: Betrachtungen zum Eisenbahnbau unter Friedrich Wilhelm IV., in: Kat. Friedrich Wilhelm IV., 1995, S. 170–177.

Dolf Sternberger: Panorama oder Ansichten vom 19. Jahrhundert, Düsseldorf u. Hamburg 1938.

Heinrich von Treitschke: Deutsche Geschichte im 19. Jahrhundert. Fünfter Theil, Leipzig 1894.

Wilhelm Treue: Eisenbahnen und Industrialisierung. Ein Beitrag zur preußischen Wirtschafts- und Technikgeschichte im 19. Jahrhundert, Dortmund 1987 (= Vortragsreihe der Gesellschaft für westfälische Wirtschaftsgeschichte e. V., Heft 27).

Eduard Trier / Michael Puls: Berlin und die Rheinlande. Tendenzen und Konstellationen, in: Ethos und Pathos. Die Berliner Bildhauerschule 1786–1914. Beiträge, hrsg. v. Peter Bloch, Sibylle Einholz u. Jutta von Simson (= Kat. zur Ausst. Skulpturengalerie der Staatlichen Museen Preußischer Kulturbesitz, Hamburger Bahnhof, Berlin vom 19.5. bis 29.7.1990), Berlin 1990 , S. 141–168.

Nobert Trippen: Das Kölner Dombaufest 1842 und die Absichten Friedrich Wilhelms IV. von Preußen bei der Wiederaufnahme der Arbeiten am Kölner Dom. Eine historische Reflektion zum Domfest 1980, in: Annalen des Historischen Vereins für den Niederrhein, 182 (1979), S. 99–175.

Jutta Tschoeke: Zeitgeist, in: Zug der Zeit – Zeit der Züge, hrsg. v. der Eisenbahnjahr Ausstellungsgesellschaft mbH (= Kat zur Ausst. Nürnberg 1985), Berlin 1985, S 433–438.

Uebersicht der Bestandtheile und Verzeichniß sämmtlicher Ortschaften und einzeln liegenden Grundstücke des Regierungs-Bezirks Cöln, ... Angefertigt auf Grund der amtlich eingeforderten Nachrichten und herausgegeben von der Königlichen Regierung zu Cöln, Köln 1844.

Rudolf Vierhaus: Preußen und die Rheinlande 1815–1915, in: Rheinische Vierteljahrsblätter, 30 (1965), S. 152–175.

Wolfgang Vomm: Denkmäler für Herrscher, in: Kunst des 19. Jahrhunderts im Rheinland in fünf Bänden, hrsg. v. Eduard Trier u. Willy Weyres, Bd. 4, Plastik, mit Beiträgen von Peter Bloch, Hans Peter Hilger u. a., Düsseldorf 1980, S. 213–248.

Jörg Wacker: „Überall ist Lenné's Augenmerk auf Landes-Kultur und Landes-Verschönerung gerichtet ..." Der Lebenslauf von Lenné, verfaßt anläßlich seiner Ernennung zum Ehrenmitglied der Akademie der Künste zu Berlin, in: Lenné. Katalog der Zeichnungen, 1993, S. 10–19.

Ute-G. Weickardt: Zweites Rokoko in Sanssouci, in: Potsdamer Schlösser und Gärten. Bau- und Gartenkunst vom 17. bis 20. Jahrhundert, hrsg. v. der Generaldirektion der Stiftung Schlösser und Gärten Potsdam-Sanssouci (= Kat. zur Ausst. Potsdam-Sanssouci vom 26.6. bis 22.8.1993) Potsdam 1993, S. 190–192.

Folkwin Wendland: Berlins Gärten und Parke von der Gründung der Stadt bis zum ausgehenden neunzehnten Jahrhundert. Das klassische Berlin, Frankfurt a. M. u.a. 1979.

Aloys Winterling: Der Hof der Kurfürsten von Köln. 1688–1794. Eine Fallstudie zur Bedeutung „absolutistischer" Hofhaltung, Bonn 1986 (= Veröffentlichungen des Historischen Vereins für den Niederrhein insbesondere das Alte Erzbistum Köln. Bd. 15).

Gustav Wörner: Parkpflegewerke – Erhaltung und Wiederherstellung historischer Parkanlagen, in: Kulturlandschaftspflege im Rheinland. Symposion 1990 in Krefeld. Tagungsbericht, hrsg. v. Landschaftsverband Rheinland / Referat Umweltschutz u. Landespflege u. Rheinischen Verein für Denkmalpflege u. Landschaftsschutz e. V., Köln 1991 (= Beiträge zur Landesentwicklung 46), S. 39–46.

Fritz Wündisch: Brühl. Sitz eines Fürstentums, in: Brühler Heimatblätter, 40 (1983) 3, S. 21–24.

Ders.: Aus der Franzosenzeit, in: Mitteilungen zur Brühler Geschichte (Beilage d. Brühler Heimatblätter), (1984) (Aufsatzfolge).

Peter Zilliken: Fürstenbesuche im Brühler Schloß während des 19. Jahrhunderts, in: Brühler Heimatblätter, 11. u. 12 (1954 u. 1955) (Aufsatzfolge).

Ders.: Der Brühler Park und seine Hofgärtner in drei Jahrhunderten, in: Brühler Heimatblätter, 13 u. 14 (1956 u. 1957), (Aufsatzfolge).

Zinkguß-Ornamente nach Zeichnungen von Schinkel, Stüler, Strack, Persius, Schadow, Knobloch, Stier und Anderen sowie Statuen und Sculpturen nach antiken und modernen Modellen ausgeführt und gegossen in der Zinkgießerei für Architektur von M. Geiß in Berlin, hrsg. von Moritz Geiß, Heft 1–22, Berlin 1841.

XI. Abbildungsnachweis

Titelbild , Abb. 1, 2, 3, 5, 8, 9, 10, 12, 13, 14, 15, 16, 32, 33, 40, 42, 46, 49, 50: Rheinisches Amt für Denkmalpflege.

Abb. 4: Repro aus: Renard, 1934.

Abb. 6, 7, 11: Repro aus Hansmann, 1974.

Abb. 17, 18, 19, 20, 21, 24, 25, 26, 27, 28, 29, 30, 34, 35, 36, 37, 38, 39, 41, 43, 44, 45, 47, 48: Stiftung Preußische Schlösser und Gärten Berlin-Brandenburg.

Abb. 22, 23, 31: Nordrhein-Westfälisches Hauptstaatsarchiv Düsseldorf.

Abb. 51, 54: Rheinisches Bildarchiv.

Abb. 52: Repro aus: Borger/Zehnder, 1982.

Abb. 53: Kulturstiftung Dessau Wörlitz, Bildarchiv, Foto: U. Hübler.

Abb. 55, 56, 57: Repro aus: Les Promendes de Paris, 1867–1873.

Abb. 58: Rose Wörner.

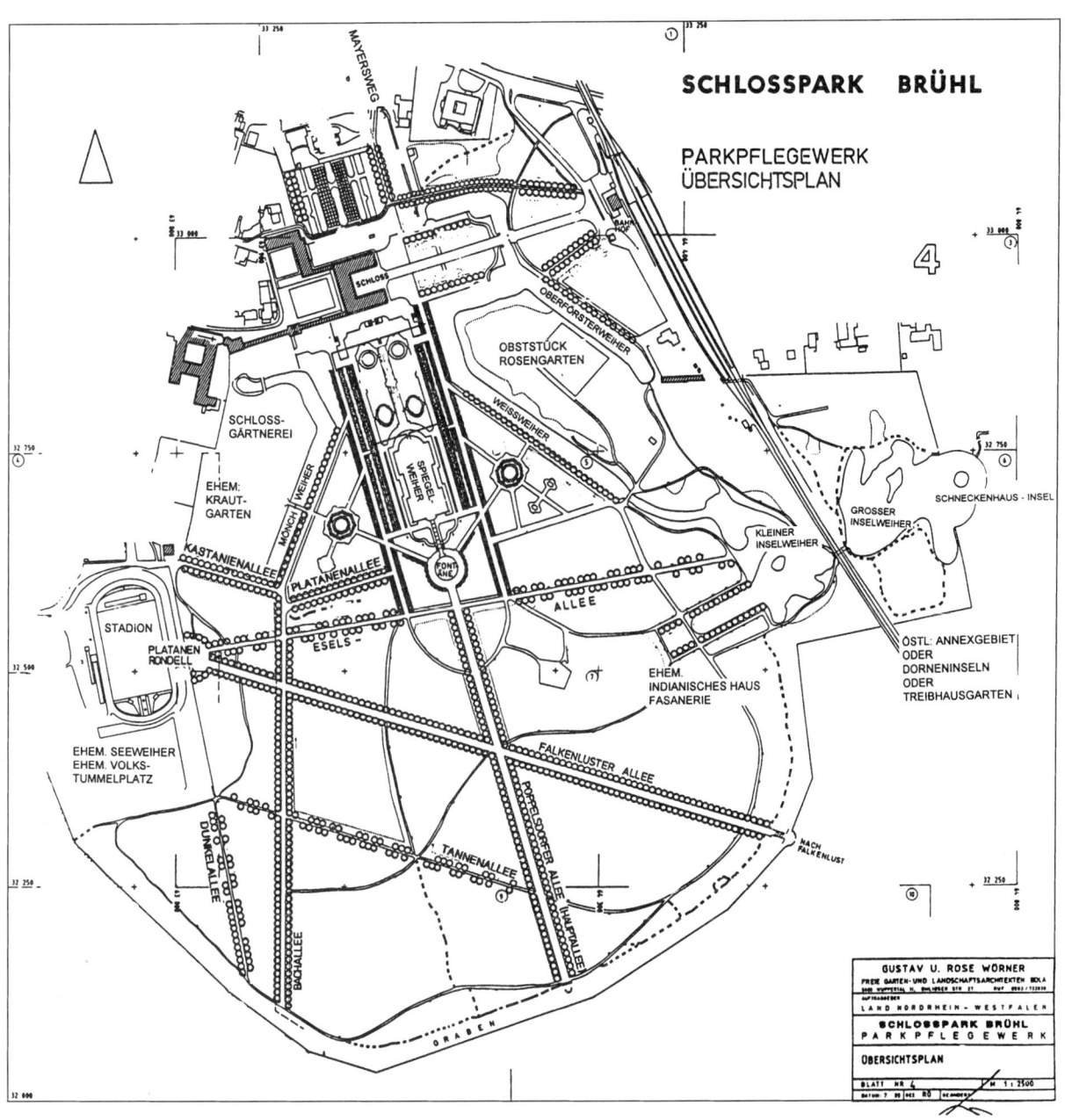

SCHLOSSPARK BRÜHL

PARKPFLEGEWERK
ÜBERSICHTSPLAN